錬金術の
イメージ・シンボル事典

【著】——リンディー・
エイブラハム
Lyndy Abraham

【訳】——大木 富
Ohki Tom

A Dictionary of
Alchemical Imagery

アルファベータ
ブックス

A DICTIONARY OF ALCHEMICAL IMAGERY

by Lyndy Abraham

© Lyndy Abraham 1998

This translation of *A DICTIONARY OF ALCHEMICAL IMAGERY*

is published by arrangement with Cambridge University Press

through Tuttle-Mori Agency, Inc., Tokyo

First published in Japan in 2017

by Alphabeta Books Co., Ltd

2-14-5 Iidabashi Chiyoda-ku Tokyo, Japan 102-0072

目 次

謝辞 5

図版について 6

略語表 7

凡例 10

序文 11

錬金術のイメージ・シンボル事典 23

書誌 345

錬金術文書・文学作品の著者別索引 369

訳語索引 383

訳者あとがき 395

マイケル・ワイルディングに捧げる

謝 辞

　グラスゴー大学スペシャル・コレクションのライブラリアン各位に対し、専門的助言をいただくとともに、本書の基礎をなす錬金術関係の書籍及び写本を集めたファーガソン・コレクションを利用することを寛容にも許可してくださったことに深く感謝を申し上げる。なかでも、スペシャル・コレクション担当のデイヴィッド・ウェストン氏には、助力を賜ったことにとりわけ感謝したい。併せて、オックスフォード大学ボドリアン図書館、英国国立図書館、バーゼル大学図書館、フィレンツェのメディチェア・ラウレンツィアーナ図書館、フィッシャー図書館、シドニー大学、ニューサウスウェールズ大学図書館、サン・マリノのハンティントン図書館のスタッフ各位にもお礼を申し述べたい。

　また、博士号取得後の研究生の立場を与えていただいたことでは、オーストラリア研究協会に感謝を申し述べたいが、そのおかげで本書のための研究をおこなうことができた。同様に、ニューサウスウェールズ大学英語学部に対してもお礼を申し上げる。同学部には、本書を完成するために研究員の地位を与えていただいた。

　最後に、次の方々に対し、ご助力とご支援を賜ったことに感謝申し上げる次第である。アリソン・アダムス、クリスティーン・アレクザンダー、ピーター・アレクザンダー、マイケル・バス、ピーター・ベッキー、ジューン・ビリンガム・マリー・チャン、ウォレン・チャーネック、ポール・チップチェイス、ドリス・カミンズ及びアルフ・カミンズ夫妻、R. M. カミングス、H. ネヴィル・デイヴィス、アレン・ディーバス、ジョージー・ディクソン、ウィム・ヴァン・ドンゲン、リン・エドワーズ及びスティーヴン・エドワーズ夫妻、マーク・エリクソン、ジェニファー・グリブル、ジェニー・ハリス、故ジョーン・ホジソン、ケイ・ゲルトナー、アクサ・ギボリー、スタントン・J・リンデン、フィリップ・マーティン、アダム・マクリーン、ジャン－ピエール・ミアロン、サビーネ・メーデルシャイム、ジェニファー・ネヴィル、デイヴィッド・ノーブルック、ブリギッタ・オルバス、ロス・ペンマン、スティーヴン・ロールズ、ゲイ・ロビンソン、スーザン・サーク、ナイジェル・スミス、エリザベス・ワトソン、シャーリー・ウェブスター、デイヴィッド・ウェストン、マイケル・ワイルディング、サニー・ワイルディング。

5

図版について

　図3、19、39は大英図書館、図7、36はオックスフォード大学ボドリアン図書館、図15はバーゼル大学図書館、図46はフィレンツェのメディチェア・ラウレンツィアーナ図書館、それぞれの許可をいただいて複製している。

　また、残りのすべての図版は、グラスゴー大学特別コレクション所蔵の書籍と写本のものであるが、複製の許可を与えてくださったことに本事典著者並びに出版社ともども深く感謝申し上げる。

(Figures 3, 19, 31 and 39 are reproduced by kind permission of the British Library; figures 7 and 36 by kind permission of hte Bodleian Library Oxford; figure 15 by kind permissino of the Universitätsbibliothek, Basel; and figure 46 by kind permission of the Bibliotheca Medicea-Laurenziana, Florence.

　All other illustrations are taken from books and manuscripts in the Ferguson Collection, Department of Special Collections, University of Glasgow, whose Permission is gratefully acknowledged by author and publisher.)

略語表

　以下に列挙した略語は、本事典全体を通して頻繁に引用することになる文献に言及するために用いている。使用したすべての文献の詳細は、省略せずに巻末書誌に記載してある。

AA　『化学と呼ばれし錬金の術』*Artis auriferae quam chemiam vocant*

AC　（偽）トマス・アクィナス『立ち昇る曙光』*Aurora consurgens*

AE　ヨハン・ミューリウス『ミューリウスの錬金術の版画』*The Alchemical Engravings of Mylius*

AF　ミヒャエル・マイアー『逃げるアタランテ』*Atalanta fugiens*

ALA　ジョン・リード『伝承・文学・芸術に現れた錬金術師』*The Alchemist in Life , Literature, and Art*

AP　ロバート M. シューラー『錬金術詩編 1575-1700』*Alchemical Poetry 1575-1700*

Archidoxis　『パラケルススのアルキドクシス全 10 巻』*Paracelsus his Archidoxis: comprised in ten book*s

AS　C. G. ユング『錬金術研究』*Alchemical Studies*

Ashm.　アシュモール　Ashmole

BB　サー・ジョージ・リプリー『サー・ジョージ・リプリーの手引き書』*The Bosome Book of Sir George Ripley*

BL　英国国立図書館　British Library

Bod　ボドリアン図書館　Bodleian Library

CC　『化学選集』*Collectanea chymica*

DSP　聖ダンスタン『哲学者の石に関するダンスタンの書』*Dunstan of the Stone of the Philosophers*、『成熟した哲学』*Philosophia maturata* 所収

embl.　エンブレム　emblem

EP　アレン G. ディーバス『英国のパラケルスス派』*The English Paracelsians*

FC　アーサー・ディー『化学の束』*Fasciculus chemicus*（テキストの参照頁は

7

すべて 1650 年刊のアシュモール訳版に拠る）

FT 『哲学者の石に関する 5 つの論』 *Five Treatises of the Philosophers' Stone*

GU グラスゴー大学図書館 Glasgow University Library

HE ニコラ・フラメル『象形寓意図の書』 *His Exposition of the Hieroglyphicall Figures*

HM 『ヘルメス博物館』 *Hermetic Museum*

JA ラファエル・パタイ『ユダヤの錬金術師』 *The Jewish Alchemists*

Janus ベティー・ジョー・ティーター・ドッブス『天才のヤヌス的肖像 — アイザック・ニュートンの思考における錬金術の役割』 *The Janus Faces of Genius: The Role of Alchemy in Newton's Thought*

MC C. G. ユング『結合の神秘』 *Mysterium Coniunctionis*

MP ウィリアム・サーモン『実践医学』 *Medicina Practica*

OED オックスフォード英語大辞典 *Oxford English Dictionary*

PA C. G. ユング『心理学と錬金術』 *Psychology and Alchemy*

pl. 図版

PS 『パラケルスス著作選集』 *Paracelsus: Selected Writings*

PW 『アウレオルス・フィリップス・テオフラストゥス・ボムバストゥス・フォン・ホーエンハイム通称パラケルススのヘルメス主義及び錬金術に関する著作集』 *The Hermetic and Alchemical Writings of Aureolus Philippus Theophrastus Bombastus of Hohenheim, called Paracelsus*

RR エイレナエウス・フィラレテス『よみがえりしリプリー、あるいはサー・ジョージ・リプリーによる錬金術の著作及び詩の注解』 *Ripley Reviv'd : or an Exposition upon Sir George Ripley's Hermetico-Poetical Works*

SB アルテフィウス『アルテフィウスの秘密の書』 *The Secret Book of Artephius*

TAC ジョン・リード『錬金術から化学へ』 *Through Alchmey to Chemistry*

TCB エリアス・アシュモール『英国における化学の劇場』 *Theatrum chemicum Britannicum*

TGH ロバート・フラッド『真理の黄金のまぐわ』 'Truth's Golden Harrow'

VW(R) アラン・ラドラム編『トマス・ヴォーン全集』 *The Works of Thomas Vaughan*

VW(W) A. E. ウエイト編『トマス・ヴォーン全集』 *The Works of Thomas Vaughan*

ZC 　『ゾロアストロの洞窟』*Zoroaster's Cave*、ラファエル・イコニウス・
　　　エグリヌス『簡易哲学者の魔術の金入門』*An Easie Introduction to*
　the Philosophers Magical Gold 所収

凡 例

1．（ ）は原著のまま。また、原語・訳語を併記する際にも用いた。

1．［ ］は原著のまま。

1．〔 〕は原著の本文及び引用文の中の訳者による補足・註。

1．『 』は書名、論文名、詩を含めた作品名など。

1．「 」は原著の引用符（' '）。また強調・術語など。

1．〈 〉は引用文中の強調や引用符（" "）など。

1．→ は当該項目を「参照せよ」、「見よ」の意。

1．＊は「見出し語」として出てくる項目を示しており、対応する英語・ラテン語は、巻末の訳語索引を参照。

1．原著の引用文献に関しては、邦訳があるものは断りなく参照・利用させいただいた。

1．原著の本文・引用文における誤植・誤記に関しては、誤りが明白な場合、断わなく訂正した。

1．錬金術において、「哲学者の石」は人間と同様に、spirit, soul, body からなるとされる（本辞典の philosopher's stone の項を参照）。訳語としては、霊（精気）、魂、肉体（body はラテン語の corpus にあたり、他の意味も含まれているが）を用いた。

1．書名、論文名、詩を含めた作品名の原語に関しては、略語表・序文に出てくるものは本文中では訳語のみで省略した。

序 文

　西方文化における錬金術の起源は、ギリシャ科学がその盛期にあった、およそ紀元前300年のアレクサンドリア、すなわちヘレニズム期のエジプトにまでさかのぼることができる。当時のアレクサンドリアでは、錬金術がプトレマイオス王朝とヘブライの、双方の文化において発達していた。アラビア人は、ビザンチン帝国からアレクサンドリアを奪取して以降、錬金術に関心を抱くようになり、イスラムの錬金術の実践は、紀元750年までに確立した。12世紀になってはじめて、錬金術がスペインと南イタリアのアラビア人から、そこを起点として広がってゆき、ヨーロッパ文化に影響を与え始めることになった。1317年の教皇ヨハネ22世の教皇教書は錬金術の実践を非難し、これを表舞台から地下へと退かせた。しかしながら、16世紀末から17世紀初頭までに、錬金術は、諸説紛々たるものの、知的次元でれっきとした1つの教説となり、当時の大きな熱狂の対象となっていた。この時期、錬金術は、様々な物質、事物の種々の変化や関係、また宇宙それ自体を知るすべを与えてくれる1つの重要な科学的、哲学的思考体系であると考えられるようになっていた。錬金術は、化学物質の探求、新しい「化学的」薬剤の研究、自然の働きの科学的観察として、秘義的哲学や宇宙論として、また、創造の行為それ自体を解明するものとして、様々な形をとって現れ、16世紀から17世紀のヨーロッパにおいて隆盛を極めた。錬金術の理論は、そのような、すべてをまとめると世界を知的に説明できることになる様々な影響の原動力であった。

　当時のイングランドの最も著名な人物の中には次のような錬金術を追求する人々がいた。サー・フィリップ・シドニーとサー・エドワード・ダイアー、シドニーの妹ペンブルック伯爵夫人のメアリー・ハーバート、サー・ウォルター・ローリーと彼の異母兄弟のエイドリアン・ギルバート、第9代ノーサンバーランド公ヘンリー・パーシー、数学者のトマス・ハリオット、エドワード・ケリーとジョン・ディー博士、第2代バッキンガム公ジョージ・ヴィリアーズ、コンウェイ子爵夫人のアン、サミュエル・ハートリブ、アイザック・ニュートン、イングランド王チャールズ2世といった人たちである。また、当時台頭してきていた医師も、パラケルスス派の錬金術師であった。そういった、いわば先駆的「化学者」によって、伝統的なガレノス派の医学による薬草を用いた治療に取って代わり始めていた、革新的な化学的

医薬が、16世紀末から17世紀初頭のイングランドにおいて薬局方に取り入れられていった。ヘルメス主義的、錬金術的思想はエリザベス朝及びジャコビアン時代の文化に深く影響を与え、シェイクスピア、ジョンソン、ダン、マーヴェル、クリーヴランド、ミルトン、ドライデンなどの才能ある詩人や劇作家たちが、自らの著作にイメジャリーの宝庫としての錬金術を利用していることが、現在ますます明らかになってきている。トマス・ナッシュ、ベン・ジョンソン、ジョン・ダンなどの詩や戯曲に見られる錬金術への風刺的言及は、広く知られている。しかし、錬金術のメタファーは、風刺や喜劇のテーマとして使われるのと同じくらい頻繁に、極めて哲学的かつ霊的な真理を表現するためにも用いられた。ダンは、宗教詩『復活（未完)』'Resurrection, imperfect' で、十字架につけられたキリストについて、「地の下に身を横たえた時、すでに全き金であった」が、天に昇った時には、「鉛のように重たく、鉄のように硬い心を徳へと」変成させることのできる「全きティンクトラ」となる（13-15）と言っているが、その際、ダンはキリストの愛の持つ変質させる力に関する、深く霊的な幻視を表現するために錬金術の用語を用いていたのである。また、『楽園の喪失』Pradise Lost で、ミルトンは、「大化学者の太陽」表面の山野や川が「純粋なるエリクシルを産み」、「飲　用　金」を流すと述べているが（3.606-9）、そこで言及されているのは、生きて作用する霊的錬金術、つまり「この下の世界で／錬金術師たちが空しく長きにわたって求め続けてきた」（3.595-612）物質的な錬金術とは対照的な霊的な錬金術のことである。錬金術は、自然科学、心理学、霊的世界、宇宙論などに関する様々な観念を表すための刺激的で生き生きしたモデルを与えてくれていたので、この時代の詩人や劇作家たちは、自分たちの芸術にその豊かなシンボリズムを利用したのである。

　錬金術の観念やイメジャリーが文化に及ぼした影響は、後期ルネッサンスのヨーロッパに限定されるわけではない。リア王の「成熟こそすべて」〔5.2.12〕から、P. G. ウッドハウスの描く「哲学者の石を追求している錬金術師のように」ゲームの極意を追い求める若きゴルファーに至るまで、錬金術は創造的想像力に対して豊かな素材を提供してきた。18世紀になって、錬金術が物質主義的な化学と秘義的で霊的分野に自ら分離していったことから、ほぼ1つの「術」として一体化していたものが2つの構成要素に分かれることになった。その後も、物質主義的な化学的探求の企ては続けられ、現在でもなお錬金術の遺産は、硝酸、塩酸、アンモニア、酢酸鉛、一部のアンチモンの化合物などのような物質の発見だけではなく、「アルコール」や「二重鍋」といったような用語としても存在している。とはいえ、錬金術の秘義

的、霊的な要素も存続し続け、20世紀のヘルベルト・ジルベラー、カール・ユング、マリー＝ルイーズ・フォン・フランツなどの思想家による心理学の分野における研究や、ドライデン、ポープ、ゲーテ、ジョセフ・ライト・オブ・ダービー、ブラウニングから、19世紀のシンボリストたち、ヴィクトール・ユーゴー、マーカス・クラーク、W. B. イエイツ、アウグスト・ストリンドベリ・、アントナン・アルトー、マックス・エルンスト、パウル・クレー、ロレンス・ダレル、テッド・ヒューズ、ウラジミール・ナボコフ、マルグリット・ユルスナール、ジャクソン・ポロックに至るまでの、作家や視覚芸術家にその資料と題材を提供してくれるものとして重要な存在であり続けている。

　アイザック・ニュートンの論文を含め、中世から17世紀に至るまでの錬金術書において、錬金術の観念は、暗号のような言葉、エンブレム、シンボル、謎めいた言葉を用いて表現されている。マルティヌス・ルランドゥスは『錬金術辞典』*Lexicon alchemiae*（1612）で、錬金術師は「エニグマ、メタファー、アレゴリー、表、直喩で論じており、それは各哲学者によって自己流に変えられている」（381）と述べている。こうしたことがおこなわれる理由の1つは、「不信心で、愚かで、怠惰にして、恩知らずの偽善者から」（R. ボストック、*EP,* 62）錬金術の真理を隠したいという達人（アデプトゥス）の願望にあった。そのように、錬金術の様々な観念の表現は故意に曖昧にされており、錬金術師自身も、謎めいた論法を用いていると公言している。ゲベルは次のように述べている。「私たちが平明な話し方をしている場合はいつでも、大したことは何も語っているわけではないが、謎めいた文句や表象を用いている場合は、それによって真理を隠しているのである」（マクリーン『薔薇園』*Rosary,* 47）。ベン・ジョンソンの『錬金術師』*The Alchemist* では、そうした、いわば錬金術的話法をパロディー化している。登場人物の1人サトルは、「だいいちあのご大層な述語とやらはいったいなんです。／専門家の間でもみんなお互いにちぐはぐじゃないですか」（2.3.182-3）というサリーの侮辱的な質問に次のように答えている。

　　サトル　　　　　　　　　　　　　　　エジプト人の秘儀は
　すべて神秘の符号で書かれていたとちがいますかな？
　聖書の教えもしばしば比喩によっているとちがいますかな？
　詩人のすぐれた寓話は知恵の
　泉であり、知識の源泉であればこそ、難解なる
　寓意に包まれておるのですぞ。　　　　　　　　　　　　　（2.3.202-7）

また、錬金術師が象徴的な言葉を用いるのは、物質界と比喩的世界がまだ未分化の状態にあったことにも起因する。最初期の論文からすると、錬金術は物質的なものと同じくらい思弁的なものに関心を抱いていた。そして、アレクサンドリアやイスラムの錬金術を構成する霊的要素は、その科学に不可欠な部分としてヨーロッパ西部へ入ってきたのである。錬金術師の目的は、自然の内的働きを探求することにあり、それは神による創造の神秘を徹底的に調べるということであった。パノポリスのゾシモス（前3世紀から前4世紀）は、『最後の勘定書第1書』*The First Book of the Final Reckoning* の続編で、「本物の真性なる自然のティンクトラ」は「観想に深く関わること」によって獲得されると述べている（*JA*, 55）。つまり、錬金術の象徴は、化学物質の外的形態だけではなく、その物質に備わっている哲学的特性も表現しているのである。そのように物質を哲学的に経験することは、象徴、エンブレム、パラドックス、アレゴリーを用いてしか十分に表現することはできない。後世の哲学者や科学者は、錬金術上の様々な照応に関する見解や、霊と物質が連続体であるという考え方を境界の曖昧性を表すものとみなすことになった。カール・ユングは、「古典時代（古代からほぼ17世紀中葉まで）の錬金術は、本質的には化学的探求の作業であったが、そこには〈投影〉を介して無意識の心的要素が混入していた」と述べている（*PA*, 476）。しかしながら、ゲラルドゥス・ドルネウス、ハインリッヒ・クンラート、ロバート・フラッド、トマス・ヴォーン、ジョン・ダン、ジョン・ミルトンなどの著述は、錬金術の象徴を用いて、霊的な真理を表現することを完全に意識したものであったと言えるだろう。物質、物体、心や精神の状態がダイナミックに照応しているというルネッサンスの世界観は、必ずしも無意識による「投影」の結果であるというわけではなく、事物の間に存在する、捉えがたい内的な結びつきに関する妥当で正当な認識の現れであった。

　確かに、錬金術の象徴は、曖昧かつ多面的で、変幻自在なものであり、どれほど明確に定義しようとしても、なかなか一筋縄ではうまくいかない。たとえば、「ペリカン」は循環蒸留器の1形態を表すが、他の状況では、赤いエリクシルあるいは「増殖」として知られる作業（オプス）の1段階を象徴する。「王」は一般的な金、「石」の未精製の質料（素材）、「われらの硫黄」ないしは赤い石といったものを象徴する可能性がある。つまり、錬金術における「王」の定義は、それの象徴する物質が変質を受けるにつれてその意味を変化させる。同様に、錬金術の容器の呼称も、その中で起きる個々の「化学的（キミカル）」変化に従って変わる。「石」の質料（素材）が溶解し、死

んで腐敗する段階において、錬金術の容器は棺、墓、牢獄、洞窟、船ないしは浴槽といった様々な名称で呼ばれる。しかし、「男性的」硫黄と「女性的」生ける銀との結合による哲学者の石の生成の段階では、その容器はベッド、巣、卵、子宮、球体、あるいは薔薇が咲く庭と称される。錬金術において魔術的な変質作用を持つ物質を象徴するメルクリウスは、作業の過程において経ることになる多くの様々な段階の中で形や名称を変える。このパラドクシカルな物質は、作用物と受動物、男性の原理（原質）と女性の原理（原質）、溶剤と凝固剤、不誠実な従者と誠実な従者、毒とエリクシルといったそれぞれ2つの役割を同時に果たす。メルクリウスの象徴としては、竜、蛇、人魚、娼婦、処女、妻あるいは白い女性、花、ヘルマプロディトス、逃げ足の速い雄鹿、涙、雨、汗、露、海、川、泉、蜂、クピドー、獅子、司祭、哲学の樹などがあげられる。このように様々に変化するイメジャリーは、表象される物質の不安定性を適切に表現しており、ある物質ないしは容器を象徴するために用いられるイメージの多様性は、実在の有する流動的で変化し変質する性質を伝えようとしているものと考えられる。

　同様に、不変かつ永遠で、1つに統合された、全なるものの具象化の典型とみなされる「哲学者の石」も多くの名前で知られていた。『ヨハネス・ポンタヌスの書簡』 *The Epistle of John Pontanus* (1624) も、「哲学者の石には（中略）多くの名前がある」(240) としている。「石」を表す象徴を新しく生み出すことは、独創性の証とも考えられた。錬金術のテキストの中に見いだされる「石」の名称としては、エリクシル、ティンクトラ、薔薇、百合、赤い獅子、薬剤、樹・木、泉、ルビー、赤い王、太陽、息子、娘、ホムンクルス、孤児、鳥、フェニックスなどがあげられる。このような状況は、合理的な立場からすれば、それこそジョンソンの『錬金術師』のサリーが発する言葉と同じように「だいいちあのご大層な述語とやらはいったいなんです。／専門家の間でもみんなお互いにちぐはぐじゃないですか」(2.3.182-3) と言いたくなるようなものかもしれない。マイケル・バスは、その論考『物言う絵─イングランドのエンブレム・ブックとルネッサンス文化』 *Speaking Pictures: English Emblem Books and Renaissance Culture* で、1つの概念を象徴するために多くの名称を用いている問題を検討している。バスは、エンブレム学とヘンリー・ホーキンズのエンブレム・ブック『聖処女』 *Partheneia Sacra* (1633) を論じて、聖母マリアが、ナイチンゲール、シュロの木、真珠、鳩、フェニックス、白鳥、船、薔薇、百合、露、星、月、虹、山、蜂（蜜蜂）などとして様々に表現されるのは、疑問に思えるかもしれないとし、次のように続けている。「答えて言えば、単にこれは、

15

17世紀から18世紀の啓蒙思想によって最終的に気ままな創意として告発されることになった、アレゴリーにおける楽観主義といった類いのものでは決してないということである。それどころか、不変で単一な真理を表す象徴の源泉として、創造された世界の移ろいやすい多様性を用いたことの所産なのである。ご都合主義的で勝手気ままであるどころか、そういった表象の不安定性は、それが基礎を置いている、これまでに継承されてきた認識論に起因するものなのである」(243)。錬金術文書は、それが密接に関連しているエンブレムの伝統に属する文献のように、創造された世界の多様性を享受する一方で、同時にその同じ世界を神の単一性の顕現として認識している。『ゾロアストロの洞窟』Zoroater's Cave の著者は、錬金術の理論における多にして1なるものという観念を強調している。「賢者たちは様々な名前を持っており、その言説を複雑なものにしているけれども、彼らは常に私たちに1なるもの、1なる性質、1なる方法の名前について考えさせる。賢者たちは、この1なるものを知っており、多くの場合、彼らはそれが1であることを証明している」(66)。

　現代の読者は、錬金術師が1つの観念を表象するために多くのイメージを用いる慣習のあることや、様々な物質に同一の名称を用いること、また、必要とされる材料の量と作業の各段階の正確な順番のどちらに関しても意見が明らかに相違していることに混乱させられる。この混乱の要因の1つは、中世から17世紀に至るまでのヨーロッパに流れている思考形式、つまり、エンブレムを用いて知識を読み取りまた伝えるという方法に私たちが精通していないことにある。しかしながら、エンブレムを用いる方法はさておいたとしても、この時代の錬金術師の中には、論文によって知識が相反することには問題があると感じている者もいた。ジョン・ディーの息子アーサー・ディーは、『化学の束』Fasciculus chemicus (1631) において、錬金術師は土と水を同量の割合にしなさいというジョージ・リプリーの指示と、水を土の9倍の量にすべきであるというジョン・ダスティンの見解の間に「現れている矛盾を（中略）一致させよう」と努めることは重要であろうと述べている（FC, 92-3）。ディーは、もし人が錬金術について十分に知っているならば、表面的な矛盾はたやすく解決すると指摘する。彼は『化学の束』の第8章の「論理的帰結」で、発酵という問題に関して「混乱させられる読者にとって（中略）ライムンドゥスとリプリーの間には矛盾が生じるかもしれない」と述べている。ライムンドゥスは、発酵体として、1つは太陽（金）、いま1つは月（銀）という2つのものを認めているが、リプリーは3番目のものとして、「ラトン」とも呼ばれる緑の獅子を加えている。しかし、もし未成熟な金と銀でないとしたら、ラトンとは何であろうか、と

ディーは問うている。つまり、矛盾は解決されるわけである。

　ただ幸いにも、ほとんどの錬金術の著述家は、詳細なところこまですべてというわけではないが、作業の主要な点や過程に関しては意見が一致しているように思われる。そういった一般原理を理解することで、現代の読者も個々の象徴を解釈することができるようになる。たとえば、月のイメージは、可能性として、一般的な銀、「われらの生ける銀」、白い女王、アルベドないしは白いエリクシルなどを表すが、もしその象徴の登場する状況が理解できれば、解読可能となる。

　おそらく、西方における錬金術に関する最初の「専門事典」は、西暦300年頃にパノポリスのゾシモスとその妹エウセベイアの著した28巻からなる著作ということになるだろう。16世紀以降、出版や写本の形で多くの錬金術の事典が出されているが、そういったものとしては、ゲラルドゥス・ドルネウスの『テオフラストゥス・パラケルスス辞典』'Dictionarium Theophrasti Paracelsi'（1584）、サイモン・フォアマンの未刊の2巻本のレキシコンと、同じく彼の著した『哲学の原理集成』'Principles of Philosophi, Gathered'（1597）、マルティヌス・ルランドゥスの『錬金術辞典』 *Lexicon alchemiae*（1612）、『化学辞典』*A Chymicall Dictionary*（1650）（ドルネウスの辞典を簡略化した英訳版）、ウィリアム・ジョンソンの『化学の辞典』*Lexicon Chymicum*（1652）（ドルネウスの辞典に基づいているが、拡張されている）、アイザック・ニュートンの未公刊の『インデックス・ケミクス』'Index chemicus'（1680代）、ウィリアム・サーモン〔ギヨーム・サルモンと同一人物と考えられる〕の『ヘルメス学辞典』*Dictionnarie Hermetique*（1695）、A. J. ペルネティの『神話・ヘルメス学辞典』*Dictionnaire Mytho-Hermetique*（1758）、A. E. ウェイトの『錬金術小辞典』'Short Lexicon of Alchemy'（1894）、アルベール・ポワソンの『錬金術師の理論と象徴』*Théories et Symboles des Alchimistes*（1891）、もっと最近では、マーク・ハーフナーの『錬金術辞典』*A Dictionary of Alchemy*（1991）などがある。

　本事典執筆の意図は、錬金術の豊かなシンボルの宝庫を記録し、それを文学史、哲学史、科学史、視覚芸術史の研究者だけでなく、錬金術やヘルメス主義に関心を持っている学識ある一般読者にも利用できるものとすることにある。そこで、錬金術に触れている理論的または文学的文献を重点的に取り上げるが、それは錬金術のイメジャリーは、文学、視覚芸術、また錬金術師自身の著作の中に反映されているからである。錬金術の文献資料は膨大であり、またアラビア語、中国語、英語、フランス語、ドイツ語、ギリシャ語、インド語、イタリア語、韓国語、ラテン語、スペイン語、スラブ語によるテキストがある。ギリシャ初期の錬金術のテキストは、

ジャック・リンゼイの『グレコローマン時代のエジプトにおける錬金術の起源』 *The Origins of Alchemy in Greco-Roman Egypt*（1970）で、体系的な検討がなされており、アラビアの錬金術の伝統は、『錬金術』 *Alchemy*（60-104）でE. J. ホームヤードによって、インド中世の伝統は、『錬金術大全——中世インドにおけるシッダの伝承』 *The Alchemical Body: Siddha Traditions in Medieval India*（1996）でダヴィッド・ゴードン・ホワイトによってそれぞれ調査・研究されている。ドイツの錬金術師の著述に関しては、C. G. ユングによる『心理学と錬金術』 *Psychology and Alchemy*（1967）、『錬金術研究』 *Alchemical Studies*（1968）、『結合の神秘』 *Mysterium Coniunctionis*（1963）がある。また、ジョゼフ・ニーダムの大著『中国の科学と文明』 *Science and Civilization in China* は、東方の伝統における錬金術を理解する上で多大な貢献をしてくれたが、ここ最近では、J. C. クーパーの『中国の錬金術』 *Chinese Alchemy* が出版され、その方面に関する研究成果が増大された。こういった様々な錬金術の伝統に関する詳細な研究リストに関しては、アラン・プリチャードの『錬金術——英語による著作目録』 *Alchemy: A Bibliography of English-Language Writings*（1980）の135頁から279頁を参照していただきたい。

　初期の錬金術のテキストは、個人的な著述という観念が広まるようになる以前の時代のものであり、著者がわかっている場合でも、多くの錬金術師の生没年や伝記の詳細ははっきりとしないままである。多数のテキストが著者不明、つまり匿名で書かれており、何世紀にもわたって、写本を介して伝えられてきた。さらに問題を複雑にしているのは、多くの場合、錬金術の論文がイシス、クレオパトラ、モーセ、ヘルメス、プラトン、テオフラストス、アリストテレス、ウィラノヴァのアルナルドゥス、ゲベル、ロジャー・ベイコン、聖トマス・アクィナス、ライムンドゥス・ルルスといったような権威や著名な人物に帰せられていたが、現在では一般にそういった論文は、以上のような人たちによるものとは考えられていないことである。多くのテキストが、たとえば『哲学者の群』 *Turba philosophorum*（10世紀のイスラムのもの）や、『哲学者の薔薇園』 *Rosarium philosophorum*（1550）、またヨハン・ミューリウスの『改革された哲学』 *Philosophia reformata*（1622）などのように、それ以前の論文を典拠として、それを再利用したりしている。アーサー・ディーの『化学の束』は、30篇にもおよぶ初期の著述を利用している。

　本事典は、現代の英語の読者を対象としているので、膨大な量の錬金術の著述の中から文献を選び出すにあたって、主として西方の伝統において英語に翻訳されていたり、英語で書かれているものを引用することを選択した。それも、錬金術が隆

序文

盛を極め、英国における錬金術関係の書物の出版が 1650 年代から 1660 年代を頂点として絶頂期にあった 16 世紀及び 17 世紀に流布していたものを中心とした。この時代には、それまで写本の形でのみ流布していた、初期の錬金術師の著述だけではなく、同時代の新しい資料が出版されることになったからである。ほぼ間違いなく、こういった書物は当時の詩人や劇作家に影響を与えた主要なテキストである。従って、当然のこととして、彼らは、ユングがその記念碑的錬金術研究の基礎としているテキスト、すなわち『化学と呼ばれし錬金の術』*Artis Auriferae*（1593）、『ヘルメス博物館』*Musaeum Hermeticum*（1678）、『化学の劇場』*Theatrum chemicum*（1602-61）などのヨーロッパ大陸の主要なラテン語文献集成を典拠とすることができたのである。J.W. ビンズの『エリザベス朝及びジャコビアン時代のイングランドにおける知的教養―同時代のラテン語文献』*Intellectual Culture in Elizabethan and Jacobean England: The Latin Writings of the Age*（1990）では、英国ルネッサンスにおける近代ラテン語文化が研究されている。

　17 世紀におけるもっとも重要な英語による錬金術のテキスト集成は、エリアス・アシュモールの『英国における化学の劇場』*Theatrum chemicum Britannicum*（1652）である。この集成から本事典に引用した著述は、『ジョン・ガワー、哲学者の石に関して』*John Gower Concerning the Philosopher's Stone*、ジョン・リドゲイトによる『秘中の秘』*Secreta secretorum* の英訳、ジョン・ダスティンの『ダスティンの夢』*Dastin's Dreame*、ウィリアム・ブルームフィールドの『ブルームフィールドの花々』*Bloomefield's Blossoms*、著者不詳の『父なる神の知恵の書』*Liber patris sapientiae*、エイブラハム・アンドゥルーズの『緑の獅子狩り』*The Hunting of the Green Lyon*、トマス・ノートンによって 1477 年から書き始められた『錬金術式目』*The Ordinall of Alchemy*、トマス・チャーノックによって 1557 年に書かれた『自然哲学抄録』*The Breviary of Naturall Philosophy*、ウィリアム・バックハウスの『自然変成力』*The Magistery*、リプリーによる『エンブレムの巻物に付されし詩』*Verses belonging to an Emblematicall Scrowle* と『サー・ジョージ・リプリーの幻視』*The Vision by Sr: George Ripley* である。本事典で主として引用した他の著述としては、1597 年にはじめて英語で出版され、ロジャー・ベイコンに帰せられている『錬金術の鏡』*The Mirror of Alchimy*、聖ダンスタンのものとされる『哲学者の石に関する論』'Tractatus…de Lapide Philosophorum'、エドワード 4 世に献呈された、ジョージ・リプリーの『錬金術の化合物』*The Compound of Alchemy*、エドワード・ケリーの『哲学者の石に関する選ばれし者の 2 つの論』*Tractatus duo egregii de Lapide Philosophorum, una*

cum Theatro Astronomiae、エドワード・クラドックの『哲学者の石に関する論』‘A Treatise Touching the Philosopher's Stone'、サイモン・フォアマンの2つの錬金術詩編『カオスの区分に関して』‘Of the Division of the Chaos' と『著者より読者へ』‘Compositor huius libri ad lectorem'、『ベンジャミン・ロック、リプリーの城の錠前を開ける道具』‘Benjamin Lock, His Picklock to Riply his Castle'、トマス・ノートンのひ孫による『錬金術概要』Alchymiae complementum、トマス・ティムによる『暗闇の中の光』‘A Light in Darkness'、アーサー・ディーによる『化学の束』などである。最後にあげたディーの著述は、初期の錬金術師からの引用や、アリストテレス、モリエヌス、セニオル、アヴィセンナ、アルベルトゥス・マグヌス、ゲベル、ライムンドゥス・ルルス、ベルナール・トレヴィザン、バシリウス・ヴァレンティヌス、ウィラノヴァのアルナルドゥス、『ラッパの音』‘Clangor buccinae'、『子供の遊び』‘Ludus puerorum'、『ゾシモスからサラタンタ司教へ』‘Rosinus ad Saratantem'、『小道の小道』‘Semita semitae'、『合一の集い』‘Consilium coniugii' などの錬金術のテキスト集成である。また、アイザック・ニュートンによる『注目に値する見解』‘Sententiae notabilis'、『実地』‘Praxis'、『エメラルド板』Emerald Tables に関する写本論文に対する注解も利用したが、彼は、錬金術に関する、言葉にして 200 万語以上にものぼる未公刊の文書を残している。

　さらに、場合によっては、錬金術文書をより広範に利用した。つまり、パノポリスのゾシモス、オスタネス（エジプトのマギであった伝えられる）、モリエヌス、マリア・プロフェティサ、アルケラオスなどの初期のギリシャの錬金術師だけでなく、ハリド、アブル・カシム、またその詳しい素性はよく知られていないが、12 世紀のアラビア人であると考えられているアルテフィウスの資料も用いた。同様に、ペトルス・ボヌス、ジョヴァンニ・バプティスタ・デラ・ポルタ、ラウレンティウス・ヴェントゥラ、ラキニウス、ベルナール・トレヴィザン、ジョヴァンニ・バプティスタ・アニェッリ、ニコラ・フラメル、ジャン・ドゥ・ラ・フォンテーヌ、ドゥニ・ザシェール、偽ジャン・ドゥ・マン、ラムスプリンク、ニケーズ・ル・フェーヴル、ウィラノヴァのアルナルドゥス、ライムンドゥス・ルルス、テーオバルト・デ・ホーゲランデ、バシリウス・ヴァレンティヌス、パラケルスス、ゲラルドゥス・ドルネウス、マルティヌス・ン・ルランドゥスなどの、他の多くのイタリア、フランス、カタロニア、オランダ、ドイツ、スイス、チェコ、ポーランドの錬金術師たちの著作も利用した。

　本事典は、（研究者だけではなく）幅広い一般の読者層を対象としているので、

ギリシャ語、アラビア語、ラテン語の引用をそのままテキストとするのではなく、一般に利用できる英語訳を用いた。しかしながら、一部の翻訳、特に A. E. ウェイトのものは、かなり意訳されている傾向があるので、学術目的で利用する場合は、原典にあたる必要がある。

　本事典で見出し語としてあげている各項目には、その象徴としての定義、錬金術文書の中で用いられている実例や、可能な場合は、文学資料からの引用をあげている。また、一般的な誰にでもわかりやすい、つまり自然科学的観点と、秘義的すなわち哲学的観点の双方を示してある。象徴を定義するのにあたっては、状況に応じて多くの違った意味が生じる点、また、錬金術の著述家の間で意見が一致していたり、一致していなかったりする点を示した。象徴の定義を例証するためだけではなく、16 世紀から 17 世紀において利用することのできた論文の中で表現されているような、錬金術の言語で語られる内容と、その言語に特有の言い回しを実際に知ってもらうためにも、錬金術の著述家たちの文献を引用している。チョーサーからナボコフに至るまでの文学作品も引用しているが、それは、何世紀にもわたって錬金術の思想が文学の想像力に対して強い影響を与えてきたことを証明するものとなっている。その種の引用文献は、文学における錬金術への言及がどの程度のものであるかを示しており、錬金術的読解なしにははっきりとはわからない文学のテキストの解明と解釈の指標を提供してくれる。ウッドハウス、ナボコフ、ダレル、クラーク、ヒューズ、エイミス、ユルスナール、ワイルディングなどの現代作家からの引用は、錬金術の観念が現在も人々の想像力の中に生き続けていることを示している。

　ルネッサンス期には、化学的、哲学的、霊的真理は、言語を媒介とするのと同じくらい難なく視覚的なエンブレムで表現されたので、視覚的なエンブレムや象徴の例をあげている。錬金術の論文には、必ずというわけではないが、多くの場合、作業の重要な段階を表す印象的なイメージを描いた写実的な木版画、銅版画、ないしは手書きのエンブレムが添えられている。たとえば、『自然の戴冠』'Coronatio naturae' や、『沈黙の書』Mutus Liber などの一部の論文は、完全に視覚的な題材だけで構成されているが、視覚的要素は錬金術の著述に欠くことができないものとなっていた。そこで、本事典は、錬金術の論文の視覚的要素であるエンブレムの中からその代表的なものを選んで複製しているが、そのいくつかは、初出以降、複製されたことがないものである。その点では、ジャック・ファン・レネップの『錬金術』Alchimie（ブリュッセル、1985）は、錬金術の視覚的イメージの大きな情報源であり、熱心な研究者であれば、誰でも収録数が数千を超える、非常に貴重なエンブレ

ム集を調べてみたいと思うだろう。ただ、私は、本事典のために50枚の図版を選択するのにあたって、典型的なものと認められている錬金術のエンブレムを選ぶとともに、ファン・レネップに複製されていない20点のエンブレムを掲載することを重視した。そのうちの8枚の図版以外はグラスゴー大学のファーガソン・コレクションの唯一無二の蔵書を利用したので、ファン・レネップに載せられている写本のエンブレムの変形だけでなく、そのエンブレム集にはまったく載せられていない一連のエンブレムも掲載することができた。

　各見出しの項目は、もれなく網羅したものとなっており、別々にたててあるが、詳細な相互参照を付してある。プリマ・マテリア、化学の結婚、哲学者の石、メルクリウス、またニグレド、アルベド、ルベドと呼ばれる作業段階など、重要な概念に関する項目では、錬金術の理論に通じていない読者のために錬金術の作業の主要な観念にについて基本的な知識を示してある。

錬金術のイメージ・シンボル事典

● A

ablution 洗滌（アブルティオ）

　アレンビック＊の中で哲学者の石＊の質料（素材）に対しておこなわれる循環作業の工程の一段階。この時、ニグレド＊による黒色は洗い清められ、アルベド＊の白色へと純化される。『ゾロアストルの洞窟』は、「石」すなわち金属に関して次のように言っている。「［肉体］が黒色から白色へと変化しはじめると、哲学者たちはそれを洗滌と呼ぶ」（72）が、「洗滌の度合いによって、白色もそれだけさらにもっと濃いものとなる」（77）。同論文は、洗滌を含めた作業の主要な 4 つの工程を 4 元素＊に関連づけている。「溶解は石をそのプリマ・マテリアつまり水に、洗滌は空気に、結合は火に、固定化は霊（精気）的で、染色作用を持つ土に変える」（73）。洗滌つまり清浄化はまた、次のようにムンディフィカティオ（浄化）としても知られる。ハリドは「さらにあなたは、甘き水を用いた煮沸、粉末化［原文のまま］、浄化つまり洗滌が、この秘密の大いなる業には不可欠であることを理解しなければならない」（『秘密の書』*Booke of the Secrets*, 38）と述べている。

　錬金術師は、金属が変成されるには、まず最初にその金属が「殺される」つまり溶解されて、始原の創造の材料であるプリマ・マテリア＊となり、その金属に含まれる不純物を洗い落とさなければならないと考えていた。「石」の金属すなわち質料（素材）の古い「肉体」が溶解され、アレンビックの底で腐敗した状態にある時、「魂」が解放され、「霊」（精気）がその容器の最上部へ揮発する蒸気のように立ち上る。そしてその蒸気は、最上部で凝縮し、天から下にある、死んだ肉体に雨＊、露＊ないしは涙＊となって降り注ぐ。この錬金術的雨に、ジョン・ドライデンは『驚異の年』*Annus Mirabilis* の中で言及し、「そこで断定した、リンベックから立ち上る蒸気のように／戦費は豊壌な驟雨となって再び降ってくる」（49-52）としている。この雨あるいは露は、腐敗した肉体からその腐敗を取り除き、肉体が魂（あるいは既に結合されている魂と霊（精気））と再結合される準備を整える水銀の水＊あるいは秘密の火を意味する。それから魂は、新しい肉体を再活性化し、復活させる。『哲学者の薔薇園』の 8 番目のエンブレムは、この水銀の水を、下の棺＊の中に横たわる死んだ肉体に降り注ぎ、その肉体から不純物を浄化する雨ないしは露

図1 洗滌。『哲学者の薔薇園』(フランクフルト、1550), 38r より。

として表現している（図1）。洗滌とは、洗礼による罪の哲学的浄化に等しい。洗滌に関する錬金術のエンブレムでは、女性たちが川あるいは桶（水銀の水）で汚れたリンネル類を洗濯し、それから草地で乾かすために外に持ち出しているところが描かれる（→図37）。またこの工程は、癩を病む者ナアマン*がヨルダン川の流れで洗い清められている図（*AF, embl.* 13）、ラートーナ*の顔から染みを洗い落としている図（*AF, embl.* 11）、蒸し風呂の中で露によって洗い清められている王の図（*AF, embl.* 28）などによっても象徴される。この用語は、ジョン・ダンの説教の錬金術的文脈でも用いられている。ダンは、旧約聖書の「詩篇」の作者と考えられていたダビデについて「それ故、彼は、液化、涙への融解だけではなく、洗滌や変成という、そのように浄化し、そのように洗い流すことで得られるものだけではなく、（中略）フィクシオーネムつまり固定化も自分には必要であることがわかったのである」（マジオ『ルネッサンス及び17世紀研究』*Renaissance and Seventeenth Century Studies*, 75）と述べている。→ laundering

26

abortion　流産

　完成することができなかった場合の作業に与えられる名称。ソル＊とルナ＊（形相と質料）の化学の結婚＊による哲学者の石＊の生成は、子供あるいは雛鳥の誕生にたとえられる場合が多い。もし錬金術師が錬金作業（オプス・アルキミクム）の工程を急ぐ、あるいは何か間違いを犯したなら、その作業は成就することはない。従って、哲学の子供＊は流産したことになる。『逃げるアタランテ』のエンブレム１に付されたエピグラムで、ミヒャエル・マイアーは、錬金術師の「胎児」が「無益な流産としてではなく」、「幸運の星の下に」生まれてくる希望を表現している（55）。『賢者の水石』 The Sophic Hydrolith は「時間を短縮しようとしすぎれば、流産をまねくだろう」（HM, 1: 84）と警告している。『パラドックス―愛の成就は愛を破壊する』 'Paradox. That Fruition destroys Love' の中で、ヘンリー・キングは、性交の後の幻滅について語る際、「石」の「死」産の観念を利用している。「いったん実現してしまえば、欲望とは／消えゆく火によって暖められつづける灰以外のなんであろうか／その灰は（残っていればだが）投入の段階で常に流産する／哲学者の石に等しい」（73-6）。

abyss　アビス（深淵）

　太古の混沌（カオス）＊、形相を持たない原初の物質、あるいは錬金術師の言う始原の混沌（カオス）＊のようなプリマ・マテリア＊。『インデックス・ケミクス』（ケインズ手稿30, f.58）の中で、アイザック・ニュートンは、「原素材（ヒュレー）」や「混沌（カオス）＊」と並んで、プリマ・マテリアの名称として「アビス」をあげている（ウエストフォール『インデックス』180）。『秘密』 Arcanum は、金属つまり肉体をプリマ・マテリアへ溶解することを通して、錬金術師は「その全体を太古の混沌（カオス）つまり暗いアビスへと」（208）還元したのであると言っている。ギヨーム・サルモン（＝ウィリアム・サーモン）の『ヘルメス学辞典』によれば、混沌（カオス）は、ニグレド＊の段階において黒化し、腐敗している時の「石」の質料（素材）を意味する。『アビス』〔これは英語版のタイトル、フランス語原典は『黒の過程』 L'Œuvre au noir〕は、ルネッサンス期の想像上の哲学者にして錬金術師ゼノンに関するマルグリット・ユルスナールの小説のタイトルとなっている。

Adam　アダム

　プリマ・マテリア＊、メルクリウス＊。また、錬金術の伝承によれば、最初の達人（アデプトゥス）にして自然哲学者。哲学者の石＊の秘義は神からアダムに明かされ、その

後、楽園から世界に持ち込まれ、聖なる「人類の父祖」に伝えられた。エリアス・アシュモールによれば、アダムは「堕罪以前は、完全なる哲学者であったので、最も完全な形で、自然に関する真の先験的知識（通常〈自然の魔術〉と呼ばれているもの以外の何ものでもないが）を十全に理解していた」（*TCB*, 445）（→doctrine of signature）。ベン・ジョンソンの『錬金術師』で、サー・エピキュア・マモンは、アダムによって書かれた錬金術の論文を所持していると言う。「モーセとその妹、さらにはソロモンが、この秘術に関して／書き残した書物を見せてやろう。／それにアダムの手になる論文もあるんだ」（2.1.81-3）。また、パラケルススは、アダムが長寿であったのは、彼が「とても博学で、賢明な自然哲学者であり、自然の中に存在するすべてのものを知っていった」ためであるとしている（*Archidoxis*, 114）。

　錬金作業（オプス・アルキミクム）との関連では、アダムは、宇宙とその万物が、そこから創造されたと信じられていた質料、プリマ・マテリアと同義語である。「アダム」の名前は、「赤い土」を意味するヘブライ語の「アドム」adom に由来すると考えられたので、プリマ・マテリアは赤い土＊と言われる場合がある。この創造の材料（マテリア）はまた、永遠の水（アクア・ベルマネンス）、世界の「精液」（「メンストゥルウム＊」の場合もある）、「われらのメルクリウス」（一般的な水銀とは対照的なものとしての哲学の水銀）とも称される。ジョン・ディーは『象形文字の単子』*Monas hieroglyphica* で、「哲学者たちのうちで最も有名な、かのメルクリウス、小宇宙（ミクロコスモス）にしてアダム」（165）と言っているが、この「メルクリウス」とは、プリマ・マテリアの状態から作業の究極の目標である哲学者の石に変わる、秘密の変質する物質に与えられた名称である。要するに、アダムは潜在的に「新しき」アダムであり、キリストないしは哲学の人間なのである（→ furnance）。ヘルメス主義の伝統において、堕罪以前、アダムはヘルマプロディトスであったとみなされる。錬金術において、メルクリウスはヘルマプロディトスとしてのアダムを象徴するが、その理由は、メルクリウスはプリマ・マテリアとして金属の男性の種子と女性の種子（硫黄＊と生ける銀＊）の双方を保持しているからである。ヘルマプロディトスはまた、化学の結婚＊における男性の種子と女性の種子、ソル＊とルナ＊の結合からなる存在を表すものでもある。化学の結婚（すなわちコンイウンクティオ）の必要性は、堕罪後に人間は、原初の分割されていないアダムの状態を失い、その統合性（男性と女性の結合に象徴されている）を取り戻すために、自分自身の相反する半身同士を調和させ、結合させなければならないという観念に基づいている。

● A

adrop　アドロプ

（アラビア語の鉛 usrubb に由来する）。哲学の水銀＊が抽出されると言われる鉱石。また哲学の水銀。『錬金術の化合物』で、サー・ジョージ・リプリーは「われらのマグネシアとわれらのアドロプ」を、錬金術のコニウンクティオにおける「行為者と受動者／すなわち硫黄と水銀」（*TCB,* 135）である姉妹と兄弟と同一視している（→ chemical wdding）。『ゾロアスターの洞窟』は、アルナルドゥスとサトゥルニヌスを引用して次のように言っている。アルナルドゥスは「われらの石は、アドロプ、すなわちサトゥルヌス〔鉛・土星〕と呼ばれる」と述べており、サトゥルニヌスは「石がアドロプつまりサトゥルヌスと呼ばれるのは、土星が惑星のうちで最大の周期を持つものであるように、われらの水銀を含む鉛の石は、石の中でも最高位の、最も貴重なものだからである」としている（65, 64）。

Aeson　アイソン

女魔法使いメディアによって若さを取り戻したイアソンの年老いた病気の父。アイソンは、変成され、活性化され、復活させられるために殺される、年老いた病の王＊（つまり金属）と同意語。アイソンは、ニグレド＊の段階における、錬金術の容器の中の物質の死と腐敗＊を意味する。死んだ物質は、その後浄化され、再生され、白い石それから赤い石へと変質されていくことになる。ジョン・ダスティンは、その錬金術詩編『ダスティンの夢』で「年老いたアイソンは、メディアの飲み物、／彼女の薬によって若がえったが、／そのように、純粋なる〈愛情〉で、あなたの兄弟［すなわち王］も死に、／その愛のはたらきによって若くなるに違いない」と述べている（*TCB,* 264）。また、バセット・ジョーンズの『化学の石』'Lithochymicus' で錬金術師トゥーゲールは、「君主アイソンの老いに対して施されたメディアの術を、自分に実践することで再現してみせるよう／私に命じた」（*AP,* 262）年老いたイタリア人の話を詳述している。フランソワ・ラブレーの『パンタグリュエル』*Patagruel* で、パンタグリュエルとその一行は「クウィンタ・エッセンティア王国」に到着すると、そこで彼らは、錬金術のクウィンタ・エッセンティア（第5元素）が作用して、老いぼれた年寄りが若返るところを目撃する。「これこそは、正真正銘の若返りの泉」であり、「メディアの術によりアイソンの身に、また同じくイアソンの身に」（651）起こったのと同じように、その泉によって人が瞬く間に若返る。

29

air　空気

4元素の1つ。この元素が支配することはあらゆる生命の友好をもたらす。錬金術における揮発性の霊（精気）は、多くの場合「空気のような」と呼ばれる。ミカエル・センディヴォギウスは空気の元素の特徴を次のように説明している。「空気は全き元素であり、その性質において3つのうちでもっとも価値あるものである。外部は軽く、不可視であるが、内部では重く、可視で、固定しており、熱く、湿っていて、火で調和させられる（中略）空気は揮発性であるが、固定化することができ、固定化されれば、いかなる肉体でも浸透性のあるものとする」（『錬金術の新しい光』 New Light of Alchymie, 95）。→ elements, Mercurius, volatile, wind

alabaster　雪花石膏（アラバスター）

アルベド*の段階で達成される哲学者の白い石*の象徴。エドワード・ケリーは、「メルクリウスが白くなると、われらの硫黄は毒を含み不熱性になるが、その白さは雪花石膏のようである」（『選ばれし者の2つの論』142）と述べている。→ albedo, white stone

albedo　アルベド

作業における純白化の段階、アルビフィカティオ〔白化の工程〕としても知られる。アルベドは、アレンビックの底で死んだ状態にある黒化した物質、要するに「石」のための金属すなわち質料（素材）の腐敗させられた肉体が、水銀の水あるいは火によって白くなるまで洗浄された後に生じる（→ablution）。アルテフィウスは、水銀の水について次のように言っている。「このアクア・ウィタエすなわち生命の水は適切に調製され、肉体に使用されると、肉体を白色化し、白色に肉体を転換ないし変化させる」（SB, 14）。リプリーは、黒化した物質に関して次のように述べている。「その後まもなく、あなたは、物質が黒色化しているのを見て、／急速に腐敗へ向かっているのがわかるだろう。／それからその黒化した物質を多色化した後、／完全に白色化させることになる」（TCB, 149）。循環作業の間に、「石」の質料（素材）は、ニグレド*よる黒色の状態（死）からカウダ・パウォーニス（孔雀の尾*）という虹のような多色化の段階を経て、アルベドによる白色の状態へと変化するが、そのアルベドにおいて多くの色が完全なる白色に統合される。『賢者の水石』 The Sophic Hydrolith は、「孔雀の尾」の状態の後に、物質は「まばゆいばかりの白色」になると言っている（HM, 1: 83）。

● A

　物質がアルベドの状態に達すると、それは純粋で汚れのないものになる。この水銀の水＊による「石」の肉体の白色化は、「アルビフィカティオ」と呼ばれる場合もある。チョーサーの錬金術師の徒弟は、「またわれらの炉も煆焼のために、／また水によるアルビフィカティオのために燃えている」（『錬金術師の徒弟の話』 *Canon's Yeoman's Tale*, 804-5）として、この用語に言及している。この段階で、「石」の肉体（白い薄層からなる土＊）は芳香を放ち、もはや罪すなわち腐敗を受けることのない霊（精気）的状態に達しているのである。その肉体は白色化されており、霊（精気）化されており（すなわち固定化さているものが揮発させられること）、そして魂は、霊（精気）からの照明を受け取る準備が整っているのである。これは、錬金術師がすべての不完全な金属を銀に変成させる力を持つ白い石つまり白いエリクシルを達成している段階である。アルベドは、純粋で、白色ないしは銀色であればどのようなものによっても象徴されるが、その例としては、ルナ＊（白き女王＊）、月＊（その理由は、その質料が完全に受動的状態に達しており、形相によって刻印される準備が整っているからである）、ディアーナ＊、処女＊、鳩＊、雪＊、白鳥＊、白い薔薇＊、白い百合＊、雪花石膏（アラバスター）＊、大理石＊、エリュシオン＊、塩＊、灰＊、銀＊、白い薄層からなる土＊などがあげられる。エドワード・ケリーは次のように言っている。「不完全な金属を溶解し、（中略）純粋なる銀へと凝固させるティンクトラあるいはエリクシル」は、「処女の乳、永遠の水、生命の水と呼ばれるが、その理由は、それが白い大理石と同じくらい鮮やかに光り輝くからである。そしてまたそれは白い女王とも呼ばれる」（『選ばれし者の2つの論』142）。また、フィラレテスはアルベドの関して次のように述べている。「煮沸を続けることによって色が白色に変わると、彼らはそれをわれらの白鳥、われらの鳩、われらの楽園の白い石、われらの白金、われらの煙と呼ぶが、簡単に言えば、彼らはそれを呼ぶのに、白いものであればどんなものでも用いるということである」（*RR*, 178）。アルベドの明るい月光は、達人を魂の暗い夜（ニグレド＊）から意識の夜明けへと導くものであり、作業の最終段階である赤色化、すなわちルベド＊の段階における、真昼の太陽＊に象徴される十全なる覚醒の到来を告げるものである。たとえば、ベンジャミン・ロックは「あなたの物質が完全に凝結して松やにとなる前に、光り輝くごとく白色化させなさい」（『錠前を開ける道具』f.32v）と言っている。

31

albification　アルビフィカティオ　→albedo

alembic, limbeck　アレンビック、リンベック

　くちばし状のカップないしは頭部を持つ容器。蒸留に用いられる器具の上部。ア
レンビックのくちばし〔細長い口〕は、蒸発した物質を受器へと運び、そこでそれ
は凝縮される。アレンビックはクレオパトラによって発明されたが、その名称は
アラビア語の al-anbiq に由来し、そのアラビア語の方は、カップ、ビーカー、蒸留
器の上部を意味するギリシャ語の ambix を語源とする。ライムンドゥス・ルルスの
『遺言書』 Testamentum は次のように述べている。「石」のための質料（素材）は「非
常によく密閉されたガラス容器の中に入れて、6 日の間、浴槽に〔バルネオ〕」浸けておかなけ
ればならいが、「その後、その容器を開け、再びアレンビックに入れて、極めて穏
やかな火でその湿り気を蒸留しなさい」（FC, 18）。ハリドは、錬金術師が必要とす
る装置に関して「器具に関して言えば、それは数にして 2 つである。1 つはアレン
ビックに繋いであるククルビタである」（『秘密の書』 Booke of the Secrets, 34）と言っ
ている。『マクベス』 Macbeth で、シェイクスピアは、受器へ蒸気を運ぶ蒸留器の上
部としての意味で「リンベック」limbeck の語を用いている。マクベス夫人はダン
カンの 2 人のお付きを酩酊させて、「記憶という脳の番人も／蒸気で朦朧としてき
て、理性の器の脳全体が／ただのリンベック」（1.7.66-8）であるにしようと計画す
る。同様に、ジョン・ドライデンは、『王立協会への頓呼』 'Apostrophe to the Royal
Society' で、蒸留の役割を果たすアレンビックに関して次のように述べている。「ま
こと王立協会は、創造主の精神の中にある／万物の法則とその支配を注視し、／リ
ンベックのようにそこから豊富な観念を／引き出しては、人類共同の利益に備え
る」（『驚異の年』 Annus Mirabilis, 661-4）。アレンビックの別称としては、頭*、兜〔ヘルム〕
*、ヘルメットなどがある。ベン・ジョンソンの仮面劇『擁護されるマーキュリー』
Mercurie Vindicated from the Alchemists at Court で、第 2 の幕間狂言の 1 集団として登
場する錬金術の「術〔アルス〕」で生まれた「不完全なる被造物」は、「頭にリンベックの兜〔ヘルム〕
をかぶっている」（183-4）。

　また、アレンビックの用語は、その中で錬金術師が作業のすべての工程をおこな〔オプス〕
う、包括的な意味での球形の容器、ワス・ロトゥンドゥムの呼称としても用いられ
る。ロジャー・ベイコンは「容器は丸く、首が細く、ガラス、あるいは性質や密
度の高さの点でガラスに似ている土でつくられている必要がある。また、その口
は、石の質料（素材）と同じ物質の蓋、あるいは封泥で封印つまり密閉されなけれ
ばならない」と言っている（『鏡』12）（→lute）。多くの論文が、容器は様々な名

32

● A

称で呼ばれているけれども、変成の作業がおこなわれる容器はただ1つであることを強調している。ロジャー・ベイコンは、「1つの容器の中で、大いなる作業のすべてが成し遂げられる」（『鏡』10）と述べている。容器の名称として、壺・ポット、容器、肉体、牢獄 *、墓 * ないしは棺 *、チェスト、箱、樽、箱舟 *、船 *、二輪戦車、飼い葉桶、井戸 *、浴槽 *、ポケット、ずた袋、オーブン、ケトル、子宮 *、卵 *、卵形のもの *、球、球体〔グローブ〕、ベット *、ペリカン *、コウノトリ *、鶺鴒 *、鷲鳥の雌鳥 *、カボチャ、巣 *、洞窟、家 *、温室、ガラス容器、城砦、砦 *、城 *、宝庫、庭 *、神殿 *、町 * などがある。容器の名称は、実際におこなわれている特定の化学的作業に従って変化する。化学的に結合した恋人たち *（硫黄 * と生ける銀 *）が哲学者の石を生成するために殺され、埋葬されるプトレファクティオ〔腐敗〕* という黒色の段階においては、その容器は墓、棺ないしは牢獄と表現される。この観念をジョン・ダンは『1年で最も短い聖ルーシーの日の夜想曲』'A Nocturnal upon S. Lucy's Day' で利用している。「愛の蒸留器にかけられた僕は、／すべての無であるものの墓となった」（21-2）。化学の結婚 * の段階においては、その容器は、恋人たちが結合する夫婦の床〔ベット〕として表現されるが（図3）、錬金術師が白と赤のエリクシルないしは石を達成する段階では、赤い薔薇 * と白い薔薇あるいは太陽と月の花 * をつけた哲学の樹 * が咲く庭として語られる（→図17）。

　錬金術師は、変成作用を持つ秘密の水（メルクリウス *）を彼らの秘密の容器とみなしている場合もある。フィラレテスは謎めかせて次のように言っている。「われらの容器とわれらの火に関して語っている場合、この2つの言葉でわれらの水のことを言っているのであり、われらの炉とわれらの水は、異なった別個のものでは全くない。従って、1つの容器、1つの炉、1つの火が存在するのであり、そういったものすべてが1つの水を構成しているのである」（*HM*, 2: 263）。パラドックスのようであるが、水銀の水は容器の内容物でありかつ容器それ自体であるとも言われる。形而上学的側面を重視している論文では、人間が容器であり、その中で変成が起こり、そこから変質作用を持つ物質が生じると言明されている。この容器は小宇宙とみなされ、その中で達人〔アデプトゥス〕は縮写した形で神の創造の行為を繰り返そうとする。モリエヌスは、「石」に関して次のように述べている。「まさしくこの物質は、神によって創造されたものであり、それはあなた自身の中にしっかりと閉じ込められており、あなたがどこにいようともあなたから離れることはない」（『遺言書』*Testament*, 27）。

33

aludel　アリュデル

　昇華の工程の間に、蒸気の凝縮器として用いられる洋梨型の連結瓶。この名称はアラビア語の al-utal に由来する。この瓶はまた、その中で錬金作業（オプス・アルキミクム）の全体が成就される哲学者の容器あるいは卵＊の名称の１つでもある。ハリドは、錬金術師が必要とする器具に関して次のように述べている。「器具に関して言えば、それは数にして２つである。１つはアレンビックに繋いであるククルビタである。もう１つは出来の良いアリュデルである」（『秘密の書』Booke of the Secrets, 34）。ベン・ジョンソンの『錬金術師』で、サトルはフェイスに対して「煙突の通気弁に十分注意してくれ。／火力を徐々に落としていって／アリュデルにつなぐのだ」と指示している（2.3.33-5）。

amalgam, amalgamation　アマルガム、アマルガム化

　アマルガムとは、もともとは、特に水銀と（金などを）結合することで形成されるやわらかい塊のことである（OED）。『化学の石』'Lithochymicus' の補遺で、バセット・ジョーンズは、アマルガム化とは「鉱物を煆焼するための特別な作業である。その作業は、鉱物と混合し、その混合物をやわらかく、柔軟な堅さに還元する水銀によっておこなわれる」（AP, 353）と定義している。『錬金術師の徒弟の話』Canon's Yeoman's Tale で、チョーサーは「雑水銀（クルード・マーキュリー）と呼ばれる水銀（クイックシルバー）を／アマルガム化し、煆焼する」（771-2）というようにこの用語に言及している。ジャン・ドゥ・ラ・フォンテーヌは、「肉体と魂が不純であれば／アマルガムを確保することができないだろう」（AP, 94）と述べている。

amber　琥珀

　金と同義語。琥珀は古代の人々や哲学者たちの間で非常に貴重な物として知られ、錬金術思想において、琥珀と金（ソル）には密接な結びつきがあった。琥珀は主に次の３つのものとして理解されていた。一部の樹（ポプラ・榛の木・松・樅）の黄金の滲出物、金と銀の合金、金の類似物。ルランドゥスは、琥珀の合金としての構成は、金５に対して銀１の割合であると述べている（『辞典』122）。錬金術師によっては、琥珀の合金をラトンすなわち女神ラートーナ＊、つまりアポロ＊（太陽―金）とディアーナ＊（月―銀）の母と理解している者もいた（→AF, embl. 11）。樹からにじみ出た、硬化した樹脂として、琥珀は錬金術のソルつまり金と結びつけられた。哲学者の石＊はしばしば樹として表現される（→philosophical tree）。ミューリウスは「そこから無限に枝が増えてゆく哲学者の石」と述べている（AS, 319）。哲学者

の樹の凝結した樹液は、その樹の「果実」の一部とみなされるが、この果実＊が銀と金である。フラメルは「生ける果実（真の銀と金）を、私たちはこの樹に求めなければならない」（*HM*, 1:14）と記している。錬金術師は、琥珀、すなわち黄金の凝結した樹液を、彼らの成長する金属の樹から金が流出することを表す重要なイメージとみなした。琥珀の金ないしは植物の金という観念は、クラショーの『涙する人』'The Weeper' の「琥珀の涙を流す樹と化したヘリアデスから滴り落ちる／その慈悲深き金の涙でさえ」（80）という表現や、ミルトンの『楽園の喪失』における生命の樹の描写にも見られる。「そのあらゆる種類の気高い木々のまんなかに、高くきわだった木、／植物のごとき黄金の芳果をつけた／生命の木が据えられた」（4.218-20）。

amorous birds of prey　愛し合う猛禽　→bird
androgyne　アンドロギュノス　→hermaphrodite
angels　天使

昇華＊の段階において揮発する、つまり霊（精気）化された「石」の質料（素材）。錬金術のテキストでは、揮発性の物質は常に翼をつけたものとして表現される（→volatile）。ニコラ・フラメルは、『象形寓意図の書』で次のように述べている。「それ故に、石の原料はこの時、変質して天使になった、すなわち霊（精気）的で、きわめて精妙な存在となり、従っていまやそれらは真のティンクトラとなったのである」（123）。（→castle, bird）。「天使」はまた、16世紀末から17世紀初頭のイングランドの金貨の名称でもあるが、そう名付けられたのは、その表面の図案として大天使ミカエルが竜を打ち破るところが描かれているからである（*OED*）。ジョン・リリーの『ガラテア』*Gallathea* で、ピーターは自分の親方である錬金術師のことを「親方は、お前の帽子を黄金にも変えられるし、グロート銀貨1枚を増殖させて、古いエンゼル金貨3枚にもなさるんだ」（2.3.38-9）と言っている。

antimony　アンチモン

銀白色のメタロイド化学元素であり、輝安鉱はその主要な鉱石である。ジョン・リードは、これを「厳密に言えば金属としてのアンチモンだが、錬金術的には輝安鉱（天然の硫化アンチモン）である」と説明している（*TAC,* 194）。バシリウス・ヴァレンティヌスの『アンチモンの凱旋車』*Triumphant Chariot of Antimony*（1660）は、17世紀におけるアンチモンの熱狂的流行の引き金となったテキストである。ドッブスは、ニュートンの『鍵』'Clavis' によれば、アンチモンの鉱石が鉄を用いて還元されると、

それは星のような模様に結晶化するほど純化することができるので、「アンチモンの星」（『ニュートンの錬金術の基礎』*Foundaitions*, 199）として知られていた、と述べている。サー・ジョージ・リプリーは、緑の獅子として知られる錬金術上の物質を調製するために、アンチモンないしはセリコンを用いたが（*BB*, 101）、その実験はエドワード・ケリーによってトシェボニュで 1588 年 2 月 8 日に再現された（ディー『ジョン・ディーの私的日録』*The Private Diary of Dr John Dee,* 26）。錬金術において、アンチモンないし黒い土は、作業の黒色化の作業段階（ニグレド＊）にある秘密の物質に与えられた名称の 1 つであり、錬金術のエンブレムでは灰色の狼として、また場合によってはグリフィンとして描かれる。『黄金論』*The Golden Tract* は、アンチモンという名称は「溶解後に物質が帯びる輝く黒色が理由で」（*HM*, 1:23）比喩的意味で用いられると指摘している。マイケル・ドレイトンは『ポリ＝オルビオン』*Poly-Olbion*で、ダービーシャー州ピークディストリクトの山を、アンチモンを生み出す錬金術師として描写している。「というのも、彼女は化学者（キミスト）で、自然の秘密を知っており／鉛の中からアンチモンを抽出したからである」（『全集』*Works,* 4:531, 386-7）。

Apollo　アポロン

　ラートーナ＊とユーピテルの息子で、ディアーナ＊と双子の兄弟。赤いティンクトラ、ソル＊、金＊、太陽＊、また作業（オプス）における白い月の段階の後に続く赤い＊「太陽」の段階の象徴。『化学の石』'Lithochymicus' で、バセット・ジョーンズは、月の段階は「偉大なるアポロンの／神的段階へと前進させられなければならない」と言っている（296）。アイザック・ニュートンは、ヘルメス・トリスメギストスの『エメラルド板』に関する注解で、「だから、土は乳母、洗い清められたラートーナであり、彼女はエジプト人にとっては確かにディアーナとアポロン、すなわち白と赤のティンクトラの乳母であったのである」（*Janus,* 276）と述べている。アポロンは、作業（オプス）における熱く、乾燥していて、活動的な男性の原理（原質）を表し、彼を錬金術師は、冷たく、湿っている女性の原理（原質）の妹ディアーナと結合させなければならない。この工程は、その結合によって哲学者の石＊が孕まれ、生まれる近親相姦的な化学の結婚＊として表現される。

apples　林檎　→Atalanta, Hesperides, fruit
aqua ardens　アクア・アルデンス（燃える水）

　メルクリウス＊、賢者の万能溶剤、「石」の「母」。また肉体を殺し、分解し、

● A

プリマ・マテリア＊へと溶解させる錬金作業（オプス・アルキミクム）の最初の段階における水銀。『よみがえりしリプリー』で、フィラレテスは「この水はアクア・アルデンス（燃える水）とか、アケトゥム・アケリムム（鋭く強い酢）と称される場合もあるが、もっとも一般的にはわれらのメルクリウスと呼ばれる」と述べている（3）。この用語の使用は、おそらくライムンドゥス・ルルスの論文に由来するものであるが、そこでは「アクア・アルデンス」（燃える水）、すなわち酒精は万能なるクウィンタ・エッセンティアの不純なる形相とみなされている（モラン『ドイツの宮廷における錬金術の世界』*The Alchemical World of the German Court,* 78）。

aqua divina　アクア・ディウィーナ（神的水）　→Mercurius
aqua fortis　アクア・フォルティス（強い水）
　硝酸。もともとは何かしらの強力な溶剤を指す。錬金術では、どんな金属もプリマ・マテリアに溶解することのできる万能溶剤としてのメルクリウス＊の別称（→aqua ardens）。

aqua nostra　アクア・ノストラ（われらの水）　→Mercurius
aqua permanens　アクア・ペルマネンス（永遠の水）　→ Mercurius
aqua regia, regis　アクア・レーギア、アクア・レーギス（王水）
　硝酸（強い水（アクア・フォルティス））と塩酸の濃縮した混合物で、金を溶解することができる。『酸の本性について』*De natura acidorum* で、ニュートンは、変成のために金ないしは他の肉体をプリマ・マテリア＊に還元することについて論じ、「水銀も、また王水（アクア・レーギア）も〔金や錫の〕最終構成の粒子の隙間であれば通過することができるが、それ以上すすむことができない」（ドッブス『ニュートンの錬金術の基礎』*Foundations,* 218）と述べている。ベン・ジョンソンの『錬金術師』では、サトルが、繰り返される蒸留に関する知識についてフェイスに「再蒸留とは何か」と質問し、フェイスは「それはあなたたちの王水（アクア・レーギス）を注ぎ、／しかる後それを取り除くことである」（2.5.26-7）と答えている。

aqua vitae　アクア・ウィタエ（生命の水）
　特に最初の蒸留におけるアルコールの霊（精気）。燃える霊（精気）、蒸留した葡萄酒。また、作業（オプス）の促進剤ないしは媒介物、すなわちメルクリウス＊として知られる哲学の水銀や、クウィンタ・エッセンティア＊の名称でもある。コルソンの『成

37

熟した哲学』*Philosophia maturata* は次のように言っている。「まず第1に、煆焼し、それから腐敗させ、溶解させない。それからわれらの生命の水（アクア・ウィタエ）で何度も固定化しなさい。洗い、乾かし、肉体と魂を合体させなさい」(34)。アルテフィウスも同様に、生命の水（アクア・ウィタエ）を、腐敗＊後に黒化した「石」の肉体を洗い白色化し、アルベド＊へと導く、有益な「恩寵の露＊」と同一視している。「このアクア・ウィタエすなわち生命の水は適切に調製し、肉体に使用されると、肉体を白色化し、肉体を白色に変換ないしは変化させる」(*SB*, 14) (→Mercurius)。生命の水（アクア・ウィタエ）の同義語としては、浴槽＊、バルネウム＊（あるいはバーミー）、湿った火、糞の山＊、馬の腹＊、緑の獅子の血＊、哲学の水銀などがある。『成熟した哲学』は哲学の水銀に関して次のように言っている。「これはガラス容器の外ではなくその中で常に等しく一定に燃えているわれらの火である。これはわれらの糞の山、われらの生命の水、われらのバーミー、われらの馬の腹であり、自然の最も神秘的な働きに見られる多くの不思議をもたらし、生み出すものである」(32)。ハリドは生命の水（アクア・ウィタエ）を錬金術のクウィンタ・エッセンティアと同一視している。「これは真の哲学者の生命の水（アクア・ウィタエ）であり、とても多く者が得ようとして奮闘する真の霊（精気）であり、精髄（エッセンティア）、クウィンタ・エッセンティア、霊（精気）と呼ばれる、あらゆる賢者たちが求めてきたものである」(『秘密の書』*Booke of the Secrets,* 125)。

arbor inversa　アルボル・インウェルサ　→inverted tree, philosophical tree

arbor philosophica　アルボル・フィロソフィカ　→philosophical tree

argent vive　生ける銀

英語で quicksilver〔生きている銀・水銀〕のことであり、mercury〔水銀・メルクリウス〕としても知られるが、哲学者の石をつくり出すために、硫黄＊として知られる、熱く、乾燥した、活動的な男性の種子と結合させられなければならない、冷たく、湿った、受動的な金属の種子＊。硫黄は揮発性の霊（精気）を固定化し凝固させる力を持っているが、生ける銀すなわち水銀は、固定化した物質を溶解する力を持つ。ニコラ・フラメルは次のように説明している。「すべての金属は硫黄と水銀（クイック・シルバー）からつくられており、この2つはあらゆる金属の種子であり、一方は男性の原理（原質）を、もう一方は女性の原理（原質）を象徴している。当然、この2つの異なる種子は元素からなるが、硫黄すなわち男性の種子は火と空気以外の何ものでもなく、（中略）水銀すなわち女性の種子は土と水以外の何ものでもない」(*HM,*

● A

1:42）。ハリドは、硫黄を「形相」と、生ける銀を金属の「質料」と同一視している。「すべての金属は水銀と硫黄、質料と形相からなっている。水銀は質料であり、硫黄は形相である」（『秘密の書』*Booke of the Secrets,* 126）。生ける銀は、ジョンソンの『錬金術師』の中でマモンが「われらの生ける銀、竜」（2.1.95）と指摘しているように、蛇あるいは竜で象徴される。→gold and silver

Argus, Argus-eyes　アルゴス、アルゴスの眼

作業における、孔雀の尾 * として知られる虹のような多色化の段階の象徴（→ バセット・ジョーンズ、*AP*, 294）。ギリシャ神話では、巨人アルゴスの 100 の眼は女神ヘラによって孔雀の尾に移しかえられた。ジョンソンの『錬金術師』でマモンは、「アルゴスの眼」を「われらの石を表す抽象的で謎めいた表現」の 1 つとしてあげている（2.1.102-4）。孔雀の尾という多色化の段階は、「恋人たち」（男性的硫黄 * と女性的生ける銀 *）の死んだ肉体が腐敗させられるニグレド * という黒色化の段階の後に生じ、そこでは黒化された肉体が洗浄・浄化される白色化の段階、すなわちアルベド * を向かえるための調製がなされる。→jackdaw, Mercurius

ark　箱舟

「石」の質料（素材）がニグレド * の段階において溶解と腐敗 * を受け、哲学の雛鳥あるいは「石」の生成へと至る間の錬金術師の秘密の容器の名称。聖書のみならず錬金術のシンボリズムにおいても、洪水 * はパラドクシカルではあるが、破壊と再生を表す。旧態依然とした古い種族は溺死させられるが、新しき種族が洪水に漂う箱舟から生まれる。箱舟には以前のように世界に住み着くことになる新しき人類の種族が乗り込んでいたので、箱舟は錬金術師から生成の母体（子宮）とみなされた。ジョンソンの仮面劇『宮廷で錬金術師たちから擁護されたマーキュリー』*Mercurie Vindicated from the Alchemists at Court* で、マーキュリーは錬金術師の作業を「生成、いや創造の行為と言っていいほどの偉大な行為」とし、ギリシャ神話のデウカリオンの箱舟を錬金術師の容器と同一視している。「というのも、あなたが錬金術師の実験室で目にする、あそこの容器に、錬金術師は人間を生み出すために原料を入れているんですよ。それはもうデウカリオンあるいはプロメテウスの偉業（そのうちの 1 人は哲学者の石を持っており、それを肩越しに投げたが、もう 1 人は火を持っていて、その後それを失ったと言われている）をはるかに超えています」（133-9）。アーサー・ディーは、『化学の束』の最新版（1630）を 'Arca arcanorum'

（秘密の箱舟すなわち容器）と名付けたが、それは ark〔箱舟〕と arcane〔秘密の〕の語を利用して、秘密は容器としての本の中にあるということを示唆している。錬金術の容器としての箱舟は、ホーセン・ファン・フレースウェイクの『黄金の獅子』 *De Goude Leeuw*（アムステルダム、1675）に図解されている。→Noah, flood

Armenian bitch　アルメニアの雌犬　→dog and bitch
art and nature　術（アルス）と自然

　錬金術は、1つの術（アルス）であると考えられた。エドワード・ケリーは、その著『地上の天文学の劇場』 *Theatre of Terrestrial Astronomy* を「多くの書が、錬金の術（アルス）に関して著されている」という言葉ではじめており、アーサー・ディーは、『化学の束』の序文「化学（キミストリー）を学ぶ者へ」で、「化学（キミストリー）の術（アルス）」、「この神的術（アルス）」と言っている。「術」art の語は、グラティアヌスの『錬金の術の書』 *Book of the Art of Alchemy*、『化学と呼ばれし錬金の術』（バーゼル、1593）、『化学の術』 *Ars chemica*（ストラスブルグ、1566）などのような、おびただしい数の論文のタイトルに登場する。

　人間は、長きにわたり、世界を理解・分析する方法、また宇宙（コスモス）における自身の役割を定義する仕方として人工と自然を区別するという観念を用いてきた。17 世紀においては、人工対自然に関する古代の哲学的議論が、教育、園芸、美顔術などのような問題を詳説することに利用されただけでなく、科学的論考にも用いられた。錬金術は、「自然」を完全なものとすることができる「術」（アルス）と考えられたのである。金は、硫黄と生ける銀からつくられ、大樹のように大地の内部で成長するとされたが、自然がこの過程を完了するには何千年もの年月がかかる。錬金術師は、彼らの術（アルス）すなわち実験室で利用される人工的な手段を用いることで、地上で、遙かにもっと短時間で、金を成長させることができると主張した。一般的な議論においては、術（アルス）と自然は、状況や個人的見解に応じて、その2つのうちのどちらかが優位にたつ、対照的なものであるとみなされる場合が多い。その他の場合では、術（アルス）と自然は、それぞれがお互いの利点が生きるように助け合う相補的なものと理解された。見解には差があるものの、錬金術師が、哲学の石の製造において術（アルス）と自然の結びつきを継続して認めつづけるのは、この後者の立場においてである。場合によっては、自然の「不完全性」の「改良者」としての錬金術師が強調されることもある。パラケルススは、自然は、それ自体として完全であるものは何も生み出すことはなく、事物を完全なものとするのは人間の役割であると述べている（*PS*, 92-3）。また場合によっては、自然に仕える者としての錬金術師が重視されることもあるが、この見

40

方は、バセット・ジョーンズの『化学の石』'Lithochymicus' におけるアルスラーゲン博士の「術師は、ただの／自然の僕にすぎない」（*AP*, 242）という言説に説明されている。どの点が強調されようとも、錬金術のテキストでは、決して自然の働きを忘れることがなければ、錬金術師は作業（オプス）の目標を達成することができると明言されている。マイアーの『逃げるアタランテ』のエンブレム 42 に付されたエピグラムは、「自然はあなたの教導者であり、進んで、綿密にあなたの術（アルス）をもってそれに従え」と述べている（*AF*, 94）。多くの 17 世紀のテキストでは、錬金術師に対して、自然と共同し、自然の過程と仕組みを作業（オプス）のための創造の青写真として用いるように助言している。トリスモジンの『太陽の輝き』*Splendor Solis* の第 1 論文は、次のように言っている。「さあ、自然は術（アルス）に物質を供給し、術（アルス）は自然に、自然がそのような新しい形相を生み出すのに適した手段と適切な方法を与える。先に言及した石は、術（アルス）によってのみ、それ自身の形相を与えられるけれども、それでも形相それ自体は自然からもたらされるものである」（18）。ロジャー・ベイコンは、金属が生み出されることになる錬金術の炉の構造に関して次のように述べている。「それ故、もし私たちも自然を手本としようと思うならば、火がつけられ燃え上がっても、全く出て行く排気口がないように、大きさの点ではなく、持続して熱を与えるという点で山に類似した炉をどうしても持たなければない」（『鏡』11-12）

　自然の果たす重要な役割を認めることができない錬金術師は、失敗の危険を冒すことになる。自然の過程に倣うことのできない錬金術師に対する自然の痛烈な非難で構成される独白形式の詩である偽ジャン・ドゥ・マンの『自然に対する錬金術師の答え』'The Alchimist's Answere to Nature'（*AP*, 129）に見られるように、そういった錬金術師は常に決まって自然から叱責される。自然による叱責にしおらしくなって、錬金術師は次のように答える。「従って、謹んで申し上げますが、私は／今後、わが仕事があなたの愛をもっと語り／それに気を配り、永遠に／あなたの歩まれた道をたどってゆくよう決心いたします。（中略）また、この術（アルス）のすべては確かに／あなたから私たちにもたらされるものでございます」（*AP*, 192）。煤けた、自然の迫害者としての錬金術師は、ミカエル・センディヴォギウスの『メルクリウスと錬金術師と自然の対話』*Dialogus Mercurii, Alchymistae et Naturae*（1607）や、ベン・ジョンソンの仮面劇『宮廷で錬金術師たちから擁護されたマーキュリー』*Mercurie Vindicated from the Alchemists at Court*（1616）を含め、錬金術のみならず文学のテキストにおいても、お決まりの人物像となる。トマス・ナッシュは、彼の文学上の誹謗者を糾弾する『奇妙な知らせ』*Strange Newes* の第 2 序文で、この役回りを果たす

錬金術師にふざけた調子で言及している。「たとえ、彼らがそのように術（アート）を迫害する者（錬金術師が自然を迫害していると言われるように）であろうと、私は、彼らに、そのウィットの刃を鈍ぶらせてくれることを望みたい」（『全集』 *Works,* 1:261）。形而上学的に言えば、達人（アデプトゥス）は、観想の「術」（アルス）を用い、より低次の本性、すなわち「自然的」人間に気づき、それを認識しなければならないが、それは、その側面を変質させ、完全なものとし、照明された哲学的人間、つまり「術」（アルス）によって昇華した人間になるためである。→opus contra naturam

asafoetida, assa foetida　アギ（アサフェティダ）、アサ・フォエティダ
　　→green lion

ash　灰

　卑金属を煆焼＊（熱を通して純白の粉末に転換させること）した後に残っているもの。また、「石」の揮発性の質料（素材）がアレンビック＊へと上昇していった時、容器の底に残っている哲学の土。灰とは、「石」の質料（素材）が煉獄のような清めの火＊にさらされた後、アレンビックに残された腐敗しない物質のことである。灰はもはや火にかけられることはありえないが、心理学的に言えば、それは感情の混乱から解放されている状態にあるということである。灰は、死んで黒化した肉体あるいは（結合された硫黄＊と生ける銀＊の）肉体が白色化され、精錬する火（すなわち水銀の水）によって浄化されている、作業（オプス）の白色化の段階であるアルベド＊と同義語である。『ゾロアストロの洞窟』は「白色化されたわれらの黒き材料（マテリア）は、テラ・フォリアータ（薄層からなる土）、灰の中の灰、酵母の中の酵母、火にも耐えうる白き硫黄と呼ばれる」（63）と言っている。アンドレーエの『化学の結婚』 *The Chymical Wedding* では、首を切られた哲学者の鳥＊の肉体が灰になるまで燃やされ（160）、それからその灰は、復活することになる王と女王の肉体のための浄化された質料（素材）として用いられる。「私たちの仕事というのはこうだ。まるで非常に薄いパン生地のようになるまで、例の灰を先に調整しておいた水に混ぜなければならなかったのである（中略）。今度はそれを２個の小さな型つまり鋳物の雛形に熱いうちに注ぎ込んだ」（199）。灰、つまり昇華の際に容器の中で上昇していった、浄化された「石」の肉体はまた、錬金術の雪＊、白い塵＊、白い薄層からなる土（テラ・アルバ・フォリアータ）＊、またヘルメスの鳥＊とも呼ばれる。ライムンドゥス・ルルスは、この物質を「白い薄層からなる土（テラ・アルバ・フォリアータ）」、「善のために求められるもの」、「自然の塩」、「灰の中の灰」と称している（*FC,* 71）。一方、『哲学者の薔薇園』は、「灰の中の灰」という名称を、

それ自体「灰」と呼ばれる、上昇する白い塵から分離されるドロスあるいは残りかすに適用している。「残りかすからより高く立ち昇る塵は灰であり、尊重されるべき昇華したもので、灰から抽出されたものであるが、下に残っているものは灰の中の灰であり、劣った、軽視されるべき、断罪された灰、ドロスのような残りかすである」(*FC*, 72)。また、灰は、錬金術師によって、アレンビックを穏やかな熱で暖める熱源の1つとしても使用される（→assation）。アルテフィオスは、ヘルメスの封印で密閉された容器に関して、それは「きわめて快く、穏やかな熱」(*SB*, 35) を与える灰の中に埋められると言っている。リプリーは、ヘルメスの樹の灰を、アルベドの前段階、つまりニグレドによる黒色化の象徴である鴉の頭と同一視している (*TCB*, 134)。ジョン・リリーの『ガラテア』*Gallathea* で、錬金術師の弟子ピーターは、「灰」を錬金術師の重要な物質の1つとしてあげている。「それからわれらの金属でござい。硝石、硫酸塩、塩化酒石、（中略）ガラス生石灰、白亜、灰」(2.3.22-5)。

assation　焙焼

灰*でガラス容器の中の「石」の質料（素材）を焙るないしは焼くこと。アーサー・ディーは、「石」の調製において、その霊（精気）が昇華されるには、何度も「あなたがその肉体の中に望んでいるそういった霊（精気）が見えてくるまで、その肉体の粉砕と焙焼を繰り返す」(*FC,* 35) 必要があると述べている (*FC*, 35)。

astronomy (earthly)　天文学（地上の）

錬金術は、地上の、すなわち劣った天文学として知られていた。ジョン・ディーは、『初学者のための箴言』*Propaedeumata Aphoristica*（ロンドン、1558）のゲラルドゥス・メルカトルへ宛てた献辞において、自身の言う象形文字の単子を「〈劣った天文学〉［すなわち錬金術］の〈表象〉」（ジョステン「ジョン・ディーの『象形文字の単子』翻訳」'A Translation of John Dee's *Monas Hieroglyphica*', 86）と呼んでいる。エドワード・ケリーは、サー・エドワード・ダイアーに宛てた書簡で次のように言っている。「拝啓、閣下、よく覚えていらっしゃることと存じます。私たちが2人してどれほど歓喜したことかを。通常のやり方に倣って、余計なことはせず金属を煆焼して粉末にし、まさしくそれに調合された液体を蒸留し、適切なものとなった肉体を（われらの劣った天文学が教えているように）水銀というその第1質料に転換させた時のことでございます」(Bod. Ashm. 手稿 1420)。ケリーは、彼の論文の1つを『地上の天文学の劇場』*The Theatre of Terrestrial Astronomy* と名付け

ている（『選ばれし者の2つの論』113-47）。照応というルネッサンスの世界観において、錬金術は、地上の金属に関する科学とみなされ、それは天上の天文学の相対物であった。7つの主要な金属、水銀、錫、鉄、銅、鉛、銀、金は、7惑星の名前、すなわち水星〔メルクリウス〕、木星〔ユーピテル〕、火星〔マルス〕、金星〔ウェヌス〕、土星〔サトゥルヌス〕、月、太陽で知られていた。ヘルメスの『エメラルド板』*に「上にあるものは下にあるもののごとくである」という原理として記されている照応の理論から、天に存在するすべてのものは地上に反映されているとされた。そのように、たとえば金は金属の領域においては太陽に、銀は月に相当するものであった。

Atalanta　アタランテ

　錬金術師の変質作用を持つ秘薬である、逃げやすくて捕らえにくい水銀の水（→Mercurius）。俊足のアタランテとの競争において、ヒッポメネスは、彼女の気をそらさせて、ペースを遅くさせるために彼女の前に黄金のリンゴを投げた。錬金術師は、この神話を、硫黄*の凝固させる力（黄金の林檎）によって捕らえにくい水銀（アタランテ）を固定化させることの象徴として用いた。17世紀の最も有名な錬金術のエンブレム・ブックの1つ、ミヒャエル・マイアーの『逃げるアタランテ』（1617）は、このアタランテの神話の挿絵を題扉に載せている。

athanor　アタノール

　その中に卵形の容器が火にかけられた砂風呂に入れられた状態で置かれている炉。名前の由来は、アラビア語の al-tannur（炉）にある。アタノールは、小さなドーム形の塔*のような形をしており、炭を用いて一定の熱を供給する。フィラレテスは、アレンビックとは「出入り口をしっかりと蓋をして閉ざしてある（中略）哲学のアタノールの中に」（RR, 12）置かれるものであると述べている。ジョンソンの『錬金術師』で、サトルはマモンに「アタノールで反射加熱することで」（2.3.66）水銀塩を手に入れたと告げている。→furnance, tower

augmentation　増大　→multiplication
auripigmentum　アウリピグメントゥム

　雄黄（三硫化砒素）。また、赤い石*の名称。→coral

● A

aurum potabile　アウルム・ポータービレ（飲用金）

　飲用する金あるいは薬剤。哲学者の石＊（あるいは薬剤＊）の名称。達人の聖杯を満たす純粋なる愛の精髄（→gold and silver）。コルソンの『成熟した哲学』 *Philosophia maturata* は、「治癒力や保護力を持つ生命と金属のエリクシルである、飲用金と私たちが呼ぶ濃い油」（70）に言及し、その処方を次のように述べている。「白い土の一部を、ルナの油、すなわち白い水で、残りをソルの油、すなわち赤い水で発酵させなさい。するとより大きな熱と温浸によって、それは、竜の血のような、きわめて赤い粉末に変換されるはずである。そして、この粉末にわれらのメルクリウスをいくらか加えて、循環蒸留すると、メルクリウスや、あらゆる不完全な金属をもっとも完全なソルに変成させる飲用金と呼ばれるものになる」（37）。聖ダンスタンは、この「飲用金、すなわち生命と金属のエリクシルは、万能薬に次いでもっとも治癒力の高い薬剤であり、適切な賦形剤に入れて飲むと、まったく痛みを生じさせることなく、あらゆる病気を治す」（*DSP*, 92）と述べている。ロバート・フラッドは、神的ないし形而上学的錬金術における「医者の最も真正なる飲用金」を「知恵」や「唯一の真の光り輝く哲学及び神学の種子」（*TGH*, 125）と称している。

　飲用金は 17 世紀初頭において 1 つの論争の対象となった。マシュー・グウィンの反パラケルススの医学論文『化学の擁護者だが、真の医学の反逆者フランシス・アンソニーに関して』 *In assertorem chymicae, sed verae medicinae desertorem Fra. Anthonium*（ロンドン、1611）は飲用金に関するフランシス・アンソニーの理論を激しく非難している。アンソニーの有名な処方は、『飲用金と呼ばれる薬剤に関してこれまでに公表された真理の弁明、あるいは擁護』 *The Apologie, or defence of a Verity Heretofor Published Concerning a medicine called Aurum Potabile*（1616）において発表された。1632 年には、フランシス・アンソニーの息子のジョンは、ロシアのミハイル・ロマノフ皇帝に飲用金を贈り物として送っている。ベン・ジョンソンの『ヴォルポーネ』 *Volpone* では、物質的な金に関する居候のモスカの賛辞は、飲用金についての錬金術的観念をからかっている。「それはもう。／これこそ［物質的な金］、天の妙薬というべきでして、／この万能薬にくらべたら眠り薬など話になりません」とモスカが言うと、これにコーバッチオが「飲み薬の（potable）、ではなくてさわり薬の（palpable）金、ってとこだ」と答える（1.4.71-3）。→gold and silver

45

autumn　秋

　錬　金　術 が成就される季節。これは、アルボル・フィロソフィカ*(哲学の樹）が
金と銀*、太陽と月の果実をつける期間（→サルモン（=サーモン）『ヘルメス学辞
典』15）。→harvest。また、この樹の葉は、成熟した穀粒のように金色になる。

Avis Hermetis　アウィス・ヘルメティス　→Bird od Hermes

azoth, azot　アゾート

　名称の由来はアラビア語の al-zuaq にあるメルクリウスのこと。金属の第1質料。
また、汚れた「石」の質料（素材）から、その染みを洗い落とす水銀の水ないしは
溶剤のことでもあり、その局面の間においてはラートーナ*の顔として知られる。
パラケルススの場合、アゾートは、あらゆる金属や人間の病を治療することができ
る万能な薬剤*のことである。『ゾロアストロの洞窟』は次のように説明している。
「アゾートは第5の 精　髄、それ自体で独立して存在する肉体であり、また、質料
と形相、属性と効力のどちらをとってもそれを構成するあらゆる元素や要素とも異
なり、腐敗とは無縁である。それが第5の 精　髄 と呼ばれるのは、4元素から抽出
されるものの、他の4元素からなる肉体の場合のように、元素が移動することも一
切なく、それが持つ色で金属の肉体を染め、純化し、それと結合する他のあらゆる
肉体を腐敗から守るからである」（65）。

azure　瑠璃色・空色

　水銀の水や、錬金術のクウィンタ・エッセンティア*は、空色ないしは瑠璃色で
あると言われる場合が多い。パラケルススは、カバラを起源とするサファイアの象
徴を錬金術に導入し、錬金術において、サファイアは秘密の物質を意味するように
なった。トマス・ヴォーンは、『光よりの光』Lumen de Lumine で、ティンクトゥラ
は「晴れた日の天空のような、なんとも言葉では表現できない瑠璃」色をしており、
賢者の水は「紺碧のティンクトラ」であると述べ、『光の家』Aula Lucis では、「石」
を「瑠璃の天」と呼んでいる（VW(R), 332, 463）。空色のシャツあるいは服を着せる
ことは、銀ないしは金に変換するために、溶解した金属にティンクトゥラの投入*
をおこなうことを意味する。

● B

bain-marie　バン - マリ

　分離＊のために用いられる水風呂ないしは二重鍋。3世紀の有名なギリシャ・エジプトの錬金術師マリア・プロフェティサが発明したと言われているが、彼女はまた、塩酸も発見した。「バルネウム・マリアエ」balneum Mariae〔マリアの浴槽〕、（あるいはドイツ語で「マリエンバッド」Marienbad）は二重の容器からなり、外側の容器には水が満たされており、内側の容器には原料が入れられていて、適温で暖められる（パタイ『マリア』'Maria', 179）。『化学辞典』（1650）は、「バルネウム・マリアエあるいはバルネウム・マリス」を次のように定義している。「水が入れてある、蒸留用の炉であり、その水の中には適温で温められている状態で、化学の容器が置かれているが、それはその容器に入っている物質を腐敗させたり、また同様に分離させたりして、そのように湿り気を上昇させる作業をおこなうためである」。ニケーズ・ル・フェーヴルは、サー・ウォルター・ローリーの「偉大な強壮剤」Great Cordialと言われるリキュールに加える真珠の粒を調製するための指示の中でマリアの浴槽の使用に言及している。「溶　媒（メンストルウム）で真珠の粒を溶解し、（中略）等しい割合のシナモンと薔薇の水で再び［それから溶解しなさい］。そして、それをバルネウム・マリアエに入れて再び抽出しなければならない」（『論考』*Discourse,* 70）。ジョンソンの『錬金術師』では、サトルがマモンに「ティンクトラを加えられたグラスF」も、「主は誉むべきかな、兜（ヘルム）〔蒸留器の上部〕から／聖なるマリアの浴槽に移され、／聖母マリアの乳と呼ばれる水銀の色を帯びました」（2.3.61）と報告している。→bath

balm　バーム

　バルサムと同じ。→balsam, balsome

balsam, balsome　バルサム

　パラケルススによれば、バルサム（＝バーム）とは人間にとって内的にも外的にもすべてを癒し、活性化する生命の原理（原質）であり、肉体を病気や腐朽・腐敗から保護するものである。ジョン・ダンが『ベッドフォード伯爵夫人へ』'To the

47

Countess of Bedford' の中で言及しているのは、このバルサムのことである。「自然界に存在するあらゆるものには、それを若く保ち、／新しくするバルサムが、先天的に与えられております。／外からひどく打撃を受けなければ、これが作用します。／高貴な生まれと美しさが、貴女に宿ったバルサムです」(21-4)。バルサムは第5元素＊あるいはクウィンタ・エッセンティアと同一のものであり、「石」の肉体を構成する4元素を1つに統合する、すなわち、最終的に哲学者の石が生成される前段階でつくられる純粋で、腐敗しない物質である。バルサムは万能薬、つまり朽ちやすいものを不朽のものに、不純なものを純粋なものに変質させる作用を持つ薬剤であり、作業の最終目標と同一視される場合が多い。キリスト教において、キリストの血があらゆる苦しみや病を癒し、原罪を洗い清めるバルサムとみなされるのと同じように、錬金術師は、奇跡的な哲学者の石＊ないしはエリクシル＊、つまり人間や金属のあらゆる病気や欠陥の万能薬に「われらのバルサム」の名を与えている。パラケルススは、すべての病気を治す力がある「石あるいはバルサムの調製」について述べている (*PW*, 96)。『ラムスプリンクの書』*The Book of Lambspring* は、普遍的肉体から「あらゆる奇跡の力を持つ／栄光あるバルサムが流れ出る」と述べている (*HM*, 1:287)。同様に、フィラレテスは、「あらゆる毒を駆逐するこの祝されるべきティンクトラは、調製される前はそれ自体猛毒であったけれども、自然のバルサムになるとあらゆる病を追い払う」(*RR*, 24) と言っている。また、ジョン・クリーブランドは、『ファスカラ、あるいはさまよう蜂』'Fuscana, or the Bee Errant' で、麗しきファスカラが、その「砂糖菓子用の器具のごとき針が、湿った錬金術〔湿潤法のこと〕を施す」蜂の毒に刺されて流す血を、ふざけた調子で、すべてを癒すバルサムと同一視している。「というのも、ゴムの木々に、その樹皮の傷口から流れ出す軟膏があるように／彼女の傷も、真実これと同じようなもので／そこからバルサムを少しずつ流したからである」(65-8)。ジャン＝ジャック・ルソーは、彼の恋人ヴァランス夫人について次のように述べている。「そんなわけで、哲学と物理学の原理をいくらか知りながらも、素人医学や錬金術に対する父親の趣味を、彼女もやはり持っており、エリクシル、ティンクトラ、バルサム、魔法の薬などをつくっていた」(『告白』*Confessions*, 56-7)。

balmy　バーミー

バルネウムと同じ。→bath

balneum　バルネウム　→bath

balneum mariae　バルネウム・マリアエ　→bain-marie

● B

baptism　洗礼　→ablution

basilisk　バシリスク

　雄鳥の卵から蛇によって孵化されたと言われる、ひと睨みでどんな生き物でも殺すことができると信じられた伝説上の爬虫類。また、コカトリスとしても知られる。卑金属を金に変成する錬金術のエリクシル＊の象徴。トプセルは、『四足獣の歴史』 *The Historie of Foure-Footed Beastes* で、ヘルメスは「糞の中で産まれたバシリスクについて言及しているが、それによって、ヘルメスが言わんとしているのは、錬金術師が金属を転換させるのに用いる生命のエリクシルのことである」と述べている (128)。リプリーは「われらのバシリスク、さもなくば、われらのコカトリス／われらの大いなるエリクシル、これぞ最も貴重なるもの」というようにバシリスクに言及している (*TCB*, 127)。リプリーは、エリクシルがバシリスクにたとえられるのは、それが卑金属を殺すことができ、卑金属に投入されると、すぐにそれを銀ないし金に染めるからであると説明している。また、バセット・ジョーンズは、『化学の石』 'Lithochymicus' でエリクシルすなわち「石」に関して次のように述べている。「ソルないしルナに彼〔石〕を投じなさい。／もし十分にすばやく投ずれば／彼はバシリスクの眼でソルとルナを粉末状にするが、そうなったら／それは雄鳥と雌鳥が交尾したしるしである」(*AP*, 269)。

bath(balneum)　風呂・沐浴（バルネウム）

　溶解と腐敗のための水銀の水。また、そのような浄化の過程において加熱するために用いる錬金術の砂や水あるいは灰の風呂のこと。この水銀の水は容器内の「石」の質料（素材）を溶解し、殺し、浄化し、復活させる、秘密の内的で眼に見えない火である。コルソンの『成熟した哲学』 *Philosophia maturata* は、「われらのメルクリウス」あるいは風呂（これを糞の山あるいは馬の腹と同一視している）について次のように言っている。「これはガラス容器の外ではなくその中で常に等しく一定の強さで燃えているわれらの火である。これは、われらの糞の山、われらの生命の水、われらのバルネウム、われらの馬の腹であり、自然の最も神秘的な働きに見られる多くの不思議をもたらし、生み出す。（中略）またこれは熱く、湿った、きわめて激しい火、馬の腹の中に水を運ぶ火である。さもなくば、それは肉体をその第1質料に溶解する力を持ちえない」(32)。「従って、このわれらの熱、われらの火、われらのバルネウム、われらの不可視で、きわめて穏やかな炎を、われらのガラス容器の中で質と強さにおいて同一に統御し、燃やし続けない者は誰も（中略）無駄

49

図2　沐浴する王と女王。ヨハン・ミューリウス『改革された哲学』(フランクフルト、1622) embl.4 (エンブレム第２集), 224 より。

骨に終わることになり、決してこの学を極めることはないだろう」(19)。

　化学の結婚＊に関して、ソルである王＊（金属の、熱く、乾燥していて、活動的で男性的種子、つまり硫黄＊）とルナである女王（金属の、冷たく、湿っていて、受動的で女性的種子、つまり生ける銀＊）は、結合する前に、その不純性を浄化するために沐浴すると説明される場合もある（図2）。その後、結合した恋人たちの肉体は溶解され、腐敗し、再生されて、哲学の子供＊を身ごもるように、穏やかな火にかけられた海水＊の風呂の中に置かれる（→マクリーン『薔薇園』embl.5）。海水は、そこからすべてのものが生成されると考えられたプリマ・マテリア＊、水銀の水あるいは哲学者の精子＊を象徴する。アルテフィウスは、生ける水の泉に浸かる王と女王に関して次のように述べている。「つまり、われらの水はもっとも美しく、素晴らしく、澄んだ泉であり、王と女王のためにだけ用意されるが、その泉と彼らは互いのことを非常によく知っている。（中略）そして、彼らはそこに2、3日、実際には2、3ヶ月とどまり、自らの体をその水で洗い清めるが、そうすることで彼らは再び若く、美しくされる。要するに、ソルとルナは自分たちの母であるその水から生まれたので、彼らは、再生されるつまり再び生まれることができるように、その水、すなわち母親の子宮に再び入る必要がある」(*SB*, 38)。また、化学の結婚に関して、埋葬された父と息子は熱い風呂で腐敗させられるか、あるいは病にかかった、憂鬱症〔メランコリア〕の王が、そこで蒸留を受けることでそ

● B

の黒胆汁を取り除かれ、浄化され、若返ってよみがえる泉＊、湧き水あるいは蒸し風呂に（場合によっては手足を切断されて）入れられると説明される場合もある（→sweat）。著者不詳のある論文は「石」の質料（素材）の沐浴について次のように言っている。「その質料（素材）をそれ自体の水に浸し、その後、それ自体の脂で火にかけ、それからその脂や水がすっかり乾かくまで洗いなさい」（*GU*ファーガソン手稿238, f. 3r）。このような沐浴をからかっている例がシェイクスピアの『ウィンザーの陽気な女房たち』*The Merry Wives of Windsor*に登場するが、そこでは「太って」また「下劣な」フォルスタッフが「洗 濯 籠」の中に押し込まれることで嫉妬深い夫をだましてその追跡から逃れることになる。フォルスタッフはその体験を次のように詳述している。「強烈な蒸留物のように、脂臭い汚れ物とともに密閉されたことだ（中略）まあ、考えてくれよ―熱さにはバターみたいに弱いおれだ、いつ溶けてドロドロになるかわからん男だ（中略）そして最後が、そのように脂で煮られてシチューにされかかた時、オランダ料理みたいに、テムズ川にほうり込まれていきなりその波で冷やされたことだ、馬の蹄鉄が真っ赤な焼けたところを水につけるようなもんだ」（3.5.81-112）。

　沐浴、水に浸すこと、水に溺れること、洗礼は同義語であり、旧態依然とした存在状態を分解し、浄化し、若返って教化された人間を誕生させることを象徴する。王＊と女王＊の結合から生まれた幼児の「石」あるいは雛鳥はまた、通常飲むという形で使い果たされる水銀の水の風呂に入れられる。アンドレーエの『化学の結婚』*The Chymical Wedding*で、クリスティアン・ローゼンクロイツは次のように述べている。「わがお鳥様専用の風呂が設営された（中略）ようやく湯が冷めると、その中に鳥が入れられた。それを鳥は非常に大変喜び、お湯を飲んだり、いかにも面白そうに遊んだりした」（157）。ジョン・ダスティンは、幼児の「石」について「王は、少しずつ彼の3つ組なる滋養物を飲んでしまうまで、甘き風呂の中で休んでいるのがよい」（*FC*, 100）と言っている。（→imbibation）。アーサー・ディーは、錬金術師に、幼児の「石」を「ガラスのロッジ」の中に入れるように指示してから、続けて次のように述べている。それから「風呂に入れて横にさせ、あやして寝かしつけると、彼の手足は汗で溶けて液化するが、それは術と自然の助けや、十分な管理によって、再生されて［原文のまま］それ以前の形を取り戻すことになる。そして、その再生された手足の力はとても増大されているので、今や彼は王の食べ物を欲するが、その食べ物で短い間に育てられ、王よりも強い王になるだろう。そして戦場ではとてもたくましく勇敢であるので、彼1人がきわめて強靱な征

51

服者となって、一万もの敵に勝利するだろう」（*FC*, 109-10）。ベン・ジョンソンの『錬金術師』で、サトルは「石」について「ていねいに封泥して／浴槽に密閉して入れておいてくれ」（2.3.40-1）と語っているが、上記の沐浴の過程に言及しているのである。→bain-marie

beak　くちばし

　容器から立ち上る蒸気がそこを通って受器へと降りてゆき、凝縮するレトルトすなわち蒸留器の噴出口。『アルキドクシス』で、パラケルススは「3つの樽の飲み口すなわちくちばしを持つアレンビックで」（35）蒸留濃縮することについて述べている。多くの場合、錬金術の容器はペリカン*、コウノトリ*、鷺鳥の雌鳥*といったような鳥の名前で呼ばれ、「くちばし」はそのイメージの延長線上にある。また、アレンビックのくちばしは牡鹿の角や鴉のくちばしとしても知られる。

bed　ベッド

　コンインウンクティオ*、すなわち男性（硫黄*）と女性（生ける銀*つまり水銀）の結合の段階における錬金術の容器に与えられる呼称。または、プリマ・マテリア。ベッドはソル*（赤）とルナ*（白）の化学の結婚*が成就される場所であり、哲学の石が孕まれ、生まれる母体（子宮）である（図3）。硫黄と生ける銀について、ロシヌスは「その2つの物質はベッドで結婚する、つまり容器の中で混合する」（*AC*, 227）と言っている。ある著者不詳の論文は「赤い男と白い女、彼らを結婚させ、寝室へ行かせなさい。そして、ドアも窓もしっかりと閉まっているように注意しなさい。（中略）というのも、彼女がどこへも出て行くことができなければ、彼女は彼の所に再びやって来て、ベッドで彼と一緒に寝るだろうし、そうすれば、息子を宿し、産むことになるからだ」（*GU*ファーガソン手稿238, f.2v）と言っている。ベンジャミン・ロックは次のように述べている。「それから白い油と赤い油をコンインウンクティオすなわち結合させなさい／そしてそれがともに横たわることになるガラスの容器に入れなさい／それがベッドに入る寝室は清くなければならない」（『錠前を開ける道具』f. 33v）。錬金術師は、「正方形と円」*の原理に従ってこの容器をつくるように助言される。「正方形と円」は、4元素*を表す正方形から「石」（円）が誕生することを象徴する。リプリーの『古歌』*Cantilena*によれば、母親の多産の子宮における哲学の子供*の懐胎は、母親の体型だけではなく、彼女が寝ているベッドの形にも変化を生じさせる、つまりベッドは球に変形される。「以前は正方形であった母

● B

図3　容器としてのベッド。『フェニックスあるいは哲学の石に関する論ここに始まる』(サー・ジョージ・リプリーの『古歌』) *BL* Add. MS 11,388 (ランカスター・ヘラルド、フランシス・ザインのコレクション 1564-1606), f. 36r より。

親のベッドは／ほどなく球形にされる」(108-9)。(→alembic)。ベッドはまた、金属の男性と女性の種子が含まれているプリマ・マテリアの名称でもある。『緑の獅子狩り』は、獅子を、そこから「太陽」(男性の種子) と「月」(女性の種子) が生まれるベッドつまり子宮と呼んでいる。「獅子は司祭 [原文のまま]、太陽と月は夫婦 (the wed) である／だが彼らはともに獅子のベッドで生まれた」(*TCB*, 280) (ウェルカム図書所蔵手稿 436 では the wed が to wed (結婚させるべき) となっている)。

bee　蜂

水銀の蛇 * と同義語。17 世紀の動物寓話集では、蜂は翼を持った蛇として分類されるが、蜂、蛇、竜はすべて同じカテゴリーに類別される (→トプセル『四足獣の歴史』*The Historie of Foure-Footed Beastes*)。ヘリックの詩『傷ついたクピドー』'The Wounded Cupid' では、若き愛の神クピドーに「翼を持った蛇が私に噛みついた／田舎の人々はそれを蜂と呼ぶ」と不平を言わせており、それに対して母親のウェヌスは「さあ、それでは教えておくれ、痛みがどれだけ大きいものか／おまえがおまえ

53

の矢で傷つけたものたちの」(『全集』Works, 50) と答える。また蜂と蛇は、同じヘリックの『花々の驟雨』'The Showre of Blossomes' に見られるようにクピドーと同一視される場合も多い。「愛の神クピドーはその姿を蜂に変え、／その槍で私を傷つけた／私はその不幸をこう考える、／最も甘きものがあるところには、蛇がいるのだと」(『全集』283)。この例に照らしてみると、どのように錬金術師が蜂とクピドーの両者を水銀の蛇、すなわち「毒」と言い、金属を殺す（すなわち金属を溶解して、そこから哲学者の石 * がつくられるプリマ・マテリア * とする）万能溶剤を表すイメージとして用いるようになったかがよくわかる。蜂の針とクピドーの矢はともに秘密の火、すなわち古い金属つまり旧態依然の存在状態を破壊する水銀の溶剤を意味する。バセット・ジョーンズの『化学の石』'Lithochymicus' は、哲学者の石をつくるべく錬金術師が選択する多くの方法について論じるなかで、「第3のグループとしては、そのように彼らの王が／バシルドラの［メルクリウスの］針で毒殺されることに非常に憤りを感じる人たちがいる」(AP, 232) と言っている。サー・ジョージ・リプリーの『古歌』Cantilena では、「メルクリウス」が「苦悩の矢」と彼の死に至る毒を入れた杯を携えて女王 * の前に現れる（第17連）。また、ジョン・クリーヴランドの『ファスカラ、あるいはさまよう蜂』'Fuscara or the Bee Errant' では、その「砂糖菓子用の器具のごとき針が、湿った錬金術〔湿潤法のこと〕を施す」蜂は、錬金術師と水銀の蜂の両者の役割を果たしている。蜂は自身の肉体という「精錬する」蒸留器で「庭の」緑を「黄金に」鋳造し (1-4)、蜂がファスカラの手首を刺すと、彼女の「銀白色の肌はそのように金色で覆われる」(35)。→honey

beheading　斬首

　鳥 *、獅子 *、蛇 *、竜 *、樹 *、人間あるいは王 * の斬首・断頭や手足の切断は、作業の第1段階であるニグレド * という黒色化における、アレンビックの中の肉体つまり物質の溶解、腐敗、分割を意味する。犠牲と悲しみの時であるこの段階は、カプト・モルトゥム〔死んだ頭〕ないしはカプト・コルウィ〔鴉の頭〕と呼ばれる場合がある（→crow, raven）。『エウドクソスの6つの鍵』The Six Keys of Eudoxus は、明らかに物質の溶解を鳥の断頭や死と同一視している。「賢明なる術師は霊（精気）で肉体を溶解するべきであり、大鴉の頭を切り落とさなければならない」(イスラエル・リガルディ『哲学者の石』Philosopher's Stone, 105)。鴉ないし大鴉の頭は黒化すなわちニグレドの広く知られた呼称である。『ヘルメス・トリスメギストゥスの黄金論』Hermetis Trismegisti Tractatus Aureus は、錬金術師に「この飛んでゆく

鳥を捕らえ」、そして「その頭を火と燃える剣で切り落としなさい」（*MP*, 279）と助言している。これは、アレンビックの中の揮発性の（飛んでゆく）物質が、固定化（非揮発性に）されなければならないということ、また物質を熱し、温浸することは、黒色がアルベド＊による白色に変質されるまで継続されなければならないということを意味している。ニコラ・フラメルは、『象形寓意図の書』で「この黒き男の首を刎ねなさい、鴉の頭を断ちなさい」（*HE*, 98）と言っている。アンドレーエの『化学の結婚』*The Chymical Wedding* の主人公も同様に哲学の鳥＊の断頭（159）だけでなく、黒い衣装を着せられた王＊とその側近の斬首にも立ち会わなければならない。「すると今度は真っ黒い背の高い男がすっと広間に入ってきた。手に刃先のドキドキするような斧を持っている。すると老王がまず長椅子に引き出され、その首が即座に刎ねられ、黒い布にくるまれた」（123）。そして、彼の流した水銀の血＊すなわち生命の水を金のゴブレットで受けて、それを死んだ肉体をよみがえらせるために用いる。跪いた王（未加工の物質を象徴する）の斬首は、『聖三位一体の書』'Buch von Vunderverken'（*GU* ファーガソン手稿 4）に図解されている（→図 4）。蛇の断頭は鳥の断頭と同義語である。フラメルは「鎖蛇を捕らえ（中略）その首などを切り落とせ、つまりその黒さを取り除きなさい」（*HE*, 99）と述べている。

　斬首の変形としては、王の肉体の手足の切断、切り倒されたあるいは先端を切られた樹＊（→図 47）、獅子の足の切断、メルクリウスの翼ないしは足を切り落とす、あるいは引きちぎること（→Hermes' seal）、鳥の翼を切り取ること（→*AF*, embl.

図 4　斬首。『聖三位一体の書』（17 世紀）*GU* ファーガソン手稿 4, f. 5r より。

43) などがある。バセット・ジョーンズの『化学の石』'Lithochymicus' のアルスラーゲン博士は、「完全に溶解している」しるしは、「そのように肉体が、／粘着性の有毒な抽出物によってばらばらにされて原子状になっていることである」(*AP,* 249) と言っている。トマス・ヴォーンは『光の家』*Aula Lucis* で「緑の獅子と鷲を分離し、それからその翼を切り取りなさい」(*VW(R)*, 463) と述べている。サー・フィリップ・シドニーのソネット連作『アストロフィルとステラ』*Astrophil and Stella* の最後のソネットは、錬金術的な文脈にこのイメージを盛り込んでいる。「暗い炉」の中で、悲しみは「その鉛を溶かし、たぎり立つ私の胸に流れ込み」、そして「たちまち日々招かざる客の絶望が／残酷にも、私の翼を切り、すぐに私をその夜の闇に包み込む。／そして、私に頭を垂れさせ、次のように言わせる／〈ああ、日の神の黄金も、何の役に立とうか、／鉄の戸にさえぎられ、日光を享受できぬ哀れな者にとって〉」(『詩選集』*Selected Poems,* 188)。形而上学的に言えば、斬首は、分離を通して、魂が自身の思考、考え、欲望に縛られた単なる自然的人間と、そういった幻想（「黒さ」）から解き放たれ、教化された哲学的人間を識別する能力を得ることができるように、肉体という牢獄から魂を解放することを表す。しかし、この識別は、必然的に犠牲と苦しみ、古く旧態依然とした存在状態の死を伴う。
→melancholia（メルクリウスの足の切断に関しては →Mercurius）。

bellows　ふいご

　強いひと吹きを起こして火を燃え上がらせ、錬金術の炉つまりアタノール＊の火を大きくするための器具。ふいごを吹く者はこの仕事の間、油断なく気を配って起きていなければならないが、その理由は、もし火が消えれば、大作業（マグヌム・オプス）が崩壊してしまうからである。バセット・ジョーンズの『化学の石』'Lithochymicus' で、トゥーゲールは「［投入の間］ふいごでキューペルに載せたあなたの金属に向けて／あなたの火を当て続けなければ作業（オプス）は失敗に終わることになると言っている。エドマンド・スペンサーの『妖精の女王』*The Faerie Queene* 第 2 巻では、ふいごを吹く者は「大きなふいごで空気を吹き込み、／押し出された風で燃料を燃え立たせている者」(2.7.36) とされている。ふいごを過剰に使いすぎる錬金術師は、ふいご吹き（バフュー）＊として知られていた。ベン・ジョンソンの『錬金術師』に登場するふいご吹き（バフュー）のフェイスは、マモンに次のように断言している。「吹きましたとも、旦那さま、／一生懸命吹いたのは旦那様のためですよ、ブナがない時は、／木炭をうんとこさほうりこみ、しかも火力が平均に／行き渡るようにしなけりゃならない」(2.2.21-4)。

● B

錬金術に終生興味を持ち続けていた司教ジョン・ソーンボロー（1551-1641）は、錬金術のモットー「吹いている間は、私には希望がある」Dum Spiro, Spero をウースターの大聖堂にある雪花石膏で造られた自身の墓の北側に刻ませた。ヴィクトール・ユーゴーの『ノートル＝ダム・ドゥ・パリ』Notre-Dame de Paris では、クロード・フロロの錬金術師の工房にあるふいごに、同じようなモットー「吹け、希望を持て」Spira, Spera（361）が刻まれている。ふいごは、錬金術師の最もよく知られたしるしの1つである。フランソワ・ラブレーの『パンタグリュエル』Pantagruel（1532）では、パンタグリュエルがサン・ヴィクトールの図書館で見つける書籍のうちの1冊は、『錬金術師のお試しふいご』（190）と題されている。また、『ハシシュ吸引者クラブ』'Le Club des haschischins' で、テオフィル・ゴーティエは「頭がふいごのような形をしていて、手足がアレンビックの形にゆがめられている錬金術師」（『長編・短編小説集』Romans et contes, 483）の幻視を詳述している。

bind　拘束

　揮発性の霊（精気）の固定化ないしは凝固。「釘打ち」や「縛ること」と同義。解放と拘束は、アレンビックの中の物質を溶解し凝固することを意味する（→solve et coagula）。錬金術師の仕事の1つは、逃げやすく捕らえにくい霊（精気）であるメルクリウス＊を捕獲し、容器の中に閉じ込め、飼い慣らすことである。ミルトンが『楽園の喪失』で言及しているのは、このメルクリウスの拘束である。「彼らは巧みな技術によって／移り気な水銀神（ヘルメス）を縛り、また種々の姿をとる／老プロテウスを、縛らずに海から呼び出し／リンベックにかけてものとの姿に還そうとした」（3.602-5）。作業の工程（オプス）の間、溶解因子であるメルクリウスは、パラドクシカルではあるが、拘束因子でもある。メルクリウスは、樹脂ないしは膠（にかわ）であり、哲学者の石＊が生まれる化学の結婚＊において、男性の原理（原質）と女性の原理（原質）としての霊（精気）と肉体を縛りつけ、結合させる仲介者の役割をする魂を意味する（→Mercurius）。

bird　鳥

　あらゆる種類の鳥が錬金術のテキストには登場する。化学の結婚＊における男性の物質と女性の物質の結合による哲学の石の誕生は、哲学者の卵すなわち容器から鳥あるいは雛鳥が誕生することにたとえられる場合が多い（→Bird of Hermes）。作業（オプス）がおこなわれる容器には、ペリカン＊（あるいは鷲鳥の雄鳥＊ないしは鷲鳥の

57

図5　雨のように舞い降りる鳥。ヨハン・ミューリウス『改革された哲学』embl. 9 (エンブレム第3集) 359 より。

雌鳥*)、鵜*、コウノトリ*などの鳥の名前に因んで呼ばれるものがある。ペリカンはまた、「石」の質と量をソルウェ・エト・コアグラ*（溶解と凝固）の過程を繰り返すことで高め、増大させる、増殖*と呼ばれる段階の象徴でもある。作業(オプス)の主要な4段階も同様に鳥によって象徴される。ニグレド*は鴉*ないしは大鴉*で、多色化ないしは虹の色の段階はアルゴス*や孔雀あるいは孔雀の尾*で、白色化の段階であるアルベド*は白鳥*ないしは鳩*で、赤色化の段階であるルベド*はフェニックス*によって表象される。パラケルススは、この色と段階の連続した変化を次のように述べている。「この黒い物質は翼を持たず夜に紛れて飛ぶ鳥であり、（中略）鴉の頭の黒色に変化〔させられる〕。それからその鳥は孔雀の尾の色を帯び、その後、白鳥の翼を獲得する。そして、最後に、その鳥は極めて鮮やかな赤色を帯びる」(*PW*, 104-5)。ジョンソンの『錬金術師』では、フェイスはマモンに、アレンビックの中の物質が「様々な色（中略）鴉の色、／孔雀の色、白鳥の羽の色」(2.2.26-7)と変化していくようにさせたと断言する。ミヒャエル・マイアーの『逃げるアタランテ』は、大鴉を作業(オプス)の初めのニグレドの段階を表すイメージとして、また、禿鷲*を作業(オプス)の完了を象徴するものとして用いている。

　状況によっては、鳥、雨*、露*が密接に結びついている場合もある。アレンビックの内部で、水銀の霊（精気）は一連の循環作業の過程、すなわち蒸留*と昇華*を何度も繰り返し受ける。物質（肉体）の牢獄から解放され、霊（精気）は揮発す

る蒸気として容器の最上部へと上昇してゆき、そこで凝縮し、雨、涙ないしは露として、天から容器の底の、死んで黒色化した肉体へと降ってきて、それを清め、浄化し白色化する（→ablution）。『化学辞典』（1650）は、ヘルメスの鳥を「上昇し、養育するために降りてくる哲学者のメルクリウス」と定義している。アレンビックの最上部へ上昇してゆき、雨として降ってくる蒸気、煙のようなもの、魂ないしは霊（精気）といったあらゆる揮発性の物質は、飛ぶ鳥で象徴される（図5）。サー・ジョージ・リプリーは次のように言っている。「それ故に、地よりあなたの水を抽出し、／その水によって魂を昇華させなさい。／それから、再び地へと魂を降下させなさい、／何度もそのように昇り降りするように」。そして、そのような「水を（中略）鳥と呼ぶ者もいる」（*TCB*, 152）。

　また別に、錬金術のテキストの中で出会う印象的なイメージに、カニバリスティックな結合において交尾しながら互いをむさぼり喰らい合う「愛し合う猛禽」がある。このイメージは、錬金術師が作業(オプス)全体を通してアレンビックの中の「石」の質料（素材）を純化するために、絶えず繰り返しおこなわなければならい、パラドク

図6　愛し合う猛禽。ラムスプリンク『哲学者の石について』,『ヘルメス博物館』(フランクフルト、1625)所収, 21 より。

シカルなソルウェ・エト・コアグラ（溶解と凝固）の工程を象徴している。「ソルウェ」とは分離ないし死であり、「コアグラ」とは、男性（硫黄＊）と女性（生ける銀＊、すなわち水銀）の化学の結婚＊において生じる結合のことである。パラドクシカルではあるが、愛し合う鳥同士の敵対と破壊は、そのような結合における物質と性質の相互浸透、混合、結合をもたらす（図6）。『ラムスプリンクの書』The Book of Lambspring の8番目のエンブレムのエピグラムには「ここには2羽の鳥、偉大なるものと強きものがいる。それは肉体と霊（精気）であり、お互いにむさぼり喰い合う」（HM, 1:291）とある。このような鳥は大鴉＊、禿鷲＊、また雄鳥と雌鳥＊など、様々な名前で表現される。「愛し合う猛禽」は、アンドルー・マーヴェルの『内気な恋人に』'To his Coy Mistress' の錬金術的文脈の中に登場する。「できるうちに2人で愉しもう／愛し合う猛禽のように／時の力にゆっくり噛みしだかれて死ぬくらいなら」（37-9）。このモチーフの変形の1つが、翼を持たない鳥をむさぼり喰らう翼を有する鳥のモチーフである。それは、翼を有する鳥に象徴される揮発性の霊（精気）による、翼を有さない鳥すなわち固定化した物質の溶解と、揮発性の物質（翼を有する鳥）の固定化（翼を有さない鳥による）を意味する。錬金術における摂取の行為は、純然たるキリスト教の秘義の場合のように、摂取されるものと摂取するものの結合を象徴するものである。それは統合をもたらす犠牲のイメージである。この過程を表わすまた別のヒエログリフとしては、自らの尾を呑み込み、完全なる円をなして1つになる蛇ウロボロス＊、自らの翼を喰らうヘルメスの鳥＊、水銀の子供を摂取するサトゥルヌスの鳥などがある。→Argus, feathers

Bird of Hermes　ヘルメスの鳥

作業の様々な段階における哲学の水銀（メルクリウス＊）。ヘルメスの鳥は、蒸留＊と昇華＊の間にアレンビックの中で上昇してゆき、天の雨＊あるいは露＊として降ってきて、底にある黒い土（死んだ肉体）を洗浄する水銀の蒸気を象徴する（→ablution）。ハリドは、煆焼＊の間、すなわち容器の中の物質が砂風呂で1週間熱せられると、「揮発性の物質がアレンビックへ上昇してゆくが、それを私たちはアウィス・ヘルメティス〔ヘルメスの鳥〕と呼ぶ」（『秘密の書』Booke of the Secrets, 119）と言っている。ヘルメスの鳥は、哲学者の卵＊という容器から生まれた哲学の鳥あるいは雛鳥の名称でもある。化学の結婚＊における男性と女性の物質の結合から生まれる哲学者の石＊は、鳥の誕生にたとえられる場合が多い。フィラレテスは「天と地〔男性と女性〕を結びつけなさい。（中略）さすれば、あなたは

● B

図7 自らの翼を喰らうヘルメスの鳥。 サー・ジョージ・リプリーに帰せられる『エンブレムの巻物』 *BL* Ashm. Rolls 52 A. 1535 より。

天空の真ん中にヘルメスの鳥を見るだろう」(*HM*, 2:263) と言っている。物質の昇華におけるこの鳥の誕生をアリストテレスは次のように述べている。「それ故、息子を生み出すように、乾いた火でそれを燃やしなさい。そして、その子が煙のような蒸気となって飛び去らないようにその子に用心していなさい。これが、『哲学者の群』の中で哲学者たちの言っていることである。土を白色化し、その中にあなたが発見する霊(精気)がそこから出てくるまでそれをすぐに火で昇華させなさい。それが〈ヘルメスの鳥〉と呼ばれるものである。というのも、より高く上昇するものは効力のある純粋なものであるが、底に落ちるものはドロスであり腐敗したものである」(*FC*, 70)。アリストテレスはヘルメスの鳥を白い薄層からなる土*、クウィンタ・エッセンティア*と同一視している。鳥の孵化は、アンドレーエの『化学の結婚』*The Chymical Wedding* で次のように表現されている。「今や生まれるばかりとなっているわれらの卵が取り出された。突いて破殻するまでもなかった。というのも、なかにいる鳥がすぐにそこから姿を現したからである」(155)。飼養*として知られる工程の間、新たに生まれた鳥は乳(水銀の水)で養われ、蒸し風呂の

61

中に置かれ、そこですべての羽毛を失い、そのようにして飼いならされる。

　また別の飼養のパターンは、サー・ジョージ・リプリーに帰せられる『エンブレムの巻物』の中で表現されているが、そこではヘルメスの鳥が燃え立つ太陽の、汗をかかせる熱の下で自らの羽毛を食べ尽くしている（図7）。このエンブレムに付された詩のタイトルは「ヘルメスの鳥がわが名前、自らの翼を喰らい、自らを飼いならされたものとする」となっている。逃げやすく捕まえにくい水銀の鳥を飼いならすことは、哲学者の石を成熟させる作業における重要課題である。メルクリウスは抗しがたく手に負えない存在ではなく、錬金術師の言われた通りに動く僕、制御され指図どおりに働く力となるように、捕獲し、飼いならされなければならない。パラケルススは「まことに、上述した天然の混合物を溶解することによって、われらのメルクリウスは手なずけられ、あるいは服従させられるのである」（『哲学者の曙』 *Aurora*, 48）と述べている。ベン・ジョンソンの仮面劇『宮廷で錬金術師たちから擁護されたマーキュリー』 *Mercurie Vindicated from the Alchemists at Court* で、バルカン〔＝ウルカヌス〕はマーキュリー〔＝メルクリウス〕を従順にすることに関して「まじないをはじめ、音楽を鳴らし、彼を取り囲み、捕らえなさい。もし彼が従わなければ、拘束しなさい」（112-13）と言っている。自らの翼を喰らう神聖なる鳥というリプリーの『巻物』のイメージは、固定化したものの溶解だけではなく、「石」の質料（素材）の中の揮発する性質の固定化をも意味している。このイメージは、鳥の断頭＊で象徴される過程と同義である。鳥の血＊は、錬金術師の言う奇跡的な治癒力を発揮するエリクシル＊の名称である。ニコラ・フラメルは、哲学者の石の誕生について次のように述べている。「1 羽の雛鳥が現れるだろう。それはその血であなたをあらゆる病から解放し、その肉であなたを育て、その羽毛であなたを包み、あなたを寒さから保護する」（*HM*, 1:146）。

bitch　雌犬　→dog and bitch

black, blackness　黒色、黒さ

　作業の最初の段階における金属（すなわち「石」の質料（素材））の古い形相あるいは肉体の溶解、つまり死と腐敗＊の過程であるニグレド＊のはじまりを意味する色。ニコラ・フラメルは「最も黒い黒より黒い」ニグレドの段階で、「物質は溶解され、腐敗され、黒くなる」と述べている（*HE*, 75, 73）。フィラレテスも同様に、腐敗の色について「それは最も黒い黒より黒く、他の何色でもない」（*RR*, 17）と言っている。1658 年 10 月 28 日付けのロバート・ボイルに宛てた書簡の中で、ヨハン・モ

● B

リアンは、サミュエル・ハートリブが哲学者の石を生み出そうとしておこなった実験の１つを次のように説明している。「万事、順調にうまくいき、［材料は］一様ではないさまざまな色を経て、それから、完全なる黒色に至った」（ニューマンの『予言』'Prophecy', 108）。トマス・ナッシュは、『奇妙な知らせ』Strange Newes の第２序文で彼の著作を中傷する人たちを糾弾する際に、錬金術の言う「最も黒い黒の中の黒」にふざけた調子で言及している。「たとえ、彼らがそのように芸術（アート）を迫害する者（錬金術師が自然を迫害していると言われるように）であろうと、私は、彼らに、彼らのウィットの刃を鈍ぶらせることを望みたい。自分たちの色をそんなに激しく押しつけようとしないことを。彼らが黒いものを見つけたら、先に名をあげた金を偽造する者たちとともに、黒よりももっと黒い物質を求めたりさせてはならない」（『全集』Works, 1: 261）。錬金術の理論によれば、蘇生あるいは再生は、金属の古い形相、つまり古く旧態依然とした存在状態の「死」後にのみ生じる。アルテフィウスは、この黒き死と深きモルティフィカティオを経ることによってのみ、肉体は、魂と霊（精気）から分離され、その腐敗を浄化されて、霊（精気）ないしは既に合体した魂と霊（精気）との完全なる結合に備えて白色化されると指摘している。「さて、色に関して言えば、黒くならないものは、白くなりえない。その理由は、黒さは白さの始まりであり、腐敗と変質、つまり肉体に溶剤が浸透し、殺されているしるしだからである」（SB, 36）。錬金術師は、作業のこの段階における「石」の質料（素材）（オプス）をあらゆる黒いものにたとえているが、例としては、鴉＊、大鴉＊、ブラッキング、石炭＊、ピッチ、黒檀、黒い人、エチオピア人＊ないしはムーア人、日蝕＊、夜、黒いシャツ＊、クロテンのローブ＊、黒のダブレットなどがあげられる。

black earth　黒い土

　古い金属つまり旧態依然とした存在状態が煆焼＊あるいは腐敗＊される、つまり死と溶解の段階にある「石」の質料（素材）。死体で象徴される場合が多い黒い土ないし泥は、アレンビックの底にあって、アレンビックの最上部から降ってくる天の露＊（水銀の水）によって、洗浄・浄化されて白色化されるのを待っている。ハリドは煆焼中に、アレンビックの最上部に揮発性の霊（精気）が上昇していく時、「ガラス容器の底に残っているものは灰つまり不純物を取り除かれた土のようなものであり、哲学者の土と呼ばれる」と記述している（『秘密の書』Booke of the Secrets, 119）。いったん白色化されると、その土は金の種子＊、霊（精気）を蒔かれ、霊（精気）と結合することが可能となる（→white foliated earth）。サロモン・トリスモジンの『太

63

陽の輝き』 *Splendor Solis* の 8 番目の図版は、黒くなったエチオピア人＊（「石」の質料（素材））が彼の女王（純粋で白色化した物質）に会うために濁流から現れるところを表している。エチオピア人の赤い頭＊と、女王が差し出す赤いローブは、白色化した物質が最終的に作業（オプス）の大詰めの段階で赤い石＊に変質されることを示している。

black king　黒い王　→Ethiopian, king
black man　黒い人　→Ethiopian
black shirt　黒いシャツ　→Saturn
black stage　黒色化の段階　→black, blackness, nigredo
black sun　黒い太陽　→sol niger, eclipse
blood　血

変質作用を持つ秘薬と同義。溶剤と同時に凝固剤でもあるものとしてのメルクリウス＊。哲学者の石＊、赤いティンクトラ＊ないしはエレクシル＊。『哲学者の薔薇園』は「いかなる溶解も、適当かつ適切な〈血〉、つまり竜の水と呼ばれるメルクリウスの水なしにおこなわれるべきではない」（*FC*, 25）と言っている。錬金術で言われる血は、作業（オプス）全体を通して様々な形で現れる。それは、まず死と犠牲の血として作業（オプス）の初めに現れるが、その時、金属の古い形相（つまり古く旧態依然とした存在状態）が、再生されるために溶解あるいは殺される。錬金術における死と腐敗の原理は、自然はまず死に絶えてからのみ再生されるという観念に基づいている。聖書における、多くの実を結ぶにはひと粒の麦がまず死なねばならないというメタファーや、キリストの磔と復活のイメージは、錬金術師によって引用される場合が多い。『賢者の水石』*The Sophic Hydrolith* はキリストに関して次のように言っている。「［彼の］力や強さ、つまり緋色（紫）のティンクトラは、肉体において不完全な人間、罪人である私たちを変えるものであり、私たちのあらゆる病を癒す奇跡的な薬剤なのである」（*HM*, 1：103）。

不純な存在の罪を洗い流すために、純粋な存在が血を流すという古来からの観念は、錬金術のテキストに頻繁に登場する。コルソンの『成熟した哲学』*Philosophia maturata* は、錬金術における犠牲に関して「肉体は融剤（フラックス）で死に、血を流し、多くの色を帯びる」（35）と言っている。『ジョン・ダスティンの仕事』*The Worke of John Dastin* では、「母なるメルクリウス」、すなわちプリマ・マテリア＊は、病んでいたり、癩を病む兄弟（まだ銀や金へと成熟していない卑金属）を、その血で癒す純粋なる子供を身ごもるとされている（*TCB*, 261-3）。同様にフラメルの『賢者の術概要』

● B

Philosophical Summary では、アレンビックの卵の中で孵る純粋なる鳥の血は、あらゆる病から人間を解放する力を持っているとされる（*HM*, 1:146）。同じフラメルの『象形寓意図の書』では、この過程を象徴化するために、「無辜聖嬰児」の犠牲の物語を借用している。つまり、ソルとルナは、生け贄として捧げられた幼児の血が入っている容器に浸けられ、浄化される（*HE*, 14）。この場合の血は、「石」の質料（素材）を溶解し、それから洗滌＊の段階においてその質料（素材）を洗い清め、変質させる水銀の水を象徴する。緑の獅子＊の水銀の血は、哲学の石ないしは子供を育て、成熟するのを促進する飲み物として（処女の乳＊とともに）用いられるが、この作業段階は飼養＊として知られる。

　ルベド＊として知られる最終の作業段階において、血は貴重な赤いエリクシル＊ないしは緋色（紫）のティンクトラを象徴する。白いエリクシル（銀）の後の赤いエリクシル（金）の達成は、赤い血で白いシーツを染めるないしは染まることにたとえられる（→rubedo）。パラケルススの『哲学者の曙』*Aurora* は、緋色（紫）のティンクトラを「祝されるべき薔薇色の血」と呼んでおり、バシリウス・ヴァレンティヌスは「このティンクトラはわれらが達人の、緋色（紫）の薔薇である」と言っている（*HM*, 1:330）。ラウレンティヌス・ヴェントゥラは、「石」の固定化に関して次のように述べている。「というのも、もはや石がある性質から別の性質へと、ある色から別の色へと変えられることはないが、火の中で蝋のようになっていて、しかも全く何も減少させることもないきわめて赤い血になるまで、火の中に閉じ込めておかなければならないからである」（*ZC*, 81）。神的ティンクトラ＊はあらゆる金属を金に染め、人間に完全なる健康と神の意識を回復させることができると考えられた。赤いティンクトラないしは「石」の色は竜の血にたとえられる。コルソンの『成熟した哲学』におけるティンクトラの処方は、錬金術師に「それ［石のための質料（素材）］が完全な黄色になるまで、火を強めなさい。そしてそれから、それが竜の血のように赤くなるまで再び火を強めなさい」（46）と助言している。

blood of the green lion　緑の獅子の血　→green lion
blossom　開花　→flowers, lily, philosophical tree, rose
blow　吹く　→ bellows, puffer
blue　青色　→azure
blush　赤くする
　作業の最終段階における「石」の浄化された白い質料（素材）の赤色化、ルベ

65

ド *。ベン・ジョンソンの『錬金術師』で、フェイスはマモンに、ルベドがほぼ完了したと断言し、マモンは「ボルト・ヘッドが赤くなっている」と答える (2.2.9)。
→rubedo

body 肉体　→philosopher's stone, nigredo, albedo, chemical wedding, earth

boil　煮る

　料理したり、あるいは煮ることは、アレンビックの中の物質を火にかけて全く完全なるものにすることを意味する。ミヒャエル・マイアーは料理を女の仕事 * と呼んでいる。「白い鉛を手に入れたら、ただちに女の仕事をおこなえ、つまり〈料理〉を」(*AF*, 176)。「煮て、煮て、さらに煮よ。しかして、われらのいとも長き煮沸に苦情を述べるべからず」という格言は頻繁に錬金術のテキストで引用されている（クロソウスキー・ド・ローラ『錬金術』*Alchemy,* 25)。論文『父アリステウス』'Aristeus Pater' に見られるように、「煮られる」未精製の物質は果実と呼ばれる場合もある。同論文は、火に関して「そのように火がつけられたら、日ごと気をつけなさい、／その火が黄金の果実を燃やすのではなく、煮るように」(143-4 行目、*AP,* 476) と言っている。アルテフィウスは、「煮る」という用語を「ソルウェ・エト・コアグラ」、すなわち「石」の質料（素材）を浄化する溶解と凝固の過程を何度も繰り返し続けることを論じるために用いている (*SB*, 20)。『唯一の真の方法』*The Only True Way* も同様に、純粋で完全なるものとするために、「未加工で未精製の」材料は「煮詰める工程によって料理つまり温浸」されなければならないと述べている (*HM*, 1:163)。煮詰めること * (coction) とは、熱を通して物質を精錬することである。ミルトンは、『楽園の喪失』の錬金術的文脈において、coction と同じ意味（煮詰めること・消化）を持つ concoction の語による消化のメタファーを、温浸という変質させる工程を表現するために用いている。ラファエルは、アダムとエバと一緒に座し「真正の食欲の鋭い衝動と、／食べたものを転ずる消化 (concoctive) 熱」をはたらかせて食事をはじめる。「吸収されずに残ったものは、／その霊的な体質を通り抜けて、たやすく蒸発していった。だから、／煤けた石炭の火を使って俗悪な実験に耽っている／錬金術師が、不純な鉱石からとられた金属を、純金に変えることができる、また変えられると信じているのも、／無理からぬことかもしれない」(5.436-42)。

● B

bolt's-head, bolt-head　ボルト・ヘッド

　蒸留の工程で用いられる首の長い丸底のフラスコ。『化学の石』'Lithochymicus' の補遺で、バセット・ジョーンズは「ボルト・ヘッド」を「蒸留のために使われる長い円筒形の首を持つ球形のフラスコ」(*AP*, 389) と定義している。彼はまた、ボルト・ヘッドを容器として使用する処方を引用して「〔化学者は〕きわめて純粋な葡萄酒の酒精を取り、／水晶のボルト・ヘッドに入れて／ヘルメスの封印で密閉し、それを氷の中に置く」と述べている (*AP*, 284)。ジョンソンの『錬金術師』では、フェイスがサトルに、混合物をつくるための正しい原料を取り、「それから混合して、ボルト・ヘッドに入れ、／その口を挟んで温浸しました」(2.3.73-4) と断言する。

brass　真鍮（黄銅）

　ラトンと同種のもの（→laton）。

bread　パン　→paste
bride and bridegroom　花嫁と花婿　→chemical wedding
bronze　青銅

　ラトン、ないしは地上の肉体の名称（→ laton）。

brother　兄弟　→incest
bud　蕾　→flowers, green
bury　埋葬する　→grave

67

● C

Cadmus　カドモス　→oak

caduceus　カドケウスの杖

　2匹の蛇が3つの円環をつくるように絡み合って巻きついているメルクリウス＊の杖。錬金術において、哲学の硫黄＊と生ける銀＊すなわちソル＊とルナ＊として知られる、普遍的男性と女性のエネルギーの循環蒸留の象徴。この3つの円環は、錬金作業（オプス・アルキミクム）における主要な工程である、男性的なものと女性的なものの3回にわたる分離と結合を表す（→chemical weddng）。『実地』において、アイザック・ニュートンはメルクリウスの杖を「それら［蛇］のティンクトラを喜ばせる媒介物」であるとし、「メルクリウスの杖は2匹の蛇を調和させる」（*Janus*, 300）と言っている。激しく対立し、争い合った後、2匹の蛇は完全に調和して絡み合う。形而上学的に言えば、カドケウスの杖における蛇の結合は、「肯定的及び否定的生命の流れや、生命の2つの階層、天と地の間に維持されなければならないまさにその調和」（ホジソン『占星術』*Astrology*, 202）を象徴する。この魔術の杖は、そのように、相反する元素を調和させ、魂を知恵の神殿へと上昇させる力を持つ。人体で言えば、この杖の本体部分は脊髄を象徴する（ホジソン『占星術』36，154）。錬金術の物語詩『ヘルメスの恍惚』'Hermetick Raptures' では、カドケウスの杖は「強力なヘルメスの杖」と「名高きカドケウスの杖」の両方の名で呼ばれている（123，137行目、*AP*, 579）。ベン・ジョンソンの仮面劇『宮廷で錬金術師たちから擁護されたマーキュリー』*Mercurie Vindicated from the Alchemists at Court* では、マーキュリー〔＝メルクリウス〕は、おどけた調子で、「3人の武器を持たない錬金術師の一団」による迫害に対して「彼の持つカドケウスの杖で身を守る」（115-16，110-11）。錬金術のカドケウスの杖は、『フェニックスあるいは哲学の石に関する論ここに始まる』'Incipit tractatulus de phenice siue de lapide philosophico'（図3）や、ニコラ・フラメルの『象形寓意図の書』所収の、『ユダヤ人アブラハムの書』から転写した1番目の寓意図（*GU*ファーガソン手稿17, f.11）に表現されている。このフラメルの書の他の写本では、絡み合う蛇のつくる円環の数は、2（セイント・アンドルーズ大学図書館）から4（パリ、アルスナル図書館）にわたっている（→ファン・レネップ『錬金術』138）。

● C

calcination　煆焼

　火の熱によって金属ないし鉱物を粉末あるいは灰に転換させること。この工程は、金属の肉体（あるいは人間の魂）をその第1質料に還元し、神的ティンクトラ＊あるいは霊（精気）の流入をより受け入れやすくするように、吸水性のあるものにする。コルソンの『成熟した哲学』*Philosophia maturata* は、黒色化した「石」の質料（素材）の煆焼について次のように言っている。この物質は「われらの鴉のくちばしであり、ピッチよりさらにもっと黒いが、それを点火された石炭の中に入れて、火にかけなさい、［それが］煆焼されて（中略）きわめて黄色い土になるように。しかし、このように煆焼するだけでは、それを完全に浄化するには十分ではない。従って、8日間穏やかな熱を発する反射炉の中に入れなさい。そしてその後幾晩も、雪のように白くなるまで熱や炎を増大させていきなさい」(32)。ジョージ・ハーバートは『イースター』'Easter' でキリストについて述べる際、煆焼のメタファーを用いている。「主の死は君を煆焼し、塵に変えるが、／主の生命は君を黄金に変え、いやさらにもっと義なるものにもしてくれるように」(『全集』*Works*, 41)。ゲーテはその生涯の多くを錬金術の探求に費やしたが、E. T. ランガーへ宛てた書簡の中でこのメタファーを用いている。「私は苦しんだが、今は再び解放されている。この煆焼というものは、私の魂にとって非常に有益なものであった」（グレイ『錬金術師ゲーテ』*Goethe the Alchemist*, 24)。

calx　カルクス（金属灰）

　煆焼＊による生成物。金属ないし鉱物を焙焼あるいは燃焼することで生み出される粉末、灰、精髄〔エッセンティア〕。また哲学の土＊、「石」の肉体。ゲベルは、蒸留の間に「カルクスすなわち肉体は、そこから昇華され、以前よりもさらにもっと浄化されるように、何度も浸潤されなければならない」(*FC*, 72) と述べている。

caput corvi　カプトゥ・コルウィ（鴉の頭）　→crow, raven, nigredo, beheading

caput mortuum　カプトゥ・モルトゥウム（死者の頭）

　ベンガラ（鉄丹）、現在では硫酸第一鉄から硫酸を蒸留抽出した後にレトルトに残る茶褐色の酸化鉄を指す。錬金術において、カプトゥ・モルトゥウムとは、作業〔オプス〕の第1段階である黒化のニグレド＊の象徴であり、その過程の間に、「石」のための金属ないしは質料（素材）の古い形相は「殺され」、溶解されて、プリマ・マテリ

69

ア＊つまり創造の原初の材料になる。また、これは、特にニグレドの段階の間に容器の底に残されるドロスないしは残留物の象徴でもある。ニケーズ・ル・フェーヴルは、サー・ウォルター・ローリーの「偉大な強壮剤」と言われるリキュールをつくる過程を説明する際に、この意味でのカプトゥ・モルトゥウムに言及している。「火の作用によって最後には」何ものもレトルトの底には残されてない、「正しくは単なるカプトゥ・モルトゥウム、すなわち死した土と呼ばれものを除いて」（『論考』*Discourse,* 65）。→nigredo, beheading

castle　城

外部からの影響あるいは物質の浸入から容器の内容物がしっかりと守られているだけではなく、揮発性の内容物が漏れ出ることがないようにされている密閉された容器の呼称（→ 図 46）。ニコラ・ダントニオ・デリ・アリ（1480）の写本は、天使（翼をつけた揮発性の物質）が、赤い城（固定化し、凝固させる作用物質）の城壁に包囲されているエンブレムを載せている（クロソウスキー・デ・ローラ『錬金術』*Alchemy* 所収の図版 30）。ドゥニ・ザシェールの『神的作業の実践』'Practise of the Divine Work'(138-40) では、王子（「石」の未精製の材料）が「それから城に、丸い秘密の小さな洞窟に 1 人で」引きこもるが、「そこは隠遁者の庵のように丸く小さかった」（*AP,* 439）。城も洞窟＊も密閉された容器の呼称である。その意味が拡張されて、小塔を持つ城は、容器が置かれる哲学者の炉＊の名称となる（→tower）。ドルネウスの『金属変成に関するパラケルスス的化学文集』*Congeries Paracelsicae* は、錬金術師に炉を暖めるための石炭を粉々に砕き、「それを小塔に満たし、下部にある戸に火をつける」ように指示している（*PW,* 285）。また、城は不純な物質を表す語でもあり、その中に純粋な霊（精気）つまり変質作用を持つ秘薬が閉じ込められていて、それは作業（オプス）の過程の間にそこから解放されなければなりらい。リプリーはその論文『錬金術の化合物』を「城」と呼び、またこのイメージを、錬金作業（オプス・アルキミクム）自体を表現するためにも用いている。彼は、第 1 章の終わりで次のように述べている。「今あなたは来ているのである、哲学者たちの城の／第 1 の門に。（中略）勝利を得ることができるように、賢く進め／かの城のさらに多くの門を。／この城はいかなる鐘にも劣らず丸い」（*TCB,* 134）。城は秘薬、哲学者の石の入っている秘密の容器であり、錬金術の秘義の書、アレンビック、人間それ自体でもある。→alembic

● C

cauda pavonis　カウダ・パウォーニス（孔雀の尾）　→peacock's tail
cement, cementation　セメント、セメンテイション

　セメントとは、蒸留＊の過程で用いられる粘着性の物質。また、炉で暖められようとしている金属板に、その純度を検査するために置かれるペースト（→ glue）。セメンテイションとは、液化＊が生じないようにして、高温で1つの固体が他の固体に浸透し、結合するようにさせる工程である。ルランドゥスの『辞典』は、「キメンターレ」cimentare を「結合させること」と定義している。ジョン・ダンの『恍惚』'The Extasie' では、恋人たちの手は「そこから滲み出る、香油で／しっかりと結合されて（cemented）」（5-6）いると表現される。→balm, glue

cervus fugitivus　ケルウス・フギティーウス（逃げ足の速い雄鹿）

　逃げ足の速い雄鹿。鹿、子鹿、成熟した雄鹿としても知られる、錬金術のメルクリウス＊の最もよく知られている別称の1つ。トマス・ロッジは、『錬金術の解剖』 *The Anatomie of Alchymie* で、逃走する雄鹿を主要な錬金術の謎の言葉の1つに数えている。「まず第1に、彼らは逃げ足の速い鷲がどこに住んでいるのか、（中略）それから緑の獅子や逃げ足の速い雄鹿について尋ねる」（『全集』*Works*, 3:69）。ケルウス・フギティーウスは、飛び去り消失していくものの象徴である。われらのメルクリウスの重要な属性はその捕らえにくさ、その逃走する性質にある。ジョンソンの『錬金術師』で、フェイスは、サトルの「あなたのメルクリウスとは何ですか」という質問に、「あっという間に、消え去るものなのですよ」と答える（2.5.31-2）。逃げ足の速い雄鹿としての役割において、メルクリウスは、霊（精気）と肉体の間を仲介して、両者を化学の結婚＊において結びつける先触れないしは魂として機能する。鹿と魂を対応させる傾向は17世紀の詩やエンブレム集によく見られるものである。そのイメージは、『ラムスプリンクの書』*The Book of Lambspring* の錬金術的文脈に登場するが、その3番目のエンブレムに付された詩には「鹿は他のいかなる名も望まない／魂という名以外に」（*HM*, 1:280）とある。ケルウス・フギティーウスの変形としては、セルウス・フギティーウス servus fugitivus（逃走する僕）がある（→red servant）。「ケルウス」cervus と「セルウス」servus は、互換的に用いられる。『錬金術の秘密の霊の啓示』*A Revelation of the Secret Spirit...of Alchymie* で、バプティスタ・ランビエ（ジョヴァンニ・アニェッリ）は「メルクリウスないしは逃亡する奴隷」と言っており、バセット・ジョーンズは、メルクリウスを「運命を支配する主人の仕事を怠ける従者」と呼んでいる（『化学の石』'Lithochymicus' *AP*,

71

324)。cervus と servus の言葉遊びから、雄鹿 hart と従者 servant（あるいは先触れ）は同一のものとなる。

　メルクリウスの二面性は、ケルウス・フギティーウスの象徴に明示されている。一面において、メルクリウスは忠実で良き従者であるが、他面、気まぐれで逃げやすく捕らえにくく、また不誠実で人を迷わすような存在であったりもする。錬金術師は、繰り返し、不安定なメルクリウスを捕獲し、容器の中にしっかりと閉じ込めなければならないと警告される。ベン・ジョンソンの仮面劇『宮廷で錬金術師たちから擁護されたマーキュリー』*Mercurie Vindicated from the Alchemists at Court* で、バルカン〔＝ウルカヌス〕は、次のように大声を上げて訴えている。「マーキュリー〔＝メルクリウス〕様！助けてくれ、飛んで行くよ、逃げた。愛しの黄金のマーキュリーよ、固定化されておくれ、そんなに気まぐれであってはくれるなよ」（23-6）。逃げやすく捕らえにくいメルクリウスは、達人〔アデプトゥス〕の忠実なる僕となるように、捕獲され、飼いならされなければならない（→Bird of Hermes）。『仔鹿の死を嘆くニンフ』'The Nymph Complaining for the Death of her Faun' に登場するアンドルー・マーヴェルの素早い「銀の」仔鹿は、逃げやすく捕らえにくく、人を迷わすようなものであると同時に、忠実な僕でもあるという、二重の性質を持つケルウス・フギティーウスをまさしく具現化した存在である。この仔鹿は驚くほど「速く（中略）あの小さな白銀の足で駆け」（63-4）、また「うわべだけで当てにならない」シルヴィオからの贈り物であり、「たぶんその彼以上に／不実なのかもしれない」（48-9）が、同時にまた、ニンフの人なつっこい朋友でもある。つまり、仔鹿は「一緒に遊ぼうと誘い／まるで私のなかで自分を／祝福していたみたい」（43-4）な存在なのである。

chameleon　カメレオン

　錬金術師の言う混沌〔カオス〕＊の呼称。著者不詳のある論文は、精妙化＊の過程において土すなわち「石」の質料（素材）が帯びる色をカメレオンにたとえている。「最初、それは乾いていて、それから湿ってねばねばしているようであるが、その後カメレオンのような色を帯びるようになる、つまり、土は風呂の熱に作用されると、それによって分解され、われらの非常に輝かしいメルクリウスである金のような水へと昇華させられる」（*BL* スローン手稿 3631. f.7）

chaos　カオス（混沌）

　そこから世界や哲学者の石＊が形成されると考えられた、形相を持たない混沌〔カオス〕と

● C

した質料。錬金術師は、世界という大宇宙（マクロコスモス）の創造の過程を、小宇宙（ミクロコスモス）における哲学者の石の創造の青写真として用いる。錬金術師は、彼らの扱う未精製の原料すなわち混 沌 塊（マッサ・コンフーサ）は、世界がそこから創造された原初の混沌（カオス）であると指摘しており、彼らの言うプリマ・マテリア＊をその混沌の「一部」とみなしている。マルティヌス・ルランドゥスは『錬金術辞典』で、ヘルメス学の化学者は「自分たちの作業を始原の混沌（カオス）の展開にたとえる」（353）と言っている。エドワード・ケリーは、ジョージ・リプリーの『錬金術の化合物』の解説で次のように述べている。「リプリーは作業を混沌（カオス）にたとえている。その混沌には分割されることなく、万物がつまり太陽、月、恒星や、地球という球体に、いわば鋳造されたすべての元素が含まれていたが、神の御言葉により6日で分離され、完全なものとされたのである。われらの石もまさにその通りであり、全きはじまりがなければならない」（*BL,* スローン手稿3631, f. 51）。ヘルメス・トリスメギストゥスの『エメラルド板』に関する注解において（ケインズ手稿28）、アイザック・ニュートンは次のように述べている。「そして、万物が1つの混沌（カオス）から1なる神の計画に従って創造されたのとちょうど同じように、われらの術（アルス）においても、4元素からなるすべてのものは、われらの混沌（カオス）と呼ばれるこの1なるものから、術師の計画に従い、諸物を巧みに適合させることによって生まれるのである」（*Janus,* 276）。また別の著述『インデックス・ケミクス』においても、ニュートンは、「混沌」を「暗いアビス」や「ヒューレー」（質料）とともに、プリマ・マテリアの名称の1つとしてあげている（ウェストフォール『インデックス』180）。

　作業（オプス）の間、錬金術師は未分化の混沌（カオス）を土、空気、火、水の4元素に分割ないしは分化する、いわば始原の仕事をおこなわなければならない。それから、4元素の相反する面（たとえば、熱と寒、乾と湿）が、各元素に共通する属性（たとえば、冷たく乾燥している土は、冷たく湿っている水と、寒という属性を共有している）を用いて、コニウンクティオ＊において調和され、一体化されなければならない。この相反する属性の結合は、化学の結婚＊において結ばれる恋人たちのエンブレムで表現される場合が多い。いったん結合されると、4元素＊は第5元素＊すなわちクウィンタ・エッセンティア＊、完全なる「小世界」すなわち小宇宙（ミクロコスモス）となり、その中ではすべての元素が調和されている。錬金術師によれば、神は、原初の混沌（カオス）に対する分離＊、昇華＊、コニウンクティオという化学的抽出の過程を通して、調和し秩序だった宇宙（コスモス）を創造した天の錬金術師だとされる。『1年で最も短い聖ルーシーの日の夜想曲』'A Nocturnal upon S. Lucy's Day' の錬金術的文脈において、ジョン・

73

ダンは、結合する恋人を「2つの混沌」のように成長する「石」の質料（素材）にたとえている（24-5）。この混沌とは、化学の結婚における死んだ恋人たちの肉体によって象徴される錬金術上の未精製の原料のことであり、肉体から分離された魂はその肉体の上に浮かび、漂う。「別離の時には／私たちの魂は肉体を抜けだし、その後に屍をだけを残した」（26-7）。

chariot of Phaethon　パエトンの日輪の車

　錬金作業、オプス・キルクラトーリウム*〔循環作業〕の呼称。ルランドゥスによれば、パエトンの日輪の車とは「哲学者たちが大いなる業に与えた名称の1つ」である（『辞典』346）。オプス・キルクラトーリウムは、太陽が天空を「循環する」その軌道だけではなく、日輪の車の両輪（ないしは両輪）にたとえられる場合がある。オヴィディウスによるヘリアデスの神話の物語では、パエトンは、父の助言に逆らって天空を日輪の車を駆って進むことを望む。経験のないパエトンは日輪の車のコントロールを失い、ユーピテルの投げつけた雷に撃ち落とされ、エリダノスの川に墜落死する。パエトンの父フォイボス（太陽神）は息子の死を知り「悲嘆のあまり身のまわりを構わず、ちょうど日蝕の時のように自らの輝きを無くした」（『変身物語』*Metamorphoses*, 1.87, 381-3）。錬金術師は、太陽の黒色化すなわち日蝕*を、「石」の質料（素材）の死をもたらす初期の作業の一部であるニグレド*という、いわば暗黒の段階を象徴するイメージとして用いる。作業おける夜すなわち黒色化は、太陽が消滅させられたように見える時の太陽の周回軌道の一部にあたる。つまり、繰り返されるソルウェ・エト・コアグラ*（溶解と凝固）のサイクルにおいて、夜は、「コアグラ」（凝固）を象徴する昼とは対照的なものとしての「ソルウェ」（すなわち溶解）を表象する。パエトンの死の神話と太陽の消滅は、ニグレドあるいはモルティフィカティオ*〔死〕を表すイメージとして使用されるようになった。『黄金の仔羊』*The Golden Carf*で、ヘルウェティウスは次のように述べている。「賢者たちは、（中略）月がパエトンの起こした大火災によって火を点されたと考えた。金属ないしは鉱物の肉体を腐敗し、破壊し、殺す、かの神的塩を精製する方法をヤハウェから啓示された人間は幸いである、それも三重にも幸いである」（*HM*, 2:227）。

chemic, chymick　ケミック、キミック

　「錬金術の」また「錬金術師」の意味で16世紀から18世紀にかけて正式に用

74

いられた形容詞ないし名詞。アレグザンダー・ポープは、香草を摘み「化学の術で鉱物の力を高揚し、／花々の香しき精髄を取り出す」幸せな人間を称賛している（『ウィンザーの森』'Windsor Forest', 243-4）。ジョン・ダンは、『十字架』'The Cross' で、霊的十字架の力を、化学的に抽出される医薬としてのクウィンタ・エッセンティアにたとえている。「霊的十字架は、抽出された化学の薬剤のように、素晴らしい作用を持ち／それ以上の効果で癒し、それに劣らず、腐敗を防ぐのだ」(27-8)。アンドルー・マーヴェルは、『眼と涙』'Eyes and Tears' で、地を蒸留する太陽の錬金術的力について次のように言っている。「すべてをご覧の太陽もちょうどこんな具合／毎日世界を化学の光で蒸留しても／得た第 5 元素が水だと知れば／すぐさま憐れみの雨にして降らせ返してくださる」(21-4)。また、ミルトンは『楽園の喪失』で、太陽の錬金術的性質と、地に貴重な石を生成するその力を次のように表現している。「大化学者の太陽が（中略）げんに霊妙な光芒を放ちつつ／この暗き地上に、地の湿り気が混ざっても、／貴い石を、あまた造ったのであれば／太陽表面の山野が純粋なエリクシルを産み、川が飲用金を／流すとしても、なんの不思議があるだろうか」(3.606-11)。地殻に浸透する太陽の化学的作用
→prima materia

chemical wedding　化学の結婚

　錬金作業の中心的なイメージの 1 つであり、哲学者の石＊の創造におけるきわめて重要な作業。結局のところ、錬金術師は物質の結合、対立物の調和に専念していたのであり、この対立物の「結婚」を通して、作業の目標である金の生成と、形而上学上それに相当する人間の霊的昇華が達成される。錬金術における結婚の観念は、類似するキリスト教教父の説く神秘的結婚よりも古く、キリスト教以前の古代の伝統に基づいている（MC, 467）。
　錬金作業は、アレンビックの中で繰り返される「石」の質料（素材）の溶解と凝固からなる。「石」のための金属すなわち質料（素材）の古い形相は、天地創造の原初の材料であるプリマ・マテリア＊に溶解され、それからその材料が新しい純粋な形相に凝固される。ソルウェ・エト・コアグラ＊（溶解と凝固）の過程が繰り返されるたびに、アレンビック内の物質はますますより浄化された状態になっていく。場合によっては、ソルウェ・エト・コアグラは、セパラティオ〔分離〕とコンイウンクティオ〔結合〕の繰り返しと言われることもある。凝固ないし結合は、硫黄＊と水銀、熱と寒、乾と湿、固定性と揮発性、霊（精気）と肉体、形相と質料、

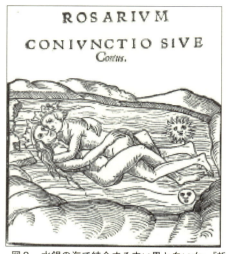

図8　水銀の海で結合する赤い男と白い女。『哲学者の薔薇園』22v より。

能動性と受動性、男性性と女性性というような対立する状態や属性がその相違を調和され、一体化される化学的結合の輝かしい成功の瞬間なのである（→peace and strife）。『ゾロアストロの洞窟』は次のように言っている。「金属や哲学者の石の生成とは、生成において確実に腐敗が生じるように、自然本性の原理（原質）、換言すると、男性を女性と、能動的なものを受動的なものと、硫黄を水銀と結合することである」(70)。この結合は、レトルトにおける恋人たちの化学の結婚で象徴されるが、その恋人たちはソル*とルナ*つまり太陽神と月神に擬人化されることが多い。エドワード・ケリーは「この術においては、太陽と月を結婚させなければならない」と述べている（『選ばれし者の2つの論』37）。このコンイウンクティオは、兄弟と姉妹、母親と息子との近親相姦的性交として描かれる場合もある（→incest）。こうした結婚は必ずしも直接的結合の形をとるというわけではなく、第3の仲介する原理（原質）であるメリクリウス*、プリマ・マテリア、あるいは男性でも女性でもある種子的物質を介して生じる。その仲介の役割を果たすものとしてのメルクリウスは、膠（にかわ）、樹脂、あるいはこの結婚において式を執りおこなう司祭と呼ばれる（→glue, green lion）。また、この結合は、水銀のプリマ・マテリアの象徴である海水*の中で起こると表現される場合もある（図8）。

　このような結合を表す言語的・視覚的イメージは、きわめて原始的な動物の交尾（雄犬と雌犬、雌鳥と雄鳥*、愛し合う猛禽*、翼を持つ竜*あるいは蛇と翼を持た

● C

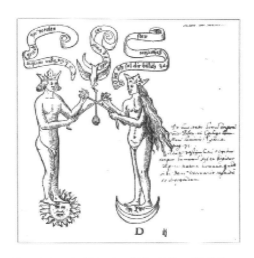

図9 王ソルと女王ルナの化学の結婚。『哲学者の薔薇園』i3r より。

ない竜ないしは蛇）から、人間の恋人たち、赤い男と白い女＊の結合（→図8）、究極的には、王＊と女王＊としてのソルとルナの高貴な結婚（図9）まで多岐にわたる。この結婚は、作業(オプス)の過程全体を通して何度も起こり（ソルウェ・エト・コアグラが繰り返されるので）、その度により純化されたレベルで生じる。このようなイメージの特質は、作業の基礎的初期段階における雌鳥と雄鳥、作業の高度に純化された頂点における王と女王というように、達成される精錬のレベルを指示している。男性と女性、哲学の硫黄（火と空気）と生ける銀（土と水）の結合から、貴重な哲学の石、すなわち卑金属を金に、地上的人間を神的人間へ変成させる力を持つ神的愛の精髄(エッセンティア)が生じるのである。なお、土、空気、火、水の4元素の結合あるいは調和は →conversion。

　錬金術は、エデンの園における堕罪の際に人間は自身の内部で分割され、2つの性に分離されており、人間の内にある対立する力が一致・調和される時にのみ、完全なるアダムの状態を取り戻すことができるというヘルメス主義の観念に基づいている。このような普遍的な男性の力と女性の力の結合は、物質的世界における病だけではなく、分離した魂の苦痛をも癒すことができる第3の物質ないしは効力を生み出す。形而上学的に言えば、化学の結婚とは、純粋なる愛（子供、「石」）を生み出すための、創造の意志あるいは力（男性）と知恵（女性）の完全なる結合である。この「石」の創造は、常にある種の犠牲ないしは死を伴う。愛し合う猛禽（→図

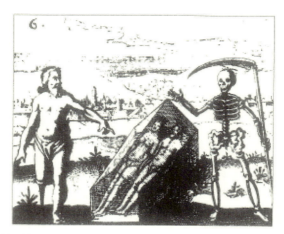

図 10　大鎌を持ったサトゥルヌスと、骸骨がその両脇に立つ、棺の中の恋人たち。ヨハン・ミューリウス『改革された哲学』embl. 6（エンブレム第 2 集）243 より。

6) は交尾するが、同時に互いをむさぼり喰らい合う（→bird, strife）。『哲学者の薔薇園』の 6 番目のエンブレムは、棺に横たわる結合した恋人たちを描いているが（マクリーン『薔薇園』39）、ミューリウスの『改革された哲学』の 6 番目のエンブレム（エンブレム第 2 集）で表現されている恋人たちは、その両側にサトゥルヌスと、大鎌を持った骸骨が立つ、ガラスの棺に入れられている（図 10）。結婚における死は、結合前の初期の分化された状態の消滅を象徴するとともに、コアグラ（凝固）つまり結婚の祝いの時が、即座にソルウェ（溶解）すなわち死の嘆きに変質されてしまうことも伝えている。多くのテキストがソルウェとコアグラは同時に起こると明言している。錬金術の理論は、生成はまず第 1 に死が存在しなかったならば、起こりえないと確言している。キリスト教神秘主義にも、同様の観念が、実を結ぶ前にまず地に落ちて死なねばならないひと粒の麦のたとえ（「ヨハネによる福音書」12：24-5）を用いて示されてるのが確認されるが、このたとえは錬金術師によって引用される場合が多い。哲学者の石は、恋人たちが死に、彼らの肉体が水銀の水の中で腐敗して初めて生成されうる。アルテフィウスは、この恋人たちに関して次のように述べている。「それ故、もし死なずに、水に転換されるとすれば、彼らは単独のまま、すなわち以前と変わらないままであり、実を結ぶこともない。つまり、彼らが死んで、われらの水に溶解されるならば、100 倍の実を結ぶ」（*SB*, 38）。墓の中に死んで横たわる恋人たち（赤い男と白い女）の肉体は、自由に魂が解放されて、アレンビックの最上部に上昇することを可能なものとする死を象徴する。論文に

● C

よっては、その時、魂は霊（精気）との新しい結婚において結合され、また底にある、腐敗している肉体は、その不純物を洗い清められ、白色化されるとしているものもある（→ablution）。魂の霊（精気）との合一は、ソルとルナの結婚として表現される場合が多い。その次の段階は、既に一体化されている魂と霊（精気）が、底にある腐敗した肉体と結合することであるが、この時点で、肉体は復活させられている。この結合もまた、ソルとルナの結婚として表される場合が多い。魂は霊（精気）の仲介によって浄化された肉体と結合すると述べている論文もあれば、霊（精気）と肉体は魂の仲介によって結合されると言っている論文もある。しかし、どのような名称が用いられているとしても、究極の結合は物質の変成を象徴する死と復活とともに生じる。肉体と霊（精気）の結合が起きると、肉体は霊（精気）へ溶解され、同時に霊（精気）は、「対立物」が完全に結合されるように、形相（すなわち肉体）へと凝固させられる。『黄金の回転』'The Golden Rotation' は「新しい統一体をもたらす質料と形相のコニウンクティオによるものでなければ、何ものも完全であるとは言えない」（f. 24）と言明している。ゲラルドゥス・ドルネウスのような一部の錬金術の哲学者は、さらなる結婚は、復活した肉体、魂、霊（精気）の「ウヌス・ムンディ」すなわち普遍的 1 者との究極の結合を伴って生じるだろうと指摘している（*MC,* 458）。

　形而上学的次元で言えば、肉体からの魂の分離の目的は、物質の持つ単なる自然的力にすぎないものによる混乱と影響を超越できるように、魂を肉体との古い結びつきから解放することである。魂の分離は、現世にとっては一種の「死」に等しい。魂はその新たに得た平静なる状態においてそれ自身の真の性質や、自然的人間と霊的人間の相違を自覚することができる。この認識の光に照らされて、魂は上位の霊と結合し、霊によって照明されることを望む。その次に起こる、この霊的自覚と、新しい浄化された肉体との再結合は、より高次の意識状態で獲得された認識が今や行動に移され、現象界に顕在化されることを意味する。この時点で、宇宙の男性のエネルギーと女性のエネルギーは固体の内で結合され、調和され、全なるつまり聖なる状態を生み出す。（→caduceus）この観念はジョン・ダンの『恍惚』'The Exstasy' に登場する。この詩では、結合した恋人たちの肉体が「墓像のように」横たわっている間に、彼らの「魂は（自分たちの勢力を強めようと、／出てきたが）中間で動けない」とされる。肉体から解放されて、彼らの魂は新しい意識の視点を獲得している。「この新しい魂となった僕たちは知っている／自分たちが何で造られているかを」。それから新しく覚醒した魂は下にある肉体と再結合する。「それ故

79

に、純粋な恋人の魂も、降下すべきだ／感情や、行為に。（中略）だから僕たちは肉体へ戻ろう、／弱い者にも愛を教えるために。／愛の神秘は、魂の中に育つが、／肉体はその教本なのである」(18-72)。ヨーハン・アンドレーエの『クリスティアン・ローゼンクロイツの化学の結婚』 *The Chymical Wedding of Christian Rosenkreutz* (1616) という影響力の大きかった錬金術的物語では、とりわけ、王と女王の化学の結婚のことが叙述されている。クリスティアンは、「太陽の家」で喜劇として上演されるその結婚を目の当たりにする。「最後の幕には、わが目を疑わんばかりの、これほどのものがどうしてできたのか不思議に思うような、絢爛豪華の装いの花婿が登場した。まさるとも劣らぬ豪奢を身にまとった花嫁がこれを迎え出た。人びとが声をそろえて叫んだ。花婿万歳、花嫁万歳！ そう言いながら人びとは、この喜劇を通じてわれらが王と王妃にも衷心からの祝言を贈ったのである」(117-18)。この錬金術の工程の観念はリンジー・クラークの現代小説『化学の結婚』 *The Chemical Wedding* (1999) の物語で 1 つの重要な構成要素となっている。

chemist, chymist　ケミスト、キミスト

16 世紀から 18 世紀にかけて、錬金術師ないしはイアトロ化学者＊の意味で常用された語。エリアス・アシュモールは、アーサー・ディーの『化学の束』に付した序文で、著者は「錬金術の作業によって肉体的で土的なものと、より純度が高く純粋なものを分離する熟練した錬金術師（キミスト）としても」適切な情報のみを提示するようにしていると述べている。ジョン・ドライデンは『アブサロムとアキトフェル』 'Absalom and Achitophel' で、ジムリは「月が一巡する間、／錬金術師（キミスト）、詐欺師、政治家、道化師であった」(529-30) と言っている（ジムリとは哲学の石を発見するために、実験室をつくったバッキンガム公のジョージ・ヴィリアーズを元にした人物）。アレグザンダー・ポープは、『人間論』 *Essay on Man* で「欲望が知識、名誉、富、その他なんであろうと、／誰も隣人と立場を変えようと思わない。（中略）飢えた錬金術師（キミスト）は黄金の学説に至福を感じ／詩人は詩神に最上の喜びを見いだす」(2.261-70) と述べている。

child　子供　→philosophical child
child's play　子供の遊び　→ludus puerorum
children's games　子供の遊び　→ludus puerorum, children's piss
children's piss　子供の尿

腐敗＊と黒色の段階における水銀の水＊、プリマ・マテリア＊と同義。小便をす

● C

る小人としてのメルクリウス＊は、『鉱物のカバラ』*Cabala mineralis*（*PA,* 238）や『太陽の輝き』*Splendor Solis*（pl.3）に図解されている。『哲学者の群』は、錬金術師に「少年の尿で」ティンクトラ＊を調製し、「黒さが完全に無くなるまで、穏やかな火で煮沸する」ように助言している（48-9）。『世界の栄光』*The Glory of the World*は、子供の尿とはプリマ・マテリア、つまり腐敗の段階で達成される金属の種子＊ないしは精子＊としてのメルクリウスの呼称であると述べている。「子供の尿は（中略）金属の種子であり、金属の第1原理（原質）である。この種子なしに、われらの術（アルス）が達成されることはありえない」（*HM,* 1:201）。サー・ジョージ・リプリーは腐敗の間の諸元素の相互作用を、遊んだり、小便をしている子供にたとえている。「そして彼らのシャツが尿で汚されたら、／必ず女性たちに洗わせなさい」（*TCB,* 149）。この洗滌＊として知られる段階は、腐敗の後の工程であり、汚れたシャツないしはリンネル類を洗濯する女性で象徴される（→laundering）。マスグローブは、ロバート・ヘリックの詩『洗濯女のサッズに寄せて』'Upon Sudds, a Laundresse' が上記の錬金術の工程のことを言っていると論じている。「サッズは、尿で帯を洗濯し、そしてそれを／主人と自分自身の2人の粘着性の強い粘液で、のりづけする」（1-4）。（マスグローヴ『ヘリックの錬金術用語』'Herrick's alchemical vocabulary', 247）。→urine

churchyard　墓地　→grave
chymia　キミア

錬金術の容器の名称。ジョンソンの『錬金術師』で、サトルはフェイスに「容器（キミア）の中にルナの油を入れたか」（2.3.99）と尋ねている。また、キミアは錬金術自体の名称でもある。『化学辞典』（1650）は「キミア」chymia を「純粋なるものと不純なるものを分離し、精髄（エッセンティア）をつくる術（アルス）」と定義している。ヘレニズム期のエジプトの伝承では、「ハム」Ham（チャム Cham）の名と「キミア」の語が結びつけられている場合がある。この関連から、錬金術という名称は、哲学の石＊と『エメラルド板』を洪水から守ったとされるノア＊の息子のハムに因んで付けられたという観念が生まれた。

chymick　キミック　→chemic
chymist　キミスト　→chemist
cibation　飼養

81

化学の結婚＊においてソル＊とルナ＊の結合から生み出された哲学の石＊を養育することであり、再蒸留＊、浸潤＊、また場合によっては発酵＊としても知られる。『ゾロアストロの洞窟』は「飼養とは、乳と肉の両方を適度に与えることで、われらの乾いた物質（マテリア・シッカ）を養育することである」（74）と述べている。「石」は、その大きさ、力、非腐食性が増大するように養育される必要がある（→multiplication）。サー・ジョージ・リプリーは、「飼養は、われらの乾いた物質に栄養を与えることであると考えられる」と言っている（TCB, 169）。「石」の飼養は、幼児（あるいは幼鳥）を乳と肉で育てることにたとえられる場合が多い。「あなたの子供を（中略）乳と肉で育てなさい」（リプリー、TCB, 147）。アンドレーエの『化学の結婚』The Chymical Wedding で述べられる「石」は、卵＊（哲学の容器）から孵る幼鳥として表現されている。その鳥は「調製しておいた水」で薄めた、斬首された王と女王の血＊で育てられる。その餌はその鳥を急速に成長させ、鳥は「黒々と猛々しく」なり、羽毛が抜けかわり、それから新しい雪白の羽毛を生やすが、この段階でその鳥は「いくらか前よりもおだやかに」なっている（155）（→Bird of Hermes, feathers）。このイメジャリーは、増殖＊として知られる段階における質と量の増大の間におこなわれるソルウェ・エト・コアグラ＊（溶解と凝固）の過程を象徴している。ダニエル・ストルキウスの『化学の園』Viridarium chimicum の図 83 は、「石」が白い処女の乳と赤い血で育てられているところを表している（331）。アイザック・ニュートンは、水銀による「石」の養育に関してムンダヌスを引用して次のように言っている。「白くかつ赤い水銀」は、「奇跡的な効力を発揮して、幼児の石あるいは動物的な石を育て、増殖させる乳及びパン」である（『注目に値する見解』71）。また、彼は『インデックス・ケミクス』（ケインズ手稿 30, f.23）では、飼養、発酵、増殖の過程は同義であると述べている。「飼養とは、（中略）乳と食物、すなわち白い薄層からなる土（テラ・アルバ・フォリアータ）と黄金の魂で石に栄養を与えることである。（中略）飼養、発酵、増殖は同義である」（ウェストフォール『インデックス』179）。

cimentation　シメンテイション　→cementation
cinnabar　辰砂

　自然の硫化水銀。水銀の唯一重要な鉱石。マルティヌス・ルランドゥスは、『錬金術辞典』で錬金術師に「この用語はいろいろな権威によって非常に様々な物質に適用されている」が、ミニウム minium の名称でも知られる真の辰砂は「古代の人々から竜の血と呼ばれたものであり、その名称は辰砂の名として今でも生きている」

● C

と注意している。続けて、純粋な辰砂は「鶏冠石や鉛丹のように赤い。そして、それは小さな塊の形で見つけられるが、（中略）溶解されると、水銀と硫黄になる」と言っている（102-3）。プラハ出身の 18 世紀の錬金術師クリストフ・ベルグナーは、人為的に辰砂をつくることに関して次のように述べている。「周知のように、いわゆる辰砂は完全に硫黄と水銀でできている。（中略）かつて、私は水銀 6 割、硫黄 1 割の辰砂をつくったが、これは、粉末化されると、ほのかに赤くなるだけで、水銀 3 割と硫黄 1 割でつくられたものほどすばらしく赤いものとはならかった」（カルペンコ『クリストフ・ベルグナー』'Christoph Bergner', 116-17）。辰砂は、血のような色をしているので、バーミリオン（朱）として知られる顔料に用いられる（ルランドゥス『辞典』102）。作業の最終段階において、「石」は濃い血のような赤色に変質するので、辰砂の朱色、あるいはザクロの色にたとえられる。エドワード・クラドックは『哲学者の石に関する論』で「このわれらの石の状態は辰砂つまり緋色（紫）／あるいはザクロのようである」と言っている（521-2, *AP*, 26）。

circle　円

完全性の象徴。円は、地、死すべき幻影の世界、4 元素、現世的十字架の 4 つの腕を意味する正方形とは対照的に完全で永遠なる霊的領域を意味する（→square and circle）。中心に点がある円は、大宇宙^{マクロコスモス}のレベルでは創造主を、小宇宙^{ミクロコスモス}のレベルでは金を象徴する。完成した錬金作業^{オプス・アルキミクム}もまた円で象徴される。→opus circulatorium

circular work　循環作業　→opus circulatorium
circulation of elements　元素の循環　→opus circulatorium
circulatory　循環器

首の部分が後ろに曲がっていて、その首が容器の下の部分に再び入っているアレンビック * で、継続的な蒸留 * の目的で使われる。コルソンの『成熟した哲学』 *Philosophia maturata* におけるエリクシルの処方は、錬金術師に「循環器に、反射炉の中で非常によく反射熱を当てられた卵の殻のカルクスを少量入れ、そこにそれを覆うように白ないしは赤の水銀を注ぐ」（54）ように指示している。

citrinitas　キトリニタス（黄化）

錬金作業^{オプス・アルキミクム}において、アルベド * という白化の後に起こる黄化の段階。黄金の花、黄金の薔薇で象徴される。キリスト紀元の初期から、作業^{オプス}は特定の色で特徴づけら

83

れる4つの主要な段階に分けられていた。つまり（1）ニグレド＊すなわち黒化の段階、（2）アルベドすなわち白（銀）化の段階、（3）キトリニタスすなわち黄化の段階、（4）ルベド＊すなわち赤化の段階である。およそ14世紀から16世紀にかけて、作業の主要な色と段階は黒、白、赤の3つとなり、黄色は通常、完全にというわけではないが、使用されないようになる。キトリニタスの段階を取り入れ続けた16世紀の錬金術師としては、たとえばベンジャミン・ロックがあげられる。「白と赤の間にあるのは、1つの色を除いてほかにない。つまりレモン色である」（『錠前を開ける道具』f.5）。チョーサーの錬金術師の徒弟は「われらの銀の黄化」（816）としてこの色に言及している。→colours

city　都市　→fort
cloud　雲

　揮発する蒸気。昇華＊の段階の間に錬金術の容器の最上部へ上昇する霊（精気）ないしは生ける銀＊の呼称。ヨドクス・グレウェルスは、「石」の質料（素材）が黒色化している間に、「土から、雲のように生ける銀のある種の湿り気のようなものが立ち上るだろう」（ZC, 71）と述べている。また、同論文は、リカルドゥス・アングリクスを引用して「火は、霊（精気）が肉体から分離され、肉体の上方の黒い雲の中に上昇していくまで、非常に穏やかなものとすべきである」（ZC, 70）と言っている。この段階の間に、金属ないし「石」の「肉体」が殺され、その魂と霊（精気）から分離されると、錬金術師や彼の作業に黒い雲ないし影が投げかけられると言われる。そのように雲は「影」と密接に結びついている（→sun and shadow）。しかしながら、哲学の太陽＊すなわち錬金術の火の熱を継続的に加えると、哲学の雲は、サミュエル・ノートンが『錬金術綱要』Alchymiae Complementum et perfectio のエンブレムに付したモットーで「暗闇が発生している。太陽よ、哲学の雲をはらってくれ」Oritur tenebrosas, Sol dispergere philosophorum nubes と述べているように（18）、すぐに消散する（→図36）。昇華の後には蒸留＊が続き、雲は水銀の雨ないしは恩寵の露＊に変質させられ、容器の底に横たわる死んだ肉体（すなわち土）に水を与え、洗い清め、白色化して、肉体が黄金の「種子」（既に肉体から分離されている魂）を受け入れる用意をさせ、哲学者の石＊の懐胎と誕生へと至らしめる（→ablution）。グレウェルスは、錬金術師に「あなたの雲を、あなたの土に水を与えるために雨に変え、土を肥沃なものとしなさい。あなたの雲を雨へ還元することは、カウダ・ドラコニスすなわち竜の尾と呼ばれる場合もある」（ZC, 72）と教えて

いる。→green lion の項の「白い蒸気」。

coagulate　凝固させる（する）　→solve et coagula
coal　石炭

　ニグレドの黒さを表す象徴。ニグレドの段階の間に「石」のための金属ないしは質料（素材）の溶解と腐敗が起こる。『ゾロアストロの洞窟』は、ルルスを引用して「最も黒い石炭の色のような黒さは真の溶解の秘密である」(71) と言っている（→black, nigredo）。

cock and hen　雄鳥と雌鳥

　錬金作業（オプス・アルキミクム）の初期段階における物質の男性の要素と女性の要素であるソル＊とルナ＊に与えられる呼称。哲学者の石＊を生み出すために、金属の種子である男性的硫黄＊と女性的生ける銀＊との化学の結婚＊は、作業（オプス）全体を通して様々な精錬のレベルで何度もおこなわれる。最初の基本的段階では、その結合は争いながら交接する獣類や、雌鳥と雄鳥などの鳥で表現されるが、その後の結合は人間の恋人たちの結合、赤い男と白い女の結婚、最終的には王＊と女王＊（ソルすなわち太陽と、ル

図 11　雄鳥と雌鳥。ミヒャエル・マイヤー『逃げるアタランテ』第 2 版（フランクフルト、1618）embl. 30,129 より。

ナすなわち月）の高貴な結婚に象徴される。マイアーの『逃げるアタランテ』のエンブレム 30 に付されたモットーには、「雄鳥が雌鳥を必要とするように、太陽は月を必要とする」(217) とある（図 11）。(→bird)。バセット・ジョーンズの『化学の石』'Lithochymicus' で、アルスラーゲン博士は、このイメージを一連の化学の結婚の最初のものだけではなく、そういった結合全般を指示するためにも使用している。「ソルないしルナに彼［石］を投じなさい。／もし十分にすばやく投ずれば／彼はバシリスクの眼でソルとルナを粉末状にするが、そうなったら／それは雄鳥と雌鳥が交尾したしるしである」(*AP,* 269)。

cockatrice　コカトリス（鶏蛇）　→basilisk
coction　煮詰めること（適温で長時間加熱すること）　→boil
coffin　棺　→grave
cohobation　再蒸留
　　蒸留中の液体に蒸留物を戻すことで「石」のための質料（素材）の蒸留を繰り返すこと。この過程は、幼児＊の「石」をそれ自身の血＊ないしは水銀の水で飼養＊ないしは養育することとして知られる。ベン・ジョンソンの『錬金術師』で、フェイスは「再蒸留とは何か」というサトルの質問に、「それはあなたたちの 王 水アクア・レーギスを注ぎ、／しかる後にそれを取り除くことである」と答えている (2.5.26-7)。
→cibation, imbibation

coition　性交　→chemical wedding
colours　色
　　錬金術師が 錬 金 作 業オブス・アルキミクムを諸段階に分類するのに用いた方法の 1 つは、「石」の質料（素材）がアレンビックの中で帯びる様々な色を見分けることであった。ロジャー・ベイコンは、「あなたはどのように、どんな決まりに従って作業するかその確かな方法を知ることになる。〈石〉は煮沸において頻繁に様々な色に変化させられるので、多くの色があるだけ、多くの名称があると言われる」と述べている（『鏡』12）。若きスイスの数学者ニコラ・ファシオ・ドゥ・デュイリエは、1693 年 5 月 4 日付けの書簡でアイザック・ニュートンに対して、「卵」の中に密閉され、熱した砂の中に置かれた水銀と金のやすり屑〔→limation〕は「黒くなり、約 7 日間のうちに、様々な哲学者の色を帯びていく」と言っている (*Janus,* 172)。
　　16 世紀までには、作業オブスは、黒色（ニグレド＊）、白色（アルベド＊）、黄色（キト

● C

リニタス＊）、赤色（ルベド＊）の4色で象徴される4つの主要な段階に分けられていた。アルテフィウスは、このような色について次のように述べている。「そして、湿っているものに作用する熱が、基本となるつまり第1の色である黒さを引き起こすあるいは生み出すのと同様に、絶えず煮沸し続けることによって、乾いたものに作用する、ますます多くの熱が、第2の色である白さを生む。そして熱はそれから全く完全に乾燥しているものに作用して淡黄さと赤さを生み出す」(SB, 37)。同様に、『リチャード・カーペンターの仕事』Carpenter's Worke も「というのも、あなたは偉大なる奇跡を見るだろう、／様々な色が熱から生じるのを。／まず黒、それから白、続いて赤、／それも間違いなく淡黄の後に」と言っている (TCB, 276)。ヘルメス・トリスメギストゥスの『黄金論』Tractatus aureus は、謎めいた言い方で「われは黒の白、白の赤、赤の黄色である。われはいかにも真実のみを告げている」と宣言する禿鷲の象徴で作業（オプス）の4つの主要な色に言及している (MP, 186)。ベルナール・トレヴィザンの『哲学の石の実践』'The Practise of the Philosophick Stone' で言われる一連の色の変化は、作業（オプス）の間に王＊つまり「石」のための未成熟の質料（素材）がいくつかの衣服を身につけていくという形で表されている。まず第1に「黒いシルクのダブレット」、続いて「雪と同じくらい／白いシャツ」、それから「黄色の仮面」、最後に「全天球を深紅に染めるシャツ」である（175-95行目、AP, 454）。

　16世紀から17世紀の間に、キトリニタスとして知られる3番目の段階は、独立した別個の段階としてはどちらかと言えば省かれるようになり、従って黒、白、赤の3つが主要な色になった。ダスティンは『幻視』Visio で「頭が赤く、足は白で、眼が黒いものは全き神秘である」と述べている (FC, 11)。さらに、トリテミウスは「色は唯一3つであり、現われてくるその他の色は中間色であり、消え去ってしまう。しかし、黒、白、赤は一際目を引く、いわば永遠に続く場面である」(ZC, 80) と言っている。『ゾロアストロの洞窟』（1667）では、淡黄色の段階が相変わらず含まれており、色は4つの主要な錬金術の工程と、4元素＊に結びつけられている。「溶解は黒を生み、還元は白を、固定化は淡黄を、蝋状化は赤を生む。黒は土であり、白は水、淡黄は空気、赤は火である」(ZC, 73)。実際には、多くの錬金術の論文がその他の色にも言及している。ニグレドの黒の後には、虹＊の色のような多くの色が現れるが、これはカウダ・パウォーニス、つまり孔雀の尾＊として知られる段階である。この段階は、すべての色が白に吸収されるアルベドの到来を告げるものである。青色あるいは瑠璃色＊は、錬金術においては純粋で腐敗しないクウインテ・エッセンティア（すなわち第5元素）、染色剤のティンクトラの色として登場する。作業（オプス）

87

のもう1つの重要な色は緑であり、ウェヌス＊と緑の獅子＊と結びつている。緑色は十分熟していない果実が緑であるのと同じように、アレンビックの中の質料（素材）がまだ未成熟ないしは未発達であることを意味する。また、緑は変質作用を持つ秘薬（水銀の水）と哲学者の石＊それ自体が有する極めて重要な特性である繁殖力と成長の原理（原質）を意味する。錬金術師は、「緑の」金からしか真の金は「成長」しないと言っている（→green lion）。銀に関しては →albedo, gold and silver, rubedo

columba　コルムバ　→dove
conception　懐胎　→putrefaction
congelation　凝結

　液体を固体の状態に転換すること。固定化、結晶化、凝固（フリージング）としても知られる。ハリドは次のように述べている。「固定化すなわち凝結とは、流動する揮発性の物質を固定させることであり、火に耐えられるようにすることである。つまりこれは、霊（精気）を一個の肉体に変えることである」（『秘密の書』Booke of the Secrets, 118）。凝結とは、繰り返されるソルウェ・エト・コアグラ＊（溶解と凝固）における凝固ないしは結合と同一であり、その作業において、「石」の「肉体」は溶解される、つまり軟質のものとされ、霊（精気）は凝結される、すなわち硬質のものとされる。エドワード・ケリーは、「凝結とは結合に他ならないと考なさい」と言っている（BL スローン手稿 3631, f. 60）。ハリドはソルウェ・エト・コアグラの二重の作用に関して、「そして、私たちが言っているこの溶解と凝結とは、肉体の溶解と霊（精気）の凝結のことであり、過程としては2つであるが、作用としてはただ1つである」と言っている（『秘密の書』31）。凝結は、固定化、凝固（フリージング）、染色という錬金術の諸過程と同義である。それは、揮発性の霊（精気）を固定化することであり、軟質のものを硬質化することであり、アレンビック＊の中の溶解された「石」の質料（素材）に形相を注入できるように、それを乾いた白色化の段階へと至らしめることである。サー・ジョージ・リプリーは、凝結とは「軟質のものを白色に硬化することである。（中略）物質が完全な白色になった時、／あなたの霊（精気）は肉体とともに凝結される」と述べている（TCB, 161）。『ゾロアストロの洞窟』はモナクスを引用して、凝結を白色化の段階直前の、硬化し乾燥させる段階とみなしている。「そして、哲学者たちは彼らの水が減少し、彼らの土が増大するのを見て、それを蝋状化と呼んだ。それからすべてが土になった時、彼らはその作業を凝結と呼び、白く

なった時、煆焼と称した」(*ZC,* 73)。アルベドの段階で現れる凝結した白い物質の塊は、作業における真珠 * と呼ばれる場合もある。アンドルー・マーヴェルの『ひとしずくの露』'On a Drop of Dew' では、露のしずくに起きる変化を表現するために、蒸留と、繰り返される溶解と凝結のメタファーが用いられている。「このようにマナの神聖な露も滴り落ちた。それは／凝結し、熱を失ってしまったとはいえ、純白で完全だった／地上に凝結したとはいえ、溶けるや走り去る／全能の太陽の栄光へと」(37-40)。マスグローヴは、ロバート・ヘリックの『寒帯、あるいは尊大なるジュリア』'The frozen Zone: or *Julia* disdainfull' は、錬金術の言う凝結が、作業上その次の段階に当たる養育すなわち飼養 * を妨げるほど非常に冷たい状態であると表現している。「それはわがジュリアの胸、／破壊的な氷柱の垂れる場所／それもその氷柱に殺されるより先に、／氷結（congelation）によって餓死させられるほどのところ」(11-16)（マスグローヴ『ヘリックの錬金術用語』'Herrick's alchemical vocabulary', 225）。

coniunctio　コンイウンクティオ（結合・結婚）　→chemical wedding
consume　飲み込む・食べ尽くす　→dovour
contrition　粉砕

　打ち砕いたり、すりつぶしたり、粉末状にしたりすること。アーサー・ディーは、「石」の質料（素材）の調製に関して『合一の集い』に言及して次のように述べている。霊（精気）が昇華されるには、何度も「あなたがその肉体の中に望んでいるそういった霊（精気）が見えてくるまで、その肉体に対して粉砕と焙焼を繰り返す」(*FC,* 35) 必要がある。

conversion　転換

　卑金属を金に、また卑俗なる人間を神的人間に変成させること。ハリドは、金属に関して次のように述べている。「さて、アヴィセンナによれば、金属がその第 1 質料に還元されない限り、その金属を転換ないし変成させることはできない。従って、術の助けを借りて、金属は別の金属に変成させられるのである」（『秘密の書』*Booke of the Secrets,* 122）。相反する 4 元素を結合状態に「転換」し、第 5 元素 * ないし哲学者の石 * を形成するという観念は、錬金術の論文に頻繁に登場する。ミューリウスは、4 元素に関して「第 1、第 2、第 3、第 4 の元素はすべて正方形を円に転換することによって 1 つのものとされる」(*AE,* 71) と言っている（→square and circle）。4 元素を 1 つの「円環状の」単一体に転換する過程は、化学の結婚 * におけ

る男性と女性、霊（精気）と肉体といった対立物の結合と同義である。アルテフィウスは「このようにして、肉体と霊（精気）の混合と結合（コンイウンクティオ）もおこなわれるが、それは相反する性質の転換と呼ばれる」(*SB, 50*) と述べている。この工程の間に、肉体は霊（精気）へと溶解され、また同時に霊（精気）は形相へと凝固されるが、それは両者が一体となって完全に混合されるためである。錬金術においては、人間の霊的転換すなわち回心は金属の腐敗と類似したものとみなされる。ジョン・ダンは、説教の中で「神はすべての金属の中に作用し、すべての金属を変換することができる。神は（中略）迷信的なキリスト教徒を真のキリスト教徒に、ローマカトリック教徒をプロテスタントにすることができる」（『説教全集』*Sermons*, 4:110) と言っている。メアリー・アステルは、『目覚めよ、わがリュート』'Awake my Lute' で霊的・錬金術的転換に言及している。「真のエリクシルを持っている人は／その人が触れるすべてのものによろこびを与え、／最悪の苦難を幸せに転換することができる。／この真のエリクシルとは徳である」(100-3 行目、グリアー『『鞭に口づけ』 *Kissing the Rod*, 340)。

cook　調理する　→boil
cooks　調理人　→Geber's cooks
copper　銅　→Venus
copulation　交尾・交接　→chemical wedding
coral　珊瑚
　　作業の最終段階であるルベド*で達成される赤い石*や赤いティンクトラ*と同義。シネシウスは「血のように赤い石、赤紫の珊瑚、貴重なルビー、赤いメルクリウス、赤いティンクトラ」（『真理の書』 *The True Book*, 175) と言っている。同様に、『ゾロアストロの洞窟』も「[われらの物質が] 赤くなっている場合、それはアウリピグメントゥム（雄黄）、珊瑚、金、発酵体、石、天空の色をした、澄んだ水と呼ばれる」と明言している (62-3)。ミヒャエル・マイアーは、『逃げるアタランテ』のエンブレム 32 で哲学者の石を珊瑚にたとえている。「哲学者の石は珊瑚に（中略）たとえることができる。というのも、珊瑚が水中に生育し、土から養分を得るのとちょうど同じように、哲学者の石も水銀の水から生まれる。（中略）石もそれが凝固された状態になると、ちょうど珊瑚のように赤くなるが、（中略）その場合それはティンクトラと呼ばれ、染色する力を持つ」(*AF*, 227)。また、海の「樹」として、珊瑚は哲学の樹*の象徴としても用いられる。珊瑚は、サー・ウォルター・ローリーの「偉大

な強壮剤」と言われるリキュールに関するニケーズ・ル・フェーヴルの説明の中で、材料の1つとしてリストにあげられている。ル・フェーヴルは、この材料について次のように言っている。「太陽のティンクトラが存在するのは確かに赤い珊瑚の中であり、その理由は、珊瑚の生み出すあらゆる驚くほどの効力の出所は、それが胚として植えられているかの硫黄鉱石以外のどこでもない。硫黄は珊瑚に金を多量に授けるが、そのことからして珊瑚がわれらの偉大なる薬剤に含まれるのはきわめて当然のことである」（『論考』*Discourse,* 58）。

Corascene dog and Armenian bitch　コラセーヌの雄犬とアルメニアの雌犬　→dog and bitch

cormorant　鵜

容器のこと　→worm

corn　穀粒　→grain, golden harvest

cornerstone　かなめ石

キリスト教の中心的な象徴の1つで、錬金術的解釈を与えられた。かなめ石としてのキリストすなわち大宇宙の息子は、あらゆる腐敗を追い払い、不朽性を授ける万能薬としての哲学者の石＊と同一視される。バシリウス・ヴァレンティヌスは、次のように述べている。「私は、われらのかなめ石あるいは岩や、その石の調製の工程、また、かの古の賢者たちによってそこから既にその石が抽出されている物質に関する知識をあなたに伝えることを約束した」（*HM,* 1:315）。

corruption　腐敗　→putrefaction

cream　クリーム

白化の段階であるアルベド＊の象徴。アルテフィウスは、結婚した恋人たち＊がニグレドという黒化の段間の間に溶解される時、容器の中の物質は凝結され、白化されると言っている。揮発性の霊（精気）は固定化され、「2人の肉体の魂は、白いクリームのように水面上を浮遊する」（*SB,* 36）。マスグローヴは、『ヘリックの錬金術用語』'Herrick's alchemical vocabulary' で、ストロベリーとクリームは赤と白のティンクトラ＊ないしエルクシル＊の名称であると論じているが、その例としては、ヘリックの『水晶の中の百合』'The Lilly in a Christal' が想起される。「あなたは、クリームが、それだけでは裸のままで、なんとも全く飾り気がなく、／ストロベリーが添えられれば／つまりは、何かそのような素晴らしい染料が加えられれば／ど

れだけきらきらと光り輝いて見えるかをご存じのはず」(9-12)。

creation　創造

　哲学者の石＊を生み出す過程は、神による大宇宙（マクロコスモス）の創造の青写真を手本とした小宇宙（ミクロコスモス）の創造であると考えられる。容器の中で、大宇宙（マクロコスモス）を小宇宙（ミクロコスモス）の規模で複製するために、錬金術師は、自然の法則と創造それ自体の秘密を理解する必要がある。ホルトゥラヌスは、「世界が創造されたのと同じように、われらの石も造られる」と言っている（『註解』*Commentarie*, 25）。エドワード・ケリーは、ラシスを引用して「われらの石は、3であるが1である世界の創造に因んで名づけられる」（『選ばれし者の2つの論』45-6）と述べている。また、トマス・ノートンは「われらの石の生成は人間の創造にきわめて似たものである」(*TCB*, 61) と言っている。いわばこの始原の作業において、錬金術師は形相を持たない質料を相手にしなければならない。哲学者の石のプリマ・マテリア＊すなわち第1質料は、神の創造の材であるアビス＊ないしは混沌（カオス）＊によって象徴される場合が多い。『万有知識の門番』*Janitor pansophus* の図3は、「石」の創造を旧約聖書の「創世記」の聖句を図解した場面で表現している（*HM*, 2:306）。錬金術師は、自分たちの創造の行為を神の創造の行為の再現であると考えただけではなく、神の創造の行為を錬金術の工程と理解し、宇宙としてのクラーテール器における神的な化学的分離の行為と表現した。トマス・ティムは、神を、その霊が水上をただよい、それから「錬金術的抽出、分離、昇華、結合」をおこなって「混沌（カオス）＊をそのように秩序立て、結合させた」偉大なる錬金術師であると述べている（*EP*, 88）。エドワード・ベンローズは、『テオフィラ』*Theophila* で神の愛を錬金術的力であると言っている。「錬金術（キミック・アート）で言えば、あなたはわがエリクシル。／私の中の無価値なドロスを黄金に変えたまえ」(8.66.139)。また、同じ詩で、テオフィラは神の子に向かって次のように言っている。「私は、私自身の中にドロス以外の何ものも見つけられないが／あなたの光り輝く眼に溶かされて、／わが無価値のくずは黄金に変わる、錬金の秘術によって」(4.79.62)。

crocodile　クロコダイル

　錬金作業（オプス・アルキミクム）の暗く破壊的な開始当初の、地下のように暗い局面における水銀の蛇＊、あるいは変換作用を持つ秘薬。蜂＊と同じように、クロコダイルは16世紀から17世紀の動物寓話集では蛇として分類される。クロコダイルはその水陸両生の性質からして、二面性を持つメルクリウスを象徴するのにふさわしい。シェ

● C

イクスピアの『アントニーとクレオパトラ』*Antony and Cleopatra* で、レピダスは「そのエジプトの蛇だが、あそこの太陽の動きによってあそこの泥から生まれたが、あそこのクロコダイルも同様だ」(2.7.26-7) と言っているが、その際彼は地における金の生成、さらに秘密の火つまり「太陽」の熱を通して水銀の蛇が誕生することに言及しているのである。「あそこの太陽の動き」という言葉で、レピダスはまた、錬金術の『エメラルド板』*の最後の教え「太陽の働きについて私が述べる必要があったことはこれで終わる」にも暗に言及しているのである。

cross　十字架

　揮発性の霊（精気）の固定化を表すために錬金術において用いられる古代からの象徴。ニコラ・フラメルの『象形寓意図の書』所収の、『ユダヤ人アブラハムの書』から転写した 6 番目の寓意図には、木の十字架に釘付けにされた蛇が表現されているが、それは作業（オプス）の完了を象徴する（*HE*, 7）。アブラハム・エレアザルは『太古の化学作業』*Uraltes Chymisches Werck*（フラメルが『象形寓意図の書』の典拠としたと伝えられている論文）で、この象形寓意図について次のように述べている。「それ故、もしあなたがこの十字架に黄金の釘で大蛇ピュートーンを打ち付けることができれば、あなたは知恵において何も欠くところがないだろう」（*JA*, 246）。このアブラハム・エレアザルのテキストにおいて、揮発性の霊（精気）の固定化を象徴する水銀の蛇*は、「私はこの黒い十字架に固定されなければならない」と言っている（*MC*, 50）。十字架に釘付けにすることは、ある意味で手足の切断に等しく、分化していないプリマ・マテリア*を分化された 4 元素に分割することに関連する。ジョン・ディーの『象形文字の単子』*Monas hieroglyphica* は、十字記号はその中心点で合体する 4 つの線から構成されていると述べている。4 つの線はその中心の結合点で、魔術的力を持つ第 5 元素*を形成する 4 元素を表す。そのように、十字記号には古い肉体すなわち旧態依然とした状態の手足の切断すなわち犠牲の象徴だけではなく、新しく統一された状態の創出のイメージも含まれている。錬金術師は、アレンビックの中の彼らの物質の死を十字架におけるキリストの磔と類似したものとみなす。「石」の質料（素材）の再生と復活は、死と腐敗という第 1 段階を介して生じるというのは、錬金術師がきわめて頻繁に述べている観念の 1 つである。

crosslet　クロスリット

　坩堝*。ジョン・リリーの『ガラテア』*Gallathea* で、ピーターは錬金術師の親方

93

との生活に関して大いに愚痴をこぼしている。「親方と一緒に、俺は何という生活をしているんだろう！　滅多やたらに、ふいごを吹いたり、酒精剤をかきまぜたり、クロスリットをがりがり擦ったりしているだけじゃないか」(2.3.8-9)。

crow, crow's head, crow's bill　鴉、鴉の頭、鴉のくちばし

　錬金作業（オプス・アルキミクム）の第1段階であるニグレド＊という腐敗＊と黒化の象徴。「石」のための金属ないしは質料（素材）の古い肉体は再生されて、新しい形相が与えられるように、溶解・腐敗され、創造の第1質料であるプリマ・マテリア＊とされる。『ヘルメス・トリスメギストゥスの黄金論』 Hermetis Trismegisti Tractatus Aureus は、作業における死と溶解という第1段階について「第1のものは、コルウスつまり鴉あるいは大鴉であり、その黒さから、術（アルス）の初めの段階を表すと言われる」と述べている（第2巻235）。パラケルススは『哲学者の曙』 Aurora の中で、物質は秘密の火の穏やかな熱にかけられると、腐敗を経て黒くなると言っている。「この作用を彼らは腐敗と呼び、その黒さを鴉の頭と呼ぶ」(55)。同様に、トマス・チャーノックも腐敗について、「鴉の頭は黒玉と同じくらい黒く見え始めた」と述べている（TCB, 296）。この段階の間に生み出された物質は、『ゾロアストロの洞窟』ではその過程の名称と同一視される。「物質は約40日の間適度な熱にかけられていると、上記のようにピッチのような黒さを帯び始めるが、それは哲学者のカプトゥ・コルウィ（鴉の頭）、賢者のメルクリウスと呼ばれる」(80)。リプリーによれば、「鴉の頭」と「鴉のくちばし」という用語は同義である。「その黒色の徴を私たちは鴉の頭と呼ぶが、／鴉のくちばしと呼ぶ者もいる」（TCB, 134）。トマス・ロッジは、詩集『非難の神モーモスが何だ』 A Fig for Momus で、その他の錬金術の謎の言葉の中に鴉の頭を加えている。「それから鴉の頭に関して、彼らは重要なものであると言う」（『全集』 Works, 3: 69）。ジョンソンの『錬金術師』では、フェイスが、「石」の質料（素材）は「地面のように黒く」なったと言うと、マモンは彼に「それはあなたたちの言う鴉の頭ではないのですか」と尋ね、サトルは「いいや、それは完全ではない、それが鴉であればいいのだが」と答えている（2.3.67-8）。

crown　王冠　→king, royal

crow's beak　鴉のくちばし

　アレンビック＊の首の部分。アーサー・ディーは、蒸留に関してラウレンティウ

● C

ス・ウェントゥラを引用して「物質の蒸気が上昇し、それから鴉のくちばし、すなわちアレンビックの容器の首を経由して再び降りてくる」（*FC,* 34）と言っている。（→beak）。鴉のくちばしの別称は「雄鹿の角」である。

crucible　坩堝

　金属を融解する容器。あるいは精錬の過程の間に炉の底にある溶解した金属を集める容器つまり湯だまり。坩堝は、底が三角形に、あるいは丸く凹んでいて、幅が狭い。マイケル・ドレイトンはえせ錬金術師について『怪物』'The Moone-Calfe' で、そういった人物は「あなたに坩堝あるいは容器の中の／何か珍しい抽出物を見せるだろう」（912-13 行目、『全集』*Works,* 3: 190）と述べている。溶解した卑金属への哲学者の石（あるいは粉末）の投入 ＊ は、通常坩堝の中でおこなわれるが、その理由は坩堝が強い熱に耐えることができるからである。『ラッパの音』は、錫を銀に変成することに関して錬金術師に次のように助言している。「もしあなたが錫〔ジュピター〕に投入の作業をしようと思うならば、錫〔ジュピター〕を溶かし、その１ポンドに純粋な銀〔ルナ〕１オンスを加え、一緒に溶かしなさい。それからそこにあなたの白いティンクトラを投じなさい」（*ZC,* 85）。錬金術における金の分析検査あるいは試験もまた坩堝でおこなわれる。ルーシー・ヘイスティングズは、彼女の息子ヘンリー・ヘイスティングズ卿の死を悼んで出版された詩集『ムーサイの涙』*Lachrymae Musarum* の刊本の遊び紙に書き残した詩の中で、この用語を錬金術の容器の総称として用いている。詩の主題はやはり彼の死である。「彼は魂となっているが、それを／彼の尊き救い主が純粋性と真の霊的高みへと／純化していたとすれば、／もはや主はその魂を留まらせないだろう、／この土なる肉体という坩堝の中には」（7-11 行目、グリアー『鞭に口づけ』*Kissing the Rod,* 9-10）。ヘンリー・モアは、1651 年に錬金術師トマス・ヴォーンの非難に応戦した公開書簡で次のように述べている。「あなたの魂を坩堝の中に入れなさい、実用主義的な哲学者よ。そしてそれからあなたのドロスを蒸発させ取り除いてくれるであろうかの火にかけなさい。そうした後で、プラトニズムについて批判しなさい」（『第二の鞭』*Second Lash,* 208）。また、テッド・ヒューズは、変質のメタファーとして、『天に舞い上がりしもの』'The Risen' の中でこの坩堝の用語を利用している。「水晶のごときその鳥の眼に／日の光に舞う塵埃が、ダイヤモンドのような輝きを刻み込む。／風の抱きしめる、その鳥の光輝の坩堝の中では／塵芥も神となる」（19-22）。

95

crucifixion　磔　→cross

crystal, crystallization　水晶、結晶化

　水晶とは白色化すなわちアルベド*、また赤色化つまりルベド*の両段階における哲学者の石*ないしはエリクシル*の呼称。『錬金術師の秘義』'The Mistery of Alchemist' で、サー・ジョージ・リプリーは、白い石に関して「その第1の特質は白く澄んでいることである／白いティンクトラについてあなたが思い込んでいる以上に／何か明るく輝く水晶のように」と言っている（TCB, 382）。同様に、ベンジャミン・ロックも白い石を澄んだ水晶にたとえている。「発酵させられている物質を灰の乾いた火にかけなさい。そして、その火によって、発酵が続くようにしなさい。その物質がそれ以上凝結しなくなっても、その火の中で液体化し、溶かされて光沢のある銀あるいはきわめて澄んだ水晶の色の蝋のようになるまで。その後、それは完全な白いエリクシルとなり、生ける銀を薬剤に、鉱石のすべての不完全な肉体をきわめてすばらしい銀に変えることができるものとなる」（『錠前を開ける道具』f. 21）。また、錬金術における結晶化とは、アレンビック内における物質の最終的な凝結*、つまり以前は流動的で、変わりやすく、揮発性であった状態を、不変で恒久的な状態に最終的に固定化することを指してもいる。この過程において、純粋なる霊（精気）は物質的特性を与えられ、完全なる肉体化へと至らしめられる（→fixation, vitrification）。

cucurbite　ククルビタ（ヒョウタン型蒸留器）

　ヒョウタンあるいはカボチャのような形をしていて、下部が蒸留器となっているガラス容器ないしはレトルト。また、哲学者の卵、すなわち作業^{オプス}が成し遂げられる「一組の」容器の総称。『ゾロアストロの洞窟』は、「われらの容器は密閉されており、まるまると膨らんでいて、垂直で長い首を持つ、大体半フィートのガラス容器である。この容器は卵ないしは昇華器、球、墓、ククルビタと呼ばれる」と言っている（79）。2つの水、赤い男（硫黄*）と白い女（生ける銀*）のコンイウンクティオ*つまり結合は、この容器の中でおこなわれる。ウィラノヴァのアルナルドゥスは次のように述べている。「赤と白の水をどちらも同じ量取りなさい。（中略）そしてそれを、ガラス製で、頑丈で厚く、尿瓶のような口があるククルビタに入れなさい。すると、その後その水全体は瞬く間に淡黄色になるだろう。それから2つのことすなわち完全な受胎と真の性交がなされるので、真のエリクシルが完全なものとされることになる」（FC, 90）。ジョン・ソートリー2は、錬金作業^{オプス・アルキミクム}をおこなう容

● C

器として「上部も下部も丸いリンベックを持ったククルビタつまりヒョウタン」を推奨している（*FT*, 28）。ククルビタは、炉すなわち哲学者のアタノールの名称である場合もある（サルモン（＝サーモン）『ヘルメス学辞典』37）。ジョン・リリーの『ガラテア』*Gallathea* では、錬金術師の弟子は、彼の親方が必要とする道具のリストの中にククルビタを含めている。「それに、おいらの道具類はこれだ。クロスリット、昇華器、ククルビタ、リンベック、降下式蒸留器、同化兼結合用の手製バイオル」（2.3.18-20）。

cupel　キューペル

　通常、骨灰でつくられた小さく浅い多孔性のカップで、鉛によって金銀を試金する際に用いられる（*OED*）。バセット・ジョーンズの『化学の石』'Lithochymicus'で、トゥーゲールは、彼の主人が「芳香を放つまで高められた／ルビー色の薬剤を用いて（中略）キューペルに載せた／銀の鉱石全体の 20 倍をきわめてすばらしい金に変えるために」投入＊の作業を実践する方法を詳述している（*AP*, 280）。

Cupid　クピドー

　秘密の火、燃える水、メルクリウス。活性化する作用因としての水銀に関する論文『実地』で、アイザック・ニュートンは、その作用因を「メルクリウスのカドケウス杖、（中略）翼を持つ竜、水、湿った火、われらのクピドー」と呼んでいる（*Janus*, 40）。刺された者に苦悩を引き起こすクピドーの矢は、錬金術におけるすべての武器＊と同様に、秘密の火、すなわち金属を殺し、プリマ・マテリア＊に還元する死をもたらす効力がある溶剤を意味する。ユングは、メルクリウスとクピドーの関係について「メルクリウスは射手であり、化学的には黄金を溶解し、道徳的には魂を苦悩の矢で刺し貫く」と述べている（*MC*, 304）。『化学の結婚』*The Chymical Wedding* でクリスティアン・ローゼンクロイツは、一糸まとわぬ女神ウェヌスに遭遇した後にクピドーによって矢を射られる（56）。この出来事は、キリスト教徒が作業の秘儀へ参入するのに必要とされる段階として提示されている。ロバート・フラッドはクピドーを「石」ないしはエリクシルによって解放される純粋な愛の精髄の象徴として用いている。「このエリクシルは、真の知恵の殿堂、強力な愛の神クピドーの難攻不落の城である」（*TGH*, 108）。

97

● D

decapitation　断頭　→beheading

decoction　煮沸

　熱によって鉱石や鉱物あるいは哲学者の石を調製すること。また、水に入れて煮ることを通して、物質の精 髄（エッセンティア）を抽出することでもある。アルテフィウスは、煮沸の工程とは、それによって作業の主要な 3 つの段階が成立し、その各段階を表す色 * が現出してくる作業過程（オプス）であると言っている。「そして、熱が湿っているものに作用して、最初つまり第 1 の色である黒がもたらされるあるいは生み出されるのと同じように、煮沸し続けることで、ますます多くの熱が乾いているものに作用して、第 2 の色である白が生じる。そしてそれから、熱が全く完全に乾燥しているものに作用して、淡黄と赤が生み出される」（*SB*, 37）。マルティン・ルターは、『卓上語録』 *Table Talk* で煮沸に言及している。「私は、錬金術がとても気に入っている。錬金術は、確かに古の人々の哲学であり、金属を溶かしたり、草や根を煮沸し、調合し、抽出し、蒸留することで利益をもたらしてくれるだけでなく、最後の審判の日における死者の復活に関するきわめて素晴らしいアレゴリーや秘密の意味を与えてくれるから気に入っているのである」（326）。→liquefaction

deer　鹿

　メルクリウス * の最もよく知られた別称の 1 つ。雄鹿（ハート）、子鹿（フォーン）、成熟した雄鹿（スタッグ）としても知られる。逃げ足の速い鹿あるいは雄鹿は、「石」の肉体と霊（精気）を結合させる仲介者としての魂の役割を果たす場合のメルクリウスを象徴する（→cervus fugitivus）。この意味での鹿は、サロモン・トリスモジンの『太陽の輝き』 *Splendor Solis*（pl.2, 8）、リプリーの『エンブレムの巻物』（Bod. Ashm. Rolls 53, A. 1530 の最初の二葉）、また「鹿は他のいかなる名も望まない／魂という名以外に」というモットーが付された『ラムスプリンクの書』 *The Book of Lambspring* の 3 番目のエンブレム（*HM*, 1:280）の中に図解されている。鹿、雄鹿、成熟した雄鹿のイメージは錬金術文書の他の様々な状況の中で使用されている。バセット・ジョーンズの『化学の石』 ‘Lithochymicus’ でトゥーゲールは、「復活した」「石」の色に関して次のように

● D

述べている。「あなたが、横の受器へと蒸留する技によって／成熟した雄鹿つまり淡黄の鹿の角を蒸留すると／同じものが現れるだろう。／つまり、その時、あなたは塩が受器へ滑り落ち／そこで雄鹿の角の形に凝着するのを／見ることになるだろう」（*AP*, 264）。ルランドゥスの『辞典』は、鹿の枝角を「アレンビックのくちばし」だけではなく、「パラケルスス派の医術における傷を癒す薬草」でもあると定義している（117）。また、アレンビックのくちばしは、成熟した雄鹿の枝角とも呼ばれる。

den　洞窟

　錬金術の容器に与えられる名称の1つ。フィラレテスの『錬金術の精髄』*The Marrow of Alchemy* は、錬金術師に「ヘルメスの封印で［容器の］首を密閉しなさい。そうすれば、／霊（精気）は洞窟の内部に捕らえられる」（第1巻 26）と教えている。錬金術の容器は、腐敗 * の過程を通して「石」の質料（素材）が黒化される、ニグレド * という作業（オプス）の初期段階にある場合、蛇あるいは竜の洞窟と呼ばれる。サー・ジョージ・リプリーに帰せられる『エンブレムの巻物に付されし詩』は「従って、腐敗を始め、／蛇を還元しなさい」とし、蛇は「その洞窟の奥に完全に身を隠している」と言っている（*TCB*, 378-9）。

descension 蒸留法　→distillation
devil　悪霊　→sulphur
devour むさぼり喰らう

　錬金術の作業（オプス）は一連の印象的なエンブレムによって表現されるが、その中には、互いをむさぼり喰らい合う、また自らを喰らう、ただウロボロス * すなわち蛇の場合は自分自身の尾を飲み込む形をとるが、そういった凶暴で飢えた動物ないしは人間などで象徴されているものがある。そのようなエンブレムでは、鳥 * が鳥を食べ、竜 * が竜を飲み尽くし、獅子 * が獅子をむさぼり喰らい、鷲が獅子を食べ、獅子が太陽を、サトゥルヌス * がメルクリウスの子供 * を飲み尽くし、狼 * が王を喰らい、王 * が自分自身の息子を食べ、ヘルメスの鳥 * が自分自身の羽を食べる姿が描かれている。また、このむさぼり喰らう鳥や獣のエンブレムでは、その対になっている生き物の片方には常に翼が生えており、物質の揮発性を表象しているが、翼のない方は固定化した物質を象徴する。錬金術師の目的は、揮発性の物質を固定化する（コアグラ）と同時に、固定化した物質を霊（精気）化する（ソルウェ）ことで、対立し争う2つ組（硫黄と生ける銀つまり水銀）を結合させることである（→peace

99

and strife, chemical wedding）。このむさぼり喰らう行為を伴う一体化は、ジャン・ドゥ・ラ・フォンテーヌの『知の喜ばしき泉』'The Pleasant Founteine of Knowledge' に見られるように、近親相姦＊の行為として表現される場合が多い。この書では、錬金術師に「あなたの浸透性のある硫黄を／火によって吸収性のあるものとし／それからそれ自身の生みの母を食べさせる」ように助言している。フォンテーヌによれば、その「母」とは水銀であるという。「あなたの硫黄が／あなたの死んでいる水銀を食べ尽くしたら／40日間これを閉じ込め／透明なガラス容器の中に入れておきなさい」（AP, 108-9）。このようなむさぼり喰らうというイメージは、相反する2つの物質（あるいは属性）の対立の激しさと、ソルウェ・エト・コアグラ＊の逆説性、つまり錬金術師に哲学者の石として知られていたかの純粋で新しい物質の創造に必要な分離と結合を見事に表現している。新しい純粋な形相に結晶化することは、それ以前の形相の「死」つまり分解を必然とした。ブルックハルトは、コンイウンクティオと再生が生じるのに必要となる死すなわち分離に関して「いかなる所与の結合も、それ以前の分化したままの状態が消滅することを前提とする」と述べている（『錬金術』Alchemy, 156）。心理学的に言えば、むさぼり喰らう行為は、人間のより低次のすなわち地上的性質（獣のイメージで象徴される）の死を表す。死と再生の観念は、あらゆる形而上学的体系に見られるが、錬金術師の用いるそのイメジャリーは、とりわけ彼ら特有のものである。

dew　露

　ニグレド＊による黒色（金属の古い形相の死と腐敗＊）をアルベド＊による白色に魔術のごとく変質させる水銀の水＊の持つ有益な、治癒する要素。ジャン・ドゥ・ラ・フォンテーヌは、「この水銀は（中略）露の姿をとって現れる」（AP, 94）と述べている。アルベドは、アレンビックの底にある、死んで黒化した肉体すなわち形相の超自然的な洗浄を通して獲得される（→ablution）。恐ろしいほど最悪なニグレドの状態にあって、死をもたらす水銀の水は、突然、生命の水に変質される。蒸留＊の間に露ないしは雨＊が降ってくるという天の作用によって、不活性の物質（「肉体」ないしは「土」）は浄化され、生き返らされる。『哲学者の薔薇園』の8番目のエンブレムに付されたモットーには「この時、露が天から降ってきて／黒き肉体を洗う」とある（マクリーン『薔薇園』51）。『ゾロアストロの洞窟』は、この工程に関して「楽園の水で、今や浄化されるべき土を濡らしなさい。するとその水は再び天へと上昇してゆき、そして、再び土に降ってきて、それを肥沃なものとし、白黄

● D

色と、炎のように赤い花々を咲かせる」と言っている（74）。『黄金論』The Golden Tract の語り手は、「太陽の熱によって地から」蒸気が立ち上るのを目撃する。そして、その蒸気は「日が暮れると（中略）肥沃化する露として地を潤し、われらの肉体を洗い清めたが、この露による散水が幾度となく起これば起こるほど、肉体はますます美しく白くなった」（HM, 1:48）。ここでは、太陽の熱によって蒸発が起こり、露が降るという昼と夜の循環が、アレンビック内における物質の昇華＊と蒸留を表すメタファーとなっている。同様の観念は、アンドルー・マーヴェルの『眼と涙』'Eyes and Tears' の中に登場する。「すべてをご覧の太陽もちょうどこんな具合／毎日世界を化学の光で蒸留しても／得た第5元素が水だと知れば／すぐさま憐れみの雨にして降らせ返してくださる」（21-4）。雨ないし露による洗滌＊は、常に新たなるコニイウンクティオすなわち化学の結婚＊に先行し、「石」の2つの肉体（あるいは1つの肉体）を、活性化させる魂（あるいは既に結合している霊（精気）と魂）と再結合できるように調製する。フィラレテスの『錬金術の精髄』The Marrow of Alchemy は、2つの肉体は死後「露と雨」によって復活され、「1つに合体される」（第1巻26）と言っている。同様に、ジョン・ダスティンは「露の滴」が雨となって降った後「（前略）喜ばしき〈コニイウンクティオ〉が起きるだろう」と述べている（TCB, 258）。この結合から第3の原理（原質）である哲学者の石＊が生成されるのである。「従って、地は、それを潤す五月の朝露の湿り気なしに成長することはなく、その露は肉体を洗い清め、それに浸透し、白化し、2つの肉体を1個の新たなる肉体とする」（アルテフィウス、FC, 103）。キリスト教会のシンボリズムと一致して、錬金術師の言う洗浄の水は「恩寵の露」である。ジョン・ディーは、自身の錬金術的著作『象形文字の単子』Monas hieroglyphica の題扉で、「どうか、神が天の露と地の産み出す豊かなものをお前に与えてくださるように」De rore caeli, et pingedine terrae, det tibi Deus という聖書の聖句を引用している（「創世記」27：28）。

diadem 王冠 →king
Diana ディアーナ

　アルベト＊において、純白のルナとされる作業（オプス）の段階に到達している「石」の質料（素材）。白い石。作業（オプス）の女性の原理（原質）である生ける銀＊。錬金術師は、ギリシャ・ローマ神話の月の処女神、すなわちデロス島で生まれたユーピテルとラートーナの娘ディアーナを借用して、黒さと腐敗を洗い落とされ、白い石＊ないしはエリクシルという処女のごとく純粋なる物質になった「石」の質料（素材）を象徴

101

させた。ディアーナという純粋で完全なエリクシルは、あらゆる不完全な金属を銀（ルナ）に変成させることができると考えられた。医者にして詩人のジョン・コロップは、「しかし、おお、銀の炉からディアーナが生まれる」と言っているが、これはその現象のことを述べているのである（『無知なる人々』Prophanum vulgus, 17）。アイザック・ニュートンは、哲学の水銀の調製に関して「もう1つの秘密は、あなたが処女のディアーナ（クウィンタ・エッセンティア、きわめて純粋な銀）の媒介を必要とするということである。さもなくば、水銀とレグレスは結合されない」と言っている（ケインズ手稿18、ドッブス『ニュートンの錬金術』Foundations, 182）。マルティヌス・ルランドゥスは、『錬金術辞典』で次のように述べている。「作業工程における月の支配は、物質が腐敗の後、その色を（中略）白色に変える時に始まる。賢者たちがこの段階における彼らの月について語る時、彼らはそれを〈ヴェールを脱いだディアーナ〉と呼び、裸身のディアーナ、つまり完全に白い状態にある物質を見た者は幸せであると言っている」（400）。他の多くのメタモルフォーシスの物語と同じように、ディアーナとアクタイオーンの神話は、錬金術のシンボリズムの殿堂に取り込まれた。ディアーナとアクタイオーンは、ヨハン・ミューリウスの『哲学の殿堂』Basilica philosophica の中の1つのエンブレムの主題とされている（pl. 6, row 4, no. 2）。ペルネティの説くところによれば、この神話は、錬金術師が作業の白化の段階で純粋なるものを見たいと望むならば、非常に慎重で用心深くあらねばならないということを示唆している（『寓話』Fables, 117）。白化の段階アルベドは、ディアーナの白い鳩＊で象徴される場合もある。「この白色」は「ディアーナの鳩」と呼ばれる（ペルネティ『辞典』111）。ミカエル・センディヴォギウスの『錬金術師と硫黄の対話』‘A Dialogue of the Allchymist and Sulphur’では、ディアーナは女性の原理（原質）である生ける銀を象徴し、「王子」で象徴される男性の原理（原質）の硫黄と結婚させられなければならない（AP, 526）。

digestion　温浸

　未精製の物質を穏やかな熱によって精錬ないしは熟成させること。また、不純な物質と純粋な物質を分離することであり、熱によって未精製の物質を溶解することを意味する場合もある。温浸は、アタノール＊の最上部の小塔を石炭でいっぱいにし、炉に火をつけ、通気調節装置あるいは火かき棒を使って熱を増大させることで、アタノールの中でおこなわれる（ルランドゥス『辞典』126）。コルソンの『成就した哲学』Philosophia maturata のエリクシルをつくる処方では次のように述べられて

● D

いる。「それから炉の中に循環器を入れ、穏やかな熱で赤い水銀が赤く固定化した
カルクスになるように温浸し、それからそれと同じだけかの水銀を加え、それまで
と同じように循環蒸留と乾燥をおこないなさい」（56）。また、リプリーも、アルベ
ド＊の段階、それからルベド＊の段階へと物質を至らしめる工程を述べる際に「温
浸」の用語を使用している。「それから、われらの石は乾燥によって、また熱によっ
て温浸され、完全なる白そして赤へと至らしめられる」（TCB, 163）。ベン・ジョン
ソンの『錬金術師』でフェイスは、ボルト・ヘッド＊の中の物質を「あなたの指示
に従って／その容器の口を挟んで温浸しました」とサトルに断言している（2.3.73-
4）。（→boil）。ミルトンの『楽園の喪失』で、ラファエルは、天使がどのように食べ
物を消化（digestion）するかを、「不純な鉱石からとられた金属を純金に変えること
ができる、また変えられると信じている」、「俗悪な実験に耽っている錬金術師」の
仕事と対比している（5.439-43）。

discord　不調和　→peace
disease　病　→medicine, leprosy, Naaman the leper
dismemberment　手足の切断　→beheading
dissolution　溶解　→ nigredo, solve et coagula
distillation and sublimation　蒸留と昇華

　揮発性の霊（精気）を不純な物質あるいは肉体から抽出するための腐敗と浄化の
過程。この精錬の過程は、加熱することで急速に蒸発させ、その後、冷却し凝縮さ
せることで達成される。シネシウスは次のように述べている。「そのように、われ
らの石が容器の中にあり、しかも蒸気となって高みに舞い上がると、これは昇華と
呼ばれ、それが高みから落ちてくると、蒸留、降下と呼ばれる」（『真理の書』The
True Book, 171）。『化学の石』'Lithochymicus' で、バセット・ジョーンズは、昇華と
は「肉体の粉末化、つまり精妙な部分が容器の最上部へと上昇し、そこで空気に
よって凝結させられることである」と定義している（AP, 354）。同様に、ランスロッ
ト・コルソンの『成熟した哲学』Philosophia maturata も、「石」に関して「3日目以
降、彼は上昇しまた下降する、最初は月に、それから太陽に向かって」と言ってい
る（35）。この蒸発と凝縮の過程は、金属の魂をその肉体から上下に追い出すこと
だと言われる場合もある。この局面の間に、肉体は霊（精気）的なものとされ、ま
た霊（精気）は肉体的なものとされる。

　蒸留の間に容器の壁にたまる液体の滴は、汗＊ないしは涙＊と呼ばれる。ジョ

103

ン・クリーヴランドは、『カンタベリー大司教に寄せて』'On the Arch-bishop of Canterbury' で蒸留のメタファーを用いている。「詩は化学（キミカリー）の涙を流す。その崇高な雨は／術（アルス）で蒸留された、まさしく頭のかく汗である」(38)。ジョセフ・ホールの『鞭の収穫』 Virgidemiarum の中のパラケルスス派の医師に対する風刺詩には、蒸留と昇華のイメージが盛り込まれている。「そして、ガラスの蒸留器と、ビャクシンの木の棒で／火では燃えない黒き霊（精気）を上昇させ／青白いエリクシルのクウィンタ・エッセンティアを抽出する／霊（精気）が昇華した鉱物から」(37-8)。ミルトンの『楽園の喪失』では、ラファエルが、錬金術的文脈で昇華について語っている。彼は、物質の変換の可能性と精錬について論じ、例として、地の実を天の物質に「変換させる」自分自身の能力と、植物が動物的段階、それから知性的段階へと「階梯を経て昇華されてゆく」様式をあげている。「花と実は／人間が食べれば、それは階梯を経て昇華されてゆき／生物的、動物的、知性的なる精気へと向かう」(5.482-7)。チョーサーの錬金術師の徒弟は、同宿の客たちに、「われらの物質を昇華するのに／どんなに悩んだり、苦労したか」(『錬金術師の徒弟の物語』 Canon's Yeoman's Tale, 769-70) と言って昇華に言及している。形而上学的に言えば、高密度の物質への魂の下降は、十全なる「哲学的」意識への上昇に至るのに必要な経験の一部とみなされる。この下降の道が上昇の道であるというパラドックス（まず地獄へと下っていき、それから煉獄へと向かうことで天国へと上昇することができるという、ダンテの『神曲』 Divine Comedy の旅に具体的に例示されている）に関して、『錬金術師と硫黄の対話』'A Dialogue of the Allchymist and Sulphur' で、センディヴォギウスは「というのも、下降しなかったものは、決して／天の輝く子午線へと上昇することはできないからだ」(AP, 531) と述べている。

division　分割　→separation
divorce　離婚（完全分離）

溶解、分割、分離と同義。「石」の質料（素材）の腐敗は、分離と結合、分割とコンイウンクティオとしても知られるソルウェ・エト・コアグラ＊（溶解と凝固）を何度も繰り返すことで達成される。ハリドは「分割とは、混合物の構成要素を分離することであり、だから分離によってそれらの結合が生じたのである」と言っている（『秘密の書』 Booke of the Secrets, 33）。また、ジョン・ダスティンは、「もし、第1の作業が進行しなければ、第2の作業が達成されることなど決してありえない。つまり、もし分割がおこなわれなければ、いかなる結合も起こりえないからで

ある」と述べている（*FC,* 15）。そのようなサイクルは化学の離婚と結婚とも呼ばれる。男性と女性の相反物、肉体と霊（精気）（肉体と魂の場合もある）、哲学の硫黄＊と生ける銀＊はまず第１に分離ないしは離婚されなければ、精錬の段階では結合されることはありえない。このように肉体から 精 髄 あるいは霊（精気）を分割することは、溶解によって成し遂げられる。それから、分離ないしは離婚に次いで、新たなる肉体化が生じるように、王＊と女王＊の化学の結婚＊、すなわち肉体と魂（あるいは既に結合されている魂と霊（精気））の完全なる混合が起こらなければならない。これが哲学者の石の誕生である。マスグローヴはロバート・ヘリックの『不幸せにも遠く離れている王と女王に寄せて』'To the King and Queene, upon their unhappy distances' では上記の化学の離婚のことを嘆いているのであると論じている。「川のように、あなたたちは分かたれているが、訪れるだろう／私のこの眼が、あなたたちが再び融合するのを見る時が」（5-6）（マスグローヴ『ヘリックの錬金術用語』'Herrick's alchemical vocabulary' 240-65）（→stream）。心理学的に言えば、意識の拡張と識別力の拡大は、魂が肉体つまり高密度の物質との完全なる一体化から解放されない限り起こりえない。そのような魂の離婚（完全分離）は、魂が遠く離れた中立の立場から物質と霊の本質を理解することを可能にする。ジョン・ダンの『恍惚』'The Exstasy' で、肉体から分離された魂は、「この恍惚は謎を解き（中略）［僕たちは］知っている／自分たちが何で造られているかを」（29-46）と公言している。

doctrine of signatures　「徴」の理論
　自然はあらゆる自然物に記号すなわち「徴」をつけて、それに内包されている「力」すなわち属性を知る鍵を与えているという考え方。そういった記号は、神の手によって自然というタピストリーに織り込まれており、自然を理解可能なものとし、意味を与えていると理解された。たとえば、葡萄酒色のアメシストは酔いを予防し、「 麻 黄 」の草は蠍に刺された傷の治療薬であると考えられた。いかなる星も、生き物も、木本も、草本も、金属も、石も自然という書物を構成する文字体系における一個の「象形文字」、「文字」、「活字」であり、人間が解読するために存在しているとみなされた。パラケルスス派の理論によれば、この象形文字すなわち徴は、正しく解釈されれば、特定の対象の内的本質が明らかになる一個の外的な記号なのである。隠された「力」を明らかにするには、外的な徴を調査検討しさえすればいいのである。パラケルススは、次のように述べている。「この点に関して言え

ば、すべての被造物の力や諸々の作用、その用途も示されているのであるが、それというのも、すべての被造物は秘義、つまり記号、文字、数字を刻印ないしは付されているからである。だから、調査検討して明らかにならない、隠されたどんな小さな点も被造物の中にはほぼ残されていないのである」(『哲学者の曙』*Aurora*, 11)。パラケルスス派の観点からすれば、「徴」を理解するとは、単にある対象の外観をそのままその意味と考えるということではない。たとえば、もしある植物が「心臓」ないしは「腎臓」の形をしていたからといって、必ずしもその植物に心臓や腎臓の治癒力があるというわけではない。パラケルスス派は、自然に関するはるかにもっと精妙で直観的な解釈、つまりは真に客観的な実在を明らかにする解釈を主張している。

16世紀から17世紀にかけて、原初の人間の至福の状態を取り戻す方法は、創造主の表した2冊の書物、すなわち神の啓示の書(聖書)と神の創造した自然という書物を研究することにあると考えられていた。この観念は、キリスト教ヘルメス主義者、新プラトン主義者、錬金術師の著述を通して十分に明確なものとされていた。この伝統によれば、アダムは自然に関する最初の霊的洞察力を与えられた哲学者とみなされた。堕罪以前、アダムは自然の「始原の」言葉を話し、理解することができた。彼は解釈する必要もなく、直接自然の神秘の書の秘義を読み取ることができたのである。アンドルー・マーヴェルは『アップルトン邸を歌う』'Upon Appleton House' で、「気楽な哲学者」となっている自身について述べているところで、この観念に言及している。「この自然の神秘の書を／誤りなく読む者は、三重にも幸せだ」(583-4)。パラケルススの著作に精通していたサー・トマス・ブラウンは、『医師の宗教』*Religio Medici* で次のように述べている。いずれの植物も、人間の顔も「内なる形相を示す記号や標識となる外見上の形態」を表しているのであり、「神の御指はお創りになられたものすべてに刻印を施しておられる。とはいえ、この刻印は具体的な文字によるものではなく、被造物それぞれの形態、構造、部分、機能に基づいており、これらが正しく結びつけられた時、属性を表す1つの言葉が生じるのである。神はこうした言葉によって星をそれぞれの名でお呼びになり、アダムもこの文字を用いて個々の被造物に対して、その属性にかなった名称を与えた」(57)。そして、堕罪後、自然の言葉を理解し、直接その秘義を読み取る人間の能力は失われてしまったと考えられた。この知識は取り返しのつかないものではなく、自然を入念にかつ直観的に考察することで再発見することができるものなのである。

● D

dog and bitch　雄犬と雌犬

　哲学の硫黄＊（男性的、熱い、乾燥している）と生ける銀＊（女性的、冷たい、湿っている）のことであり、水銀の水あるいは永遠の水（アクア・ベルマネンス）を生み出すために、第1の、最初期の化学の結婚、すなわちコニウンクティオ＊において結合されなければならない。雄犬と雌犬の交尾は、翼を持たない竜＊ないしは獅子と、翼を持つ竜ないしは獅子の共食いを伴う交接と同義である。硫黄を象徴する翼のない竜（雄犬）は、揮発性の霊（精気）を凝固なしは固定化する力を持つが、翼を有する竜すなわち生ける銀（雌犬）は、固定化された物質を溶解する力を持つ。交尾する雄犬と雌犬の結合は、奇跡的な水銀の水＊を生み出す。フィラレテスは、「それ故、コラセーヌの雄犬とアルメニアの雌犬を連れてきて、つがいにさせなさい。さすれば、天の色をした子供が生まれだろうと、かの哲学者は言っている」と述べている（『明かされた秘密』Secrets Reveal'd, 81）。フラメルは、流血と死に終わる、雄犬と雌犬の暴力的な交尾のことを次のように言っている。「さて、この2頭（アヴィセンナはこれをコラセーヌの雌犬とアルメニアの雄犬と呼んでいる）、私が言っているこの2頭が墓所としての容器に一緒に入れられると、猛烈な勢いで相互に噛み合う。強い毒を吐いて猛り狂いつつ、両者とも、絡み合った瞬間から（中略）彼らの垂らす毒と致命傷とのために全身から血を流して（中略）ついには相互に殺し合い、彼ら自身の毒で苦しみ息絶えるまで、決して互いに止めようとしない。そしてこの毒が、死後、彼らを生ける永遠の水（アクア・ベルマネンス）に変えるのである」（HE, 68-9）。ミヒャエル・マイアーは、硫黄と生ける銀の第1の、最初期の結合を表現するために、雄犬と雌犬ではなく、狼と犬のイメージを用いている（AF, 285）。→devour

dough　パン生地・練り粉　→paste

dove　鳩

　鳥と同様に、作業の完全なる白色化の段階であるアルベド＊（オプス）の象徴。鳩の段階は、ニグレド＊における黒化した物質（鴉の頭＊）の腐食、腐敗、昇華につづいて起こる。サトゥルニウスは「最初の5日後に、鴉の頭（カプトゥ・コルウィ）が姿を見せる。それから150日後に鳩が形成される」（ZC, 82）と言っている。フィラレテスは、「連続した煮沸の工程においてあなたの物質を煮始めてから、その後腐敗が完成し、それから昇華ないしは循環蒸留が再び始まり、その46日ないし50日後に鳩が完成する」としている（RR, 174）。サロモン・トリスモジン『太陽の輝き』Splendor Solis では、11番目の図版が、湯船の中の王＊の頭に鳩がとまっているとこ

ろを表している。沐浴＊している王は、「石」の質料（素材）を腐敗させることを表し、鳩は白化の段階すなわちアルベドが近づいていることを示唆する。鳩はまた、変質作用を持つ秘薬つまりメルクリウスの象徴でもある。その理由は、それが相反する物質、男性のソル＊と女性のルナ＊を調和・結合させる、つまり、反目する元素に親和をもたらすからである。これは『哲学者の薔薇園』の2番目のエンブレムに図解されている（→peace and strife, bird）。→図9

dragon　竜

　二重性を持つメルクリウス＊が、最初の、暗く原始的な作業段階にあることを表す（図12）。チョーサーの錬金術師の徒弟は、「竜は確かに、／もし彼の兄弟によって殺されるのでなければ／死ぬことはないと、［ヘルメス］は言っています。／つまり竜は水銀のことで、ほかの何ものでもない／ということなんです」と言っている（『錬金術師の徒弟の話』 *Canon's Yeoman's Tale*, 1435-9）。錬金作業の初めに、錬金術師は、そこから哲学者の石が創造され、金が生成される金属の対をなす種子を獲得するために、「石」のための金属ないしは質料（素材）を始原の創造の質料であるプリマ・マテリア＊へと溶解する。この2つの種子、哲学の硫黄＊（男性的で熱く乾燥している）と生ける銀＊すなわち水銀（女性的で冷たく湿っている）は、一方は翼を持ち、もう一方は翼を持たない2頭の竜にたとえられる。ニコラ・フラメルは次のように述べている。「前頁の2頭の竜をよく見てください。なぜなら、これこそこの哲学の真の原理ないしは端緒だからである。（中略）前者は硫黄、あるいは熱質、乾燥状態と、後者は生ける銀、あるいは冷質、湿潤状態と呼ばれる。この両者は、水銀の源より出た太陽と月である」（*HE*, 70）。また他所で、フラメルは次のようにも説明している。「翼のない竜は硫黄を意味するが、それは決して火から飛び去らないからである。翼を持つ蛇は水銀であり、空気を介して運び去られる（水と土で構成される女性の種子である）が、その理由は、時いたれば飛び去る、すなわち蒸発するからである」（*HM*, 1: 42）。この分離した2つの種子は、「どれだけ堅固で強く硬いものであろうと、一切の金属物を征服する力を持つ」魔術的な水銀の水つまり永遠の水を生み出すために、メルクリウス、すなわち金属の母を用いて精子のように結合されなければならない（*HE*, 65-6）。この水は「竜の血」と呼ばれる。

　錬金術のテキストにおいて、男性と女性の種子の結合は、2頭の竜が子をもうけるために、互いを殺し合う極めて暴力的な流血を伴う交接として表現される。そのように争いながら結合した後、2頭の竜は、メルクリウスの持つカドケウスの杖に絡み

● D

図12 錬金術の竜。『立ち昇る曙光』'Aurora consurgens, *GU* ファーガソン手稿6（16世紀）, f. 223r より。

つく和合した蛇に変質される（→caduceus）。同じくこの最初の暴力的な交尾を表す象徴としては、自身の翼を食べる竜ないしは鳥、ヘスペリデスの園の黄金の林檎を監視しつ続ける竜、ヘラクレスが揺りかごの中で絞め殺す2匹の蛇、メルクリウスの持つカドケウスの杖に巻き付く2匹の蛇、愛し合う猛禽、コラセーヌの雌犬とアルメニアの雄犬、ウロボロスすなわち自らの尾を呑み込む蛇などがあげられる。形而上学的には、竜は、より低次の現世的自我を意味し、魂は、より高次の自我（黄金の林檎）が最後には支配することができるように、低次の自我を服従させ教育することができるようにならなければならない。『非難の神モーモスが何だ』*A Fig for Momus* で、トマス・ロッジは、ウロボロス的な竜を含め、錬金術師が用いる空虚で謎めいた言葉に関して次のように不平を言っている。「まず第1に、彼らは逃げ足の速い鷲がどこに住んでいるのか、（中略）それから緑の獅子や逃げ足の速い雄鹿について尋ねる。次に自らの尾を飲み込む竜に関して尋ねる」（『全集』*Works,* 3:69）。「4元素の偉大なる竜」とは、4元素で構成される哲学の水銀のことである。また、「竜の歯」とは、ベン・ジョンソンの『錬金術師』でサー・エピキュア・マモンが指摘しているように、昇 汞の名称である。「竜の歯、つまりは昇 汞／それは白さ、硬度、咀嚼力を保持する」（2.1.95）。→blood, dog and bitch, devour, serpent

dragon's blood, dragon's teeth 竜の血、竜の歯 →dragon, blood
dragon's tail 竜の尾 →cloud

dregs　残りかす　→dross, faeces

dropsy　水腫

　「石」の肉体を最初に乾燥あるいは完全に乾燥させずに、あまりに多くの水銀の水＊を急速に加えすぎて、その肉体が供給過多で膨張した状態。飼養＊ないしは浸潤＊の間に、蒸留された液体（「乳」）は、「石」の肉体（土＊や灰＊としても知られる）に、それを湿らすために戻される。しかし、この過程が、同時に肉体を乾燥させないで実行されたり（「肉」を餌として与えることで象徴される）、急速かつ大量でありすぎると、「石」は水腫に冒された、つまり膨れ上がった状態になり、溺死したと言われる。サー・ジョージ・リプリーは、「石」に餌として乳や肉を与えることに関して次のように述べている。「しかし、満足させるほど石に多くを与えてはならない。／水腫や、またノアの洪水に用心しなさい。／それ故、肉と飲み物を少しずつ与えなさい、／目的にかなっている量を与えていると思える程度に」（*TCB*, 45-6）。同様に、ジョン・ダスティンも達人〔アデプトゥス〕に次のように警告している。「灰を湿らすたびに、繰り返し乾燥させなさい。ただし、完全に乾燥し、塵のような粉末状になる前に湿らされると、溺死してしまう、つまり酔っ払って、何にも還元されなくなってしまう。というのも、達人〔アデプトゥス〕が分銅を用いないで（トリスメギストゥスが言っているように）その作業をおこなえば、その灰を殺す、それも窒息させてしまうからであり、飲んでも渇きを感じない者は摂取を重んじ、水腫を引き起こすからである」（*FC*, 103）。また、『1年で最も短い聖ルーシーの日の夜想曲』'A Nocturnal upon S. Lucy's Day' で、ジョン・ダンは、死によって愛する者を失った虚無感が、彼を「無からクウィンタ・エッセンティア〔無の無〕」とする「新奇な錬金術」を施したと言っており、その作業の過程では、地が「水腫に冒された」状態になり、錬金術を施される恋人たちは「愛の蒸留器にかけられ」流す涙の洪水で「全世界を溺死させた」とされる（6-24）。→Naaman the leper

dross　ドロス

　溶解と昇華＊の過程の間に、「石」の金属あるいは質料（素材）から分離される土＊の不純物。アーサー・ディーはアリストテレスを引用して次のように言っている。「より高く上昇するものは、有効な純粋物であるが、底へ落ちてゆくものは、ドロスであり腐敗したものである」（*FC*, 70）。錬金術の言うドロスは、残りかす、沈殿物＊あるいはテラ・ダムナタ＊（断罪された土）としても知られる。『ラッパの音』は、純粋な土あるいは雪が容器の最上部へ上昇した時、「底に残っている灰

は、残りかす、肉体の堕落させられたドロスであり、投げ捨てられるべきものである」と述べている（*FC*, 78）。同様に、アルテフィウスも浄化の過程を次のように説明している。「というのも、そのような溶解と、起こるべくして起こる昇華つまりは上昇において、諸元素の束縛の緩和あるいは解放と、不純なものの浄化及び純粋なものの分離が起こる。その結果、純粋で白い物質が上方へ昇っていくが、不純で土的な物質は水や容器の底に固定されたままとなる。これは無価値なので取り除かれ、除去されなければならないが、流動する、溶かされたつまり溶解された、中間の白い物質だけを取って、底に残されている汚れた土は廃棄しなさい。そういった沈殿物は一部が水によって分離されたものであり、ドロス、無価値な<ruby>断罪された土<rt>テラ・ダムナタ</rt></ruby>であって、真っ白な、純粋で汚れのない物質のようないかなる働きも果たしえない」（*SB*, 20-1）。エリザベス・メルヴィル、つまりレイディー・クーロスは、この用語を、ブラックネス城に政治犯として投獄されていたジョン・ウェルシュに送った詩において形而上学的意味で使っている。「わが親愛なる兄弟よ、勇気を持って、苦難に耐えてください／必ずや、今あるあなたの苦しみはすべて、天で報われましょう／あなたの希望は高きもの、この地上の<ruby>浮きかす<rt>ドロス</rt></ruby>など取るに足らぬもの」（『レイディー・クーロスの手になる、ジョン・ウェルシュ氏に寄せてブラックネス城に送られしソネット』'A Sonnet sent to Blackness to Mr. John Welsch, by the Lady Culross', 1-3、グリアー『鞭に口づけ』*Kissing the Rod*, 33）。また、書くという行為を錬金術的創造の行為として表現する長い伝統を受けて、マイケル・ワイルディングは、登場人物が友人の書いている、まだ原稿の段階の物語を無断で読んでしまうところを描いている。「しかし、そこには相変わらず昔からの平凡さが表れていた。彼はその痕跡を、また昔からずっと変わらない率直さ、ぎこちなさの痕跡を見つけることができた。それはドロス、沈泥、がらくたの中の黄金であった。（中略）彼は、冗語や、詳しく説明されている結末、まだ現実のものとなっていない、つまり変成されていない自伝を心に銘記し、何も言わなかった」（『染色の過程の諸相』*Aspects of the Dying Process*, 52）（→faeces）。

Duenech　デュネク王　→king, laton
dung, dunghill　糞、糞の山

　アレンビックに穏やかな熱を与えるために用いられるもの。「石」の質料（素材）の煮沸＊あるいは温浸＊は、容器をバルネウム・マリアエ＊ないしは馬の糞＊によって供給される非常に穏やかな熱を加えることで成し遂げられる。パラケルスス

は、錬金術師に、「よくできたガラス容器」に物質を閉じ込め、「1ヶ月間、馬の糞の中に置き、それから、物質が底に凝固させられるように、穏やかな火でそれ全体を蒸留する」ように助言している（Archidoxis, 22）。ジョセフ・ホールは、『鞭の収穫』Virgidemiarum の「歯の抜けた風刺」の項で、パラケルスス派の医師は「化学のメルクリウス*を呼び出し、／馬の糞のベッドから起き上がらせ、舞い上がらせようとする」と述べている（37）。また、サー・ジョージ・リプリーは、腐敗は「バルネウム、さもなくば、われらの糞の山の熱によって」達成されると指摘している（TCB, 149）。ジョン・ディーは、1588年3月24日にボヘミアのトシェボニュでおこなった錬金術の実験の間に、「K氏は糞の中にガラス容器を入れた」と日記に記録している（『ジョン・ディーの私的日録』The Private Diary, 26）（「K氏」とはエドワード・ケリーのことである）。『ベッドフォード伯爵夫人へ』'To the Countess of Bedford' の中で、ジョン・ダンは、「昇華され（中略）純化された」名誉が低い身分から生れることを、薬草からその純粋な部分を「蒸留によって」獲得することにたとえ、それは「火つまり太陽によっておこなうより、／1万人に嫌われる糞による方が効果的におこなわれる」と言っている（1-12）。錬金術の論文は、糞の山ないしはバルネウムが本当は哲学の水銀であり、錬金術の容器の外ではなく、内部で燃える秘密の火であることを強調している。糞の山の同義語としては、バルネウム、風呂、馬の腹、生命の水、火、緑の獅子*の血、メルクリウス*などがある。コルソンの『成熟した哲学』Philosophia maturata は、哲学の水銀とは「ガラス容器の外ではなく、内部で常に一定の割合で等しく燃えるわれらの火である。これはわれらの糞の山、われらの生命の水、われらのバルミー、われらの馬の腹である」と言っている（32）。

　錬金術師は、貴重な第1質料*つまり「石」の未精製の質料（素材）はどこでも、また至る所に、万人に嫌われる糞の山の中にさえ見つけることができると、頻繁に述べている。従って、糞はそこから奇跡的な再活性化作用を持つエリクシルないしは「石」がつくられる物質の名称になった。物質的な錬金術師、ふいご吹き、偽医者はこの用語を誤って文字通りに解釈し、糞を第1質料として扱った。フランソワ・ラブレーは『パンタグリュエル』Pantagruel で、錬金術は糞からエリクシルを生み出すことができるというその思い込みをパロディー化している。「しかし、パニュルジュは、1人の総督（アルシャスダルペナン）が、馬の糞に、大きな桶一杯の人間の尿を注ぎ、これをキリスト教徒の大便と混ぜてから発酵させているのを目にすると、見苦しくもげろを吐いてしまった。消え失せろ、下種野郎。しかしながら、総督はわれわれに、自分はこうやって蒸留した聖水を王侯貴顕の方々にお飲ませし、

● D

その功徳によって彼らの生命はたっぷり 1 トワーズないし 2 トワーズ延びるのです
と語った」(651)。『立ち昇る曙光』の 15 世紀の写本の挿画は、人が坩堝に排便して
いるところを描いているが、ジャック・ファン・レネップによれば、それは昇華に
よる水銀の浄化を象徴しているという（『錬金術』64）。ジョンソンの『錬金術師』
では、サトルがフェイスをもうろうとした状態から救い出した後、フェイスをひど
くしかりつける場面で、糞から物質を精製するという錬金術のメタファーを用いて
いる。「やい、うじ虫、お前を、糞の中から拾い上げ（中略）お前を、箒と塵とじょ
うろの身分から引き上げてやったのはこのおれさまだぞ。／われらの恩寵の世界と
呼ばれる最上層に、／昇華させ、高揚させ、凝固させしめたのはつまりこのおれだ」
(1.1.64-9)。→bath

dungeon　地下牢・土牢　→prison
dust　塵
　昇華＊を通して達成される「石」の白化され、浄化された肉体。灰＊、雪＊、
白い薄層からなる土＊、ヘルメスの鳥＊としても知られる。『哲学者の薔薇園』は、
テラ・アルバ・フォリアータ
塵に関して次のように言っている。「それが雪のようにきわめて白くなって上昇し
たら、それは完全なものとなっているのである。だから、それが飛び去って煙にな
らないように、注意深く集めなさい。というのも、それこそが求められているもの、
白い薄層からなる土だからである」(FC, 72)。『ラッパの音』は錬金術師に、「石」の
テラ・アルバ・フォリアータ
肉体を昇華させ、「それがきわめて白い塵のようになって上昇し、雪のように容器
の壁に付着するまで」、水銀でそれを煮るように助言し、「しかし、底に残っている
灰は残りかすである」としている。また、この残りかすは塵とも呼ばれる。「底に
は、残りかす、肉体の堕落させられたドロスがある。それは投げ捨てられるべきで
あって、その中にはいかなる生命も存在せず、ちょっと強く吹けば消え失せるきわ
めて軽い塵である」(FC,78)。アーサー・ウィルソンは、エドワード・ベンローズ
に献げた詩の中で、「残りかす」を意味する錬金術の塵に言及している。「聖なる
化　学によって、霊は上昇し、／塵なる肉体にはかすを残すにちがいない」（ベ
キミストリー　　　　　　　　　　　　　　　　　　　セダメント
ンローズ『テオフィラ』Theophila, c3r)。アリストテレスは、浄化された肉体すな
わちな白い塵をヘルメスの鳥と同一視している。「土を白化しなさい、そして、そ
の中に見つけることができる霊（精気）がそこから出てくるまで、土を火で急速
に昇華させなさい。それはヘルメスの鳥と呼ばれるものである。というのも、よ
り高く上昇するものは有効な純粋物であるが、底へ落ちていくものはドロスであ

113

り腐敗したものであるからだ。従って、これが塵から抽出された塵、哲学者の子、白い薄層からなる土であり、そこには黄金の種子が蒔かれることになる」(*FC*, 70)。

→white foliated earth

dye　染色・染料

　白い石（アルベド*の段階で達成される）を赤い石（ルベド*の段階で達成される）の血赤色ないし緋色（紫）に変質させること。また金属を変成させること。そういった変質・変成の過程は、錬金術師によって布を染色することにたとえられる場合が多い。化学の実験室、染物師、錬金術師の間には密接な結びつきがあった。『ストックホルム・パピルス』Stockholm Papyrus（紀元3世紀末ないしは4世紀初頭のエジプトのパピルス）は、洗浄し、媒染剤につけ、染めるといった一連の工程を、生地の染色だけではなく、金属の変成にも当てはめている。アルテフィウスは、「石」の赤色化は「布を染める際に水を用いて染料つまり色がつけられ、布を通して拡散されるのと同じようで」あると述べている（*SB*, 24）。リプリーは、金属の染色について学びたいと思っている錬金術師に、「染物師の技にこの術を学びなさい。／（中略）金属を永久に変色しない色で染めるのである、／そのように赤ないしは白の薬剤の質に応じて」と教えている（*TCB*, 155）。染物師が用いる色には珍しいものもあったが、それは、その染料の原料を獲得することが難しかったからである。非常に珍しい「ティリアン紫」は、哲学者によって、貴重な赤いティンクトラあるいは石の色を象徴するために用いられる場合が多い。ティリアン紫のローブは、作業の目標、すなわち緋色（紫）のエリクシルに到達したことを象徴する。ティンクトラをつくる処方に関して、『哲学者の群』は「それから、最も貴重なティリアン紫の色がその表面に現れてくるまで、数日それをそれ自身の容器に入れたままにしておきなさい」と言っている（48）。ティリアン紫は、それが退色しにくい染料であることから、移ろいやすく、はかないすべてものを永久不滅の状態に変成する石・ティンクトラを表すのにふさわしい象徴とされた。

　錬金術の染色の過程において、揮発性の霊（精気）は、肉体との結合によって固定化あるいは凝結される。純白の物質を赤に染色あるいは着色することは、それが新たなる生命と形相を与えられたということである。それは、それ以前に分離されている霊（精気）が肉体をすでに再生させており、そして今その肉体と結合されているということ、また、新たなる創造つまり肉体化が成立したということ（すなわち哲学者の石）を意味する。新たなる肉体化は、ベルナール・トレヴィザンの『哲

● D

学の石の実践』'Practise of the Philosophick Stone' の場合のように、物質を赤い血で染めることで象徴される場合もある。同書では、赤色化という最終段階は「ケンタウロスの血で染められた下着を着て焼かれる（中略）オイテー山上のヘラクレス」にたとえられている（194-5 行目、*AP*, 454）。アンドルー・マーヴェルの『アップルトン邸を歌う』'Upon Appleton House' の刈り取られた干し草を取り除かれた草地は、新しく創造された世界、また雄牛の血が流されて、そこを赤に染めるマドリッドの闘牛場にたとえられる。このような創造の場面や、錬金術的な文脈において、マーヴェルは、純粋なる物質に形相を授けること（白を赤にすること）を象徴する錬金術的染色あるいは着色に暗に言及している。「この場面もまた退いてゆくと、事物には／できたばかりのときのうつろな相がもたらされる／飾りもなくまっ平らにならされて、あたかも／画家リリーに汚される以前の張られた画布というふぜい／世界も創造された当初はきっとこのような／きれいにかき消された書板だったに違いない／いやむしろマドリッドの／まだ牛の登場しない闘牛場というところか」（441-8）。（18 世紀のマーヴェル詩集編纂者トマス・クックは、上記引用中のリリーに「傑出した織物染物師」という注釈を付している。→ クック（編）『マーヴェル全集』*Marvell*, I. 22）。

115

● E

eagle 鷲

　昇華された哲学の水銀。処女の乳としても知られる白いティンクトラないしは水。哲学の塩化アンモニウムを指す場合もある。トマス・ロッジは、錬金術の不可解な謎の言葉に関して、「彼らの秘義やまじないの文句に留意しなさい。（中略）まず第1に、彼らは逃げ足の速い鷲がどこに住んでいるのか尋ねる」（『全集』3：69）と述べている。ラスロット・コルソンの『成熟した哲学』*Philosophia maturata* は、「私たちがわれらの白いティンクトラと呼ぶ白い水、われらの鷲、われらの白きメルクリウス、処女の乳」というように、鷲を白い水などと同じ象徴的な意味で用いている（38）。錬金術の鷲は複数で言及される場合もあり、その数は、昇華の回数に応じて、3羽から10羽程度まで幅がある。フィラレテスは、「従って、哲学者の昇華のたびごとに、1羽の鷲が現れるようにしなさい」と言っている（『明かされた秘密』*Secrets Reveal'd,* 15）。錬 金 作 業 の過程において、メルクリウス＊は、それが現れる最初期の段階では、竜＊ないしは蛇と呼ばれる。その竜の死後、メルクリウスは獅子に変質される。その次の段階において、メルクリウスは飛翔する白い鷲になるが、その翼は、メルクリウスが揮発する状態にあることを意味する。パラケルススは、赤い獅子に関して「これは、自然と術師自身の技の助けによって、白い鷲に変成される」と言っている（*PW,* 22）。彼はまた、「哲学者のティンクトラ」は、「獅子の薔薇色をした血」と「鷲の粘着性の分泌物」を凝固することで生み出されると説明している（*PW,* 25-6）。獅子と鷲は対になっている場合が多く、1つの段階から次の段階への変化の過程を示す。「彼らの鷲は、獅子をむさぼり喰らうことになる」（フィラレテス『明かされた秘密』14-15）。翼を持った鷲が獅子をむさぼり喰らうことは、揮発性の霊（精気）が固定化した物質あるいは肉体を溶解し、それを霊（精気）化するソルウェ・エト・コアグラ＊（溶解と凝固）のサイクルのうちの「ソルウェ」の局面を意味する。またそれと同時に、揮発性の霊（精気）は、それを物質化する肉体の持つ慣性によって捕獲され、固定化されなければならない。トマス・ヴォーンは、「緑の獅子は肉体つまり魔術的な土であり、それによって、あなたは鷲の翼をしっかりと捕まえておかなければならない。要するにあなたは鷲がもはや飛び立たないように、固定化しなければならない」

● E

と言っている（*VW(R)*, 463）（→beheading）。ゲイブリエル・ハーヴェイの『ピアスの余功』*Pierces Supererogation* は、トマス・ナッシュのウィットとエドワード・ケリーの錬金術に関して論じているところで、鷲と獅子の一対化に言及している。ナッシュの「ウィットはケリーの錬金術と比べるべくもない。いくらナッシュが緑の獅子と飛翔する鷲を一対のものとしているように思えても」（ハーヴェイ『全集』*Works*, 2：68-9）。蟇蛙と飛翔する鷲もまた、錬金術のシンボリズムにおいて一対化される場合が多く、揮発性の物質によって、固定化された物質を昇華＊することを意味する。ミヒャエル・マイアーの『黄金の卓の象徴』*Symbola aureae mensae* の中のエンブレムの１つは、アヴィセンナがその２つ組を指さし、「地の蟇蛙と飛翔する鷲を結合せよ」（ストルキウス『化学の園』*Viridarium*, 132）と言っているところを表している。また、高く飛翔する鷲は、地上的蛇あるいは蠍、すなわち人間の中の本能的衝動を霊（精気）化する秘伝を授けられた人の象徴でもある。

earth　土

　4元素＊の１つ、この元素が支配することは神的働きを果たす力をもたらす。この「土」という用語は錬金術において、魂や霊（精気）とは異なるものとしての、密度が高く重い、金属の「肉体」を示すために用いられる。ミカエル・センディヴォギウスは、この冷たく乾燥した元素について次のように述べている。「土は重要な性質を持ち、大いに価値がある元素である。この元素の中に、残りの３つの元素、とりわけ火が潜在している。（中略）土は密度が高く吸水性があり、重量の面では重いが、質の点では軽い」（『錬金術の新しい光』*New Light of Alchymie*, 83）。

→elements, black earth, dross, white foliated earth, green lion

east and west　東と西

　アレンビックの中で、「石」の質料（素材）の腐敗と精錬を達成するために、何度も繰り返されるソルウェ・エト・コアグラ＊（溶解と凝固）の過程で必要となる２つの物質の呼称。東は、赤い、乾燥した、凝固する要素（哲学の硫黄＊）を意味するが、西は、冷たく、湿った、溶解する要素（哲学の生ける銀＊）を意味する。アブル・カシムの言うところによれば、錬金術師は「〈東の〉という言葉で、東の地域の自然や、また東から昇る太陽の性質もそうであるように、熱く、乾燥している物質を示す場合が多い。同様に、〈西〉という言葉で（中略）彼らは、西の地域が湿気と関連していることから、彼らの石から抽出される湿潤を指している」（『知識

117

の書』 Book of Knowledge, 56）。錬金術師の仕事は、そういった相反する性質や物質、硫黄と生ける銀を結合させることであり、それは哲学者の石として完全に1つに統合され、調和のとれた状態をつくり出すためである。これは、マイアーの『逃げるアタランテ』のエンブレム47に図解されているが、そこでは、「東より来たる狼と、西から来たる雄犬は互いに噛みつき合う」。この2頭の動物（硫黄と生ける銀）は1つのものとして結合されるまで、激しい怒りに満ちて、血を流しながら互いを噛み合うと表現される（AF, 285）。→dog and bitch

eat　食べる　→devour, cibation

eclipse　蝕

「石」のための不純な金属ないし質料（素材）の肉体を、その種子つまりは潜在的力が解放され、新しい形相（あるいは状態）が生み出されるように溶解し腐敗させる過程である、ニグレド＊という黒色化の段階を表現するために用いられる印象的なイメージ。万物は、再生される前にまず第1に死んでゆかなければならないというのは、錬金術の原則である。フィラレテスは次のように述べている。「しかし、金属の種子を閉じ込めている石の原料は、石として蘇る前に、まず初めの段階で太陽と月の両方の蝕を通過しなければならない。（中略）その蝕は暗黒の門であり、その後、石の原料は楽園の光で新生されることになる」（RR, 15）。同様に、『哲学の階段』Scala philosophorum も、「石」の質料（素材）に関して「それが5ヶ月間蝕の下にあり、それから暗さが退き、続いて光が現れたら、あなたの火を大きくしなさい」と言っている（ZC, 82）。哲学者の石をつくる際、錬金術師は、化学の結婚＊においてソル＊（硫黄、金）とルナ＊（生ける銀）の種子を結合させる。ソルとルナは結合（凝固）されてから殺され（溶解）、その肉体は黒色化し、腐敗させるために棺ないしは墓の中に入れられるが、その魂の方は、容器の最上部に上昇していく。『賢者の水石』The Soephic Hydrolith は、「最初に、太陽の土的肉体が完全に溶解・腐敗させられ、あらゆる力を奪われることで（中略）その魂を奪い取られるのである」と言っている（HM, 1:82）（→図38）。→sol niger, green lion

蝕の段階は、苦悩、悲嘆、憂愁（メランコリア）の時である。あたかも、光が二度と戻ってこないかのように、深い暗闇が支配する。『ブルームフィールドの花々』は「太陽と月はその光を失い、／嘆きの喪服を身に纏うだろう」と言っている（TCB, 323）。『緑の獅子狩り』で述べられている太陽の蝕は、太陽をむさぼり喰らう獅子のイメージで表現されている。獅子は「わけなく太陽に追いつくことができ、／すばやく太陽をむさぼり

● E

喰らうだろうし、（中略）とても明るく光り輝いていた太陽を蝕する」（*TCB*, 279）。緑の獅子とは、ニグレドにおいて太陽、すなわち硫黄という金を「むさぼり喰らう」水銀の溶剤のことである。諸物の古い状態が死んだ時に生じ、新たなる霊的理解の道をひらく魂のノクス・プロフンダ（深き夜）のことが、シェイクスピアの『ソネット集』*Sonnets* のソネット 33 では日蝕のイメージを通して強く表現されている。このソネットは、愛友が他の何者かと性的関係を結んでいることに対する恋人の苦しみを描写している。愛友は太陽にたとえられ、その輝きは「天の錬金術」（4）によって見るものすべてを金色に変えるが、その愛友の裏切りによって、その輝きは「下賤きわまる雲」（5）に覆い隠され、恋人は暗闇に陥られる。しかしながら、この経験は新たなる理解と寛容をもたらす。「だが、それでも私の愛は彼を少しも蔑みはしない。／天の太陽が曇るなら、この世の太陽だって曇るのだ」（13-14）（→sun and shadow）。

education　教育

相反する物質、男性的なものと女性的なもの、硫黄と生ける銀の結合から生まれる幼児の「石」を育成し成長させること（→chemical wedding）。水銀の秘薬による幼児の「石」の養育は、子供の教育にたとえられるが、その理由は、それが段階的にゆっくりとおこなわれなければならないからである。『哲学者の薔薇園』は、「まず土は少量の水で育てられ、その後もっと多くの水を与えられなければならないが、それは幼児の教育の場合と同様である」と言っている（85-6）。アンドレーエの『化学の結婚』*The Chymical Wedding* では、錬金術の「子は慈しみ深く育てられ」、それから「さる老教師」に預けられて教育を受けると述べられている（112）。

egg　卵

その中で哲学者の石＊が誕生する、変成のための錬金術師の容器（図 13）。また、グリフィンないしグリップの卵＊としても知られる。哲学者の石の創造は、卵から雛鳥を孵すことにたとえられる場合が多い。ヘルメスの封印で密閉された容器が割れないように、錬金術師は火をおこす時に、自分たちの卵を孵化する雌鳥あるいは鳥のように、自然の穏やかな熱を手本としようとする。その火は、卵（容器）から雛鳥（「石」）を孵すのに必要とされるような熱を発生させる、いわば孵化器に等しく、バセット・ジョーンズは、その必要な熱を「この燃える雌鳥」と称している（*AF*, 247）（→philosophical bird）。チャールズ・ニコルは、その中で作業がおこなわれる「レトルト、アレンビック、ククルビタなどの様々な化学の容器」は、「哲学者の卵（中

119

図 13　哲学の卵。GU ファーガソン手稿 31 (18 世紀), f.8r より

略）として知られる、ただ 1 つの原型的な容器に」集約されると述べている（『化学の劇場』 Chemical Theatre, 30)。リプリーの『錬金術の化合物』は、その容器に関して「そして形が卵のようで、しっかりと密閉された／ 1 つの容器の中で、こうしたことすべてがおこなわれなければならない」と言っている (TCB, 138)。また、『ゾロアストロの洞窟』は、「われらの容器は密閉されていて、丸く膨らんでおり、およそ半フィートの長さの真っ直ぐで長い首を持つガラス容器である。この容器は、卵、昇華器、球体（グローブ）、墓、ククルビタと呼ばれる」と述べている (79)。アンドレーエの『化学の結婚』 The Chymical Wedding で、クリスティアン・ローゼンクロイツと彼の仲間は、錬金術の球体（グローブ）を開き「きれいな雪白の卵」を見つけるが、そこから哲学の鳥が結局は現れる (65)。また、ベン・ジョンソンの『錬金術師』では、サリーがサトルに「炉で熱すれば金が生まれるなんて、／エジプトじゃ卵をあっためて鶏が生まれるそうだけど」と言っている (2.3.127-8)。『賢者の水石』 The Sophic Hydrolith の場合のように、容器の内容物は容器それ自体と同一視され、「賢者の卵」は哲学者の石と同義語である場合もある。

● E

egg shells　卵の殻

　哲学者の石＊の成分。コルソンの『成熟した哲学』*Philosophia maturata* におけるエリクシルの処方は次のように指示している。「循環器に、反射炉の中で反射熱を非常によく当てられた卵の殻のカルクスを少量入れ、そこに、それを覆うように白ないしは赤い水銀を注ぎ、それからそのガラス容器の口を挟んで閉じるか、きっちりと封泥で密閉しなさい」(54)。しかしながら、錬金術師の中には、「石」をつくるためにそのような材料を使うのは間違っていると述べている者もいる。サー・ジョージ・リプリーは、当初思い違いをして実験をおこなっていたことに関して「卵の殻を、私は幾度も煆焼し、／そのカルクスを用いて油もつくった。／そして、さらに他のものから得たすべての元素を対にして結合させた。／しかし、私は、そこから、有益なるものを全く何も得られなかった」と言っている（*TCB*, 190）。ゲラルドゥス・ドルネウスは、物質的な錬金術師は尿、卵の殻、血といったような材料を、それが象徴的な名称であるにもかかわらず、文字通りに解釈してしまうことで惑わされてしまうと述べている（*AC*, 290）。ベン・ジョンソンの『錬金術師』で、サリーは軽蔑したように、勘違いした錬金術師が用いる材料として「あらゆるあなたたちのスープ状溶液、あなたたちの溶媒に物質、／小便に卵の殻、女の月経に男の血」(2.3.193-4) をあげている。

elements　元素

　土、空気、火、水。4元素の観念はエンペドクレス（紀元前492-432）とプラトンの『ティマイオス』*Timaeus*（紀元前約360）に由来するが、アリストテレスの物質の理論を通して錬金術にもたらされた。アリストテレスによれば、万物は1つの原初の物質、プリマ・マテリア＊から創造されたのであり、原初の混沌＊から生じた第1の「形相」が4元素で、そこからすべての物体が異なる割合と組み合わせで創造されたのである。錬金術師が金属の生成の理論の中で用いるこの4元素は、現在私たちが知っている物質としての土、空気、火、水ではなく、万物の源から現れる神秘的で抽象的な原理（原質）あるいは属性なのである（つまり、通常の物質を構成する要素の中に明らかに存在しているものなのである）。この原理（原質）は4つの根源的属性すなわち熱、乾、寒、湿を表していると言われ、元素としての各原理（原質）は、それぞれ根源的な属性のうちの2つを持っている。要するに、土は寒と乾、水は寒と湿、空気は熱と湿、火は熱と乾である。アリストテレスは、4元素の各元素は他の元素に変質させることができ、また各元素は他の元素の中に潜在

121

していると主張している。この変質は、各元素が共通に1つの属性を共有していることから生じる。つまり、土と水は寒を、水と空気は湿を、空気と火は熱を、火と土は乾を共有している。錬金術におけるこの変質の過程は、円環、車輪、元素の回転として知られる（→opus circulatorium）。

　そのような変成の観念は、金属を含め、あらゆる物体は、異なった割合の4元素で構成されており、その割合は変えることができ、4元素は互いに変質し合うことができるという原理に基づいている。ロバート・フラッドは、『真理の黄金のまぐわ』で次のように述べている。「というのも、完全なる元素の回転によって4元素の変化が生じると、土は水に、水は不可視の空気に、空気は火に変わり、最終的に火がすべてを1つの霊的で天上的存在で、きらめく黄金の土にまとめあげる。その土は、知恵に満ちた王であるかのソロモンに関して多く語られているが、知恵の光の充満する幕屋〔肉体〕であり、生命と増殖の満ちあふれるものである。そのように、諸元素はそれぞれの関係を変えるのである」（123）。物体を構成する元素の割合は、煆焼、燃焼、溶解、蒸留、昇華、凝固という過程を通して変化させられる。物質、つまり金属ないし肉体は、まず腐敗させられる、すなわち、その原初の質料であるプリマ・マテリアに分解され、それから4元素がこの統合された質料から分化され、新しいより純粋な形相を生み出すように組み合わされる。サー・ジョージ・リプリーは、『錬金術の化合物』の中で「同様に、あなたの物質は腐敗しなければ、決して変質されることはありえないし／あなたの元素も自然に分割されることはない」と言っている（*TCB*, 148）。このような元素論は、ほとんどの錬金術師によって採用され、金属生成に関するゲベルの硫黄・水銀の2原理（原質）論の論拠となった（→prima materia）。可熱性の原理（原質）である硫黄は、火の熱と乾の性質を持っているので、火と類似しているが、水銀は冷たく、湿っており、水と似ている。すべての金属は、様々な割合の硫黄と水銀から構成されている。そして、硫黄と水銀が純粋で、熱、乾、寒、湿の性質が完全に釣り合って平衡した状態で組み合わされるとすれば、その結果として完全なる金属である金が生まれることになる。

　また、硫黄と水銀の組み合わせにおいて水銀の割合が大きければ大きいほど、ますます金属は純粋なものとなるという理論もある。銅、鉛、錫、鉄のような金属は、その構成に面において水銀と硫黄の純粋性に欠けており、その2つの構成要素の割合が不均衡であると考えられた。そういった金属は金と同じ物質からできているので、そういった欠陥は割合を改めることや、哲学者の石ないしは薬物の治癒力を適用することで取り除かれると考えられた。「石」をつくることそれ自体が、第5

元素すなわちクウィンタ・エッセンティアとして知られる1個の完全に調和のとれた元素と、相反する4元素を結合あるいは「和合」させることを必要とするものであった（*TGH,* 123）。→fifth element, opus circulatorium, peace and strife, dragon

elixir　エリクシル　→red elixir, white elixir

Elysian Fields, Elizium　エリュシオン（死後の楽土）

　作業における完全な白色化の段階であるアルベド*で達成される白い薄層からなる土*。ルランドゥスは、「白化の段階」を「エリュシオン」と称している（『辞典』347）。リプリーも同様に、魂はアルベドにおいて「エリュシオンに入る」と言っている（*AF,* 86）。アンドルー・マーヴェルの『仔鹿の死を嘆くニンフ』‘The Nymph Complaining’ に登場する仔鹿は、その死（ニグレド*）を経て、完全なる白化の段階に至る。「美しきエリュシオンで、乳のように白い仔羊や／純白のテンとともに永久に生きるために」（105-8）。『化学の唐箕』*Chymica vannus* の12枚の錬金術の銅板画のうちの1つは、エリュシオンの妨げるもののない空間と平原を図解している（ファン・レネップ『錬金術』229）。『哲学の謎』‘The Philosophicall Aenigma’ で、ミカエル・センディヴォギウスは、哲学者の庭*を「われらの祝されるべきエリュシオン」と呼んでいるが（*AP,* 500）、その庭は、太陽と月の木々が生え、作業の白と赤の段階を表す百合と薔薇が咲く聖なる場所つまり容器である。純白のエリュシオンに金の種子を蒔くことは、化学の結婚において、既に一体化している「石」の魂と霊（精気）を浄化された肉体と結合させることを意味する。ロバート・ボイルは、自身の実験室をエリュシオンと呼んでいる。「私の空想や私の実験室を一種のエリュシオンとしてしまうほど、ウルカヌス神は私を恍惚とさせ、魅了した」（ガンサー『オックスフォードにおける初期の科学』*Early Science in Oxford,* 1:11）。→Hesperides

embryo　胚・胎児　→philosophical child

Emerald Table　『エメラルド板』

　ヘルメス・トリスメギストゥスすなわちエジプトのトート神に帰せられる、中世の錬金術における最も重要な典拠の1つであり、フェニキア文字でエメラルドの板に刻まれたものと言われる。伝承によれば、ノアが洪水の間、箱舟の中にこの板を持ち込んだとも、またアブラハムの妻サラが、洞窟の墓の中に横たわるヘルメス・トリスメギストゥスの両手にその板が握られているのを発見したともされている。

ホルトゥラヌスは、「ヘルメスの秘密の言葉は（中略）『エメラルドの板』に書かれており、暗い地下納骨所［原文のまま］に埋葬されたその亡骸の両手に抱えられていた」と述べている（『略解』 *A Briefe Commentarie*, 16）。また、ティアナのアポロニウスないしはアレクサンドロス大王が発見者であるとする者もいる。これは錬金術師の原理の書とみなされ、17 世紀においても基本テキストとして用いられていた。知られている限り最古の、ジャービル・イブン・ハイヤーンによる版は、13 世紀頃にラテン語に翻訳された、ある 8 世紀のアラビア語のテキストの中にホームヤードが発見したものである。最初の英語訳はロジャー・ベイコンの『錬金術の鏡』（ロンドン、1597）に収録されており、ホルトゥラヌスの註解が付されている。1680 年から 1684 年にかけてのある時期に、アイザック・ニュートンは、『エメラルド板』に関する注釈（約千語からなる）を書いた。それから 10 年ほどたってから、ニュートンは『［化学の］哲学者の本棚』 *Bibliothèque des philosophes* [*chymiques*]（パリ、1672-8）の第 1 巻からフランス語訳『エメラルド板』 'La Table d'Emeraude' を英訳した（*Janus*, 15, 274）。

　『エメラルド板』は、錬金術のテキストにおいて頻繁に引用・言及されている。たとえば、ジャン・ドゥ・ラ・フォンテーヌの『知の喜ばしき泉』 'The Pleasant Founteine of Knowledge' の 1003 行目から 36 行目は『エメラルド板』の翻訳である（*AP*, 109-10）。ミヒャエル・マイアーの『黄金の卓の象徴』 *Symbola aureae mensae* では、太陽を指さすヘルメス・トリスメギストゥスのエンブレムに、『エメラルド板』の第 3 の原理に基づいたモットーが付されている。「火が第 3 の媒介者を構成する結合において、その父は太陽、その母は白き月である」 Sol est eius coniugii Pater et alba Luna Mater, terius succedit, ut gubernator, Ignis（5）マイアーの『逃げるアタランテ』の最初の 2 つのエンブレムは、第 4 の原理「風はそれを自らの胎内にはぐくむ」 Portavit eum ventus in ventre suo（エンブレム 1）と「その乳母は地である」 Nutrix ejus terra est（エンブレム 2）に基づいている（*AF*, 377-8）。バセット・ジョーンズの『化学の石』』 'Lithochymicus' は、『エメラルド板』の第 1 の原理に「唯一なる全は上にあり、同様に下にもある」 The only *All* above and soe below として暗に言及している（*AP*, 263）。『エメラルド板』のテキストは以下の通りである。

　これは、偽りなく、確実で最も真実なことである。下にあるものは上にあるもののごとく、また、上にあるものは下にあるもののごとくであるが、それは 1 なるものの奇跡を成就するためである。

124

● E

　１なるものの観想によって万物が１から生じたように、万物は唯一の順応によってこの１なるものから生まれたのである。

　その父は太陽、母は月である。

　風がそれを自らの胎内にはぐくみ、その乳母は大地である。

　これは全世界の驚嘆すべきすべての働きの父である。

　この力は完全なものである。

　もし、それが土に向けられれば、火の元素から土の元素を、粗大な固いものから精妙なものを分離する。

　きわめて賢明にそれは緩やかに地上から天上へと上昇する。

　そして再びそれは地上に下降し、上なるものの力と下なるものの力を結合する。

　かくして、汝は全世界の栄光を手に入れ、すべての暗闇は汝から消え去るであろう。

　これはすべての強さの中で最強のものである。というのも、それは、あらゆる精妙なるものに打ち勝ち、しかもあらゆる固体に浸透するからである。

　かくして世界は創造された。

　驚くべき順応はこうして起こるが、それの次第は以上の通りである。

　このため私は、全世界の哲学の３部分を有するので、ヘルメス・トリスメギストゥスと呼ばれる。

　太陽の働きについて私が述べる必要があったことはこれで終わる。

（ホームヤード『錬金術』98）

enemies　敵　→peace and strife
engender　子をもうける・生み出す　→generation
Ethiopian　エチオピア人

　黒化の段階すなわちニグレド＊の象徴（図14）。錬金術師は、聖書（「使徒言行録」第8章）をそのシンボリズムの典拠として、エチオピア人すなわち黒い人を、洗滌＊において洗い清められ、アルベド＊において白く純粋なる状態に戻される前の、まだ腐敗していて、不純である状態の「石」の黒色化した質料（素材）を表すために用いた。ユングは、この聖書に裏付けられたムーア人ないしはエチオピア人の象徴は物質の活性化された黒さ、太陽＊ないしはプリマ・マテリア＊の影、刷新と統合が起こる前に意識的に経験されなければならないものを表現していると述べている。メルキオル・キビネンシスによれば、恋人たち（金属の種子、硫黄＊と生

125

図14 エチオピア人。『万能ティンクトラ便覧』'Handbucht zu welchem ordentlich beschriben ist Neme von mir L. nebst Gottl. Kültte L. ausgemuchte Universal Tinctur'(17世紀) *GU* ファーガソン手稿64, f. 29r より。

ける銀*)の結合の後に、「焼け焦げ、煆焼され、脱色された、完全に死に絶え生命なき、強きエチオピア人が」容器の底に現れることになる。「このエチオピア人は、自らを埋葬し、自身から取った水を自らにかけ、自身が強い火のうちから赤々と燃えるようなものとなって現れ出るまで徐々に煆焼するように懇願する。(中略)この奇跡の復活と再生のさまを視なさい。再生の沐浴によって、彼は新しい名を得る。その名を哲学者は自然の硫黄、われらの息子と呼ぶが、これが哲学者の石である」(*PA*, 402)。トマス・チャーノックの『自然哲学の聖務日課』*The Breviary of Naturall Philosophy* では、錬金術における探求をガラスの船に乗った航海として表現している。この旅がニグレドの段階にある間に、航海者は黒焦げにされる。「ムーア人が私たちを、時間をかけて焦がすだろう/インドの人々と同じくらい黒くなるほど/しかし、まもなく、私たちは、別の気候帯に入るだろう/そこで、私たちはもっとより純粋な状態となるだろう」(*TCB*, 292)。トリスモジンの『太陽の輝き』*Splendor Solis* ではニグレドの段階で哲学者が「黒人のように黒い男が、黒く、汚い、腐敗した臭いのする泥あるいは粘土に、はまり込んで動けなくなっているのを見た」様子が詳述されている。「すると、美しい顔で(中略)多色のドレスできわめてすばらしく着飾った、若い女が彼を助けにやってくるが、彼女は背中に翼をつけていた。その羽は、きわめてすばらしく白い孔雀の羽と同じようなものであった」(31)。「多色のドレス」や孔雀の羽のような翼とは、作業(オプス)におい

● E

て、ニグレドの後に起こり、アルベドという白色化の過程へと至る孔雀の尾＊あるいは虹色の段階のことを指している。孔雀の尾の段階において、黒く不純な物質は洗い清められ白色になる。美しい翼を持つ女とは、今や浄化され、白化している「肉体」（エチオピア人）と再結合するために姿を見せる「石」の「魂」を象徴する。フランソワ・ラブレーは『パンタグリュエル』 *Pantagruel* の中で、このエチオピア人のイメージを用いて、黒化した物質を白色化する過程をパロディー化している。クウィンタ・エッセンティアの王国に到着した語り手は、「クウィンタ・エッセンティアの役人たち」が様々な錬金術の作業を遂行しているのを見せられる。「この後、私は大勢のそういった役人たちが、エチオピア人たちの腹を籠の底でただ擦って磨くだけで、彼らをあっという間に真っ白にしているのを見た」（651）。

Eve　エバ

　アダムの伴侶、プリマ・マテリア＊の女性の要素、哲学の水銀＊、根源的な湿り気＊、作業における女性の原理（原質^{オブス}）、白い薄層からなる土＊^{テラ・アルバ・フォリアータ}、ディアーナ＊の対応物、錬金術の女王＊、ルナ＊。アーサー・ディーの『秘密の箱舟』‘Arca arcanorum’ の題扉には、エバが哲学の樹＊の左側に、アダムが右側に立って、プリマ・マテリアの抽出がおこなわれているところが描かれている。そこでは、銀の月が、その湿って、冷たく、白い受動力をエバに注ぎ込んでおり、腐敗を表す鴉がそのくちばしを彼女の頭に向け、1頭は白く、もう1頭は赤い2頭の獅子が彼女の足下に座している（図31）。→Adam

exaltation　高揚

　「石」の蒸発。昇華＊と非常に類似した過程。リプリーは、高揚に関して「それは昇華とほとんど変わらないものである」と言っている（*TCB, 178*）。高揚の間に、「石」の材料は、それ自身の水銀の血＊の中で溶解と凝固という一連の作業を繰り返されることを通して、その純度と効力がより高い段階へと引き上げられる。一般に、この高揚の段階は、「石」の発酵＊の後、増殖＊（あるいは増大）の過程の前におこなわれるということで意見が一致しているが、増殖と同一視される場合もある。作業におけるこの段階を^{オブス}、ヨハン・ミューリウスは、多数の獅子が儀仗兵となって、そこへ通じる5段の階段を守る壇上に高く運ばれた、冠を戴く王＊と女王＊、ソルとルナのイメージで表現している（『改革された哲学』126）。アレ

127

グザンダー・ポープは、『ウィンザーの森』 'Windsor Forest' で、森陰で香草を摘み、「化学の術で鉱物の力を高揚し、／花々の香しき精髄を取り出す」人は幸せである^{キミック・アート}とし、この用語を用いている。

eyes　　眼　→Argus eyes, fishes'eyes

● F

faeces　沈殿物

　錬金術師が「石」の純粋な質料（素材）から分離した不純な部分、ドロスあるいは断罪された土。ライムンドゥス・ルルスによれば、錬金術師は「最も純粋な物質から沈殿物とかす」を分離しなければならない（*FC,* 56）。フィラレテスも同様に、達人に「（沈殿物を取り除いた）金属の部分が純粋になるまで、ウルカヌス神の助けを借りて必ず浄化するように」と助言している（『錬金術の精髄』*Marrow,* 第 1 巻 17）。容器の中の質料（素材）が溶解・昇華されると、純粋で白いものが容器の最上部に上昇し、不純な沈殿物が容器の底にある水に捨て去られる。そのような沈殿物は廃棄されるべきものであるが、「中間の白い物質」（天、クウィンタ・エッセンティア、栄光化された肉体としても知られる浄化された肉体）は保持される。アルテフィウスは、「こういった沈殿物は（中略）ドロス、断罪された土であり、何の価値もなく、また、純白で純粋で汚れのない物質のような働きを全く果たさない」と言っている（*SB,* 21）。ベン・ジョンソンの『錬金術師』で、サリーはフェイスに「断罪された土は／この作業に入り込ませてはならない」と断言している（2.5.5-6）。また、沈殿物ないしは糞は、それから錬金術師がエリクシルや薬剤をつくったと言われている卑しむべき物質に対して、懐疑的な人たちが与えた名称でもある。コルソンの『成熟した哲学』*Philosophia maturata* では、「石」は「糞の山に投げ捨てられ、人間の足で踏みつけられるので、きわめて無価値で卑しむべきものであるとみなされる」と説明されている（15）。これはまた、文字通り糞ないしは沈殿物を作業の材料として扱って作業をする危険性に対する警告でもある。多くの人たちが「いくつかの異臭を放つものを選び、それを大変苦労して、蒸留し、煆焼し、結合する。しかし、そのような人には哲学者たちの次のような言葉に耳を傾けさせなさい。つまり〈糞の塊の中に哲学者の秘密を求める者は誰でも無駄骨になり〉、そして結局、偽り以外の何ものも見いだせない」（14）。→dung

fawn　仔鹿　→cervus fugitivus, hart

feathers　羽・羽毛

　哲学の子供＊つまり石が化学の結婚＊における男性と女性の恋人の結合から生ま

129

れると、それは熱せられた水銀の水の風呂＊に入れられ、溶解されるまでその水を飲み干し、その中で遊ぶ。飼養ないしは養育として知られるこの過程には、水銀のティンクトラを「石」の質料（素材）にしみ込ませる、あるいは浸透させることが必要とされる（→cibation）。「石」の誕生がアレンビックという卵＊から雛鳥が生まれることにたとえられる場合には、熱せられた浴槽における「石」の溶解は、鳥の羽毛が抜け落ちることとして表現される。アンドレーエの『化学の結婚』The Chymical Wedding のクリスティアン・ローゼンクロイツは、そのような鳥の入浴に参加する。「そこで私たちは大釜に蓋をかぶせ、鳥が蓋に開けた孔から首だけ突き出し、そのままにさせておくと、しまいに風呂の中で全身すっかり脱毛し、生まれたばかりの子供のように身体中つるつるになってきたが、風呂の熱はほかにさらなる傷ひとつ与えていなかった。驚いたことに、こうして風呂に入っているうちに鳥の羽毛はすっかり抜け落ちてしまっていたのである」(157)。これの変形が、リプリーに帰せられる『エンブレムの巻物』の中にあるが、そこでは、鳥が太陽の熱で汗をかきながら自身の羽毛を食べている（→図7）。このエンブレムに付されている詩のタイトルは、「ヘルメスの鳥がわが名前、自身を従順なるものとすべく、自らの翼を喰らう」である（→Bird of Hermes）。孔雀の羽毛ないしは孔雀の尾^{カウダ・パウォーニス}は、ニグレド＊という黒化の後に起こり、アルベド＊という白化の段階の到来を告げる、虹のような多色の段階に与えられた名称である。パラケルススは、「孔雀の尾がすっかり抜け落ち（中略）容器がその完成の段階に達するまで、たゆまず作業に励む必要がある」と述べている（PW, 86）。→bird

feeding　養育・育成　→cibation
ferment, fermentation　発酵体、発酵

　昇華＊の次の段階。「石」の魂は、この間の蒸発と蒸留＊の過程において肉体から上昇させられたり、下降させたりする。昇華の間に、肉体は霊（精気）的なものとされ、霊（精気）は肉体的なものとされる。そのすぐ後に続く発酵の段階で、魂と浄化された肉体は、完全なるティンクトラ＊あるいはエリクシルを生み出すために、コンイウンクティオ＊において化学的にまた永久に結合される。これはソル＊とルナ＊の化学の結婚である。サー・ジョージ・リプリーは、「しかし、私があなたに言っている真の発酵とは／魂の肉体との結合のことである」と言っている（TCB, 176）。錬金術師は、土あるいは肉体に発酵体つまり魂を蒔く工程を、パンをつくるためにパン種をパン生地（つまりペースト・ペースト状のもの＊）に加える過程、あ

● F

るいは畑に金の種子を蒔くことにたとえる場合が多い。『ラッパの音』は、「石」の肉体を活性化させる発酵体のことを哲学の金と称し、その肉体を白い土と呼んでいる。「金、すなわち魂、活性化させる力を白き土に蒔きなさい。その土は、前処理によって白く純粋なものとされ、あらゆる固体性を取り除かれている。自然の金は物質を発酵させる物質ではないが、哲学の金は活性作用を持つ発酵体そのものである」(*HM*, 1:35)。同様に、マイアーも「あなたの金を白い薄層からなる土に蒔きなさい」と言っている (*AF*, 81)。魂による白い薄層からなる土 * の発酵は、結果としてアレンビックの底に横たわる「石」の浄化された肉体の再活性化をもたらす。発酵体すなわち魂は形相に相当し、土すなわち肉体は新たなる形相を授けられる形相なき質料に等しい。

　ほとんどの哲学者によれば、第3の原理（原質）が魂と肉体の結合つまり化学の結婚には必要とされるが、その原理（原質）とは霊（精気）であり、これが他の場合なら相いれないはずの魂と肉体をしっかりと結びつける、あるいは接合するとされる（ただし、この第3の結合の原理（原質）は、肉体と霊（精気）を結合させる魂と呼ばれる場合もある）。『黄金論』*The Golden Tract* とエドワード・ケリーの『哲学者の石』*The Philosophers Stone* の両論は、「石」は、肉体（不完全な質料）、霊（永遠の水）、魂（不完全な肉体に生命力を与え、それをより美しい形相につくりかえる発酵体）で構成されていると主張している (*HM*, 1:15；ケリー『選ばれし者の2つの論』43)。使われる用語がどのようなものであろうと、発酵は、活力がなく形相を持たない質料に生命力と形相を吹き込むことになる。チョーサーの錬金術師の徒弟は、関連する錬金術の工程のリストに「われらのキトリニタス（黄化）／われらのセメンテイションと発酵」というように発酵をあげている（『錬金術師の徒弟の話』*Canon's Yeoman's Tale*, 814-15）。発酵体は、哲学の石ないしは幼児 * が誕生後に飼養 * として知られる段階の間に食べさせられる栄養物である。ライムンドゥス・ルルスは、「発酵体は幼児の〈オルトゥス〉すなわち誕生の後につくられる。そして、発酵体は、幼児が精髄に転換できるように調製する食べ物としての肉以外の何ものでもない」と言っている (*ZC*, 83)。アーサー・ディーも「そして、それは調製されれば、われらの幼児を養う最初の適切な食物となるだろうし、哲学者によって発酵体と呼ばれるものである」と述べている (*FC*, 125)。また、アイザック・ニュートンは『インデックス・ケミクス』でほかならぬこの過程に言及して「飼養は（中略）乳と食料、すなわち〈白い薄層からなる土〉と金の魂で石を養うことであり（中略）飼養、発酵、増殖は同じことである」（ケインズ手稿30, f.

131

23、ウェストフォール『インデックス』179）と言っている。

fifth element　第5元素

　（クウィンタ・エッセンティア＊やアゾート＊としても知られる）。4つの相いれない、対立する元素を1つの調和した完全なる単一体に調和させる生成物。金属ないし「石」の肉体の真の　精　髄。また、あらゆる月下の存在を破壊や腐敗から魔術のように守ることができる、腐敗しない、純粋な、世界の原初の物質。「石」の肉体がその魂から分離され、アレンビックの底で「死んだ」状態にある時、その肉体を浄化するのが錬金術師の仕事である。ゲラルドゥス・ドルネウスは、クウィンタ・エッセンティアは、肉体の浄化と調製に必要とされると述べている（*MC*, 487）。浄化された肉体つまりは　天　は、栄光化された肉体となるが、それは、最終的なコンインウンクティオ、すなわち作業における化学の結婚＊の段階において、既に合体されている魂と霊（精気）と結合することができる物質のことである。その作業の結果残されたドロス＊は、かす、沈殿物＊ないしは断罪された土として知られる。また、昇華を通して達成される、浄化された肉体は白い薄層からなる土＊（あるいは灰＊、雪＊、塵＊、ヘルメスの鳥＊、金属の第1質料）としても知られる。それはまた、卑金属を銀に変質させることができるクウィンタ・エッセンティアとも呼ばれるが、『ラッパの音』は「石」の肉体の昇華に関して次のように言っている。「それから、かすが投げ捨てられたら、繰り返しそのきわめて白い塵を、かすの無いその塵自体によって昇華させなさい。それは固定化され、全くかすを出さなくなるが、雪、つまりわれらのクウィンタ・エッセンティアと呼ばれるもののように、非常に純粋になって上昇していくようなるまで昇華させなさい。そうすれば、あなたは、錬金術師が銀をつくるために用いる（中略）染色し、凝固させ、浄化する魂を手に入れることになる」（*FC*, 78-9）。

　第5元素は、作業の究極の目標、哲学者の石と同一視される場合が多い。哲学者の石は、錬金術師がまず第1に4つの相反する元素、土、空気、火、水を結合し、1個の、統合され、調和した完全体にしない限り、創造されえない（→opus circulatorium）。ミューリウスは、第5元素を「元素すべての混合物であり、あらゆる元素を1個の純粋な物質へ還元したもの」であると言っている（*AE*, 8）。アイザック・ニュートンは『インデックス・ケミクス』で「クウィンタ・エッセンティアは霊（精気）的で、浸透・染色し、腐敗しないものであり、4元素が互いに結合し合った時にその4元素から新たに出現するものである」と述べている（ケインズ

132

● F

手稿 30, f. 70、ウェストフォール『インデックス』179）。この完全な物質あるいは
バルサム＊は変化や腐敗を超越した存在であると考えられ、奇跡的な治癒力と、不
純なものを純粋なものに、腐敗しやすいものを不滅のものに変質させる力を持つ万
能薬であると信じられた。ユングは、4 元素が結合されて第 5 元素になる過程が、
大樹のイメージで表現される場合が多いと述べている（*AS*, 332）。また、哲学者の
石の構成要素である 4 元素は、第 5 元素という大樹が生長するラディケースすなわ
ち根にたとえられる場合も多い。アンドルー・マーヴェルは、『アップルトン邸を
歌う』'Upon Appleton House' でそのイメージを使っている。「初めてこの森を見る
と森というよりも／あたかも 1 本の木に見える。まるで／古くから隣り合ってきた
ことがみなを一緒に／1 本の巨大な幹に形づくったかのようだ。／その巨大な存在
はあたかも／〈第 5 元素〉を主張するかのよう」（497-502）。このクウィンタ・エッ
センティアはまた、王冠を戴いた処女のイメージでも象徴される。リプリーは、彼
の錬金術的詩編『古歌』'Cantilena' 第 30 連で、「4 元素、すなわち優美に飾られた、
よく磨かれた武器を／神は人間に与えた。それらの真ん中に／王冠を戴いた処女が
いて／神秘の第 5 の円の中にいるように定められている」と言っている。この元素
としてのクウィンタ・エッセンティアである処女は、ミューリウスの『改革された
哲学』の 17 番目のエンブレム（第 1 集）の中に図解されている。フランソワ・ラ
ブレーの『パンタグリュエル』*Pantagruel* では、パンタグリュエルは、「クウィン
タ・エッセンティアの王国」に到着すると「女王クウィンタ・エッセンティア」に
会う（647）。また、パンタグリュエル一行に対して、安全にその王国に向けて航行
できるように助言するアンリ・コティラルは、パンタグリュエルの「お前はどこか
ら来たのだ。お前はどこに向かっているのだ。お前は何を運んでいるのだ。お前は
海の香りを味わわれたか」という質問に、「クウィンタ・エッセンティアから。（中
略）トゥーレーヌへ。錬金術を。尻までも。」と答える（644-5）。

filing　やすりでなめらかにすること　→limation
fire　火
　4 元素の 1 つであり、この元素が支配することは、神的愛を表現する能力をもた
らす。また、錬金作業における変質の過程の主要な媒介物。ミカエル・センディ
ヴォギウスによれば、「火はすべての元素のうちで最も純粋で価値があり、油のよ
うにあらゆる元素に付着し、腐食性に満ちており、浸透性があり、温浸し、浸食す
るものである。また、驚くほど粘着性があるとともに、外部では見えるが、内部で

は不可視である。そして、最も固定化されていて、熱く乾いており、空気で調和される」（『錬金術の新しい光』*New Light of Alchymie,* 99）。錬金術は火の術（アルス）として知られる。パラケルススは火を「術（アルス）の大いなる神秘（アルカヌム）」と称し、自然界の太陽にたとえている。「太陽が広大な宇宙を暖めるのとちょうど同じように、火は炉と容器を熱する」（*PW,* 74）。ニコラ・フラメルもまた、火を「太陽そのものの、穏やかで暖かくもある火に」たとえており、「賢者によってつくられたからではなく、自然によってつくられたので」自然の火と呼ばれるのであると説いている（*HM,* 1:145）。この秘密の火（火のような水にして水のような火）は、錬金術師の未精製の物質（「金」）の中に隠されており、外部からの物質的な火を適用することで活性化させられるようになる。ジョン・リリーの『ガラテア』*Gallathea* で錬金術師は、その外的の火に関して、「うむ、レイフ、この術（アルス）の成功は、ひとえに火の具合にかかっておる、というのは、もしも石炭が多すぎるか、火花が少なすぎると、つまり、ほんの少しでも熱すぎるか、ほんの心もちぬるすぎると、わしらの骨折りもみな水の泡になる」と言っている（3.3.13-16）。ポンタヌスによれば、内なる火は「神秘的な深い観想によってのみ見いだされるものであり、その上、それは書物を前にしてではなく、書物を離れて集められるものである」（*HE,* 244）。作業で用いられる火はただ1つしか存在しないが、この火には3つの側面があり、3つの火と呼ばれることもあるということで一般に意見が一致している。作業（オプス）の最初の工程には、容器の中の「石」の質料（素材）が黒くなり（ニグレド＊）、それから白くなる（アルベド＊）まで、一定で、穏やかで、暖かい、適度な火が必要とされる。白色が現れたら、「石」が完全に乾燥・煆焼されるまで、火の熱は増大させられる。そして、物質が完全に乾燥させられたら、火は、「石」が完全なルビーのような赤色に変質される（ルベド＊）まで、さらにもっと強く、さらにもっと激しくされる。アーサー・ディーは、アルテフィウスに倣って、3つの火を「自然な火、自然でない火、自然に抗する火であり、そういった火は哲学者の火である」としている（*FC,* 64）。アルテフィウスによれば、その3番目の火は「自然に抗する火と呼ばれるが、その理由は、それが水であり（中略）［それが］王と女王が沐浴する生ける水の泉であるからである」（*SB,* 35）（→bath, fountain）。つまり、この火は水銀の水、燃える水、手を濡らすことのない水、無理なく自然に金を溶解し、凝固させることができる魔術的な変質作用を持つ物質を意味する。フィラレテスは「おー、メルクリウスよ、汝、世界の驚異なるものよ（中略）これは、われらの水、われらの秘密の火である」と述べている（『錬金術の精髄』*Marrow,* 第3巻42）。また、ダルダリウスは「生ける

水銀は、火以上に肉体を燃やし、死なせ、分解する火である」と述べている（*FC*, 52）。剣、はさみ、ナイフ、矢といった武器は、哲学の火の溶解・融解作用を象徴するものである。ジョン・ドライデンは、『驚異の年』*Annus Mirabilis* でそのような「化学的な」火の変質させる力について言及している。「思うにこの化学の焔にたすけられて、／私は、既に町がより貴重なる鋳型よりなっている／つまり銀を舗道に敷きつめ、すべてが黄金で輝く、／インドの名を与えられている町のように豊かであるのを見る」（1169-72）。ギヨーム・デュ・バルタスは、人間自体の中にある錬金術の火の浄化力に関して「火よ、純粋なる、神への思いのリンベックの中で燃える火よ、／わが思いを浄化し、わが愚鈍な土塊を精錬したまえ」と言っている（427-8行目、『聖週』*Divine Weeks*, 1:323）。

firmament　天空・大空　→heaven
first matter　第 1 質料　→prima materia
fishes' eyes　魚の眼
　洗滌 * やアルベド * の段階に到達した時の「石」の質料（素材）の外観。錬金術師によっては、洗滌の段階において「石」の黒色化した土あるいは肉体を浄化したり、白色化している間や、それが終了した後に、容器の中に真珠ないしは魚の眼が現れると言う者もいる。これは、純粋なる意識の火花ないしは光が、暗い溶解状態の中に現れることを意味する。トリテミウスは「真の白色が現れる前に、ガラス容器の底のまわりのすべてが、東方の真珠のように、すなわち石の質料（素材）すべてが魚の眼のごとくきらきら光り輝くのを見ることになるだろう」と述べている（*ZC*, 80）。『賢者の水石』*The Sophic Hydrolith* によれば、「魚の眼のような粒状のもの」が、黒色化のニグレド * の後、白色化のアルベドの到来を告げる多色化の孔雀の尾 * の段階の前に現れる（*HM*, 1:83）。また、「石」の質料（素材）は、孔雀の尾が現れた後、既に白色化のアルベドの段階において白く、乾燥した状態になっている時に、魚の眼のように見える」と言う錬金術師もいる。ロジャー・ベイコンの『錬金術の鏡』は、物質の白色化に触れて「それが煮沸されて純粋で不純物がないものとなると（中略）魚の眼よう に輝く」と述べている（13）。ベンジャミン・ロックは、錬金術師に次のように助言している。腐敗した肉体を洗浄した後、「いくぶん火を強め、水が乾燥し、真珠ないしは魚の眼が現れるまでその火力を維持し、火を燃やし続けなさい。その後、そのまま火を燃やし続けていると、水が乾燥し、澄んだ輝く白い粉末になるだろう」。そして「その白い物質が魚の眼のような外観を

呈するのが見えたら、作業は第1段階を完了したことになる」(『錠前を開ける道具』ff. 2ov, 28v)。また、錬金術師は魚の眼(決して閉じることがない)を作業の達成に必要とされる持続的な注意力の象徴としても用いる。

fixation　固定化

「石」の揮発性の霊(精気)の凝固*ないしは凝結*。また、霊(精気)が火に耐え、飛び去らないように肉体へ転換すること。バセット・ジョーンズの『化学の石』'Lithochymicus' に寄せたジョン・ホールの賞賛の詩は、固定化がきわめて重要な錬金術師の成果の1つであることを示唆している。「自然の偉大なる司祭よ。あなたは、／無知なる状態では到達することができないので、／それに技を教えるというかの偉業を果たされた。／そして今、霊(精気)を固定化し、太陽を増殖させるべく前進する」(*AP,* 230)。錬金術のテキストのほとんどは、揮発性の霊(精気)の固定化は、「石」の固定化された肉体の揮発と同時かあるいはまさにその直後に起こると示唆している。ハリドは次のように述べている。「私たちは、どのようにして肉体を霊(精気)に変えることができ、さらにどうようにして霊(精気)を肉体に変えられるか、つまり、どのようにして固体化されたものが揮発性のものとされ、また揮発性のものが固定化されるかを教えた」(『秘密の書』*Booke of the Secrets,* 121)。固定化は、哲学者の石*の製造に用いることができるようにするために、揮発性のメルクリウス*を捕らえ、飼いならすことで象徴される場合が多い。アンドルー・マーヴェルは『忠誠なるスコットランド人』'The Loyall Scot' で、この化学的過程を直喩として使っている。「〔こいつらは〕メルクリウスを固定化させる化学者に、／必要なことで、どうでもいいことを変成させようとする」(208-9)。ジョン・コロップは、このイメージを『ユージニアに寄せて、子供じみた無謀さの弁護』'To Eugenia, a defence of juvenile wildnesse' でふざけた調子で使っている。「化学者は言う、メルクリウスを固定する者が金をつくることができると／ユージニアよ、私を固定してくれ。メルクリウスなる私を捕まえておけば、あなたは富むことになるのだから」(39-40)。釘で打ちつけること、拘束すること、縛りつけること、凝固させることは、固定化と同義である。

→congelation, solve et coagula, bind, Bird of Hermes, volatile

flood　洪水

水が支配的要素となっているニグレド*という黒色化の段階における溶解と腐敗の象徴。ミューリウスは次のように述べている。「そして、この黒色化は腐敗の作

● F

用がはじまり、その兆候が現れはじめたことを表し、（中略）肉体が溶解していることの証拠である。（中略）そして、ノアの物語に〈水が地を圧倒し、地を支配する〉とあるように、156 日間、白色化の時が訪れるまで、肉体は黒色に覆われる」（*AE*, 53）。サー・ジョージ・リプリーも同様に、物質は「100 と／50 日続いた、地に対する／ノアの洪水による水の段階を通過」しなければならないと言っている（*TCB*, 151）。この段階における錬金術の容器は、洪水に浮かぶ、生成つまり新しき生命の容器となる箱舟＊によって象徴される場合がある。洪水に浮かぶ錬金術の容器としての箱舟は、ホーセン・ファン・フレースウェイクの『黄金の獅子』*De Goude Leeuw*（1675）のエンブレム 2 に図解されている。洪水のテーマの変形としては、『黄金論』*The Golden Tract* が、容器という「牢獄」の中に夫と共にヘルメスの卦印で密閉され、夫が過度の高熱で溶かされていくのを見て、とめどなく流れ出る涙に溶解していく花嫁のことを次のように述べている。「彼女は彼のために涙した。つまりいわばあふれる涙で彼を覆ったのである。彼がすっかり洪水に没し、視界から隠れてしまうまで」（*HM*, 1: 47）。作業のこの段階では、冷たく、湿った女性的要素が一連の進行を支配すると言われる。溶解させる黒い水（水銀）は、あらゆる生ける被造物を溺死させる恐れがあるが、それでもその絶望的状態において、そういった致死的な水は奇跡的に生命の水へと変質され、アレンビックの底にある「石」の黒化された肉体を洗浄し復活させ、生き返らせる（→ablution）。ノアの洪水の終わりに送られる契約の証としての虹は、錬金術においては、ニグレド＊の後に起こり、アルベド＊に先行する多色化の段階、孔雀の尾＊の段階を象徴する。洪水の水が完全に乾くことは、土すなわち肉体がニグレドと孔雀の尾の段階を経て、アルベドの白い薄層からなる土＊に変質され、化学の結婚において、金の「種子」、すなわち前もって分離されている魂と霊（精気）を再び自らに向かい入れる準備が整っている段階を表す。

flowers　花

　昇華＊によって獲得される粉末状の物質の形相。バセット・ジョーンズは、昇華の間に容器の最上部に上昇する「花すなわち微細な小片となった肉体」に言及している（*AP*, 354）。アルテフィウスは、達人に「多くの熱を加えすぎると、あなたはフローレス・アウリ、すなわち黄金の花を燃やしてしまうだろう」と警告している（*SB*, 34）。聖ダンスタンは、彼のおこなった実験の 1 つで次のように言っている。「全体に 3 度アンチモンを投じたハンガリー金貨を、主の御名の下に取り出し、それを望む

137

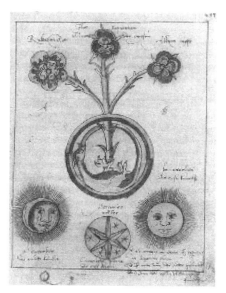

図 15　錬金術の花。『錬金術写本』'Alchimistiche Manuskript'(1550) バーゼル大学図書館 M LIV 1 より。

量だけ薄い板状にし、生けるメルクリウスでアマルガムをつくりなさい。それからそれを硫黄の花とともにきわめて精妙に煆焼しなさい」(*DSP,* 89-90)。マイケル・ドレイトンは『ポリ＝オルビオン』*Poly-Olbion* で、金属の昇華作業をおこなう錬金術師の役割を務めるダービーシャー州ピークディストリクトの山に関して次のように言っている。「というのも、彼女〔その山〕は化学者(キミスト)で、自然の秘密を知っており／鉛の中からアンチモンを抽出し、／そこで結晶を凝結させたからである（彼女が花の形にしたものを用いて）」(『全集』*Works,* 4:531, 386-8)。花はまた、哲学者の石＊の象徴でもある。「石」の質料（素材）は木本ないし草本にたとえられる場合が多いが、その理由は、それが成長する有機物だからである（→philosophical tree）。作業が最も完全な完成段階に達した時に容器の底に現れる美しい色は、「石」という植物から咲く花として表現される。サー・ジョージ・リプリーはそういった花に関して次のように述べている。「また水も土と同じ割合になっていて、熱がしっかりと調整されていれば、白くまた赤い新しい蕾が現れるだろう」(*FC,* 44) (→green, red, white)。「花」は、物質の本質的な部分をなすもの、最も完全な完成段階に達したものを意味する（図15）。パラケルススは、「従って、石の質料（素材）は、それが花を生成する際にきわめて美しい色を現す」と述べている（『哲学者の曙』*Aurora,* 18)。『ゾロアスター

の洞窟』は、作業（オプス）は「白く淡黄で、炎のように赤い花々」を咲かせると言っている (74)（→colours）。知恵の花は白ないし赤の段階における完全なるエリクシルを表す。アルベド＊の段階で達成される白い石＊ないしエリクシルは白い薔薇＊あるいは百合で、ルベド＊の赤い石ないしエリクシルは赤い薔薇＊で象徴される。黄金の花は、キトリニタス、すなわちアルベドとルベドの段階の間に起こる黄色化を意味する。黄金の花はまた、哲学者の石それ自体や、作業（オプス）が成就した時に達成される知恵を象徴する場合がある。ウィリアム・ブルームフィールドは、自身の錬金術の論文を『ブルームフィールドの花々、あるいは哲学の仲間たち』 Bloomefield's Blossoms: or, The Campe of Philosophy と題している（TCB, 305-23）。

foes　敵　→peace and strife

forest　森　→unicorn

form and matter　形相と質料　→argent vive, chemical wedding, harvest, prima materia

fort, fortified city　砦、要塞都市

　錬金術の容器の名称の1つ。バシリウス・ヴァレンティヌスは、『12の鍵による実践』 Practica with Twelve Keys の第7の鍵で攻囲や砦のメタファーを用いている。「もし、あなたがわれわれの仕事を正しくおこなうつもりがあるならば、霊（精気）的な水を手に取り、（中略）それを密閉された部屋に保存しなさい。というのも、天の国は地上の敵によって包囲されようとしているからである。従って、あなたは、3つの通行不能で、しっかりと防護された城壁で、その国の守りをしっかりと固め、1つの入り口がしっかりと防護されているようにしなさい」（HM, 1: 339）。容器は、外界のいかなる影響の浸入も許さず、また内容物が自ら逃げ出す危険性もないように、内容物がしっかりと防護され、密閉された状態にしておく防御物として機能する。霊的に言えば、攻囲とは、より低次元の現世的自我の欲望や要求に背を向け、最も内奥の自我の洞窟ないし城における観想へと至ることを表す。→castle

forty days　40日

　哲学上のすなわち錬金術上のひと月の期間。容器の中の「石」の質料（素材）が腐敗＊し、黒色化し、懐胎する段階を象徴する。そういった段階は、ノアの洪水、従って、箱舟が洪水の水に浮かんでいる期間にたとえられる場合が多い（→ark, flood）。アーサー・ディーは、「石」の肉体に関して『哲学者の群』

を引用し「それから、40日間、それが腐敗し、腐敗の色が灰とともに現れるまで、ずっと火にかけておきなさい」(*FC,* 104) と言っている。同様に、『ゾロアストロの洞窟』も「物質が40日の間、穏やかな熱にかけられていると、哲学者の鴉（カブト・コルウィ）の頭と呼ばれるピッチのような黒色が表面に現れ始めるだろう」としている (80)。また、数40には聖書的な意味がある（イエスは40日の間荒れ野で誘惑され、イスラエルの民は40年荒れ野を彷徨った）。錬金術においては、40日という期間は、おおよその期間とも言えないほど、きっちりとしたものではない。上述した過程と同じ工程を表している別のメタファーとしては、王＊（ソル）が黒いシャツ（腐敗の象徴）を着て、溶解と浄化の風呂＊（蒸し風呂の場合もある）に42日間入るというものがある。

foster-parent　里親　→orphan

fountain　泉

　魔術的な変質作用を持つ物質、水銀の水＊、すなわち永遠の水（アクア・ペルマネンス）。水銀の泉から、他のすべての金属は生成されると言われる。『知の喜ばしき泉』'The Pleasant Founteine of Knowledge' で、ジャン・ドゥ・ラ・フォンテーヌは、「この水銀は金属であるが／物質にして原理（原質）であり」、しかも「それら［金属］は、その水銀の泉によって生まれ／それから土がそれらを地のより深いところで引き取って育てる」と述べている (*AP,* 94, 89)。また、水銀の水は、「石」の金属ないし質料（素材）を殺し、溶解してプリマ・マテリアとする毒＊であると同時に、アレンビックの底にある黒色化した物質を洗浄し、復活させ、生命を与える露＊ないしは雨でもある。『賢者の水石』*The Sophic Hydrolith* は、この水に関して「水銀の水（また（中略）決して涸れることのない泉、あるいは生命の水とも呼ばれるが、最も有害な毒を含んでいる）」と言っている (*HM,* 1:84)。また、アルテフィウスは、この水を「王と女王が沐浴する王の泉」と呼んでいる (*SB,* 15)。王と女王（男性の硫黄と女性の生ける銀）の沐浴は、両者の死後だけでなく最初の結合の前にもおこなわれることになるが、そうすることによって、両者は化学の結婚＊において復活されることになる。泉は、「石」の未精製の質料（素材）としての王＊が、その黒さを浄化されるために浸かる風呂あるいは湧き水と同義である。ベルナール・トレヴィザンの『哲学の石の実践』'The Practise of the Philosophick Stone' では、水銀の水は、「澄んだ水の（中略）泉」、「湧き水」、「風呂」と呼ばれている (39-40, 46, 61, 84, 62, 91 行目、*AP,* 450-1)。

●　F

four elements　4元素　→elements

fragrance　芳香

　アルベド＊において純粋なるクウィンタ・エッセンティア＊が達成された合図。甘い芳香の発生は、よみがえった生命のしるしであり、水銀の水（あるいは「海」）によって「石」の質料（素材）が洗浄され、完全に浄化されて、棺の悪臭を放つ腐敗から白色の段階における復活へと至らしめられていることを示す。ノートンの『錬金術式目』は、アルベドに関して「悪臭を放つものよりも、あらゆる甘き香りのするものはすべて、純粋性を持っており、霊（精気）的である」と言っている（*TCB*, 69）（→smell）。コルソンの『成熟した哲学』*Philosophia maturata* は、「石」が白色化された時、「高貴なものとされた哲学者の石の質料（素材）は、えも言われぬ芳香にあふれ、癩やその他の重い病を治癒する力を持つ」（12）と述べている。シェイクスピアの『ペリクリーズ』*Pericles* では、医者のセリモンが、見たところ死んだような女王タイーサが復活する前に横たわっている、海によって洗浄された棺について、「私の感覚ではこれはきわめて甘い香りがする」と言うと、「2番目の紳士」が「快い芳香だ」と答える（3.2.60-1）。→smell

frog　蛙　→toad

fruit　果実

　溶解・凝固されて哲学者の石＊になる前の貴重な未精製の金あるいは材料。金がそこから成長したと考えられた金の種子＊。金がプリマ・マテリア＊から成熟して哲学者の石になる時の変質作用を持つ秘密の物質。アイザック・ニュートンは、『闇の中よりおのずから発する光』*La Lumière sortant par soy même des ténèbres* の英語による要約の中で次のように言っている。「従って、一般の卑俗な金も非常に完全で、温浸されたそれ自身の種子を持っているけれども、木から摘み取られた、完熟した果実のようなものである」（*Janus*, 283）。

　変質作用を持つ秘密の物質であるメルクリウス＊の成長は、無限に枝を生やす樹の成長にたとえられる場合が多い。哲学者の石の成熟は、「石」の赤と白のティンクトラである太陽（金）と月（銀）の果実がなる哲学の樹の姿で表される。ニコラ・フラメルは賢者の庭の樹に関して次のように述べている。「そこでは、われらの樹は、きわめて貴重な露で水を撒かれ、そこになる果実は膨らみ、熟し、日々大きくなっていく。（中略）さて、この滴の意味をよく知りたければ、水銀を手に取り、ア

141

レンビックの中で穏やかな火にかけ、日夜暖めなければならない」（*HM*, 1:145）。また、ミカエル・センディヴォギウスの『哲学の謎』'The Philosophicall Aenigma' で、サトゥルヌスは「祝されるべき太陽の果実」を、水が 10 分の 1 入っている容器に投じ、溶解する。そして、彼は、語り手に、その果実はそのままでも超自然的な驚くべきものであるが、水銀の水の中で腐敗させられ、哲学者の石に変質されるまでは、十全なる力を与えられているわけではないと説明している。「この水、この中でのみ、私たちは／樹の生産物を腐敗させることができる／その果実はそのままでも素晴らしいものではあるが、／もしここでそれが腐敗すれば、それは生むことになる／火の中に生きるサラマンダーを」（218-45）。また、彼は、この果実は「甘味で生きているものであるが、実は 1 人しか／この果実（今のままの）では育てることができないが、／この水の中で再び未成熟な状態にされれば、それは石を増大させるだろう／ 1000 人以上を育て、もてなすのに十分なほど」（252-7）。ミヒャエル・マイアーの『黄金の卓の象徴』*Symbola aureae mensae* の中のミカエル・センディヴォギウスを賛美するエンブレムは、サトゥルヌスが、太陽と月の果実がなる哲学の樹に水を撒いているところを描いている（ストルキウスの『化学の園』*Viridarium chimicum* 164）。黄金の果実は、ヘスペリデスの庭の林檎にたとえられる場合もあるが、その庭は竜によって守られている。アルテフィウスは、「すべての善良で賢明な人たちは、幸いにもわれらの哲学の樹から、あの素晴らしきヘスペリデスの林檎を摘み取ることになる」と言っている（*SB*, 31）。また、センディヴォギウスは、黄金の林檎を「太陽の林檎」と呼んでいる（*AP*, 502）。心理学的に言えば、樹の成長と果実の出現は、魂の自覚と意識の増大や、日々の生活でその知識を実践することを象徴する。

fugitive　逃走者　→cervus fugitivus
fume　蒸気　→green lion
furnace　炉

アレンビックを暖めるために入れておくかまどやアタノール＊。炉は、そこで燃えている秘密の火＊の浄化力と同一視される場合が多い。炉の火を受けることで、金属（あるいは人間の魂）は、苦難と死（モルティフィカティオ）を経験するが、それと同時に、不純物と腐敗を取り除かれる。ゾシモスによる『炉と器具に関して』*On Furnaces and Apparatus* と題された、炉に関する最初期の論文の 1 つは、マリア・プロフェティサ（3 世紀）によって書かれたものと考えられていた。炉に関するそ

● F

の後の影響力のある論文『炉の書』*Lber fornacum* は、ゲベル（偽ジャビル・イブン・ハイヤーン）に帰せられている。ロジャー・ベイコンは、炉をつくるにあたり、錬金術師は、山腹内部の不断の熱によって金属を生み出す自然を指針としなければならないと助言している。「それ故、もしわれわれも自然を手本としようと思うならば、火がつけられ燃え上がっても、全く出て行く排気口がなく、石の質料（素材）の入っている密閉された容器に、熱が打ちつけるように、大きさの点ではなく、持続して熱を与えるという点で山に類似した炉をどうしても持たなければない」（『鏡』11-12）。『賢者の水石』*The Sophic Hydrolith* は、卑属で地上的な人間が真の照明された哲学者になるために通り抜けなければないる形而上学的炉に関して次のように述べている。謙虚で、再生した人間は「古きアダムが死に、義と真の聖性において、神にならって創造された新しき人間がよみがって現れるまで、神によって苦痛の炉の中に置かれ、（ヘルメスの化合物のように）苦難の火で浄化される」（*HM,* 1:110）。フィリップ・シドニーはソネット連作『アストロフィルとステラ』*Astrophil and Stella* の最後のソネットで、錬金術の苦難の炉に言及している。「悲しみが、私自身の恋の炎の力を用い／その鉛を溶かし、たぎり立つ私の胸に流れ込む時／あの暗い炉をとおり、うちひしがれた私の心に／私の唯一の光明であるあなたからの喜びが輝く」（『詩選集』*Selected Poems,* 188）。→athanor, castle

143

● G

games　遊戯　→ludus puerorum

gander　鵞鳥の雄

　錬金作業（オプス・アルキミクム）の白色の段階におけるヘルメスの鳥＊（メルクリウス＊）の呼称。ア
ルテフィウスは、腐敗＊の段階における灰＊について次のように述べている。「こ
の段階で生じるこういった灰は、哲学者たちが非常に頻繁に言及しているものであ
り、容器の下層部に残ったもので、われわれが過小評価ないし軽蔑すべきものでは
ない。その中には王冠、つまり黒く不純な状態にある生ける銀があるのであり、そ
れは、白色のものとなって上部へと上昇させられるまで、われらの水の中で間断な
く温浸することで、その黒色を浄化されるべきものなので、鵞鳥の雄、すなわちヘ
ルメスの鳥と呼ばれる」（*SB*, 52）。→goose

garden　庭

　錬金術師の秘密の容器。ルランドゥスは『錬金術辞典』で「哲学者たちの庭と
は、大作業（マグヌム・オプス）をおこなうための物質をいれる容器である」（364）と言っている。庭
は、その中で錬金術の植物あるいは樹＊が成長・開花し、実を結ぶ（→flowers,
fruit）ことになる母体（子宮）である。樹は作業過程の象徴であり、果実は作業
の目標すなわち哲学者の石＊を表象する。ニコラ・フラメルは、『賢者の術摘要』
Philosophical Summary で「賢者の庭」に関して「われらの樹がきわめて貴重な露で
水を撒かれる」（*HM*, 1:145) 場所であると述べている。露＊とは、幼児の「石」を育
てる水銀の水である。『黄金論』*The Golden Tract* は、この過程を「美しき薔薇の生
い茂る、薔薇の生け垣に囲まれた（中略）小さな四角い庭」に「小雨」が降ること
と表現している（*HM*, 1:45）。薔薇園は、錬金術の最も広く知られたエンブレムの1
つであり、ウィラノヴァのアルナルドゥスに帰せられる、1550 年初版の有名な錬金
術の論文『哲学者の薔薇園』のタイトルともなっている。薔薇園は一般にエリクシ
ルすなわち「石」の赤と白の花々が咲く、囲われた庭として描かれる。心理学的に
は、この庭の薔薇の開花は、知恵すなわち隠された秘密の知識に到達したことを象
徴する。「知恵の薔薇園」は、マイアーの『逃げるアタランテ』のエンブレム 27 や、

●G

フラメルの『象形寓意図の書』所収の、『ユダヤ人アブラハムの書』から転写した3番目の寓意図（12）に表現されている。

Geber's cooks　ゲベルの調理人

　金をつくるために、通常の化学物質を用いて実験室で作業し、哲学的、思弁的錬金術師から見下されていた錬金術師や、偽のあるいは無知な錬金術師の呼称。ゲベルは13世紀末に流布しはじめた錬金術の論文の著者の1人であり、現在ではジャービル・イブン・ハイヤーン（8世紀のアラビア人）と結びつけられているが、その著述は中世の錬金術師にとって最も重要な典拠の1つであった。ルネッサンスに入ると、ゲベルの著述に対する反発が起こり、その結果ただ実験室内で実験のみを繰り返す者はゲベルの調理人呼ばれるようになった。トマス・ヴォーンは、そういった者たちのことを「化学者だと自称するが、実際はまったく哲学者でも何でもない、焼いたり揚げたりする輩」と言っている (VW(R), 313)。ジョージ・リプリーは、『錬金術の化合物』の最終章で、最初自分が作業をはじめたころ、尿、卵、髪の毛、血液といったようなものを使って、誤った実験をおこなっていたと言明している。「そのように私はゲベルの調理人の1人として焼いたり、煮たりしていた」(TCB, 191)。また、リプリーはゲベルの調理人を次のように描写している。「彼らの服装は猥らで使い古して擦り切れており／人々は彼らがどこへ行こうとも増殖剤の臭いで彼らがわかる／自分の指を腐食物で汚すことに躊躇しもせず／彼らの目はかすんでおり、彼らの頬はこけているだけでなく青灰色である／要するになぜかと言えば（私はわかったのだが）彼らは喪失と苦悩にさいなまれているわけだ／彼らが自分の財布のうちにあるものを失うということにでもなれば／その場合には彼らは哲学者を咎め、激しく呪う」(TCB, 153)。

generation, generation of metals　生成，金属の生成

　地殻内における金属の生成あるいは産出。また、実験室における哲学者の石 * の孵化と誕生。金属は、地に浸透する日光の穏やかで適度な熱に暖められて、大樹のように地中で成長すると考えられた。あらゆる金属が哲学の「生ける銀」と「硫黄」として知られる2つの精妙な原理（原質）によって生み出されると考えられた。金は完全に調和した割合の純粋な「生ける銀」と「硫黄」からつくられた完全な金属であるとみなされた。ロジャー・ベイコンは次のように述べている。「自然本性としての原理（原質）と鉱物の生成について余すところなく説明しようと思う。まず

145

第1に銘記されるべきは、鉱床中の金属の自然本性としての原理（原質）は〈生ける銀〉と〈硫黄〉であるということである。金属と鉱物は、その種類は様々で多いが、すべてこの2つのものから生み出される。しかし、私は，自然は常に金の完全性を目的とし、それを得ようと努めるものの，多くの哲学者の書に明言されているように、その間に生じる多く偶然が金属を変成させてしまうと言わねばならない。というのも、先の2つの原理(原質)、すなわち「生ける銀」と「硫黄」が純粋であるか不純であるかの度合いに応じて純粋な金属と不純な金属、つまり金、銀、鋼、鉛、銅、鉄が生み出されるからである」（『鏡』4）。（→prima materia）。

　哲学者の石を実験室でつくり出す過程は金の生成として知られており、子供＊の誕生、あるいは卵＊から雛が孵ることにたとえられる場合もある。化学の結婚＊において金属の男性の種子と女性の種子（すなわち哲学的硫黄と生ける銀）が結合した後、その結合された種子の対は殺され、その肉体は、生命の種子あるいは生命の力（魂と呼ばれたり、霊（精気）と呼ばれたりする場合もある）が解放される間、アレンビックの底で腐敗した状態にある。錬金術の理論では，まず生命の種子を解放するために肉体の死と腐敗が起きなければ、生成は生じないと言われていた。アイザック・ニュートンの英語による『闇の中よりおのずから発する光』 *La Lumière sortant par soy même des ténèbres* の要約によれば、「しかし、この種子は腐敗し，黒くならない限り、何の役にも立たない。というのも、腐敗は常に生成に先立つものであり、白くする前に黒くしなければならいからだ」（*Janus,* 281）。肉体の死後、下にある黒化したその肉体が洗浄され，それに含まれる不純物が取り除かれるとともに、その種子あるいは魂が錬金容器の最上部へ飛翔してゆく。アルベド＊の段階において，物質は完全に白く純粋なものとなり、魂（あるいは既に結合されている魂と霊（精気））との再合一の準備が整う（→chemical wedding）。たいてい、ソル＊とルナ＊の結婚という形で描かれる、この肉体と魂との再合一において、第3の原理（原質）すなわち哲学者の石が生まれる。以上の過程が全体として生成と称されるものである。この生成と関連する色が緑＊、すなわち豊饒性、新しき生命、成長を表す色である。この生成の段階にある時，錬金容器は「ワス・ナトゥーラエ」（自然の容器）あるいは「自然の子宮」（ヴォーン、*VW(R),* 474）と呼ばれる場合がある。金属の生成　→prima materia

glass　ガラス容器

　錬金容器。リプリーは「1つのガラス容器の中で，この作業全体がおこわれなければならない」（*TCB,* 138）と言っている。錬金術における対立対、すなわち哲学の

● G

硫黄＊（男性的で，熱く，能動的）と生ける銀（女性的で、冷たく、受動的）は、哲学者の石を生み出すために化学の結婚＊において結合させられなければならない。その対がまず結合されると、腐敗＊させるためにガラス容器の中に閉じこめられる。フィラレテスは、錬金術師の仕事に関して「それ故，錬金術師はその２つのものを結婚させ、ガラス容器に閉じこめ，火にかけたのである」（『明かされた秘密』*Secrets Reveal'd*, 30）と述べている。サー・ウィリアム・ダヴナントは、『哲学者に対するキリスト教徒の反駁』'The Christians Reply to the Philosopher' で錬金術師の容器をガラス容器と称している。「全能なる天が、（死にゆく花々は／蒸留器で融かされ、そこでさらにその溶解物が混合されて、／天には遠く及ばない化学者のガラス容器の中で別個のものとしてよみがえらせるのだから）／人間がリンベックの中でおこなうよりも、墓の中でもっと多くをなしえないなどいうことがあろうか」（4-8）。ガラス容器はガラスの牢獄あるいはガラスの家とも呼ばれる。アルテフィウスは、物質を「しっかりと戸締まりをし、セメントで塞いである、ガラスの家の中に」(*SB*, 39) 閉じこめるように言っている。実験室で実験をおこなっている最中にガラスの錬金容器が爆発することは、錬金術師の実践報告で頻繁に取り上げられる話題である。『ヘイスティングズ卿の死に寄せて』'Upon the Death of the Lord Hastings' で、アンドルー・マーヴェルは、パラケルスス派の医師サー・テオドール・テュルケ・ドゥ・マイエルヌを実験に失敗し、錬金容器を壊してしまった錬金術師にたとえている。「またマイエルヌは／金という収穫物を獲得する心づもりは万端であったものの／ガラス容器が爆発するのを目の当たりにしている、どこかの悲嘆にくれる錬金術師のようである」（48-50）。広く知られている爆発の場面としては、ベン・ジョンソンの『錬金術師』の中でパロディー化されているものがある。フェイスは，今にも哲学者の石が生み出されるかと待っているマモンに次のように報告する。「実験はすべてが煙となって消えました。／どのガラス容器も爆発してしまい、／炉や、すべてが破裂してしまいました。あたかも雷の／電光が家を通り抜けたかのようです。／レトルト、受器、ペリカン、ボルト・ヘッド、／すべてが爆発して粉々になってしまいました」(4.5.57-62)。「石」の純化された質料（素材）が「ガラス」に変質されることは →vitrification

glass house　ガラスの家　→glass, house

glue　膠

結合の媒介物。男性のソル＊（太陽）と女性のルナ＊（月）の化学の結婚＊という形で描かれる、対立する特性や状態の合一は，第３の結合させる物質によって生じ

ると言われる。この媒介物は、メルクリウス＊と呼ばれるものであり、結合の絆として、セメント＊、紐、樹脂＊、膠＊、宇宙霊や世界霊魂など様々な名称で表現される。メルクリウスは天と地の間の媒介者あるいは使者としての働きをする。つまり、メルクリウスは、「石」の質料（素材）の分割された肉体と霊（精気）を結合させる仲介者としての魂の役割を果たす。ハプペリウスの『バシリアヌスの箴言』*Aphorismi basiliani* は、メルクリウスを「膠のように世界を1つに結びつけ、肉体と魂の中間に位置する、生命を与える力」(*AS*, 213-14) であると述べている。錬金術のテキストによっては、メルクリウスを「魂」ではなく、媒介する「霊」（精気）と呼んでいるものもある（たとえば→*FC*, 111）。男性的なものと女性的なものとの結合に必要である水銀の膠は、精子的物質あるいは種子としても知られるが、それはその膠には金属の種子すなわち硫黄と生ける銀が含まれているからである。トマス・ヴォーンはこの膠を「大宇宙の真の精子」であるとか、「この祝福されるべきセメントまたはバルサム」と呼んでいる (*VW(W)*, 250, 230)。アンドルー・マーヴェルの『内気な恋人に』'To his Coy Mistress' では、「朝露のような膠」が恋人たちの男女の結合の準備を整え，恋人の肌に輝いているとされる。「さあ　だから、若々しい色香が／朝露のような膠のごとくあなたの肌に輝いている間に／あなたのいそいそとした魂が／すべての毛穴から切なる炎を吹き出している間に／さあ、できるうちに愉しもう」(33-37 行目、テキストは『雑歌集』*Misc, Poems* に拠る)。

gluten　膠質　→eagle
gold and silver　金と銀

　もっとも貴重な2つの金属。ロジャー・ベイコンは、金と銀について次のように言っている。「金は、純粋で、固定化していて、輝く赤い〈生ける銀〉と、清浄で固定化していて、赤い不燃性の〈硫黄〉から産み出される完全なる肉体〔物質〕であり、全く何も欠けるところがない」。一方「銀は、純粋で、ほとんど固定化していて輝く白い〈生ける銀〉と、それと同様の〈硫黄〉から産み出される、清浄で純粋にして、ほとんど完全な肉体〔物質〕である。それには、若干の固定性、色、重さを除いて、何も欠けるところがない」(『鏡』4, 5)。ゲベルも、金は最も精妙で、固定化している輝く水銀と、完全に清浄で、固定化している赤い硫黄との結合からつくられ、銀は水銀と白い硫黄との結合からつくられると述べている（ゲベル『大全』*Summa,* 471）(→prima materia)。錬金術師は、魔術的な哲学者の石＊によって、卑金属を貴金属の金と銀に変成することができると主張することで知られる。

148

● G

この変質の観念の根拠は、あらゆる金属は同じ基本的物質からつくられ、巨大な樹や植物のように地表の内部で成長するという理論にある。鉛、鉄、銅のような金属は不完全であるが、金に成長する潜在力を持っているとされ、適切な条件と十分な時間を与えられれば、そういった金属は金に成長ないしは成熟することができると考えられた。「ところで、金属の完全化、つまり金属に関して自然が最終的に意図しているところは金である。というのも、すべての金属は、自然がどうにかして究極の完全性へと向かうようにさせようとしていることを示している、つまり、いかなる金属も、金ないしは銀の穀粒〔＝種子〕がひと粒も含まれていないほど卑俗なものではないからである」（*HM*, 1:17）。同じこの観念を、ベン・ジョンソンの『錬金術師』でサトルは、「潜在的に」卵は鶏であるというサリーの主張に答える際に述べている。「同じことが鉛やほかの金属にも言えるのだ／つまりいずれも時がくれば金になる。（中略）自然はまず不完全なるものを生み、それから／順を追って完全なるものにいたるのだから」（2.3.135-6, 158-9）。

　金は、火の試練を耐えることができる、未成熟な状態にある完全な金属とみなされる。しかし、錬金術師が金について語る際、常にその金属としての意味を問題としているわけではない。小宇宙と大宇宙の照応の原理において、金は金属として太陽に対応するものであり、地に埋められた太陽のイメージを表す。逆に、太陽は、肉体的次元では心臓（小宇宙としての人間の「太陽」）の中に存在する永遠なる霊に相当する。ニケーズ・ル・フェーヴルは次のように言っている。「化学者」は金に「太陽」という名前を与える。「その理由は、彼らが、金は大宇宙の惑星としての太陽と完全なる照応・調和関係にあると考えているからだけではなく、金が人間の心臓という小宇宙の太陽と感応し合う密接な結びつきを持っているからである」（『論考』*Discourse*, 58）。ミヒャエル・マイアーの『真面目な遊戯』*Lusus Serius* は、金を永遠なる霊の「影」と呼んでいる。「金は、それ自体腐食・腐敗するものでなく、天上において享受することになるかの永遠なるもの地上における象徴、しるし、影と考えられる」と述べている（122）。錬金術師が火の試練を永遠に耐えることができる物質に関して語る際、彼らは霊（精気）の究極的な固定化、すなわち完全なものとされた人間における神的霊の具現化に言及している。『医師の宗教』*Religio Medici* で、サー・トマス・ブラウンは、不朽不滅の物質（肉体）を「私が感嘆してやまない太陽と天上との属性を備えており」、そして「火の猛威に晒された」としても「熱くなり溶けてしまうばかりで、決して消滅することがない」ところの「金という神秘的な金属」にたとえている（48）。

149

真の変成とは、現世的人間が霊的洞察力を与えられた人間に変わることであり、変成した人間の浄化された月（銀）としての魂と肉体には神的霊という金が完全に反映されているのである。

　金はまた、錬金術師の原材料、すなわち、そこからあらゆる金属が創造されたと考えられる原初の質料、プリマ・マテリア＊の名称でもある。哲学者の石は、哲学のあるいは「緑の」金として知られる生ける金から生み出されたのであり、生成力のない、死んでいる金属としての金からではない。「石」は、熱く、乾燥した男性の原理（原質）である硫黄あるいは「われらの金」と、冷たく、湿っている女性の原理（原質）である生ける銀あるいは「われらの銀」、つまりプリマ・マテリアに含まれている金属の男性と女性の種子を結合することによって宿される。その2つの種子から、哲学者の石、要するに金と銀が成長させられることになる。パラケルススの『錬金術小問答集』*A Short Catechism of Alchemy* では、「哲学者は、彼らの金と銀をどう理解しているのか」という質問に対して、「哲学者は、彼らの硫黄に対して金という名称を、彼らの水銀に対して銀という名称を用いる」と答えている（*PW,* 302）。これは、哲学者の石の二重の構成要素、つまり太陽と月が変換されて赤と白のティンクトラに成長する哲学の金と銀である。ソルは、「石」の誕生に必要な、3度目の重要なコンイウンクティオすなわち化学の結婚＊において、ルナとして知られる白い薄層からなる土＊に蒔かれる発酵体＊に与えられる名称である。この結婚は、太陽と月、金と銀、王＊と女王＊の結婚であり、赤い石は王（ソル）、白い石は女王（ルナ）として擬人化される場合が多い。

　哲学者の石自体が「金」と呼ばれる場合もあるが、エリクシルは、アウルム・ポータービレ＊すなわち飲用金で象徴される場合がある。ジョン・ミルトンは、『楽園の喪失』で、「大化学者」の太陽の王国について「太陽表面の山野が純粋なエリクシルを産み／川が飲用金を流すとしても／なんの不思議があるだろうか」と言っている（3.606-9）。ロバート・ヘリックは、『ペンブルック伯にしてモンゴメリー伯フィリップ閣下に寄せて』‘To the right honourable, *Philip*, Earl of Pembroke, and Montgomerie’ で、完全なる詩の観念を表現するために変成のメタファーを使用する際、aurum（金）と laurels（月桂樹）の語を組み合わせた言葉遊び（つまり *laurea*te「桂冠を授ける」には aurea「金の」が含まれている）を用いている。「あなたは（中略）われらの詩を抱き（尊敬されるべき方よ）、それから／紙片を金色に染め、ペンに桂冠を授ける。／あなたは詩人たちに冷めた状態で座らせてはおかず、／彼らのウィットを暖め、彼らの詩行を金に変えてくださる」（141）。→silver

150

● G

golden age　黄金時代　→return

golden apples　黄金の林檎　→fruit, Hesperides

golden fleece　黄金の羊毛

　錬金作業の目的。作業は危険に満ちた旅あるいは仕事、また宝探しであるとみなされる場合がある。危険に満ちたコルキスの黄金の羊毛探しの旅を企てるイアソンとアルゴナウテスのギリシャ神話は、錬金術師による金という目的の探求を典型的に表している物語として用いられた。ニコラ・フラメルは、「石」を「このはかりしれないほどの幸い、（中略）この〈豊かな金羊毛皮〉」と呼んでいる（*HE,* 34）。バプティスタ・ランビエ（ジョヴァンニ・アニェッリ）は作業の試練に関して「まずイアソンが不可避の危険な難業を経験しない限り、黄金の羊毛は彼に与えられない」と述べている（『秘密の霊の啓示』*Revelation of the Secret Spirit,* 46）。また、「黄金の羊毛」は作業の秘密が書かれている羊皮紙文書に与えられた名称でもある。サロモン・トリスモジンの錬金術における変成に関する論文『黄金の羊毛』*Aureum vellus* は 1598 年から 99 年にかけて出版され、ニコラ・フラメルの象形寓意図に関する論文とほとんど同じくらい広く普及するようになった。その数年後の 1613 年に、同書は『金の羊毛』*La Toyson d'Or* としてフランス語に翻訳され、パリで出版された。サー・ウォルター・ローリーは、『世界史』*The History of the World* の「アルゴナウタイの探検旅行に関して」'Of the expedition of the Argonauts' の章で次のように述べている。「このイアソンの旅によって、黄金の羊毛と呼ばれる哲学者の石の秘義を理解する者たちもいるが、それに対してヘラクレスの 12 の難業を引き合いに出す、細かすぎる化学者もいる。古代ギリシャ文化に関する百科全書の著者スイダスは、黄金の羊毛とは、羊の皮からなる羊皮紙の文書という意味であり、そこには他の金属がどのように変成されうるかということが説かれていたから金色であると呼ばれたのだと考えている」（第 24 巻 413）。ベン・ジョンソンは、『錬金術師』で、マモンに自慢話をさせる際、この伝説をからかっている。「私もイアソンの金の羊毛を一部もっている、／羊毛とは大きな羊の皮、羊皮紙のことであり、／金の羊毛とはそこに記された錬金術にほかならない」（2.1.89-91）（イアソンの兜に関しては →helm）。

golden flower　黄金の花　→flower

golden fruit　黄金の果実　→fruit

golden harvest　黄金の作物　→harvest

151

golden tree　黄金の樹　→philosophical tree

goose　鵞鳥の雌

　前方に曲がった長い首を持つ、ペリカンのような形をしたレトルト。　→alembic, bird, gander

grain　穀粒、グレイン（重さの単位）

　金属の種子。また、実験で使われる重さの単位。『ゾロアストロの洞窟』は次のように言っている。「金属の不燃性の穀粒とは金属の根本的な湿り気のことであり、自然による場合は長期間、術（アルス）による場合は非常に短期間ではあるが、時満ちてソルとルナへと成熟するように自然が金属に挿入したソルとルナの種子のようなものである」（65）（→seed）。「石」のための質料（素材）は、多くの実を結ぶにはまず死ななければならないひと粒の穀粒にたとえられる場合が多い。ホルトゥラヌスは、「石」は「ひと粒の穀粒とも呼ばれるが、それはもし死ななければ、実を結ばないままとなるものの、交配されて死ぬとすれば（上述したように）、多くの実を結ぶ」と述べている（『略解』A Briefe Commentarie, 26-7）。また、「金色の穀粒」とは、錬金術の金の名称の１つであり（ルランドゥス『辞書』184）、「緋色（紫）の穀粒」は、卑金属を完全なる金に着色するあるいは染めると言われる赤い石＊の赤いティンクトラ＊ないしは血＊の呼称である。ニコラ・フラメルは、ティンクトラは「穀粒の混じり気の無い、鮮やかな深紅の色に似て」、「全く完全な緋色」であるとしている（HE, 137, 139）。フィラレテスも同様に、ティンクトラの「穀粒」は「類い無いほど赤い」と述べている（『明かされた秘密』Secrets Reveal'd, 109）。

　また、「穀粒」は「化学の（キミカル）」実験に用いられる重さの単位のグレインでもある。エリクシルがちょうど１グレインで、計り知れない量の卑金属を金に変質できると言われる。エドワード・ケリーの用いたエリクシルに言及して、エリアス・アシュモールは、次のように述べている。「サー・エドワード・ケリーは、エリクシルを１グレイン（割合として、最小の砂粒よりも多くない）を、１オンスと４分の１の普通の水銀に投入したが、すると、それは、最も純粋な金をほぼ１オンス生み出した」（TCB, 481）。ジョセフ・ホールの『鞭の収穫』Virgidemiarum では、パラケルスス派の医者は「青白いエリクシルのクウィンタ・エッセンティアを抽出する／霊（精気）が昇華された鉱物から。／それを粉末にした穀粒のひと粒ひと粒は囚われの王たちを取り戻す身代金となり、／王国を手に入れるに十分で、また寿命をも延ばす」と言われている（37-8）。

• G

grapes　葡萄

　「石」のための未精製の質料（精気）。哲学の樹＊の果実。また、錬金術師がそこから水銀を抽出する物質であるプリマ・マテリア。さらに、葡萄の果汁は、「石」のための古い金属あるいは質料（素材）を溶解して、原初の創造の材料であるプリマ・マテリア＊とする哲学のあるいは水銀の水を意味する。マルティヌス・ルランドゥスの『錬金術辞典』は、葡萄（「ウーウァエ・ヘルメティス」すなわちヘルメスの葡萄）を「哲学の水、蒸留液、溶液」と定義している（325）。アーサー・ディーは、男性にして女性である結合された「石」の肉体の溶解に関してアリストテレスを引き合いに出し「その肉体が酩酊させられて、粉々に分割されるまで、甘き葡萄酒を注ぎなさい」（*FC*, 44）と言っている。サー・ジョージ・リプリーの『幻視』は、その冒頭部分で「私が見た、真っ赤になっている蟇蛙は、とてもすばやく葡萄の果汁を飲んだので、／その果汁を詰め込まれすぎて、そのはらわたがはち切れてしまった」と言っている（*TCB*, 374）。フィラレテスはこの箇所に関して次のような注釈を加えている。「そのように、肉体は、水あるいは葡萄の果汁を、その両者がひとまず混じり合った時はそれほど多く吸収しない。しかし、特に、煮沸されると、その水は肉体の最も奥深いところまで突入してゆき、肉体にその形相を変えさせてしまう。これは肉体を破壊する水であり、肉体をまったく肉体ではないものとする」（*RR*, 4）。この蟇蛙＊は、溶解され、黒色化される腐敗の段階にある「石」の肉体を象徴する。葡萄の果汁すなわち葡萄酒は、錬金術師の秘密の火＊としても知られる永遠の水^{アクア・ペルマネンス}すなわち水銀の水である。ホーゲランデの『錬金術の困難』*De alchemiae difficultatibus* は、「人間の血と赤い葡萄酒はわれらの火である」と述べている（*AS*, 279）。リプリーの『エンブレムの巻物』の最初のエンブレムは、アレンビックの中の蟇蛙が深紅の葡萄の果汁を噴き出しているところを描いている。2番目のエンブレムは、成長した葡萄のつるが幾重にも巻きついている哲学の樹が、水銀の水から生えているところを描いている。中世において、哲学の樹は葡萄の樹で象徴され、作業^{オプス}は深紅の葡萄の収穫として知られていた（→golden harvest, purple tincture）。リプリーの『錬金術の化合物』は、錬金術師の赤い石の製造を葡萄の樹に赤い葡萄の実を栽培することにたとえている。「ノアが葡萄畑を設けるやいなや、／それはいとも見事に生い茂り、やがて葡萄の実を結んだ。（中略）というのも、われらの石もそれと同様に生い茂ることになるからである。／従って、30日が過ぎるとすぐに、／あなたはまさにルビーのように赤い葡萄を手にすることになる」（*TCB*, 151）。『錬金術について』'De Alchimia'（1526頃）の4つ組の象徴的図像のうちの最初のものは、

153

葡萄の摘み手が葡萄の樹の実を摘み取っているところを図解している（ファン・レネップ『錬金術』100）。

grave　墓（墓穴）

　ニグレド*の段階における錬金術師の容器。この時、「石」の質料（素材）、すなわち結合した硫黄*（男性）と生ける銀*（女性）は、死と溶解と腐敗を受ける。この段階にある容器を表す墓（グレイブ）以外の呼称としては、廟（トゥーム）、棺、墓所（セパルカー）、土墳（テューミュラス）、牢獄、箱舟があり、ライムンドゥスの『辞書』も「墓所や廟」、「墓や墓地（チャーチヤード）」と呼んでいるが、それは「石」がそこに隠されているからであるとしている（413, 323）。リプリーは、男性の硫黄と女性の生ける銀を墓に埋めることに関して「従って、［腐敗が］始まる時、われらの石を取り／相手とともにその墓に埋めなさい」と言っている（TCB, 150）。ミューリウスの『改革された哲学』の6番目のエンブレムは、結合した恋人たちの死んだ肉体が容器としての棺の中に収められているところを表している（→図10）。恋人たちと廟のエンブレムは、シェイクスピアの『ロミオとジュリエット』Romeo and Juliet では、真に迫った、実在感がある一幕となって現れる。既に秘密結婚しているジュリエットは、母に「この結婚を、せめてひと月でも、1週間でも延ばしていただけませんか。／もっともそれもいけないとなら、どうか、あのティボルトの眠っている暗い墓所（モニュメント）を／私の晴れの新床にしてください」と懇願する（3.5.199-201）。事実、ロミオとジュリエットは、錬金術を表すしるしで飾られている薬屋からロミオが毒薬を手に入れた後、最終的にティボルトの廟の中で結ばれることになる（5.1.40-4; 5.3.101-20）。錬金術においては、1つの両性具有の肉体として表される場合もある死んだ肉体の魂は、解放されてアレンビックの最上部へ飛翔してゆき、黒化・腐敗された肉体を残していくが、その肉体はアルベド*の段階で白い薄層からなる土*（テラ・アルバ・フォリアータ）となるように洗浄・浄化されなければならない。この土（すなわち洗浄・浄化された肉体）は、その後、魂（あるいは既に結合されている魂と霊（精気））と再結合するのに十分なほど純粋なものとなり、その結合から哲学者の石が生まれる。従って、死の廟である容器は、同時に新しい生命、生成の子宮でもある（→generation）。ジョン・ダンは、『マーカム卿夫人の死を悼む挽歌』'Elegy on the Lady Marckham' で、墓とアレンビックを「それと似て、彼女の墓は蒸留器であり／彼女の肉体をなしていたダイヤモンド、ルビー、サファイア、真珠、黄金の山などを純化する」（23-4）というように同一視している。また、ダンは『聖ルーシーの日の夜想曲』'A Nocturnal upon S. Lucy's Day' で「愛の蒸留器にか

● G

けられた僕は、／すべての無であるものの墓となった」と言っている（21-2）。

green　緑色

　アレンビックの中に緑色が現れることは、幼児の「石」が活性化され、成熟した状態に成長していることを示している。ロジャー・ベイコンは、われらの石について「それはまた緑にもなるが、それについて別の者は、それが緑色に見えるようになるまで長期間適温で加熱しなさい、それこそがそれの魂なのであると言う」と述べている（『鏡』13）。緑は作業（オプス）の主要な3つの色（黒、白、赤）の1つではないが、錬金術のシンボリズムにおいては重要な色である。緑は、多産、春季の成長、あるいは新しい生命を表す色であり、金属の2つの種子、すなわち男性の硫黄＊（ソル）と女性の生ける銀＊（ルナ）の化学の結婚の後に起こる錬金術的生成と関連づけられる。コルソンの『成熟した哲学』Philosophia maturata は次のように述べている。「私は言うが、そのような緑化したソルとルナには、植物的な力が失われているわけではなく、その力は生きており、熱く、湿っていて、その植物的性質にすべての肉体を還元することができる。というのも、この力によって、神の許しを得て、死に絶えて増殖できない肉体は、発芽性と発芽力をより容易に得ることができるようになり、そのような哲学者の肉体から石が生成されると言われるからである」（20）。フィラレテスは、この作業（オプス）に関して「緑色が見えたら、今や物質にはきわめて強い生命力の萌芽があると理解しなさい」と言っている（HM, 2:194）。『哲学者の薔薇園』もまた、哲学者の石の生成と緑色を関連づけている。「おー、あらゆるものを生み出す祝されるべき緑よ。いかなる植物や果実も成長しているようには見えなくとも、それが緑色になっていることはわかるだろう。だから、緑はこの物質の生成を表しており、そのために哲学者は緑色を成長や発生と呼んでいるのだということを知りなさい」（マクリーン『薔薇園』19）。錬金術師は、この段階における物質の緑色化を蕾と呼ぶ場合もある。ハリドは次のように述べている。「あらゆるものを生み出すこの祝されるべき力、能力、潜在的効力は、緑色が現れなければ、まだ、成長も、発生も、芽生えも、また豊かな実りももたらさないだろう。そういうわけで、哲学者は緑色を蕾と呼ぶのである」（『秘密の書』Booke of the Secrets, 111）。

　錬金術師の未精製の原料つまり不浄な物質は、「緑の金」という、そこから金が成長する、繁殖力のある物質と称される。トマス・ヴォーンは『光の家』Aula Lucis で、「金といっても、われらの生成的な緑の金のことを言っているのであって、死んでいて無力な、皆のありがたがる塊のことを言ってるわけではない」と述べて

155

いる（*VW(R)*, 464）。ハリドは、錬金術師に、不浄な肉体の緑色（ラトンとしても知られる）が癩を表しているわけではなく、生成に必要とされるまさにその色であると理解しなければならないと警告している。「しかし、あなたは、それが緑色であることから、われらのラッテンつまり真鍮が腐敗した（癩を病む）肉体となっていると考えて、緑色を除去しようと努力する。しかし、私はあなたに言う。その緑色こそ、その中の完全なるもの、つまり完全なるものは唯一その緑色の中にこそあり、そして、それがわれらのラッテンつまり真鍮の中にあるということである。というのも、その緑色は、われらの大いなる業により、非常に短期間で最も素晴らしい金色に変質されるからである」（『秘密の書』110-11）。錬金術における緑色は、自然界において緑の果実が熟していない果実であるのとちょうど同じように、容器の中の物質が未成熟で未発達の状態、あるいは若い状態にあることを示唆する。金属が、その第1質料すなわちプリマ・マテリア*に溶解され、それから腐敗させられ、変質されるまで、その金属はまだ金に「成熟」していないので、目下のところ緑色なのである。緑色はまた、金属の病つまり癩*と結びつけられる場合が多い物質、すなわち緑青の色でもあるが、その場合は再生が生じるように、洗い落とされなければならない。→green lion, Venus

green lion　緑の獅子

　未精製のアンチモン、浄化されていない「石」の質料（素材）、哲学の水銀。錬金作業の最初期の段階におけるプリマ・マテリア*（→Mercurius）。アンソニー・パウエルの『束の間の王たち』*Temporary Kings* で、ブライトン博士は緑の獅子に言及している。彼は、錬金術師トマス・ヴォーンの霊がまだヴェネツィアに出没するのに気づいて次のように言う。「彼の霊はそこを彷徨っていた。広場にある聖マルコの有翼の獅子の像は、ヴォーンが肉体のことをそう呼んだかの緑の獅子、つまり鷲の翼をしっかりと捕まえておくに違いない魔術的なるものを象徴するのだろう」（243）。ほとんどの錬金術のテキストによれば、緑の獅子とは、哲学の水銀が抽出される鉱石のことであり、テラ（土）、浄化されていない肉体、あるいはラートーナとしても知られる（リプリー、*TCB*, 125）。聖ダンスタンは、「まさしくこの肉体、つまり石の質料（素材）に関して言えば、それは主に3つのものだと言える。つまり〈緑の獅子〉、〈アサ・フェティダ〉（アギ）、〈白い蒸気〉である」と言っている（*FC*, 9）。同様に、ミヒャエル・マイアーはこの獅子を「ヘルメスの鉱石」、「悪臭のする水」、「白い煙つまり水」と呼んでいる（*AF*, 248）。また、『自然

の戴冠』 The Crowning of Nature も、獅子を「煙」や「雲」と結びつけている（20）。聖ダンスタンは、獅子の3つの様相の関係を明確に次のように説明している。「緑の獅子とは、あらゆる哲学者がどう理解していようとも、増殖でき、生成的で、自然によってまだ完全なものとされていない緑の金のことである。それは肉体をその第1質料に還元し、また揮発性で霊（精気）的なものを固定化する力を持っているので、ただ単に獅子とは呼ぶのは不適切なのである。アサ・フェティダ（アギ）とは、最初の作業において不浄なる肉体から発散する、ある種のいやな臭いのことであり、その臭いは悪臭のするアサ・フェティダにたとえられる。また、獅子が白い蒸気と呼ばれる理由はこうである。最初の蒸留において、赤いティンクトラが上昇していく前に、真っ白な煙が立ち上り、それによって受器は暗くなるか、ある種の乳色の影に満たされるが、そのことでそれは処女の乳という名前を与えられるのである。従って、あなたが以上のような3つの特性をもっている物質を見つけた場合はいつでも、それは哲学者の石の質料（素材）であると理解しなさい」（*FC*, 9）。錬金術師によっては、緑の獅子を硫酸と同一視する者もいるが、リプリーは、「硫酸」とは「愚か者が緑の獅子のことをそう呼んでいるものである」と異議を唱えている（*TCB*, 190）。

　獅子が緑であると言われたことにはいくつかの理由がある。まず第1に、獅子から抽出される水銀の霊（精気）つまり生命の精髄（エッセンティア）は、自然の場合と同様に、あらゆるものを多産で、緑で、成長するものとするかの力あるいは効力であると考えられた。また、「緑」は作業のこの初期段階においてアレンビックの中の石の質料（素材）（オブス）が、ちょうど熟していない果実が緑であるのと同じように、まだ未成熟及び未発達の状態にあるということを指している。『緑の獅子狩り』は、「しかし、われらの獅子は成熟することを必要としており、／緑と呼ばれるが、それはほんとうにそれが未発達であるからなのである」と言っている（*TCB*, 279）。この未発達だが多産の種子（金属のプリマ・マテリア）から、生ける金は「成長」することになる。そういうわけで、聖ダンスタンは、緑の獅子を「増殖でき、生成的であるが、自然によってまだ完全なものとされていない緑の金」と呼んでいるのである（*FC*, 9）（→prima materia）。F. シャーウッド・テイラーは、緑の獅子を、その獅子から抽出される、溶解作用を持つ水銀の水と同一視しており、その獅子は「常に金と銀の混合物の中に不純物として含まれている銅化合物によって与えられる色が間違いなく原因で」緑なのだと述べている（『錬金術師』 The Alchemists, 119）。

　きわめて重要な2つの霊（精気）あるいは水銀は、獅子としての鉱石から抽出さ

157

図16 太陽を飲み込む緑の獅子。『哲学者の薔薇園』86r より。

れる。その1つは、赤く、悪臭を放つものであり、緑の獅子の血として知られる。錬金術師が、獅子が他の動物をむさぼり喰らうように、金属をむさぼり喰らう緑の獅子について語る際、彼らは、水銀の血があらゆる金属を溶解し、プリマ・マテリアすなわち第1質料に還元する作用について言おうとしているのである。コルソンの『成熟した哲学』Philosophia maturata は、「従って〈秘密の水〉と呼ばれる緑の獅子の血、つまりあらゆる肉体をその第1質料に還元するもっとも強烈な酢剤を手に入れなさい」と言っている (31-2)。アイザック・ニュートンは、『実地』で緑の獅子について「たやすく鉄を殺し、カドモスとその従者たちをもむさぼり喰う」と述べている (Janus, 297)。この獅子のむさぼり喰らう側面は、『哲学者の薔薇園』の16世紀の写本にはじめて付され、それから1550年にその書ととともに出版されたエンブレムに表現されている (図16)。そのエンブレムは、獅子がその口から己の血を流しながら、太陽をむさぼり喰らうところを描いている。ここでは、太陽は、金の「精子」を獲得するためにむさぼり喰らわれ、溶解される錬金術師の未精製の材料である金、つまり、そこから純粋な金が生成される生ける種子を象徴する。『錬金術の化合物』で、サー・ジョージ・リプリーは、水が獅子から抽出される時、「太陽は自身の光を隠す」と言っている (TCB, 166)。また、『緑の獅子狩り』は、太陽を食べ尽くす行為において、獅子は溶解（ソルウェ）のみならず、結合（コンイウンクティオ）すなわち結婚（コアグラ）にも関与していると述べている。獅子は「わけなく太陽に追いつくことができ、／すばやく太陽をむさぼり喰い、（中略）と

ても明るく光り輝いていた太陽を蝕することができる。（中略）だが、獅子は内部に太陽と同様の熱を持つので、／彼が太陽を食い尽くしてしまうと、／太陽を、それまでに自然から与えられていた目標よりも／もっと完全なものへと至らしめる。／この獅子は、結婚によってその妹である月と結合されるように、太陽をすぐに座らせる」（*TCB,* 279）。（ウェルカム図書館所蔵手稿 436 では、「目標」direction の語は「熟成」coction となっている）。溶解は、獅子が太陽を飲み込み、ニグレド＊（死）の闇において太陽を蝕することに象徴されている。太陽の肉体である金は、その多産で、能動的な男性の種子が、その対をなす、受動的な女性の要素である月との結合に備えて解放されるように、溶解されなければならない。『緑の獅子狩り』も、獅子を太陽と月の化学の結婚を手助けする司祭であると言っている。「獅子は司祭、太陽と月は夫婦（the wed）である／だが彼らはともに獅子のベッドで生まれた」（ウェルカム図書所蔵手稿 436 では the wed が to wed（結婚させるべき）となっている）。司祭としての獅子は結合に欠くことができない、水銀という媒介物を意味する。→glue

　水銀の血は溶剤としてだけではなく、太陽と月の結合から生成される哲学の子供＊を養う飲料としても用いられる。この子供が育てられる水は、生命と成長の原理（原質）であるかの秘薬であり、自然界のあらゆるものを緑に、また豊かに成長するようにするかの潜在的な力である。ベンジャミン・ロックは、「この飲料を、唯一獅子の血以外の何ものでもないと考えなさい」と言っている（『錠前を開ける道具』f. 22）（→red lion）。（錬金術の緑の獅子の詳細な研究に関しては → ドッブス『ニュートンの錬金術の基礎、あるいは緑の獅子狩り』*The Foundations of Newton's Alchemy or The Hunting of the Greene Lyon*）。

griffin(griffon, gryphon)　グリフィン（グリフォン）

　錬金術においては、生ける銀＊ないしは水銀として知られる、冷たく、湿っている月ないしは女性の原理（原質）の象徴。アブラハム・エレアザルの『太古の化学作業』*Uraltes Chymisches Werck* では、グリフィンと毒を持つ竜は、金属の第 1 の本質すなわち水銀を表す「古の人々の井戸」を守っているとされている（*JA,* 256）。この頭と翼が鷲で、胴体が獅子である神話上の生き物は、通常は硫黄＊として知られ、また赤い獅子＊で象徴される、熱く、乾燥している男性の原理（原質）と、対になっている。ヨーハン・アンドレーエの『化学の結婚』*The Chymical Wedding* では、クリスティアン・ローゼンクロイツが、「太陽の館」で上演される錬金術的「喜

劇」でグリフィンと獅子が1対になるのを目の当たりにする。「幕間劇の余興としては獅子とグリフィンを戦わせた。獅子の方が勝利を博したが、おもしろい見世物であった」(112)。獅子とグリフィンの戦いは、作業の初期段階で「石」の質料（素材）の溶解（分離）と同時に、凝固（コンイウンクティオ *）がおこなわれることを表している（→devour, hen, cock）。グリフィンはまた、アンチモンの象徴でもある。→gripe's egg

gripe's egg　グリップの卵

　卵型の錬金容器の呼称。「グリップ」とは、グリフィンないしは禿鷲の名称である。ベン・ジョンソンの『錬金術師』で、サトルは、フェイスに「グラスEの水を濾過した上で、／グリップの卵に移す」ように命じる（2.3.39-40）。

gum　樹脂

　金属の種子ないしは精子を内包するプリマ・マテリア *。また、結合を媒介する水銀のことであり、化学の結婚 * においてソル *（男性）とルナ *（女性）を結合させる哲学者の膠ないしは水銀の精子と同義（→glue）。マリア・プロフェティサのものとされるある論文は、白い女（生ける銀）が赤い男（硫黄）と結合される化学の結婚に関して「白い樹脂と、哲学者の硫黄である赤い樹脂と、哲学者の金を手に取りなさい。そして、真の結婚において樹脂と樹脂を結合させなさい」と言っている（パタイ『マリア』'Maria', 192）。『錬金の術におけるマリア・プロフェティサの実践』'The Practice of Mary the Prophetess in the Alchemical Art' のエピグラムの1つは、この物質の持つ、結合させる性質を「彼女は、2つの樹脂を用いて／飛び去ってしまう可能性があるどんなものでも、底にとどまるようにさせる」(AP, 423)と伝えている。また、『賢者の水石』The Sophic Hydrolith は、「石」の第1質料に関して「彼らはそれを石であって石でないと呼び、樹脂や白い水にたとえる」と言っている（HM, 1:78）。その他の場合は、洗浄し、変質させる作用を持つ水銀の涙 * が、哲学の樹の垂らす樹脂ないしはバルサム * であると言われる。その樹の垂らす樹脂は、「石」の生成に必要とされる貴重な生命の本質を意味する。赤い樹脂は、作業の最終段階であるルベド * において達成される魔術的なエリクシルないしはティンクトラの名称である。『英国における化学の劇場』所収のある詩では、水銀の水は、最初は「軽やかに流れる樹脂のようであり」、それから「われらのティンクトラである」かの「赤い樹脂」になると言われている（TCB, 429）。→amber

● H

halcyon　ハルシオン（カワセミ）

　哲学の水銀。空色のクウィンタ・エッセンティア。パラケルススは、作業には（オプス）
4つの偉大な秘薬が存在すると言っている。それはプリマ・マテリア＊、哲学者の
石＊、生けるメルクリウス、ティンクトラ＊である。3番目の秘薬は「人間から、
その両手と両足の爪や、髪の毛や皮膚も、その病んでいる可能性があるすべての
ものを取り除き、そういったものが再び成長し、肉体全体を革新させる偉大な変
質作用を持つ物質、若返り剤である」。パラケルススは、この秘薬を「ハルシオン
あるいはカワセミ、（中略）つまり1年のその季節になると、若さを回復し、新し
い羽ですっかり覆われる鳥」にたとえている（*Archidoxis*, 64）。

hart　雄鹿　→ cervus fugitivus
hart's horn　雄鹿の角　→ deer
harvest　収穫（物）

　哲学者の石＊の達成。リプリーは、『錬金術の化合物』で作業の成就に関して次の（オプス）
ように述べている。「そこに収穫という報いが、すなわち／あなたが望みを叶えんが
ためにおこなったすべての作業の結果がある。／太陽が上方の己の天球にあって輝き、
／蝕の後に、栄光に満ちた赤き衣を身に纏い／あらゆる金属と水銀の上に王のよう
に君臨する」（*TCB*, 138）。錬金術は、「自然」を完全性へと至らしめるために、その
自然の青写真に倣う「術」であることから、作業は農業、とりわけ耕作、収穫、穀（アルス）（オプス）
物を簸ることにたとえられる場合がある（→art and nature）。ハリドは、作業の過程（オプス）
を、穀物の種子を蒔くことになぞらえている。「今、彼ら［農夫］がその穀粒を蒔い
ているが、彼らは藁や籾殻といった質料ではなく、形相すなわち魂としての穀物の種
子あるいは穀粒を蒔いているのである。だから、ソルあるいはルナを収穫するのなら
ば、質料ではなく、それの形相あるいは魂を利用しなければならない」（『秘密の書』
Booke of the Secrets, 126）。錬金術師は、彼らの金を白い薄層からなる土＊に蒔くこと（テラ・アルバ・フォリアータ）
について語る場合が多い。そのことによって、彼らは、「石」の分離された魂（揮発
性の物質）を、容器の中で今や浄化された状態になっている肉体あるいは土（固定化

された物質）と結合させることを言おうとしているのである。この太陽と月の化学の結婚から哲学者の石が生成される。この過程に関して、コルソンの『成熟した哲学』 *Philosophia maturata* は「種を蒔かれ、まぐわでならされたあなたの土が、その3分の1のみを占めるくらい入っているガラス容器の中にアマルガムを注意して入れなさい。（中略）そして知恵の封泥を用いてその容器の開口部を密閉しなさい」と言っている（78）。「石」の生成、あるいは神知による人間の照明は、黄金の収穫物を取り入れることであると称される（→fruit, flowers, philosophical tree）。アンドルー・マーヴェルは、『ヘイスティングズ卿の死に寄せて』 'Upon the Death of the Lord Hastings' で、パラケルスス派の医師サー・テオドール・テュルケ・ドゥ・マイエルヌを作業の目的を達成しそこなった錬金術師にたとえている。「またマイエルヌは／金という収穫物を獲得する心づもりは万端であったものの／ガラス容器が爆発するのを目の当たりにしている、どこかの悲嘆にくれる錬金術師のようである」（48-50）。→autumn

head　頭

　分離と腐敗の過程がおこなわれる容器。アレンビック＊と同一視される。ハリドは、錬金術師に「蒸気が上昇していくアレンビックつまり頭を、その上に設置しなければならないククルビタ」を使うように教えている（『秘密の書』*Booke of the Secrets,* 115）。『セミラミス女王の廟』*The Tomb of Semiramis* は、温浸＊されなければならない「石」の質料（素材）を、「頭すなわちアレンビック」に入れるように言っている（*CC,* 17）。『合一の集い』では、昇華＊の間に発生する蒸気は、「生きている人間のようであるが、容器の首から頭へ」上昇していくと述べられている（*AS,* 88）。このように錬金術の容器は人体であるかのように表現されるが、それは変質が起こる真の容器が人間それ自体だからである。16世紀末から17世紀中頃にかけて、alembic（蒸留する）という動詞は rack（brain「頭・知恵」を絞る・働かせる）を意味した（*OED*）。シェイクスピアは、『マクベス』*Macbeth* で脳を「頭」としてのアレンビックにたとえている。マクベス夫人は、「記憶という脳の番人も蒸気で／朦朧としてきて、理性の器の脳全体が／ただのリンベック〔＝アレンビック〕」となるように、ダンカンのお付きを酔わせようと計画する（1.7.66-8）。「ムーア人の頭」とは、独立した火入れ部分と水冷式の兜＊を持つ蒸留器に与えられた名称であるが、その理由は、その形がムーア人のターバンに似ているからである（*ALA,* 76）。

　また、切り離された頭も、錬金術の象徴の1つである。金属（あるいは「石」のための質料・素材）の死と溶解は、哲学の鳥＊あるいは王＊の首を刎ねることで表

される場合がある（→beheading, nigredo）。ヨーハン・アンドレーエの『化学の結婚』 *The Chymical Wedding* で、クリスティアン・ローゼンクロイツは、虐殺された王の頭が「斧と一緒に小さな棺に中に」置かれるのを目の当たりにする（123）。その後、クリスティアンは、鳥の断頭にも居合わせる。「あわれや鳥はうやうやしく首を浴泉の上にさしのべ、（籤引きでそのために選ばれた私たちの1人の手で）おとなしく首を切られた」（159）。鴉＊や大鴉＊の頭もまた、腐敗やニグレドの象徴である。首を刎ねることは、魂が霊から知恵と照明を得ることができるように、肉体による現世的吸引力の影響から魂を分離すること（セパラティオ＊）の必要性を象徴する。この魂の照明の前の分離を、達人たちは深い喪失感すなわち世界に対する一種の「死」として経験する。

　また「赤い頭」とは、究極の赤い石が達成される段階であるルベドの色が赤であることから、作業の完成を象徴するものである。古の錬金術の格言には、全作業のマギステリウム＊とは、黒い足、白い肉体、赤い頭を持つものなり、とある（黒、白、赤は作業の諸段階における主要な3つの色である→ colour）。サロモン・トリスモジンの『太陽の輝き』 *Splendor Solis* の8番目の図版は、黒い胴体で、腕が白く、頭が赤いエチオピア人が、川の泥のぬかるみから現れ、彼の女王からティリアン紫＊のローブを差し出されているところを表している。

heaven　天

　アレンビックの最上部、クウィンタ・エッセンティア＊、哲学者の石＊。「石」の昇華＊あるいは蒸発の段階の間に、揮発性の霊（精気）は、コエルム・スパギリクム（錬金術の天）と称されるアレンビックの最上部へ上昇する。その際アレンビックの底は地と呼ばれる。「天」と「地」という用語はまた、物質が精錬されている時の状態も指す。物質が「地」である時、それは粗大であるが、それが「天」である時は精妙である。ハリドは、「石」の質料（素材）の昇華と蒸留に関して次のように述べている。「地から天へ上昇させ、天から地へ下降させなさい。ある元素を他の元素に変えながら、地なる肉体を精妙なる霊（精気）とし、それからその霊（精気）を再び粗大な肉体へ還元するという目的に応じて」（『秘密の書』 *Booke of the Secrets,* 121）。リプリーは、昇華の過程を「肉体と魂のいずれも精錬・純化されるべく（中略）天」へと「石」を高揚＊させることであると述べている（*TCB,* 179）。アイザック・ニュートンは、ヘルメスの『エメラルド板』の註解で「石」の質料（素材）に関して次のように述べている。「従って、それはまずその諸元素を

強引にではなく穏やかにかつ徐々に分離し、昇華を通してその材料全体を天へ上昇させ、それから昇華を繰り返すことを通して地へ下降させることで洗浄されるべきである」（*Janus,* 276-7）。『化学辞典』（1650）は、「コエルム・フィロソフォールム」（哲学者の天）を「全きクウィンタ・エッセンティア、万能薬、とりわけ哲学者の石」と定義している。第5元素＊あるいはクウィンタ・エッセンティア＊は、光り輝く瑠璃色で、腐敗せず、高度に精錬されているために「われらの天」と呼ばれる（ルランドゥス『辞典』225）（→azure, fifth element）。タウラダヌスは、天という名称をクウィンタ・エッセンティアに与え、肉体が純化された後に「石」の魂（形相）と肉体（質料）を再び束ね合わせる媒介者の働きをする霊（精気）としてのメルクリウスとみなしている。「この霊（精気）は石の形相と質料の力を弱め、石を霊（精気）的性質へと還元するかの液体以外の何ものでもなく、場合に応じてその霊（精気）は、哲学者の霊（精気）、天、溶解作用を持つメルクリウス、溶媒的物質、クウィンタ・エッセンティアと称されるだけではなく、その他数え切れないほどの名前を与えられている」（*FC,* 112）。ゲラルドゥス・ドルネウスの説く天すなわちカエルムは、秘密の「真理」、人間自身の中に隠されている「最高の力」を意味する（*MC,* 487）。

hell　地獄

　プリマ・マテリア＊の呼称。また「石」の「肉体」が秘密の火によって溶解される間に受ける拷問としてのニグレド＊の段階において、「石」の質料（素材）が腐敗＊する際に現れる黒色＊を意味する。『ゾロアストロの洞窟』は、「自然に抗する火は必ず肉体を責め苦しめるが、それは地獄の火のように激しく燃える竜である」（76）と言っている。バセット・ジョーンズの『化学の石』'Lithochymicus' の「著者」は、黒色化の段階の物質に関してケファルスを引いて、次のように言っている。「まず第1に、結婚させ、それから傷を与え、／そして、十分に灰となるまで燃やし、／第4にネロのスダリウムナで包んで、／それを直接地獄へ運びなさい。／それから、それを、ステュクスの川の洗濯桶に浸けて／油のような赤色になるまで、／あるいは雪のように白くなるまで洗浄しなさい。／そのようにすれば、必ずや成功する」（*AP,* 274）。ニグレドの段階はまた、「タルタコス」＊（冥府）としても知られる。ニグレドの過程の間に、腐敗を表す色はピッチと同じくらい黒くなると言われ、それから地獄の影が現れる。深い暗黒の闇がアレンビックの中の物質と錬金術師の両者を支配し、錬金術師はプシュケーの影あるいは地獄を目撃する間に、地獄

の責め苦を経験することになる（→nigredo）。

helm, helmet　兜

　アレンビック、つまり蒸留器の上部の名称。ベン・ジョンソンの『錬金術師』で、フェイスは、マモンに、娼婦ドルのなまめかしい魅力について助言し、アレンビックを上昇する水銀（クイックシルバー）に彼女をたとえる。「それはもう、愛嬌があって！陽気で！／楽しい人ですよ！彼女は水銀（クイックシルバー）のように／兜（ヘルム）〔頭部〕まであなたの中を駆けあがりますぜ」（2.3.253-5）。また、同劇で、マモンは、生ける銀と昇汞（しょうこう）が「イアソンの兜（ヘルム）（すなわちアレンビック）に集められ、／やがて鉄（マルス）の大地に蒔かれるのだ」とサリーに教えている（2.1.98-9）。→alembic

hen　雌鳥　→ cock and hen, egg
Henry　ヘンリー（ヘンリクス）→ lazy Henry
Hermaphrodite　ヘルマフロディトス

　それぞれ男性の硫黄＊と女性の生ける銀＊の2つからなる、メルクリウス＊あるいは哲学者の石＊。バセット・ジョーンズは「しかし、このノコパ［足の速いもの、すなわち水銀］とは、正しく知っていれば、／真のヘルマフロディトスであるとわかるだろう」（*AP,* 243）と言っている。「石」の製造に際して、錬金術師は、硫黄、すなわちプリマ・マテリア＊の熱く、乾燥していて、能動的な男性の要素を、冷た

図17　太陽と月の樹と共に立つ、錬金術のヘルマフロディトス。　ヨハン・ミューリウス『改革された哲学』embl.10 (エンブレム第2集) 262 より。

く、湿っていて、受動的な女性の要素、すなわち生ける銀＊に結びつけなければならない。この2つの金属の種子の結合は、2人の恋人の性交として、またその後の高次の結合においては、ソル＊とルナ＊、太陽と月、王と女王の化学の結婚＊として表現される。この完全で分割されることのない結合体は、レビス＊（ふたなり）あるいはヘルマフロディトスとして知られるが、男性と女性のエネルギーの完全なる融合を表す（図17）。ニコラ・フラメルは、この結合による生成物を「古人のアンドロギュノスないしはヘルマフロディトス」と呼んでいる（HE, 86）。錬金術において、男性の原理（原質）を表す色は赤で、女性の原理（原質）を表す色は白である。サー・ジョージ・リプリーも、コンイウンクティオにおける結合に関して「赤い男と白い女」の結合として言及している（TCB, 186）。この結合によって生じるヘルマフロディトスとしての存在は、錬金術のエンブレムにおいても赤く白いものとして表される。哲学者の石には、卑金属を金や銀に変ㅊ৻することができる赤と白のティンクトラの両者が含まれている。赤く白いヘルマフロディトスは、薔薇と百合で構成されていると言われる場合もある。たとえば、アンドルー・マーヴェルの『仔鹿の死を嘆くニンフ』'The Nymph Complaining' では、水銀を表す仔鹿が「そとは百合、うちは薔薇」（92）とされている。メルクリウスは、金属の男性と女性の種子（哲学の硫黄と生ける銀）の両方を含んでいるプリマ・マテリアであることから、ヘルマフロディトスと呼ばれる。『化学の術の書』Liber de arte chymica は、「メルクリウスはすべての金属、男性にして女性であり、ヘルマフロディトスの怪物である」と述べている（ファブリキウス『錬金術』Alchemy, 92）。あらゆる植物や金属のうちで、水銀の象徴のみが両性具有であり、太陽（男性）だけでなく月（女性）の、円だけでなく三日月のいずれの表象をも含んでいる。フラメルは水銀に関して、それには「二重の金属物質、すなわち、月という内的物質と太陽という内的物質」が含まれていると言っている（HM, 1:143）。ジョンソンの『錬金術師』では、サトルがプリマ・マテリアについて「なかには［それを］ヘルマフロディトスだと考える者もいる」と言っている（2.3.159-64）。

Hermes　ヘルメス
ギリシャ神話でメルクリウスに相当する。→Mercurius, Hermes Trismegistus

Hermes Bird　ヘルメスの鳥　→Bird of Hermes

Hermes' seal　ヘルメスの封印
融着ないしは溶着させるかして、錬金術の容器を塞ぎ、気密状態に保つように密

閉する封印のこと。封印することは、ガラス容器内の混合物を外的影響の浸入から保護するだけではなく、確実に水銀性の内容物が逃げ出さないようにもする。フィラレテスは、『明かされた秘密』*Secrets Reveal'd* で「ガラス容器はその最上部を封印しなさい。それもちょっとした穴も隙間もないように十二分に慎重におこないなさい。さもなくば、作業は破壊されてしまうだろう」と述べている（14）。聖ダンスタンは、エリクシルをつくるための処方で「最高の金の鉱石を取り、それを非常によく粉々にして、ヘルメスの封印で密閉し、白く赤い薔薇が現れ成長するのが見えるまで、長期間それを、蒸気を発する火にかけておきなさい」と言っている（*DSP,* 89）。アーサー・ディーは、「温浸する度に、ガラス容器はヘルメスの封印で密閉されていなければならない」と述べている（*FC,* 147）。ベン・ジョンソンの仮面劇『宮廷で錬金術師たちから擁護されたマーキュリー』*Mercurie Vindicated* で、マーキュリー〔＝メリクリウス〕はおどけた調子で、錬金術師が彼を拷問して捕獲し、そうするために彼自身のヘルメスの封印を使うことで非難している。「あなたの目的としていることが、私の頭と踵から翼をもぎとり、私をガラス容器の中に、私自身の封印によって密閉し閉じ込めることであるのはわかっているんです」（121-4）。キャサリン・フィリップスは、『碑文—聖サイスの教会に眠る息子 H.P. に』'Epitaph. On her Son H. P. at St. Syth's Church' で、彼女の死んだ息子の霊が肉体から飛翔することを、ヘルメスの封印で密閉されたアレンビックから錬金術で言うところの霊（精気）が逃れ出ることにたとえている。「だが、6 週間もしないうちに死んでしまった。／あのように小さな部屋に閉じ込められるには、／あまりにも前途有望で、あまりにも偉大すぎる精神が。／だから住まうには天こそがふさわしいので、彼はたちまちその牢獄の殻を破った。／かくして、巧みなる錬金術師もヘルメスの封印でその力強い霊がより巧みに飛翔することを阻むことはできない」（10-17 行目、グリアー『鞭に口づけ』*Kissing the Rod,* 196）。「封印」は「玉璽」とも呼ばれる。エドワード・クラドックの『哲学者の石に関する論』は「あなたのガラス容器を素早く確実にヘルメスの玉璽で密閉しなさい」と言っている（*AP,* 25）。あらゆるものの侵入も許さない封印された容器の意味を、ジョーン・ホジソンは次のように説明している。まず第 1 に達人の「身勝手、激情、エゴイズムを伴う欲望の本性は、わずかな光も、つまりは太陽の子を締め出してしまう。自分だけのために生きている魂の住む心の中心はぎっしり詰まっていて、〈その住まいにはいかなる余地もない〉。従って、魂は、なんとも辛い悲しみ、つまりは欲望の否定を通して、神を切望し始め、霊的助けを求める。（中略）徐々に魂は、あらゆる侵入者が閉め出されている

小さな洞窟すなわち聖域を心の中に見いだしていく。これが真の観想の目的である」（ホジソン『占星術』*Astrology*, 56）。

Hermes tree　ヘルメスの樹

煆燃の第3段階で、酸の作用を受ける複数の物質の混合物（*OED*）。多くの錬金術のテキストにおいて、ヘルメスの樹は、錬金術の容器の中で成熟していく「石」の質料（素材）である哲学の樹＊と同義語として用いられる。錬金術師は、飼養＊として知られる段階の間に水銀の水＊で「石」の質料（素材）すなわち「樹」を養育しなければならない。『錬金術の化合物』で、サー・ジョージ・リプリーは、「その水によってヘルメスは己の樹を潤し、／ガラス容器の中でその樹が大きく成長していくようにさせ、／目にも鮮やかな、色とりどりの花を咲かせる」と言っている（*TCB*, 141）。リプリーはまた、発酵＊と溶解＊による「石」の増殖に関して次のように述べている。「そのようにしてあなたは石をとても増大させるだろう。／だから、ガラス容器に中で石は樹のように成長し、／いみじくもヘルメスの樹と呼ばれる」（*TCB*, 182）。エリアス・アシュモールは、この用語を、彼の錬金術の師に寄せたオード『わが称賛されるべきウィリアム・バックハウス殿に、私を御自身の弟子としてくださったことに寄せて』 'To my worthily honour'd William Backhouse Eqsquire Upon adopting of me to be his Son'（1651）で比喩的に用いている。「わが父よ、神の祝福を伝授すべく、わが頭に置かれしその手をお離しくださらぬように。／むきだしの灰を飾るべく、／ヘルメスの樹の葉をお託してください」（Bod. Ashm. 手稿36-7, ff. 214V-242）。→philosophical tree

Hermes Trismegistus　ヘルメス・トリスメギストゥス

錬金術の生みの親、三重に偉大なる神。ヘルメスが三重に偉大なる神と呼ばれるのは、王・哲学者・司祭として「全世界の哲理の3つの部門を有する」からである（→Emerald Table）。ホルトゥラヌスは、ヘルメスを「哲学者の父」と呼んでいる（『略解』*A Briefe Commentarie*, 18）。ヘルメスはトート、すなわち啓示と知恵のエジプトの神と同一視された。トートもまた、アルファベットを考案し、エジプト人に秘術や秘学を教えたとされる。ヘルメス・トリスメギストゥスは、『エメラルド板』として知られる錬金術の原理を記した秘伝の書や、錬金術、占星術、自然史、医術、魔術に関する様々な専門的な論文を著したとされる。ヘルメスはまた、紀元2世紀から3世紀にかけてアレクサンドリアで書かれた、天地創造に関する哲学的啓

● H

示の書『ヘルメティカ』Hermetica すなわち『ヘルメス文書』Corpus Hermeticum の著者であるとも言われる。『ヘルメティカ』はマルシリオ・フィチーノがギリシャ語からラテン語に翻訳し、1471 年に出版されたが、英語訳はピューリタンのジョン・エバラードによってなされた（1650）。『ヘルメティカ』は、ルネッサンス思想に非常に大きな影響力を持つものであった。ジョン・ミルトンは、『沈思の人』 'Il Penseroso' で次のように言っている。「しばしば、ある高台で、／私ははるかかなたの晩鐘が鳴るのを聞くこともある。（中略）真夜中の時刻に、／どこかの高い孤塔のなかで、私の明かりを見かけるようにしてほしい。／そこで、しばしば私は三重に偉大なるヘルメスとともに大熊座よりもながく、／眠らずに天体観測をするか、／またはプラトンの霊をそれが鎮座する球層から外して天降らせるだろう」（74-89）。初期キリスト教教父から摂取された伝統は、知恵に関するあらゆる教えの源は 1 つにして同一であり、ヘルメス主義とキリスト教の教えは互いに非常に類似しているとするものであった。シビラを従えたヘルメス・トリスメギストゥスは、モーセと同時代人であると考えられ、異教徒にしてキリスト教の預言者であるとみなされた。1480 年代のシエナの大聖堂に張りつめられたモザイクの敷石には、ヘルメスが、その両脇にキリスト教の到来を告げる預言書を持つ 2 人のシビラを従えているところが描かれており、その足下には「ヘルメス・メルクリウス、モーセの同時代人」という銘文が刻まれている（イエイツ『ブルーノ』Bruno, 42-3）。1614 年に、アイザック・カソーボンは、『ヘルメティカ』で用いられている言語がキリスト紀元後に属するものであり、モーセの時代のものではないことを論証した。しかしながら、このことによって、そういった教えが長きにわたる口碑に起源するものではないということには必ずしもならなかった。ジョン・エバラードの翻訳『神聖なるピマンデル』The Divine Pymander（1650）の序文では、このテキストが「およそモーセの時代の数百年前に」書かれたとされている。錬金術の文献集成所収の多くの書や論文がヘルメスないしはヘルメス・トリスメギストゥスに帰せられている。『ヘルメスの恍惚』 'Hermetick Raptures' の語り手は、その第 3 部で、いつの間にか自分がヘルメスに率いられた錬金術の賢者たちの集まりの中にいることに気づくが、その集会には、サディト・セニオル、アルテフィウス、ゲベル、ライムンドゥス・ルルス、ウィラノウァのアルナルドゥス、ニコラ・フラメル、ベルナール・トレヴィザン、ミカエル・センディヴォギウスなどがいた。「私はひとり、／畏敬の念をもって、賢明なるヘルメスの玉座に近づいていった。／彼、すなわちこの偉大なる会議の座長は王らしく座していた。／哲学者たちの父なるヘルメス（中略）自然の三重の知

169

恵で知られるヘルメス、／彼に、比類なきエジプトはその長として従い、彼の学識に王冠で名誉を与えた」(*AP*, 600)。

Hesperides　ヘスペリデスの園

　哲学者の石＊がある場所あるいは庭＊。ギリシャ神話のヘスペリデスの園は、錬金術においてきわめて好んで用いられる象徴であるが、それは、その園には黄金の林檎のなる樹があるからである。この黄金の林檎のイメージは、錬金術師によって、あらゆる卑金属を金に変質することができると考えられた金や哲学者の石を象徴するために用いられた。このイメージは、哲学者の石の成長を、哲学の樹＊と黄金の果実の成長にたとえる一般的な錬金術の象徴と関連している。フィラレテスは次のように述べている。「はっきりと言えば、露なる火の力で／彼らはヘスペリデスの樹のところに行き、／その林檎を摘むことになるだろう。この林檎は／あらゆる不完全な金属に入り込み、／染色し固定化して、最も貴重な金となるまで、／物質的な金を成熟させることができるほどのものである」(『精髄』*Marrow*, 第 4 巻 68)。サロモン・トリスモジンの『太陽の輝き』*Splendor Solis* の 6 番目の図版は、錬金術師が、ヘスペリデスの園に咲く樹から黄金の林檎を集めているところを描いている。裕福な金細工商の息子で、若い時に自らも金細工商として徒弟に出されたロバート・ヘリックは、自身の詩集を『ヘスペリデス』*Hesperides* (1648) と名づけた。同詩集における錬金術的イメジャリーは、マスグローヴによって詳しく検討されている (『ヘリックの錬金術用語』'Herrick's alchemical vocabulary', 240-65)。

homunculus　ホムンクルス

　小さな小型の人間、小人 (*OED*)。哲学の子供＊ないしは幼児。哲学者の石＊の象徴。錬金術師は、アレンビックという子宮の中で人工的な手段を用いて、人間の姿をした小さな生き物を創造することができると信じていた。『立ち昇る曙光』の中の 1 つのエンブレムは、哲学の子供が揺りかごの中で安らかに毛布にくるまれているところを表している (図 18)。場合によって、ホムンクルスは、きわめて神聖な観念を擬人化したもの、すなわち照明された人間の魂における光と知の幼児の誕生として登場することもあるが、いたずらな霊にすぎない場合もある。パラケルススの論文『長寿論』*De vita longa* は、ホムンクルスとその創造者の親密な結びつきを強調している。「ホムンクルスは、肉体、血、上位及び下位の器官といったあらゆる点で、その親である人間に似たものとして生み出される」(*PW*, 334)。ゲーテの

図18 錬金術のホムンクルス。『立ち昇る曙光』*Aurora consurgens*, GU ファーガソン手稿 6 (16 世紀), f. 220v より。

『ファウスト』*Faust* で、ファウストがホムンクルスを創造しようとする場面は、パラケルススの『事物の本性について』*De natura rerum* に基づいていると考えられる（グレイ『ゲーテ、錬金術師』*Goethe the Alchemist*, 206-14）。『ファウスト』におけるホムンクルスは、達人(アデプトゥス)の心の中の神的閃光から幼児キリストが誕生するという錬金術の作業(オプス)の完全に人間的な側面を要約しており、これは「石」が金属の種子から完全なる哲学者の石に成長していくことに対応するものである。このガラス容器の中で小人の幼児が発育していくというイメージは、作業(オプス)が有機的な懐胎という性格を持つだけではなく、錬金術師の作業にはアレンビックという小宇宙(ミクロコスモス)においてまさしく神の創造の行為を再現するという面が伴っていることにも注意を喚起させる。

アンドレーエの『化学の結婚』*The Chymical Wedding* で、クリスティアン・ローゼンクロイツは、王と女王のホムンクルスの製造に参加する。「それから私たちは［薄い生地を］それが熱いうちに2個の小さな成形型あるいは鋳物の雛形に注ぎ込んだ。ということは若干冷却させたわけである。（中略）私たちが私たちの成形型を割って開けると、そこから美しくはれやかな、ほとんど〈透明で小さな〉2体の人型が出てきた。それは人が生まれてこの方見たことがないようなものであり、男の子と女の子で、2体とも身長わずか4インチばかりであった。（中略）ほかの人間と同じように肉質であるが、それでいて生きてはいないのである」（199-200）。それから、この小さな人型は、ヘルメスの鳥の血を与えられ、そのことで「ちいさな褥から取り上げて（中略）長いテーブルに移してやらねばなるほどとても大きく成長」

しはじめ、「その髪は黄色がかった縮れ毛の金髪となった」（200-1）。シェイクスピアは、ホムンクルスのイメージを『ソネット集』Sonnets のソネット 114 で使っており、そこで語り手は愛友の愛が追従かそれとも真実からのものなのかと疑い迷う。「それとも私の眼は真実を語るのだが、／君を愛する心が眼に錬金術を教えたのだろうか。／そのため奇怪異形なものや無形のものから／美しい君によく似たケルビムをつくり出す」（3-6）。錬金術のホムンクルスのイメージは、20 世紀の文学の中にも存続し続けている。ジョン・ディーがホムンクルスを創造するという全く虚構の物語は、ピーター・アクロイドの小説『ディー博士の館』House of Dr Dee（180, 240）に登場する。ロレンス・ダレルの『アレクサンドリア四重奏』The Alexandria Quartet では、パラケルススの論文『事物の本性について』De natura を読んだカポディストリアが、錬金術師によって創造されたホムンクルスを見たことがあると述べている。「このオーストリアの男爵は（中略）自身が〈予言する精〉と呼んでいる 10 体のホムンクルスを〈実際に生成した〉のである。それは、この辺でオリーブを洗ったり、あるいは果実を貯蔵するために使われる大きなガラス製の容器に保存されており、水の中に生きている。（中略）それは、この上なく美しく、神秘的な者たちで、そこにタツノオトシゴのように浮かんでいた。なんとそれは、王、女王、騎士、修道士、修道女、建築技師、坑夫、セラフィム、そして青い精霊と赤い精霊で構成されていたのである。それは、その頑丈なガラスの壺の中でにのんびりと浮いていた」（809）。キングズレー・エイミスの『スタンリーと女性たち』Stanley and the Women に登場する精神分裂症の息子は父親に、自分は実の親から生まれたのではなく、錬金術のホムンクルスとして生まれたのだと言う。「そうなんだ、僕はこういった錬金術師によって哲学者の石を用いて組み立てられ、（中略）必要とされるまでバルセロナの地下室に保管され、それから無線ビームによって活性化されたんだ。そしてここに僕はいて、自分の仕事をはじめる用意ができている」（224）。

honey　蜂蜜

　哲学の溶剤であるメルクリウス＊の呼称。また、万能薬としてのエリクシル＊の名称。蜂蜜がエリクシルの別称であるのは、蜂蜜が甘いだけでなく金色であるからである。フィラレテスは、『金属の変容』The Metamorphosis of Metals で「メルクリウスはわれらの守衛、われらのバーム、われらの蜂蜜である」と言っている（HM, 2:192）。ここでは、蜂蜜は水銀だけではなく、エリクシルないしは万能薬の名称であるバーム＊とも同一視されている。サー・ジョージ・リプリーも同様に、「正方

形」が「丸い形」に変形される時、「あなたはわれらの蜂［原文のまま］の巣の蜜を手にすることになる」（*TCB*, 112）と述べている（→square and circle）。蜂蜜は、ヘリックの『捕らわれた蜂、あるいは愛しき盗人』'The captiv'd Bee; or little Filcher'でクウィンタ・エッセンティアあるいはエリクシルと関連づけられている。「しかし、［蜂は］そこから蜜を、／クウィンタ・エッセンティアを吸い取ったと思ったが、／彼はほとんどで身動きもできないほどとてもたくさん飲んでいだ」（『全集』*Works,* 71）（→ bee）。蜂蜜はまた、錬金術師が容器の口を密閉する封泥をつくるのに用いる材料でもある。コルソンの『成熟した哲学』*Philosophia maturata* の処方によれば、封泥は「粉末状に乾燥されるまで、一緒に十分に煮て、バルネオで循環蒸留された鉄、硫酸、蜂蜜の粉末」からつくられる（54）。

horse-belly　馬の腹

腐敗＊と蒸留＊のために用いられる穏やかで、湿った糞の熱。馬の腹は馬の糞の婉曲的な言い方である。パラケルススは『アルキドクシス』で「馬の腹、つまり糞の山で水を沸かしなさい。そうすれば、土それ自体は底にたまるが、上昇するものはしばらく腐敗させなさい」と述べている（30）。馬の腹の同義語としては、バルネウム、風呂＊、生命の水＊、湿った火、哲学の水銀＊、緑の獅子＊の血などがある。コルソンの『成熟した哲学』*Philosophia maturata* は次のように述べている。「それ故、このわれらの熱、われらの火、われらのバルネウム、われらの不可視できわめて穏やかな炎を画一的に管理し、われらのガラス容器内で一定の質と量で火が燃え続けるように保たない者は誰であれ、つまり、この糞の山、馬の腹、湿った火を理解しない者は誰であれ、空しく努力することになり、この術を極めることは決してできないだろう」（19）。→bath , dung

horse dung　馬の糞　→ horse-belly, dung

house　家

錬金術の容器。また、哲学者の石＊が誕生するワス・ロトゥンドゥム（丸い容器）。ミヒャエル・マイアーの『逃げるアタランテ』のエンブレム9に付されたエピグラムは、錬金術師に、「石」の質料（素材）を取り、それを「露で湿ったガラスの家」に閉じ込めるように助言している（61）。「石」の質料（素材）が昇華され、蒸留されると、容器すなわち「家」は、上昇する蒸気が凝縮し小滴となることで汗を流すと言われる。また、錬金術師は、神秘的な「正方形と円」＊の原理の比率に

従って作業のための完全なる家を組み立てるように助言される。正方形は相反する性質、すなわち熱、乾、寒、湿が昇華の間に調和され、円なしは球で象徴される第5元素すなわちクウィンタ・エッセンティアという完全なる霊（精気）的物質に転換されなければならない4元素を象徴する。マーヴェルの『アップルトン邸を歌う』'Upon Appleton House' で語られるフェアファックス卿の邸宅は、上述したような家つまり容器の実例である。「とはいえ、分に過ぎたこの偉大な主人を迎え入れては／家は耐えかねて脂汗を流すことになる／彼を迎えて広間は膨れあがり身じろいで／正方形が球にもなるのだが」(51-2)。→alembic, castle, fort

humidity　湿り気　→ radical humidity
humours　4体液　→ philosopher's stone

● I

iatrochemistry　イアトロ化学

　（医者を意味するギリシャ語の iatros に由来する）。医術や生理学に応用された錬
金術あるいは化学のことであり、パラケルスス（本名テオフラストゥス・ボムバス
トゥス・フォン・ホーエンハイム）を先駆とし、他の者たちによって 16 世紀から
17 世紀にかけて取り入れられた専門領域。パラケルススの追随者は、スパジリス
ト（錬金術師）ないしはイアトロ化学者と呼ばれた。パラケルススは、大宇宙と
小宇宙の照応に関するソクラテス以前の観念を支持し、それを化学的な自然探求
の規範として用いた。彼は「マクロコスモス」という用語を案出した最初の人物で
あったと言えるかもしれない。この神秘的な照応の観念に基づいた、彼の自然及び
医術の研究は、実際の実験技術や正確な観察を強く要求する正当な形の科学的探求
であり、他の「科学」の形態が思索的な理論に基づいていた時代においては革命的
な見解であった。まさしくパラケルススに、私たちは現代の医学や健康に関する概
念を負っているのである。彼は、特定の臓器の病気の外因とその病巣を重視するこ
とを強調した最初の医者であった。16 世紀末頃には、パラケルスス派のイアトロ化
学は、ヨーロッパにおける医術の主流として認められるようになり始めていた。パ
ラケルススの全集版の出版はフランクフルトで、1603 年に始まり、1605 年までに
11 巻で完結した。化学的治療法が薬局方に取り入れられ、薬草療法をおこなう伝統
的なガレノスの医術に異議を唱えた。伝統派とパラケルスス派との論争は、医師で
あったジョン・コロップの同時代詩『オーンドルのジョージ・ボウル博士に関して』
'On Dr. George Bowle of Oundle' の中で触れられている。「あなた自身は、あなたの
術 だけを友とはしなくとも、／医者たちの不協和音は、とてつもない猟犬の吠え
声になる。／あなたがパラケルススにガレノスを友とさせても、／化学者たちは今
や植物学を推奨する」（15-18）。
　最初の英語によるパラケルスス派の著作は、1560 年代から 1570 年代にかけて
一群のドイツ人の弟子たちによってパラケルススの著作が新たに出版された後、
既に 1585 年には R. ボストックによって書かれていた。また、サー・ウォルター・
ローリーが、パラケルスス派の医術を実践していた。ルーシー・ハッチンソン

175

は、ロンドン塔総督代理サー・アレン・アプスレイの妻であった彼女の母が、ロンドン塔拘留中の（1605-16）ローリーが小さな蒸留所に転用された鶏小屋でおこなっていた実験に資金を出資していたと記録している。「サー・ウォルター・ローリーとルースヴェン氏はロンドン塔に幽閉された身であったが、化学にふけっていた。私の母は自ら費用を払って彼らがその貴重な実験をおこなうことができるようにした。それは1つにはそのあわれな囚人たちに慰めや気晴らしを与えるためであり、いま1つは、彼らの実験の知識、つまり医者にかかることができないほど貧しい人々を助ける薬剤を獲得するためでもあった」（『自叙伝』*Memoirs,* 13）。ローリーは、その実験の間に、薬効のある「コーディアル」を調合したが、それは後に広く知られるものとなった。1616年に、フランスのパラケルスス派のニケーズ・ル・フェーヴルは、チャールズ2世お抱えの化学の教授兼薬剤師になったが、チャールズ2世はフェーヴルにサー・ウォルター・ローリーの名高きコーディアルを再現するように命じた。ル・フェーヴルは、その後、『サー・ウォルター・ローリーのグレイト・コーディアルに関する論考』*A Discourse upon Sir Walter Raleigh's Great Cordial*（1664）を著し、パラケルスス派のジョン・ヘスターは、『パラケルススの114の実験と治療』*A Hundred and fourteene Experiments and Cures of ... Paracelsus*（1596）をローリーに献じた。ゲイブリエル・ハーヴェイは、このヘスターの患者であり、また、サー・フランシス・ウォルシンガムや、第2代ペンブルック伯ヘンリー及び彼の妻メアリーは、やはりパラケルスス派のトマス・モフェットの患者であった。新しい『ロンドン薬局方』*Pharmacopoeia Londinensis*（1618）の序文を書いたパラケルスス派のサー・テオドール・テュルケ・ドゥ・マイエルヌは、ジェイムズ1世、チャールズ1世、その後はクロムウェルの侍医となった。彼の英語による薬物類に関する著作は、イングランドにおけるイアトロ化学に基づいた医学の受容を確実なものとすることに寄与した（→ ドッブス『化学哲学』*The Chemical Philosophy*）。アンドルー・マーヴェルの『ヘイスティングズ卿の死に寄せて』'Upon the Death of the Lord Hastings' では、このマイエルヌが、ヘイスティングズ卿の命を救おうとすることに失敗する。「また目をひくのはアスクレピウスで、恥辱にこわばった彼が／自らを呪えば、またマイエルヌは／金という収穫物を獲得する心づもりは万端であったものの／ガラス容器が爆発するのを目の当たりにしている、どこかの悲嘆にくれる錬金術師のようである」（47-50）。

● I

Icarus　イカロス　→metamorphosis

imbibation　浸潤

アレンビックの底にある残留物すなわち「土」に蒸留液を戻し、続けてさらなる蒸留をおこなうことであり、再蒸留とも呼ばれたり、飼養＊と同一視される場合も多い。エドワード・ケリーは、「飼養とは、まさしく浸潤のことであると考えなさい」と言っている（*BL* スローン手稿 3631, f. 60）。チョーサーの錬金術師の徒弟は、「われらの物質の浸潤」と言ってこの用語を用いている（『錬金術師の徒弟の話』*Canon's Yeoman's Tale,* 815）。サー・ジョージ・リプリーによれば、「石」の土すなわち肉体の浸潤は 7 回おこなわれる（*TCB,* 163）。ゲベルは「カルクスすなわち肉体が昇華され、以前よりもさらにもっと純化されるように、頻繁に浸潤をおこないなさい」と述べている（*FC,* 34）。ヨーハン・アンドレーエの『化学の結婚』*The Chymical Wedding* では、この過程は、哲学の鳥＊が自分自身の浸かっている風呂の湯を飲むことに象徴されている。「この広間にはわがお鳥様専用の風呂が設営されていた。湯は白い粉末で真っ白に染められ、まるでミルク風呂のようだった。（中略）それがうれしくて、鳥はお湯を飲んだり、いかにも面白そうに遊んだりした」（157）。ジョン・ダスティンは、王＊が「肉」を食べ、自らが浸かる風呂の湯を飲むというイメージを、この過程を表現するために用いている。「少しずつ王が己を育てる 3 つからなるものを飲んでしまうまで、王が甘き水の風呂に浸かっているようにするのが適切であるが、肉を食べた後に飲むようにし、飲んだ後に肉を食べるようにさせてはならない」（*FC,* 100）。この飲むという行為は、「石」の肉体の湿潤を象徴し、食べるという行為は肉体を乾燥あるいは乾固させることを象徴する。→cibation

incest　近親相姦

化学の結婚＊における相反する力や物質の錬金術的な結合は、近親相姦的なものとして表現される場合が多い。錬金術師は、まず第 1 に、哲学の硫黄＊として知られる、熱く、乾燥していて、能動的な金属の男性の種子を、冷たく、湿っていて、受動的な女性の種子である生ける銀＊と結合させる。恋人たちとして表現されるこの結合されたペアは、それから棺の中に置かれ、そして 2 人の肉体が殺され、その魂と霊（精気）は容器の最上部へと解放されていく。第 2 の重要な結合は、魂と霊（精気）との結合であり、第 3 の結合は、死んで黒色化した肉体（アレンビックの底にある「土」）が洗浄・純化されて、既に結合している魂と霊（精気）に再び統

177

合される時におこなわれる。錬金術において、あらゆる形相は、形相を持たない同一の物質プリマ・マテリア＊つまりは原初の第1質料から創造されると考えられた。結婚という結合に参加する2つのものが同族の出身者として擬人化されることは、その2つが異なった性質を持つ相反物のように見えるとしても、本質的に同類であることを強調する。パラケルススは、容器の中で物質が受けるこの過程に関して謎めいた表現で「それは自ら溶解し、自らペアとなり、自ら結婚し、自らの内に身ごもる」と言っている（『哲学者の曙』Aurora, 53）。

近親相姦的コニウンクティオ＊は、兄弟と姉妹の結合として表現される場合がきわめて多いが、母親と息子、父親と娘、王と息子として表される場合もある。『セミラミス女王の廟』The Tomb of Semiramis は、アリストテレスが『哲学者の薔薇園』で「〈あなたの息子〉ガブリキウス（あなたのあらゆる子供よりもあなたにとってより大切な）を、優しく麗しくすばらしい乙女であるその姉妹のベジャと〈めあわせよ〉」と言ったと伝えている（CC, 18）。アイザック・ニュートンは、哲学の水銀の調製作業に関連して次のように述べている。「15分間、この水銀を、鉄の乳棒ですりつぶしなさい。そうしたら、その水銀を、ディアーナの鳩の媒介の下、その水銀の兄弟である哲学の金と結合させなさい。水銀は哲学の金から霊（精気）的精液を

図19 近親相姦：母親のスカートの下に潜り込む王。『フェニクスあるいは哲学の石に関する論ここに始まる』（ジョージ・リプリーの『古歌』）BL Add. MS 11, 388 (ランカスター・ヘラルド、フランシス・ザインのコレクション 1564-1606), f. 36r より。

授けられることになる」（ケインズ手稿18、ドッブス『ニュートンの錬金術の基礎』 *Foundations*, 182）。マスグローヴが錬金術的連作詩集である論じる『ヘスペリデス』 *Hesperides* で、ロバート・ヘリックは、「私は姉妹（妻の代わりに）を／近くに連れてきて、／彼女を抱きしめたまま、キスをするだろうが、それでも彼女は純潔である」と言っている（『全集』*Works*, 13）。『黄金論』*The Golden Tract* では、結婚していて「近親相姦の任を負わされる」カップルは、母親と息子、兄弟と姉妹の両者である（*HM*, 46）。サー・ジョージ・リプリーの『古歌』'Cantilena' で、王＊は、自分は「わが第 1 質料へと溶解」しならねばならないと言うが（第 12 連）、それは、哲学者の「赤い息子」として再生されるために、彼の母（英語の matter「物質・資料」は、ラテン語の mater「母」の派生語である materia に由来する）と結合することを意味する（図 19）（→philosophical child）。同様に、ウィリアム・バックハウスの『自然変成物』で、王子は王として再生されるために、「己の処女なる母の子宮に」入らなければならない（*TCB*, 243）。アルテフィウスは、母親が「彼女の幼児の腹」の内に閉じ込められることになる過程に関して「その幼児とはソルそれ自体であり、彼は彼女から出てきたのだし、彼女が生んだのだから、2 人は母と息子として互いに愛し合っていて、結合されることになる。というのも、2 人は 1 つの同一の源から生まれ、また同一の物質及び本質からなるものだからである」（*SB*, 16）。（→devour）。近親相姦は一般社会、つまり錬金術以外の世界では禁じられている関係であるので、この用語は、魂の内部で秘密におこなわれなければならい結合を示唆するために用いられる。

infant　幼児　→philosophical child

ingestion　摂取・摂食　→devour

inhumation　埋葬

　容器を循環する火の中の土に埋めたり、あるいは動物の糞の中に入れたりする蒸留手段。この過程の間に、容器の中の「石」のための質料（素材）は溶解され、腐敗される。ジョン・ダスティンの『哲学の鏡』'Speculum philosophiae' は次のように述べている。「しかし、あなたは、湿り気であらゆるものを蒸留しなければならない。というのも、乾燥は燃焼によって作業を駄目にするからである。だから、哲学者は、蒸留するごとにその間同時に 7 日間埋葬がおこなわれるという意味で、蒸留は常に毎回埋葬とともに必ず 7 日おこなわれるべきだと助言しているのである」（*FC*, 23）。

inversion　逆転

ソルウェ・エト・コアグラ*（溶解と凝固）を間断なく繰り返す過程。マリア・プロフェティサは「属性を逆転させなさい。さすれば、あなたが求めているものを見つけられるだろう」と述べている（パタイ「マリア」'Maria', 180）。ソルウェ・エト・コアグラ*の過程の間に、物質の状態は絶えず逆のものにされようとしている、つまり硬質の物質は溶解されることになり、軟質のあるいは流動性の物質は、硬質のものとされることになる。ソルウェ・エト・コアグラは秘密の火*によって成し遂げられるが、その火に関して、アルテフィウスは「それはあらゆるものを覆す、つまり溶解し、凝固させ、煆焼する」と言っている（SB, 33）。トリスモジンは、ソルウェ・エト・コアグラを、その逆転させてしまう性質を根拠として子供の遊びにたとえている。「その点で、この術（アルス）は子供の遊びにたとえられるが、子供は遊んでいる時、それまで最高であったものを、次には最低のものに変えてしまう」（『太陽の輝き』Splendor Solis, 39）。この逆転のテーマは、錬金術の仕事をオプス・コントゥラ・ナートゥーラム*（自然に抗する作業）とする観念に見て取ることができるが、その作業とは、先に進めるためには自然に逆らわなければならない作業、前に進める前に後戻りさせなければならない作業である。肉体や思考の古い旧態依然とした形相は、それがより純粋で、より美しい形相になりうる前に、その原初の状態であるプリマ・マテリア*に戻す、つまり溶解しなければならない。作業（オプス）の頂点で、コンイウンクティオ*（コアグラ）の輝きは薄れていき、錬金術師は、気づけば、さらにまた溶解*すること（ソルウェ）つまりその作業を逆に進めることに必死に取り組んでいることになるが、そうしたことが錬金術師に、そこから新たなる形相が凝固させられる原初のプリマ・マテリアの状態を取り戻すことを可能にするのである。従って、プリマ・マテリアは逆さまになっている場所にあると言われる場合が多い。アブル・カシムは、プリマ・マテリアは、すべてが逆さまな岩山にあると言っている。「この岩山の頂上は、そのふもとと区別がつかず、その最も近い場所はその最も遠い場所に及び、その山頂部はその背にあたる位置にあるが、逆もまた同じである」（PA, 433）。このパラドクシカルなモチーフはまた、変質作用を持つ秘薬、つまり、溶剤にして凝固剤、殺害者にして復活させる者、毒*にして薬剤*、悪魔的にして神的であるメルクリウス*の果たす二重の役割に見て取ることができる。アイロニーとパラドックスの原理は錬金作業（オプス・アルキミクム）の特徴である。
→inverted tree

inverted tree　逆立ちした樹

　哲学の樹 *。逆立ちした樹は、いかなる特定の文化ないしは伝統にも限定されえない古代からの象徴である。この樹は『バガバッドギーター』 *The Bhagavadgita*、『完全なる教え、あるいはアスクレピオス』 *The Perfect Sermon or the Asclepius*、またプラトンの『ティマイオス』 *Timaeus* などに登場するが、カバラを介して錬金術に伝わった。逆立ちした樹は、錬金術の作業（オプス）を表す象徴に見られる多くの逆転のモチーフの１つである（→inversion）。錬金術師は、秘密の物質が哲学者の石に成長することを逆立ちした樹にたとえるが、それは、その根が天なる源、つまりはメルクリウスから栄養を摂取しているからである。16 世紀の錬金術師ラウレンティウス・ヴェントゥラは、逆立ちした樹に関して「その鉱石の根は天空にあり、その頂点は地にある」と言っている（*AS*, 311）。ハリドは、「山」にあるはずの「石」の質料（素材）について「そして、あなたは知らなければならない。その鉱脈の根は天空にあり、その頂上は地にあるということを。さすれば、それがそれのある場所から引き抜かれる時の音が容易に聞き取れるだろう。というのも、凄まじい音がするだろうからである」と述べている（『秘密の書』 *Booke of the Secrets*, 41）。『世界の栄光』 *The Glory of the World* は「というのも、われらの石がアレンビックの中で上方へ向かって成長する場合、それは天空にその根を持っているからである。しかし、もしそれがその効力と威力を取り戻そうとするのであれば、それはもう一度地に戻らなければならいが、それはその頭部と完全なる潜在的効力を地に持っているからである」（*HM*, 1: 218）。逆立ちした樹のイメージは、アンドルー・マーヴェルの『アップルトン邸を歌う』 'Upon Appleton House' の森をテーマとしたスタンザ群に登場するが、その際、詩人は自然との合体、つまり逆転（ソルウェ・エト・コアグラ *）を経験し、地に根を持つ「自然の樹」となる。「さかさまにしてみてくれれば、私はただ／逆立ちした樹なのだと知れるだろう」（567-8）。心理学的に言えば、そのような樹の成長は魂の展開、意識の拡張を象徴する。→inversion

iris　虹　→peacock's tail
island　島　→philosophical tree

● J

jackdaw　黒丸鴉

　孔雀の尾＊の段階につながるニグレド＊として知られる段階の象徴。同義語としては、鴉、鴉の頭、大鴉などがある。大鴉と黒丸鴉はともにカラス科に属する。黒丸鴉はサロモン・トリスモジンの『太陽の輝き』*Splendor Solis* の中の、ニグレドの段階における「石」の腐敗を図解している 20 番目の図版に描かれている。ウラジミール・ナボコフの『青白い炎』*Pale Fire* でジョン・シェイドを殺害するグレイダス Gradus は、ニグレドの段階を象徴する黒丸鴉と大鴉の役割を果たしている。彼は「自らをジャック・ディグリー Jack Degree、ジャック・ドゥ・グレイ Jaques de Grey、ジェイムズ・ドゥ・グレイ James de Gray などと様々に名乗り、また警察の犯罪記録には、レイヴス Ravus、レイヴンストーン Ravenstone、ダーガス d'Argus としても登場する」(77)。「石」が腐敗の状態にあるニグレドの段階における容器に与えられる名称は「墓＊」grave である。グレイダスの様々な偽名が、グレイ Gray から、（グ）レイヴンストーン (G) Ravenstone、グレイヴストーン gravestone、レイヴン raven とストーン stone となることが瞬く間に連想される。要するに、物語中で重要な意味を持つ詩の草稿が「途方もなく素晴らしい数多くの金塊」(101) のようであると、退位させられた王＊によって呼ばれているという小説の設定を考慮すると、グレイダスの「レイヴンストーン」Ravenstone という名前は、彼が錬金術の作業の第 1 段階のニグレドの状態にあることを象徴していると言える。そして、彼が「ジャック・ダーガス」Jacques d'Argus（Jackdaw）という偽名を持つことは、ニグレドによる黒色が、女神ヘラによってその百眼を孔雀の尾に移しかえられたギリシャ神話の巨人アルゴス＊の表象する虹色に、すなわちグレイダスが変質されることを表している。錬金術の作業において、孔雀の尾は、大鴉の表すニグレドの段階での黒色化の後に続いて起こる虹色の段階を象徴する。マーカス・クラークの『命ある限り』*His Natural Life* に登場するリチャード・ダヴァイン Richard Devine もまた、黒丸鴉の役割を果たしている。錬金術師のダヴァインがその作業の第一歩を踏み出す時、彼は本名を捨ててルーファス・ドーズ Rufus Dawes と名乗るが、彼はその名前を、受刑者の牢獄という地獄における自身の腐敗と死の間も保持し続ける。

● J

そして、モーリス・フレールたちは、この段階におけるダヴァインを「ジャック」・ドーズ 'Jack' Dawes と呼んでいる（635）。外面的にもおよび内面的にもダヴァインの生活に変質が生じる中で、彼は「ジャック・ドーズ」Jack Dawes の名を捨て、最終的には自身の神的名前である「ダヴァイン」Devine を再び与えられることになる。→Argus, crow, peacock's tail, raven

Jason　イアソン　→　golden fleece, helm
juice of grapes　葡萄の果汁　→grapes
Jupiter　ユーピテル

　惑星、金属の錫、自然の火、作業（オプス）における灰色の段階。『知の喜ばしき泉』'The Pleasant Founteine of Knowledge' で、ジャン・ドゥ・ラ・フォンテーヌは「金によって私たちが言わんとしているのは太陽のことであり、（中略）錫に関しては／ユーピテル〔木星〕を錫と理解しなさい」と言っている（381-8 行目、*AP*, 93）。サルモン（＝サーモン）の『ヘルメス学辞典』は、ユーピテル（錫）が不完全な金属の中でもっとも完全なものであり、完全なる金属である金に転換させるのにごくわずかの労力しかかからないと述べている（88）。さらに、同書によれば、哲学的昇華は、鷲に変容させられ、ガニュメデスを天界へ運ぶユーピテルの神話によって象徴されており（87）、また同じ神話においてユーピテルが黄金の雨に転換させられることは、哲学の金の蒸留を表象している（153）。神ユーピテルと黄金の雨は、ミヒャエル・マイアーの『逃げるアタランテ』のエンブレム 23 でも暗に言及されている。このエンブレムに付されたエピグラムは、「同時にその時、女神パラスがユーピテルの頭より生じて、／黄金が驟雨のごとく、／それに備えて設けられたレトルトの中に落ちてたまることになる」と述べている（*AF*, 181）。クロソウスキー・ドゥ・ローラは、このエンブレムの中のパラス・アテネが、煮詰める〔長期間適温で加熱する〕ことで昇華される水銀を意味し、ユーピテルは、金属を成熟へと至らしめる、本来的に肉体に備わっている生成の熱（「自然の火」）であると解釈している（『錬金術図像大全』*Golden Game,* 100）。神ユーピテルはまた、『逃げるアタランテ』のエンブレム 46 にも哲学の子供を象徴するアポロンの父として登場する。

● K

kemia　ケミア　→ chymia

king　王

　「石」のための未精製の質料（素材）。哲学者の石*それ自体。作業における熱く、乾燥していて、能動的な男性の原理（原質）。また、「われらの硫黄」、「われらの金」、ソル*として知られる金属の男性の種子。哲学者の石の生戎するために、王は「われらの生ける銀」（すなわち水銀）、「われらの銀」、ルナ*として知られる冷たく、湿っていて、受動的な女性の原理（原質）と結合（結婚）させられなければならない。通常、コニイウンクティオ*に関与する男性と女性の物質は、「石」の質料（素材）が作業当初よりもっと精錬された状態になっている、その後の結合においては王と女王と呼ばれる（→chemical wedding）。レクス・マリヌス（海の王）という錬金術の神話では、「王」という名称は、胎児の段階から究極的な完成に至るまでの「石」の質料（素材）に用いられている。『小道の小道』は、「王」という呼称を新たに誕生した哲学の幼児*に用いて「それから、哲学者たちから王と呼ばれるわれらの石が生まれる」（FC, 67）と言っている。この子供は、王の食物によって育てられ、その食物によって「その子供は王よりも強い王になるだろう」と言われる（FC, 100）。この食物とは、ウィリアム・バックハウスが「揺りかごから戴冠まで、王は自らの血で育てられることになる」（TCB, 343）と明言しているように、変質作用を持つ秘薬、すなわち水銀の血である。

　「石」になっていく過程の間に、王は死と復活を経験しなければならない。作業の初期段階において、王は「われらの金」すなわち錬金術師の未精製の材料として、溶解されて原初の創造の質料、プリマ・マテリアになる時、死んで腐敗*する。この死は再生するための必然的な前提条件としての死のことである。レクス・マリヌスの神話では、王は海でほとんど溺れかけているが、救われ、更生され、彼の女王とコニイウンクティオにおいて結合させられる（図20）。サコモン・トリスモジンの『太陽の輝き』Splendor Solis の7番目と8番目の図版は、海上に移された王が溺れていると同時に再生される状態にもあり、錬金術の女王によって回復させられるところを表現している。シェイクスピアの『ペリクリーズ』Pericles で、ペリクリーズは

184

図20 海の王。ミヒャエル・マイヤー『逃げるアタランテ』embl. 31,133 より。

まさにこの過程を役として演じている。つまり、彼はほとんど溺れかけるが、タイーサによって回復させられ、彼女は化学の結婚において彼の女王となる（第2幕）。海における王の溶解は、太陽（ソル）の蝕＊、王の斬首、もっと多くの場合は、その不純物が浄化されるように王を蒸し風呂＊に入れることなどとしても表現される。この段階において、物質は黒の中でも最も黒い状態にあり、黒き王、デュネク王＊、あるいはラートーナ＊と呼ばれる。マイアーは、沐浴するデュネク王（『逃走するアタランテ』のエンブレム28）に関して「ガラスのアーチのもとで、風呂を彼は浴びに浴びる、／その湿った露によって、全き胆汁質から解き放たれるまで」と言っている（AF, 206）。トリスモジンの『太陽の輝き』では、黒き王が、王冠を戴いた美しい婦人によって自身の汚れを浄化されるエチオピア人として表現されている（pl.8）。

　H. M. E. デ・ヨングが指摘しているように、王の死と復活は『逃げるアタランテ』の中で多くの形で登場する。「エンブレム24 では、王は、狼によってむさぼり喰らわれ、火に投じられ、そこから復活し、王冠を授けられる。エンブレム31 では、

185

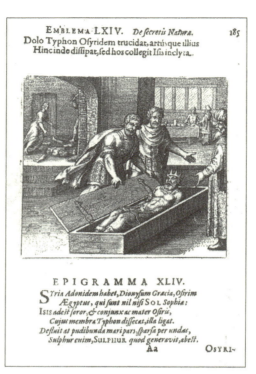

図21　棺から起き上がる王。ミヒャエル・マイヤー『逃げるアタランテ』embl. 44, 185 より。

海の王は深海に沈んでしまう危機にあり、もし彼を救う従者があれば、その従者には数多の報酬が約束される。エンブレム48では、メルリヌス王は水の中で溶解するが、哲学者の石として復活する。『哲学者の薔薇園』は、哲学者の石を、石棺から起き上がるキリストによって表現される、復活した神の子になぞらえらえたエンブレムで終わっている」(*AF,* 212)（図21）。サー・ジョージ・リプリーの『古歌』'Cantilena' とウィリアム・バックハウスの『自然変成物』では、王の死と再生は「近親相姦的に」彼の処女である母親の子宮（すなわちプリマ・マテリア）に再び入ることで達成される（→図19）。さらにまた別の形をあげれば、『アリスレウスの幻視』'Visio Arislei' では、そこで語られる王の国は不毛であるが、その理由は、同性同士が結ばれているからであるとされる。この王国が蘇るには、王が錬金術の哲学者の助言に従って、それまでとは違って相反する性同士が結婚するようにさせる時である。そこで、王は息子と娘、タブリティウスとベヤの結婚を命ずる（*AA,* 146-54）

● K

set on his head, / Richer then any earthy thing. / His third Vertue is Purple pure, / Like Sun-beames he shineth bright and clere, / Of Red tincture then be you sure' ('The Mistery of Alchymists', in TCB, 382).

図22 哲学者の石としての王の誕生。ヨハン・ミューリウス『改革された哲学』embl.19 (エンブレム第2集) 300 より。

(→incest)。黒き王の腐敗させられた肉体が洗われ、その不純物を取り除かれてから、白色化の段階すなわちアルベド＊が達成される。それから、白色化された肉体（女王によって象徴される）は、王が象徴する、前もって分離されていた魂（あるいは既に結合されている魂と霊（精気））と結婚させられ、哲学者の息子＊、すなわちその父（その王の最初期の再生していない状態）より強力で純粋な王という自分自身を生み出すことになる（図22）。この段階で、錬金術師は、物質が「強力なる王」つまりは赤い王という、あらゆる卑金属を純粋なる金に変成させることができる赤い石として知られる「深いルビー色」に変質されるまで、火の熱を増大させる（ケリー『選ばれし者の2つの論』142）（→図34）。サー・ジョージ・リプリーは、作業(オプス)の最終段階における王に関して次のように述べている。「金としての王の第2の特質は赤であり、／自分の入ってる容器の中で明るく輝き、／頭に王冠を戴いていて、／いかなる地上的なものよりも豊かである。／王の第3の特質は完全なる深紅であり、／それは太陽の光のように、きわめて明るく輝くが、／その時あなたは赤きティンクトラを必ずや得られるだろう」（『錬金術師の秘義』'The Mistery of Alchymists', TCB, 382）。

187

● L

labyrinth　迷宮

　錬金術作業において錬金術師が歩む危険な探求の道程。錬金術師はこのイメージを象徴的方法で用い、導きの糸も手がかりもなく迷ってしまうことのないように、十分に注意を払って切り抜けなければならない、作業工程上ないしは精神的に混乱する箇所があることを示す。作業という迷宮にある間、幻覚や混乱が支配し、錬金術師はまったく関連性を見失ったり、明晰さを失う危険がある。ニコラ・フラメルは「この作業はまことに1つの迷宮である。というのも、そこでは多くの方法が同時に頭に浮かんでくるからである」（*HE,* 106）と言っている。エリアス・アシュモールは、読者がその「手がかり」を必要とする錬金書自体を「迷宮」と称している（*TCB,* 序文）。『秘密』*Arcanum* は、人を幻覚の迷宮から連れ出す導きの糸ないしは手がかりが神の啓示であることを明らかにしており（*FC,* 157）、『エウドクソスの6つの鍵』*The Six Keys of Eudoxus* は錬金術の作業に関して次のように言っている。「天からの霊感がなければ、（中略）人はそこから幸いにも解放される道を見いだすことができずに、この迷宮の中にとどまることになる」（イスラエル・リガルディー『哲学者の石』*Philosopher's Stone* ）。錬金術師は、真実と偽りを正しく区別することができるようになった時、無傷でその迷宮から抜け出すことができるのである。

lac virginis　ラク・ウィルギニス　→virgin's milk

lapis philosophorum　ラピス・フィロソフォールム　→philosopher's stone

laton, Latona, latten　ラトン、**女神ラートーナ**、ラッテン

　真鍮や青銅に似た金や銀の自然の合金。また、不純物を取り除かれなければならない哲学者の石の不純な肉体、すなわち未精製の材料としての哲学の金。ハリドは「また、われらの真鍮、つまりラッテンは哲学の金、真の金であることも知りなさい」と言っている（『秘密の書』*Booke of the Secrets,* 110）。錬金術師は、ラトンを、ユーピテルとともにアポロ（太陽、金）とディアーナ（月、銀）の両親である女神ラートーナとして擬人化している。ラートーナは、金属が産み出され、育てられる地の子宮つまり内部を意味する。ミヒャエル・マイアーは、『逃げるアタラン

● L

タ』のエンブレム 11 で、ラートーナを「ソルとルナからなる不完全な肉体」と呼び、「このラートーナとは、全体を白化することによってのみ洗いと落とすことができる黒い染みを顔に持つ浅黒きものである」と述べている（*AF,* 114）。アーサー・ディーは、ラトンを緑の獅子と呼ばれる「不純な肉体」と同一視している（*FC,* 121）（→green lion, lead）。その染みあるいは汚れを洗い落とされなければならない不完全なるラートーナは、作業の最初の段階であるニグレド*の黒色化の間に、分離される魂と霊（精気）がアレンビックの底に捨て去った不純なる肉体（土*あるいはデュネク王*としても知られる）の象徴である。この黒い腐敗する肉体は、アルベド*の白色化の段階で、魂（あるいは既に結合された魂と霊（精気）の統一体）と再結合される前に、浄化されなければならない。洗滌*と呼ばれるこの浄化の過程は、秘密の火（われらの水あるいはアゾート*）とも称される水銀の水*で肉体を洗うことで達成される。アルテフィウスは、「われらの真鍮あるいはラッテンはわれらの水によって調製され、浄化され、白色へと至らしめられる」と言っている。そして、錬金術師に「ラッテンから黒さをあなたの手ではなく、（中略）われらの獲得した水銀の水で洗い落とす」ように助言している。また、アルテフィウスは「ラッテン」すなわち不純なる肉体は、白色化され、「霊（精気）に変化させられる」まで、昇華*によって上昇させられると説明している（*SB,* 45-7）。エドワード・ケリーは、『哲学者の石』*The Stone of the Philosophers* で「ラトン、すなわち銅（鉱石）を水銀で浄化しなさい。というのも、ラトンは金と銀が化合した黄色の不完全な肉体だからである」と述べている（『選ばれし者の 2 つの論』31）。続けてケリーはモリエヌスを引用し次のように言っている。「アゾートと火はラトンを浄化する、すなわちラトンを洗浄し、その黒さを完全に取り去る。ラトンは不純な肉体であり、アゾートとは水銀である」（『選ばれし者の 2 つの論』43）。

　もう 1 つの洗浄の象徴である癩を病む者ナアマン*の場合と同様に、ラートーナの顔から染みを洗い流すことは、魂が地の暗さから霊の光へと上昇できるように、洗礼によって魂を浄化することを表す。詩人のマルケルス・パリンゲニウスは、哲学者の石の有効な媒介物であるメルクリウス*に関して、次のようにラートーナと結びつけている。「おー、タイタン神族の娘よ、世界の美、見るも最も麗しき神よ／おー、汝ラートーナ、夜の影をここから追い払うものよ／〈主神ユーピテルと女神マイアから生まれし、素早く飛び去る、休むことなき娘よ〉〔本当の子はメルクリウス〕／汝は様々な形相に自らの姿を変えることができる」（『生命の黄道十二宮』*Zodiacus vitae*、スミス『錬金術の仕事』*Business of Alchemy,* 54）。賢者の白きラトン

189

とは、哲学のルナ、すなわちアルベドの段階で達成される白色化された物質である。哲学者の赤いラトンは、錬金術師にとって青銅を意味するが、赤色化の段階すなわちルベドにおいて達成される赤い石の象徴である場合もある。また、シェイクスピアはラテン語がわからないと言われる噂に触れている、シェイクスピアとベン・ジョンソンに関する逸話では、「翻訳する」translate と「ラテン語」Latin の錬金術的意味（「変成する」transmute と「ラッテン」latten）が利用されている。「シェイクスピアはベン・ジョンソンの子供の1人の名付け親であった。そして洗礼式の後、深く考え込んでいるので、ジョンソンは彼を元気づけにやってきて、なぜそんなにも彼がふさぎこんでいるのか尋ねた。いや全くベン、そうじゃないんだ。（彼は言う）だけど、僕はものすごくずっと考えているんだ、名づけ子に贈るのに最もふさわしい物はなんだろうかと。でも、とうとう解決した。僕が内容を詮索しているとでも、とベンは言う。いや信じているよ、ベン。僕はあの子に1ダースの素晴らしいラッテン（lattin）のスプーンを贈ってもいいが、君はそれを変成（translate）してしまうんだろう」（チェンバーズ『シェイクスピア』*Shakespeare,* 2:243, 17）。

laundering　洗濯

　完全なる白色化の段階を達成するための哲学的昇華 * 。つまり、「石」の質料（素材）の不純物を洗い落とし、変質作用を持つ水銀の水 * に浸すことでそれを再生させる過程。『ストックホルム・パピルス』Stockholm Papyrus として知られる紀元3世紀末から4世紀初頭のエジプトのパピルスでは、織物を染めることに用いられた一連の作業（洗うこと、媒染剤につけること、着色すること）が同様に、金属を変質させることにも応用されている（→dye）。マイアーの『逃げるアタランテ』のエンブレム3では、1人の女性が大きな洗濯桶で洗濯に没頭しているところが描かれているが、そこには「シーツを洗っている女性たちのところに行き、彼女たちのおこなっているのと同じようにしなさい」というモットーが付されている（*AF,* 66）。トリスモジンの『太陽の輝き』*Splendor Solis* の21番目の図版は、幾人かの洗濯女たちが桶や川でリネン類を洗っており、残りの女たちがきれいになった洗濯物を乾かすために牧草地に敷いているところを表している。ルランドゥスは、蒸気が立ち上り、雨となって降ってくる物質の循環作業が、「縮絨工の所で新しいリネン類に水を浴びせることに似ている」と言明している。ルランドゥスは、錬金術師が「行って、リネン類の洗濯と縮絨に専念している女性たちを見なさい。そして、彼女たちが何をしているかを知り、彼女たちがおこなっていることをしなさい」と言ってい

● L

る場合、それは明らかに「物質からその不純物を洗い落とすこと」を言っているのであると説明している（『辞典』384）。錬金術の観念をもて遊んで、この洗濯の工程をふざけた形で用いている例が、シェイクスピアの『ウィンザーの陽気な女房たち』_The Merry Wives of Windsor_ に登場する。そこでは、「粗大で」また「不純な」物質にあたるフォルスタッフが洗濯籠に閉じ込められることで嫉妬深い夫をだましてその追跡から逃れることになる。フォルスタッフは次のように言う。「強烈な蒸留物のように、臭い汚れ物とともに密閉されたことだ（中略）まあ、考えてくれよ——熱さにはバターみたいに弱いおれだ、いつ溶けてドロドロになるかわからん男だ」（3.5.81-100）。→ablution

laundry　洗濯（物）　→laundering
lavement　洗濯　→laundering
lazy Henry　怠惰なヘンリー（ヘンリクス）
　蒸留用の炉の異名。パラケルススは『哲学者の曙』_Aurora_ で「ピゲル・ヘンリクス」を「無精で緩慢なヘンリー」と呼んでいる（25）。ジョンソンの『錬金術師』では、サリーがアナナイアスに対して謝罪を求め、「さもなくば、ただちに火を消し、アレンビックから炉、／ピゲル・ヘンリクス、その他すべての機能を停止させるぞ」と警告する（2.5.80）。

lead　鉛
　錬金術師が哲学者の石＊の作用をもってすれば純粋なる銀あるいは金に変成されると信じていた重金属。また、「石」をつくるための未精製の材料、すなわちプリマ・マテリア＊。ロジャー・ベイコンは、重金属に関して「鉛は、不純で、不完全な肉体であり、固定化されておらず、土的で、ドロスのようであり、外見はいくぶん白く、内部は赤い不純な生ける銀と、それと同類で一部燃焼性の硫黄から産み出される」と述べている（『鏡』5）。マイケル・ドレイトンは、『ポリ＝オルビオン』_Poly-Olbion_ で、ダービンシャー州ピーク・ディストリクトの山が鉛を精錬することに関して次のように言っている。「たいてい彼女〔その山〕の年老いた頭は地へと垂れており、／彼女の痩せこけた顔はいつも鉛で汚されているが、／その鉛の方は内奥にあって、鉱床を凝視しており、／それを彼女は鉱石から間断なく精錬する。／というのも、彼女は化学者で、自然の神秘を知っており、／鉛の中からアンチモンを抽出したからである」（『全集』_Works_, 4:530、381-6）。ジョン・リリーの『ガラ

_191_

テア』 *Gallathea* では、ピーターは、鉛を銀に変成させる自分の主人の力を自慢する。「だって、先生は、鉛のおもりのクウィンタ・エッセンティアで、20 ダースもの銀の匙をつくりあげたんだ」（2.3.84-5)。

　一方、「哲学者の鉛」とは、「金」すなわちそこから金属の種子が抽出される「石」のための未精製の材料を指している。要するに、哲学の鉛（普通の鉛とは異なるものとしての）とは、それなしでは哲学者の石をつくることができない貴重な物質のことである。鉛は作業（オプス）の初期段階における死、すなわち「石」の質料（素材）が創造の原初の質料すなわちプリマ・マテリアに溶解されるニグレドの段階と関連づけられている。すなわち、この「鉛」は不純な肉体、「石」の質料（素材）（→Latona)、またプリマ・マテリア（あるいはメルクリウス）とも同義である。アルテフィウスは次のように述べている。「そういうわけで、われらの肉体が容器の底の水の中で溶解されて、黒き灰と呼ばれる精妙な粉末になるまで、水に浸かったままにしておきなさい。これは、哲学者すなわち賢者たちによって、〈サトゥルヌス、アエス、プルムブム・フィロソフォールム、プルウィス・ディスコンティヌアートゥス〉すなわち銅、青銅、哲学者の鉛、偽装した粉と呼ばれる肉体の腐敗状態のことである」（*SB*, 51)。不純な肉体及びプリマ・マテリアとして、鉛は必然的に錬金術師から金の父と考えられた。大鎌を持った老人サトゥルヌスは、より純粋なるメルクリウスないしは金を生み出すメルクリウス・セネックス（年老いたメルクリウス）と同義である。鉛あるいは物質がその黒さと腐敗を取り除かれると、それは賢者の白き鉛（プルムブム・アルブム・サピエントゥム）と呼ばれる。『実地』において、アイザック・ニュートンは、ラートーナが白くなったら「あなたは賢者の白き鉛（プルムブム・アルブム・サピエントゥム）、白きディアーナを得ることになる」と言っている（*Janus*, 304)。白き鉛を達成すると、新しい光が現れ出すと言われる。サー・フィリップ・シドニーは、ソネット連作『アストロフィルとステラ』 *Astrophil and Stella* の最後のソネットで、このメタファーを用いている。「悲しみが、私自身の恋の炎の力を用い／その鉛を溶かし、たぎり立つ私の胸に流し込む時／あの暗い炉をとおり、うちひしがれた私の心に／私の唯一の光明であるあなたからの喜びが輝く」(188)。錬金術において、鉛、サトゥルヌス*、メランコリア* は密接に関連している。ニグレドは、メランコリアの暗い影がアレンビックの中の事象を見ている錬金術師を包み込む苦しみと嘆きの時である。心理学的に言えば、鉛は、分裂し、混沌とした状態にある魂つまりプシュケーを表し、それから魂あるいはプシュケーは、現世的状況から切り離され、平衡状態を獲得し、その後、照明を授けられるように、肉体から分離されなければならない。白き鉛は哲学の水銀の名称である。

192

● L

leaven　パン種　→fermentation, paste

leprosy　癩

　金属の病、つまり金属が形成される地の鉱床で帯びる不純性。錬金術師は、「癩を病む」という形容辞を、まだ銀や金へと十分に成熟していない「不完全な」金属（鉄、銅、錫、鉛）に用いる（→prima materia）。トマス・ティムは次のように述べている。「不完全な金属は、実は金や銀なのであるが、その金属の病や欠陥がその特性を隠しているのであり、そしてその病や欠陥は次のような原因で生じる。（中略）こういったあらゆる癩は、その鉱床の中で様々に硫黄が混合することで金属を腐敗させることから生じるのである」。錬金術師によれば、通常の火では金属から不純性を浄化したり取り除いたりすることができない。それが可能となるのは、作業の秘密の火を介してのみである。ティムは、このような病んだ金属は、真の薬剤によって治療される場合にのみ、銀と金に変成されうると言っている。「それ故、病人が唯一薬を飲むことによって体質を変質させられ健全な状態を取り戻すのと同じように（中略）金属の肉体も、それを変質させる真の薬剤によって完全なるものとされ、純粋で素晴らしい金と銀になるのである」（『暗闇の中の光』24-5）。癩を病む金属からその腐敗を取り除き、金に変成させる驚異的な万能薬あるいは薬剤が、哲学者の石あるいはティンクトラなのである。『黄金論』The Golden Tract は、「石」に関して「それは、肉体を染め、そこから癩という病を取り除く神秘的な霊（精気）である」と言っている（HM, 25）（→Naaman the leper）。浄化されなければならない「石」の不純な初期の肉体もまた、癩を病んでいると言われる（→green lion, Latona）。ウィリアム・ウォーナーの『アルビオンのイングランド』Albion's England では、エリザベス女王が世界の癩を癒し、黄金に変える錬金術師として登場する。「われらの世界は（中略）その癩を見事に癒され／それ以前の鉄と銀の2つの時代から黄金時代へと至らしめられるが、／（というのも、クウィンタ・エッセティアの中には、古きに対する神による世界の災い以前のすべてがあったので）／この迷夢を覚ます錬金術師こそ／かのエリザベスにほかならぬ」（チャルマース『イギリスの詩人』English Poets, 4:509）。

lily　百合

　ニグレド＊という黒化と死の段階の後に続いて起こる、白化という復活の段階としてのアルベド＊において達成される純白のエリクシルや石の象徴。白い薔薇と同様に、百合は純粋性の象徴である。「哲学の水銀」は、白い百合の汁として知られ

193

る。パラケルスス派の説く「百合」（リーリウム）は、「水銀とその花、また、哲学者たちのティンクトラ、硫黄のクインテエッセンティア、固定化された花、固定化された硫黄とも」（ルランドゥス『辞典』207）定義される。しかし、通常、百合はアルベドにおける完全なる白化の状態の象徴である。『化学の石』'Lithochymicus' でバセット・ジョーンズは、白い石を「白き百合」と呼び、銀すなわちルナの段階を「百合のように白いルナの鉱石」と言っている（*AP*, 284, 296）。ジョン・コロップは、『恋人の礼賛』'The praise of his Mistris' で錬金術の百合を次のように言っている。「もはや、かの綿毛のようにやわらかい胸を賞讃しないでくれ、／そこは純白の純粋なるエリクシルが休むところ。／薔薇の赤面も賞讃するな、／それは、朝のとばりをあけるもの。／霊妙なる百合も賞讃などしてはいけない、／それは煆焼の技なる優れた化学（キミストリー）をもしのぐもの」（1-6）。百合は、作業（オプス）の最終段階のルベド＊において達成される赤い石あるいはエリクシルを意味する赤い百合ないしは赤い薔薇と対にされる場合が多い。そのように対にされた花は、哲学の植物すなわち哲学の樹（アルボル・フィロソフィカ）（プリマ・マテリア＊）に咲く男性と女性の花を意味する。ロバート・フラッドは、『真理の黄金のまぐわ』で、錬金術師が薔薇や百合を用いるのは、旧約聖書の「雅歌」に由来するものであると指摘している。フラッドは、「野の薔薇と谷の百合に倣って、錬金術師は赤と白のエリクシルを表現した」（*TGH*, 122）と言っている（→flowers）。ヨハン・ミューリウスの『哲学の殿堂』*Basilica philosohica* の図版 7 は、錬金術におけるヘルマプロディトス＊（哲学者の石を形成する男性の物質と女性の物質の結合体）がその両手に白い百合と赤い薔薇を持っているところを表現している。作業（オプス）の女性的、月の要素を象徴する白い百合は、化学の結婚＊において、作業（オプス）の男性的、太陽の要素を表す赤い薔薇（赤い百合の場合もある）と結合される。

lily（red）　百合（赤い）　→lily
limation　やすりがけ

やすりによる肉体の溶解。このやすりがけの作業は、一般的には limation よりも filing の語を用いて呼ばれる（バセット・ジョーンズ、*AP*, 351-2）。『化学の束』で、アーサー・ディーはリプリーの『化合物』の散文版を引用して次のように言っている。「あなたが作業を仕損じることのないように、肉体が水銀で精妙にやすりがけされる（limated）ようにするとともに、太陽の割合と月の割合を等しくして微細化されるようにしなさい、ことごとく塵に還元されるまで」（46）。同書を英訳したエリアス・アシュモールは、自身の所有していたその刊本の中で、この「やすりが

● L

けされる」limated の語に下線を引き、その余白に fyled〔=filed〕と書き込んでいる（*FC,* 46）。

limbeck　リンベック　→alembic, head
linen　リンネル類　→laundering
lion　獅子　→green lion, red lion
liquefaction　液化
　固体を液体に還元すること。錬金術において、これは、創造における原初の材料、すなわちプリマ・マテリア＊へと「石」の不純な金属あるいは質料（素材）を溶解すること（ニグレド＊という黒色化の段階において）と同義である。『黄金の回転』'The Golden Rotation' によれば、物質の煮沸は「石の液化、つまり 術 の始まりのしるしである黒色がいくらかでも」現出してくるまで、穏やかで、ほどよい火でおこなわれなければならないという（f.24v）。アルテフィウスは、「金、われらの肉体」に対して「溶解作用を持つこのわれらの水の中で液化すなわち溶解を繰り返す」ように言っている（*SB,* 4）。マスグローヴによれば、ロバート・ヘリックは『ジュリアの纏いし服に寄せて』'Upon Julia's Clothes' の錬金術的文脈で液化のイメージを用いている。「わがジュリアが絹の服に包まれる時、／その時、まさにその時、（私にはそう思われたのだが）なんと甘く、／彼女の服が溶けて液化していくことか」（マスグローヴ『ヘリックの錬金術用語』'Herrick's alchemical vocabulary', 261）。

lovers and the tomb　恋人たちと廟　→chemical wedding, grave
ludus puerorum　ルードゥス・プエロールム（子供の遊び）
　作業における逆転＊の過程、すなわちソルウェ・エト・コアグラ＊（溶解と凝固）。サロモン・トリスモジンの『太陽の輝き』*Splendor Solis* は、錬金術の「子供の遊び」を図解している（pl.20）。そのエンブレムに付されたテキストは「その点で、この 術 は子供の遊びにたとえられるが、子供は、遊んでいる時、それまで最高であったものを、次には最低のものに変えてしまう」と言っている（39）。ソルウェ・エト・コアグラは、硬質のものが軟質のものとされ（肉体が霊（精気）に溶解されること）、また軟質のものが硬質のものとされる（霊（精気）が形相に凝固させられること）パラドクシカルな過程である。そのようにして、それらの相反物は1個の存在に合体させられることになる、つまり肉体と霊（精気）が結合させられるのである。『世界の栄光』*The Glory of the World* では、「土」を軟化し、「水」

195

を硬化するこの過程を、「通りにいる子供」が「乾いて砂のようになっている土に水を注ぎ、それを練って全体を1つの塊にしている」ことにたとえ、「そうしたわけで、賢者たちは、われらの過程を子供の遊びと呼ぶのである」と説明している（*HM*, 1:239）。「子供の遊び」という用語はまた、作業の単純性を表現するためにも用いられる。『黄金論』*The Golden Tract* は、「あなたが作業をしっかりと理解すれば、それは単なる子供の遊びにすぎないのである」（*HM*, 1:40）と、また、エドワード・ケリーは、ある無名の受取人に助言する手紙で「火を調整することは、単なる子供の遊びにすぎない」と言っている（『選ばれし者の2つの論』53）。「女の仕事*」という別称は、この場合の「子供の遊び」と互換性のあるものとしてとして用いられる。「われら術は、女の仕事を伴う子供の遊びである」Ars nostra est ludus puerorum cum labor mulierum という言葉が、ジョン・ディーの1584年に借りていたプラハの家の研究室の壁に銘文としてかけられていたが、その家はルドルフ2世の錬金術の顧問タデアーシュ・ハーイェク博士のものであった（カソーボン『真正にして忠実なる物語』*True and Faithful Relation*, 212）。また、「ルードゥス・プエロールム」は、論文集『化学と呼ばれし錬金の術』（バーゼル、1593）所収の錬金術の論文のタイトルにもなっている。

Luna　ルナ

作業における女性の原理（原質）、生ける銀*、金属の女性の種子。また、ルナ、月、あるいはディアーナ*は哲学の銀を象徴する（図23）。チョーサーの錬金術師の徒弟は、聴衆に「ソルは金を表し、ルナは銀と、私たちは主張しているんです」と説明している（『錬金術師の徒弟の話』*Canon's Yeoman's Tale*, 826）。哲学の銀とは卑俗な銀とは異なる物質である。『ゾロアストロの洞窟』は、マルシリオ・フィチーノを引用して次のように言っている。「術によって調製される場合の金属はすべて、ソル、ルナ、メルクリウスなどと呼ばれる。というのも、それ以前は単なる金、銀、水銀にすぎなかったからである」（65）。ハリドは、「ルナは、月の作用によって、完全に精妙なメルクリウスと、純白の硫黄からつくられる」と説いている（『秘密の書』*Booke of the Secrets*, 126）。また、コルソンの『成熟した哲学』*Philosophia maturata* は次のように説明している。「ソルとルナは赤と白の土以外のな何ものでもないが、その土に、自然は純粋で、精妙な、赤と白の生ける銀を完全に結合して、そこからソルとルナを生み出したのである」（2-3）。ルナはまた、白いエリクシルや、卑金属を純粋な銀に変成する白い石の名称でもある。ルナは、「石」の質料（素

● L

図23 ルナ。『聖三位一体の書』(17世紀) *GU* ファーガソン手稿 4, f. 15V より。

材)が絶対的な純粋性に到達する、完全なる白色化の段階の達成を象徴する。フィラレテスは次のように言っている。孔雀の尾＊すなわち作業(オプス)における多色化の段階を達成した後、「ルナが完全で、白のうちでも最も白いものになるのを待ちなさい。それは20日間でだんだんとより光り輝いて美しいものとなるだろう」(*RR*, 23)。

ルナは花嫁であり、王であるソルの白き女王＊、妻である。ルナは、湿っていて、冷たく、受動的な原理(原質)であり、化学の結婚＊において、乾燥していて、熱く能動的な原理(原質)であるソルと結合されなければならない。エドワード・ケリーは、この問題に関して、錬金術の権威セニオルを引用して次のように言っている。「ソルである私は乾燥していて熱いが、ルナであるあなたは、冷たく湿っている。私たちが密閉された部屋で結婚させられる時、私は優しくあなたの魂をこっそり盗み去るだろう」(『選ばれし者の2つの論』38)。ルナは、ソル(金)の種子が蒔かれる畑すなわち白い薄層からなる土(テラ・アルバ・フォリアータ)＊と表現される場合もある。ソルとルナの結婚から哲学者の石が生まれるので、ルナは哲学の子供あるいは石の母となる。『エメラルド板』＊の第3の原理は、「石」に関して「その父は太陽であり、その母は月である」と言っている。エドワード・クラドックは、『哲学者の石に関する論』でこの古くからの伝統的錬金術の観念を確証している。「われらのソルがわれらの石の父であるのと同様に、/われらのルナも母であると、学識あるかの著述家たちの

197

／誰もが共通してそう呼んでいる」（*AP*, 16-17）。ベン・ジョンソンの『錬金術師』では、サリーが、数え切れないほどの錬金術の用語のリストの中に「あなたの太陽、あなたの月、あなたのアドロプ」としてあげている（2.3.191）。ルナはまた、緑の獅子が砂風呂で暖められる時に受器にたまる乳のような湿り気と同一視される場合もある。コルソンの『成熟した哲学』は、「白い蒸気がはじめて現れたら、火を少しずつ正確に増大させていかなければならない。そうすることで、受器は何かどろどろした乳のような湿り気を帯びるが、それがわれらのルナである」と述べている（31）。心理学的に言えば、ルナは想像の領域を支配する。アルベドという白色化の作業は、潜在意識と、潜在意識に支配されている肉体の無意識的な行動の浄化に関係している。これが達成されると、浄化された魂は照明された状態になる。

lunar fruit, lunar plant or tree　月の果実、月の植物ないしは樹 →fruit, philosophical tree

lunaria　ルナリア（銀扇草）→philosophical tree, white stone

lute　封泥

　レトルトないしはアレンビックの栓を密閉するために錬金術師が用いる不浸透性の物質。『ヘルメスの燃える水』*Hydropyrographum Hermeticum* によれば、「容器は、霊（精気）が飛び去らないように、しっかりと〈封泥を塗って〉閉じられていなければならない」（フープライト『化学の金の泉』*Aurifontina*, 27）。封泥は、ハリドが「貴重なる石を取り、それをククルビタに入れ、アレンビックとともにそれに蓋をして、知恵の封泥でしっかりと閉じ、非常に熱い糞の中に置きなさい」と言っているように（『秘密の書』*Booke of the Secrets,* 46）、「知恵の封泥」と呼ばれる場合が多い。『ヘルメス・トリスメギストゥスの黄金論』*Hermetis Trismegisti Tractatus Aureus* は、ルトゥム・サピエンティアエ（知恵の封泥）の処方について次のように述べている。「粉末状に乾燥させた膠を1オンス、大麦の花、クロクス・マリティス（硫化鉄）、あるいはカプト・モルトゥム、硫酸1オンスを取り、すべて細かい粉にし、それをコンフリーの汁及び卵の白身と混合して、ちょうど封泥状になるようにしなさい」（*MP*, 236）。チョーサーの『錬金術師の徒弟の話』*Canon's Yeoman's Tale* では、徒弟が「ガスがちっとも外へ出て行かないように、ポットや容器に封泥を塗ること」というように封泥について触れている（766-7）。また、ベン・ジョンソンの仮面劇『宮廷で錬金術師たちから擁護されるマーキュリー』*Mercurie Vindicated* で、マーキュリー〔＝メルクリウス〕は、迫害者である錬金術師のバル

● L

カン〔＝ウルカヌス〕に対して、非難するように次のように言う。「あなた、あなたの目的としていることが、私の頭と踵から翼をもぎとり、私をガラス容器の中に封泥で密閉して閉じ込めることであるのはわかっています」(121-4)。マスグローヴは、ロバート・ヘリックが、『ジュリアの声に寄せて』'Upon Julia's Voice' の中で、次のように melt と lute の語の音楽的及び錬金術的意味を利用していると論じている。詩人は「あなたの声に、(中略) 心を溶かすように (melting) 快く聞こえる言葉に、琥珀のリュート (lute) に」耳を傾けている。ここでマスグローヴは、ラヴォワジエが用いた化学用の封泥は蝋で溶かされた「松やに」(琥珀) からつくられていたと説明を加えている (マスグローヴ『ヘリックの錬金術用語』'Herrick's alchemical vocabulary' 258)。さらにこの詩の次の詩でも、ヘリックは melt と lute のメタファーを続けて用いている。「だから、(心) 溶かされて (melted)、／恍惚となり、茫然と我を忘れたままでいさせてほしい。／そしてあなたの音楽に魅せられ無言となった私を、／死んで、リュート・封泥 (lute) とならせてほしい」(5-8)。

199

● M

magistery, magisterium　マギステリウム

　強力な薬剤。錬金作業あるいは大作業の名称。哲学者の石＊の達成・獲得。ジョンソンの『錬金術師』で、サトルは「今日がその日なんだ、おれがあいつのために／マギステリウム、われらの世紀の大傑作、つまり石を完成してやることになっている約束の」(1.4.13-14) 時に、サー・エピキュア・マモンが寝ていることに驚きを表す。マギステリウムとは、文字通りの意味は熟達・支配であるが、物質の「効力」あるいは凝縮・純化された精髄の名称でもある。パラケルススは次のように述べている。「従って、これがマギステリウム、すなわち全く分離されることもなく、あるいは諸元素を調製することもなく、事物から抽出されるものである。だがそれでも、事物の効能や効力は、補助剤によって、当該の素材に引き入れられ、そこに保存されるのである」(Archidoxis, 78)。エドワード・ベンローズは『テオフィラあるいは愛の犠牲』Theophila or Loves Sacrifice で神の言葉の潜在的影響力を錬金術のすなわち「マギステリウムとしての金」にたとえている。「あらゆるヴァチカンの宝もドロスにすぎず、これこそがマギステリウムとしての金である」(13)。→medicine

magnesia　マグネシア

　マグネシウム、磁鉄鉱、二酸化マンガン、アンチモンの星＊を含め、多くの鉱物を包含する用語。アルベド＊の段階で達成される純白の土あるいは石の質料（素材）の名称。クウィンタ・エッセンティア。『ゾロアストロの洞窟』は「テラ・アルバすなわち白い土、白い硫黄、白い蒸気、雄黄、マグネシア、エーテルはこの術においては同一のものを意味する」と言っている (66)。シネシウスは、この物質について「というのも、それは白い水銀、白いマグネシア、薄層からなる土である」と述べている（『真理の書』The True Book, 173）。アイザック・ニュートンは、『諸命題』'Propositions' で「マグネシア」というコードネームを、能動的で生気論的錬金術の作用因であるメルクリウスに与えており、また『実地』においては、マグネシアを、錬金術師のクウィンタ・エッセンティあるとしている (Janus, 24-5, 162)。

200

● M

『黄金の回転』'The Golden Rotation' も同様に、マグネシアを 4 元素の結合から生成される第 5 元素すなわちクウィンタ・エッセンティアと同一視している。「それは、同じ割合の 4 つの性質からなるが（中略）永久に火に耐えうる、混合・凝固された物質である。そして、あらゆるものを燃焼することから守り、揮発性であるすべてものを固定化させる」（f. 50）。チョーサーの錬金術師の徒弟は、プラトンの弟子が師に次のように尋ねたという話を語っている。「〈マグネシアというのは何のことですか、教えてください、お師匠様〉。／〈それはね、いいか、4 大元素から作られた水なんだよ〉とプラトンは言った」（『錬金術師の徒弟の話』 *Canon's Yeoman's Tale*, 1458-60）。『ゾロアストロの洞窟』は、哲学の水銀がマグネシアと「銀の泡」＊からなると述べている。「われらの水、つまりマグネシアと混合された銀の泡は、肉体から暗き影を取り去る」（75）。

marble　大理石

　哲学者の白い石＊の象徴。『世界の栄光』 *The Glory of the World* は、錬金術師に「われらの石が白い大理石と同じくらい光り輝くようになるまで、煮詰めなさい。さすれば、それは効力のある偉大な石となる」と助言している（HM, 1: 205）。大理石はまた、物質をすりつぶすための一種の台としても用いられる。コルソンの『成熟した哲学』 *Philosophia maturata* は、ソルとルナを煆焼する方法に関する処方を次のように述べている。「ソルとルナを水銀と合わせてアマルガムにし、それを、水銀が見えなくなるまで、全く湿り気がないように調製された塩の粉末を用いて大理石の上ですりつぶしなさい」（75）。→albedo

marriage　結婚　→chemical wedding

Mars　マルス

　惑星、神、金属の鉄。チョーサーの錬金術の徒弟は、聴衆に「マルス（火星）は鉄で、メルクリウス（水星）は水銀である」と説明している（『錬金術師の徒弟の話』 *Canon's Yeoman's Tale*, 827）。ジャン・ドゥ・ラ・フォンテーヌは、『知の喜ばしき泉』'The Pleasant Founteine of Knowledge' で、マルスの属性に関して「マルスは固く、重く、不完全で、／他の何ものよりも最も比重が大きい［すなわち濃密ないしは高密度である］」と注解を加えている（*AP*, 107）。B. J. ドッブスは、鉄は還元剤としてとりわけ一般的なものであり、アンチモン鉱に適用されると、それを星型に結晶化させ、アンチモンの金属塊を生成すると述べている（『ニュートンの〈鍵〉』

201

'Newton's "Clavis"' 199）。マルスは、ミヒャエル・マイアーの『逃げるアタランテ』のエンブレム 8 に付されたエピグラムにも登場する。そこでは、容器の中の「石」の質料（素材）に関して次のように言われている。「燃えさかる剣で、卵に注意深く一撃をくだし（慣習のように）、／マルスにウルカヌスを手助けさせなさい。さすればそこから立ち昇る鳥は、／鉄と火の征服者となるだろう」（AF, 95）。この場合、マルスは、鉄、すなわち火としてのウルカヌス＊を、鳥＊は、卵＊という容器から生まれる哲学の子供＊ないしは石を意味している。ハインリッヒ・クンラートによれば、作業の過程において、マルスの支配する期間はウェヌスの支配の後に訪れる。マルスの支配は、孔雀の尾＊の虹色が容器に現れ、白色化の段階すなわちアルベド＊の到来を告げる段階と関連している（MC, 289）。

Mary's bath　マリアの浴槽　→bain-marie
massa confusa　マサ・コンフサ（混沌物質）→chaos
matrass　マトラス
　錬金術師が蒸留に用いた、胴体が丸く（卵形の場合もあるが）、長い首を持つガラス容器。ヴィクトール・ユーゴーの『ノートル＝ダム・ドゥ・パリ』Notre-Dame de Paris では、クロード・フロロの工房が錬金術の容器で雑然としている様子が、「ストーブの上には、陶製のフラスコ、ガラスのレトルト、黒灰色のマトラスなどのあらゆる種類の容器が乱雑に積み上げられていた」（36）というように描かれている。

May dew　五月の朝露　→dew
medicine　薬剤
　哲学者の石＊ないしはエリクシル。「石」は、鉛、錫、銅、鉄などのような「病んだ」つまり不完全な金属を治療し、純粋で完全な金に変成することができる、奇跡的な力を持つ永遠なる物質とされる（→leprosy, prima materia）。フランシス・ベイコンは、サー・エドワード・ダイアーが、カンタベリーの大主教に次のように語ったと記録している。「わたしは、［エドワード］ケリー氏が卑金属を坩堝に入れるのを見たが、それを少し火にかけてから、非常に少量の薬剤を入れ、木の棒でかき混ぜると、それは、試金石で調べても、叩いても、化学的に調べてみても完全なる金を大量に生み出した」（『格言集』Apophthegms, 1:122）。あらゆる金属は潜在的に金であると理解され、金属にはそれが形成される地の鉱脈において、いわば病

気に感染するように不純物が混入してしまったが、それは病にかかっているすなわち癩を病んでいる状態であり、完全なる薬剤すなわち哲学者の石で治療することができると考えられた。ハリドは「われらの薬剤は、きわめて不完全な金属を変質させるが、ひとたびその薬剤によって完全なる状態を達成すれば、それ以上なすべき必要は全くないだろう」と言っている（『秘密の書』*Booke of the Secrets*, 120）。加えて、「薬剤」は、人からあらゆる弱点や病を取り除き、若返らせ、地上的な人間から照明された人間へと変容させることができる万能薬でもある。フィラレテスによれば、ティンクトラとしての「石」を手に入れた 達 人 は、「生命を延ばすだけでなく、あらゆる病も癒す万能薬を持っているのである」（『明かされた秘密』*Secrets Reveal'd*, 119）。シェイクスピアも、『アントニーとクレオパトラ』*Antony and Cleopatra* で錬金術の薬剤のメタファーを用いており、クレオパトラは彼女の従者アレクサスに次のように言っている。「マーク・アントニーとは似てもつかぬお前。／でも、あの方のところから戻ってきたおかげとみえる、大した薬の効き目だこと、／その 色 に染まって、お前まで金色に輝いている」（1.5.34-6）。『ヴォルポーネ』*Volpone* で、ジョンソンは、モスカとコーバッチオに、物質としての世俗的な意味での金が普遍的な万能薬であると冗談めかして言わせている。金は「天の妙薬、（中略）万能薬」である（1.4.69-72）（→venom）。

melancholia　メランコリア（憂鬱）

　死をもたらす作業の初期段階、つまりニグレド＊あるいはメラノーシスと関連する精神の状態。「石」の金属すなわち質料（素材）（つまり古い存在状態）が死んで、溶解され、プリマ・マテリアに還元される間に、錬金術師は苦しみと憂鬱（メランコリア）に直面し、それを経験する。この悲嘆と犠牲の時はサトゥルヌスの支配と呼ばれる場合が多い。ユングは次のように述べている。「ニグレドは、解体、苦悩、死、地獄の責め苦を実験に携わる錬金術師の目前にありありと見せつけるだけではなく、ニグレドに備わる憂鬱（メランコリア）が実験者の孤独な魂に影を落としもした」（*MC*, 350）。古き存在状態の死をもたらすことになる、プシュケーによるこれまで隠されていた影の認識は、ノックス・プロフンダ（深き闇）、すなわちそこから抜け出すことがほとんどできないように思える深い暗闇の状態として経験される。『黄金論』*The Golden Tract* の語り手は、花嫁と花婿（生ける銀＊と硫黄＊）が熱せられたアレンビックの中で抱擁するのを目の当たりにし、彼らの死を見て恐れと苦悶に打ちのめされる。「夫の心臓は過剰な愛の熱情で溶かされ、彼は

粉々に砕けて倒れた。彼を愛する妻が（中略）これを見て、彼のために涙を流し、いわば、彼が全く水の中に没して、視界から隠されてしまうまで、溢れる涙で彼を覆った。しかし、そういった嘆きや涙は、それほど長くは続かなかったが、それは、過度な悲しみに弱り果てて、彼女もとうとう自分自身を破壊してしまったからである。私の変化にきわめて直接結びついていた人々が目の前でいわば溶かされ、死んで横たわっているのを見た時、何という恐れと苦悩が私を襲ったことか」（*HM*, 1:47）。→beheading, flood, night

menstruum　メンストゥルウム（溶媒・月経血）

哲学者の水銀としての溶媒。これは、錬金術師が金属を溶解してプリマ・マテリア＊としたり、彼らの物質を金に成熟させたりするために用いる媒体である。『黄金論』*The Golden Tract* は、ルルスを引用して次のように言っている。「ライモンドゥスによれば、〈というのも、メンストゥルウムの知識は、それなしではこの術（マギステリウム）の大いなる業において何もなしえないものである〉。〈それが金属を溶解している間、何も金属を保護するものはないが〉、〈われらのメンストゥルウム〉は、ライモンドゥスがさらに『遺言』'Codicil' で言っているように〈それによって、金属は溶解されるものの、その本質的な特性は保存される水なのである〉」（*HM*, 1:38）。この溶媒がメンストゥルウムと呼ばれるのは、溶解される金属からその種子ないしは精子を解放するからである。そしてこの種子から哲学者の石＊や金が、アレンビックという子宮の中で生成される。このメンストゥルウムは、水銀の獅子＊、蛇＊あるいは竜＊によって象徴される場合が多い。また、緑の獅子＊の血＊、ヘルメスの川、泉としても知られる。コルソンの『成熟した哲学』*Philosophia maturata* は、緑の獅子が砂風呂で熱せられると、白い蒸気が立ち昇り、「また、それとともに、哲学者の赤い金と呼ばれるきわめて赤い油、悪臭を放つメンストゥルウム、哲学者の太陽、われらのティンクトラ、燃える水、緑の獅子の血も生じる」と述べている（31）。ジョンソンの『錬金術師』で、サトルはフェイスに「確かに、お前は自家溶媒（メンストゥルウム）の中で／溶かしたんだろうな」と尋ねている（2.3.70-1）。

mercurial water　水銀の水　→ bath, dew, fire, fountain, Mercurius, rain, sea, tears

Mercurius　メルクリウス

錬金術における中心的なシンボルで、これに相当するギリシャ神話の神名ヘルメ

● M

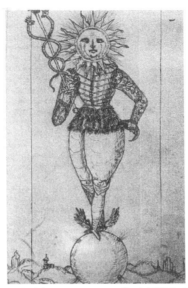

図24　メルクリウス。*GU* ファーガソン手稿6, f.ii7 より。

スとしても知られ、万能変成作用物質を象徴する（図24 →図3）。錬金術師は、一般的な水銀（Hg）と、哲学の水銀、すなわち硫黄＊と生ける銀＊（作業の第1段階での水銀）の結合によってつくられるメルクリウス（「われらの水銀」）とを区別することをきわめて重視する。『黄金論』*The Golden Tract* も、「われらの水銀は一般に言われる水銀ではない」（*HM*, 1:27）と強調している。コルソンの『成熟した哲学』*Philosophia maturata* は、全く物質的な錬金術師が思い違いをしていることについて次のように言っている。「このわれらの時代に、こつこつと誠実に哲学者のティンクトラを見つけ出そうとする者を知らないが、ほとんどの者が一般に言われている水銀を求めて愚かしいほど、むなしく努力している」（6）。哲学の水銀とは、『ゾロアスターの洞窟』が言っているように、錬金術師の術（アルス）によってつくられた水銀のことである。「すべての金属は、それが術（アルス）によって調製されると、ソル、ルナ、メルクリウス等と呼ばれる。というのも、それ以前は単なる金、銀、水銀にすぎなかったからである」（*ZC*, 65）。

　メルクリウスは、錬金術師の魔法の秘薬、それなしには作業を成し遂げることができない、変質作用を持つ物質の象徴である。メルクリウスは、すべての金属の母であり、他のすべての金属が生み出される物質である。ジャン・ドゥ・ラ・フォンテーヌは次のように言っている。「メルクリウスとは生ける銀、／7つの金

属をすべてにわたって支配するものであり／そのすべての金属にとって、／不完全なるものを完全なるものとする／継母であり、母でもある」（*AP,* 93）。また、メルクリウスあるいはヘルメスは、物質の最も深いところに隠されている神的霊（精気）、自然の光、世界霊魂の呼称であるだけではなく、哲学者の石＊をつくるためにまさしく解放されなければならない生命の霊（精気）の名称でもある。メルクリウスは水（神的水、われらの水、手を湿らすことのない水、燃える水、生命の水、永遠の水）と呼ばれる場合がきわめて多いが、同時に火（われらの火）や、また火にして水（「というのも、これは水であり、しかも火である」─フィラレテス『精髄』*Marrow,* 68）と言われたりもする（→fire）。他の場合には、メルクリウスは、雲や蒸気で象徴される空気的な霊（精気）ないしは魂とみなされるが、それは、錬金術師たちが彼らの変質作用を持つ物質の霊（精気）的な性質に気づいていたことを示唆している。ハリドは「われらの水銀は空気的である。だから、空気の中に、土の中にそれを求めなさい」（*ZC,* 59）と言っている。

　メルクリウスは、作業の間、至る所にいつでも存在している。暗く、地下にいるような作業の初期段階から、神的で勝利に満ちた完成に至るまで、メルクリウスは作業の初めに求められるプリマ・マテリア＊（金属の「母」）であると同時に、究極の物質（哲学者の石）、それ自身の変質の目的でもある。メルクリウスは、作業の材料であるだけではなく、その材料が経ることになるあらゆる工程をも象徴する。つまり、メルクリウスは作業の材料であると同時に、作業の工程でもあり、また、そういったすべてを完成・達成させる作用物質でもある。マイアーの『逃げるアタランテ』のエンブレム 14 に付されたエピグラムは、このメルクリウスのパラドクシカルで謎めいた力について「それは自らをむさぼり喰らい、自らをはき出し、自らを殺し、自ら再生する」（66）と述べている。『ゾロアスターの洞窟』ではラシスを引用して次のように言っている。「というのも、それは自ら溶解・結合し、自らを黒色化、黄色化、白色化、赤色化していき、自らと結婚し、子を孕み、産み、すべてを完全なるものへと至らしめる」（67）。メルクリウスは、浄化という錬金術の作業を構成する、何度も繰り返されるソルウェ・エト・コアグラ＊（溶解と凝固）のサイクルをコントロールする、いわば重要な支配者である。メルクリウスを介して、物質は霊（精気）化・浄化され（溶解）、霊（精気）は物質化（凝固）される。『哲学者の薔薇園』はメルクリウスについて「メルクリウスは殺し、再生させる水である。（中略）それは溶解、凝固させる水である」（マクリーン『薔薇園』18）と言っている。作業の初めに、メルクリウスは、古き金属つまり古い存在状態

を「殺し」、それを溶解してプリマ・マテリア（メルクリウスとも呼ばれる）とする暗く破壊的な力となって現れる。この役割において、メルクリウスは究極の溶剤である。それからメルクリウスは自ら変質し、死をもたらす有毒な水から、生命をもたらす神的なエリクシルに変わる。このメルクリウスは、アレンビックの底にある（金属ないしは魂の）黒色化して死んでいる肉体に、驟雨となって降りそそぎ（涙 *、雨 * あるいは露 *）、それを洗浄・純化し、再活性化して、化学の結婚において魂ないしは霊（精気）と結合する準備を整えさせる生命の水である。形而上学的に言えば、メルクリウスは偽りと幻想を消し去り、真理が現れるのを可能とするかの神的愛の 精 髓（エッセンティア）を伝えるのである。迅速な先触れの神として、メルクリウスは、より偉大なる本来の自己と、日常の限定された自我との間の光路、通信手段を開く。この仲介者を通して、最終的に肉体は現世的な必滅性から不滅性へと変成されるのである（ホジソン『占星術』*Astrology,* 40）。

　メルクリウスは、錬金術師に対して、破壊的かつ創造的な相反するに二重の性質を持った力として現れる。バシリウス・ヴァンティヌスは、作業（オプス）の重要な秘義とは「二重の性質を持つメルクリウス」であると示唆している（*HM,* 1:352）。実際にメルクリウスは、考えられるあらゆる相反物からなる。様々なテキストがメルクリウスを暗くかつ明るい、可視であると同時に不可視である、若くかつ年老いている、固くて柔らかい、固定化されていると同時に揮発性であるものと称している。メルクリウスは、善なるものと邪悪なるものとの交わりを等しく享受しながら、地を飛び回るとも言われる。バセット・ジョーンズの『化学の石』'Lithochymicus' で、アルスラーゲンは、メルクリウスを「かの俊足なる神」、「この敏捷な翼」を持った「怠け者」、「逃走する盗人」と呼んでいる（*AP,* 284, 248）。メルクリウスは、変幻自在で、逃げやすく、不誠実で、変わりやすく、しつこく悩ます霊（精気）であるが、錬金術師によって捕獲され、飼いならされると、魔法にかかったように自発的かつ忠実で、役に立つ協力者あるいは助けになる従者となる（→図3）（→cervus fugitivus）。「変わりやすい」水銀は、錬金術師によって「一定なるもの」とされなければならない。『楽園の喪失』で、ジョン・ミルトンは、哲学の水銀の固定化をヘルメスを縛りあげることとして表現している。「彼らは巧みな技術によって／移り気な水銀神（ヘルメス）を縛り、また種々の姿をとる／老プロテウスを、縛らずに海から呼び出し／リンベックにかけてものとの姿に還そうとした」（3.602-5）。メルクリウスの足を切り取ること（通常はサトゥルヌスの大鎌 * によって）もまた、逃げやすい、揮発性の水銀の固定化を象徴する。

悪霊と交わる、逃げやすく捕らえにくい不誠実なメルクリウスは、同時に、罪を贖う、魂の導き手（プシュコポンポス）でもある。メルクリウスが汚されることもなく自由に光と闇の両世界に関与できるということが、メルクリウスを、エデンの園からの人間の転落において生じたと考えられる、人間の分割された状態を結合することができる、完全なる仲介の架け橋とする。古代異教の神として、メルクリウスは、その両義性にもかかわらず、いやおそらくはむしろその性質のために、本来的に不可分性を有しているのである。錬金術師は、そのように外的には変幻自在な柔軟性を持ちながら内的には単一なるものに統合されていることが、人間の堕罪以後の分割された状態を解消するためにまさしく必要とされる属性であると理解した。それ故に、当然のこととして、錬金術師は啓示、商業、霊的交渉、伝達の異教神を、彼らの秘薬の象徴として選んだのである。もう１つのメルクリウスの二重性の現出の仕方は、ヘルマフロディトスとしてのその役割にある。ミヒャエル・マイアーの『真面目な遊戯』*Lusus Serius* では、メルクリウスは、あらゆる自然の創造物の中から「王」という称号をねらって張り合い、自分はヘルマフロディトスであるという、優れて有利な強みを持っていると主張する。「メルクリウスはヘルマフロディトスであり、他の金属の父にして母である」(119)。また、ベン・ジョンソンの仮面劇『宮廷で錬金術師たちから擁護されたマーキュリー』*Mercurie Vindicated from the Alchemists at Court* では、マーキュリー〔＝メルクリウス〕は、自分が従わざるをえない終わりのない錬金術の工程や拷問と、彼に与えられたヘルマフロディトスを含めた数多くの役割におどけた調子で不平を言っている。「私は、彼らの原料、昇華物、沈殿物、油性のもの、男性的なもの、女性的なものであり、ヘルマフロディトスの場合もあるが、彼らが私を呼ぶために列挙するものが私である。腐食させられ、高揚され、昇華され、還元され、抽出され、濾過され、洗浄され、汚れを取り除かれるのが私である。彼らの塩やら彼らの硫黄、彼らの油、彼らの酒石、彼らの塩水、彼らの酢剤のせで、今や酢漬けのマーキュリー、今や塩漬けのマーキュリー、今や燻製で干物のマーキュリー、今や粉々のピクルスのマーキュリー、もう私を取り出してくれてもいいんじゃないですか」(51-60)。ヘルマフロディトスのメルクリウスには、プリマ・マテリアとして金属の男性と女性の種子、すなわち、哲学の硫黄として知られる、熱く、乾燥していて、能動的な男性の原理（原質）と、冷たく、湿っていて、受動的な女性の原理（原質）である哲学の生ける銀（水銀でもある）が含まれている。『ゾロアストロの洞窟』は次のように言っている。「作業の初めにおいて［ソルとルナ］は、その最初の性質すなわちメルクリウスに還元されるので、彼らはそこからはじめる」のである。「そういうわけで、友であるあなたたちに、ソルと

ルナ以外の何も対象とせず、それをその第1質料すなわちわれらの硫黄と生ける銀に還元するように忠告する」（*ZC,* 68）。究極の物質すなわち「石」として、メルクリウスには、赤くかつ白いティンクトラあるいは石、ソル＊（男性、金、霊）であると同時にルナ＊（女性、銀、純化された肉体）であるティンクトラが含まれている。

　ほとんどの錬金術のテキストでは、ソルとルナの化学の結婚は、第3の仲介する原理（原質）がなければ起こりえないとされている。このコンイウンクティオの媒介物が、男性と女性の両方の種子を含み、ソルとルナを結合させる物質メルクリウスである。この場合、メルクリウスは、「肉体」と「霊」（精気）を結合させる「魂」（アニマ）として表現される場合が多い。けれども、ペトルス・ボヌスが証言しているように、メルクリウスは「魂」と「肉体」、形相と質料を結合する「霊」（精気）として表される場合もある。ボヌスによれば、「アニマ・カンディダ（純白の魂）が完全に上昇させられると、それと同時に、術師はそれをその肉体と結合する。というのも、肉体を持たないアニマ（魂）は、確保することができないからである。しかし、アニマ（魂）は、霊（精気）の力による以外に、肉体の中に生きることも、そこに耐えることもできないので、そのような結合が霊（精気）の仲介によってなされなければならいのである」（*ZC,* 85-6）。こうしたことがどのように表現されようとも、メルクリウスは常に仲介者である。『哲学者の石』 *The Stone of the Philosophers* で、エドワード・ケリーは、錬金術師に対して「それら［ソルとルナ］を、メルクリウスを介して結合する」ように助言している（『選ばれし者の2つの論』28）。この役割において、メルクリウスは、夫婦の絆を結ぶ司祭、愛の磁石の矢を射るクピドー＊ないしはエロスとして、化学の結婚において肉体と霊（精気）（あるいは魂）を結びつける樹脂＊あるいは膠＊と呼ばれる。水銀の水もまた、ソルとルナの結合から生まれた胚の状態にある「石」に至高の食物を供給する。水銀の血あるいは乳＊として知られるこの食物は、成熟していく「石」に与えられなければならい、生命と成長の活力そのものである。島、あるいは直接海から生えている、太陽と月（ソルとルナ）の哲学の樹＊のエンブレムは、この水銀の水から、第5元素あるいは「石」が成長することを象徴している。

　メルクリウスには、それが錬金術の作業の様々な段階の間に見せる多くの姿を表現するために、莫大とも言える数の名前が与えられている。たとえば、それには竜＊、毒＊、強烈な酢剤、蛇＊、メリュジーヌ、獅子＊、ウロボロス＊、プリマ・マテリア、海、影＊、ウィルゴー（処女）、世界霊魂、霊、火、雄鹿、鹿、ケルウス・フギティーウス＊、魂の導き手、涙、露、雨、汗、血、処女の乳＊、賢者の水、祝福

されし水、黄金の水、アクア・ペルマネンス*、第5元素*、風、鷲*、双子、ヘルマフロディトス*、花嫁*、花婿、恋をしている人、恋人、小宇宙*（ミクロコスモス）、樹脂、膠（にかわ）、司祭、エロス、クピドー、蜂、樹*、花*、ティンクトラ*、エリクシル*、「石」*などがある。メルクリウスの形態と名称は様々であるけれども、本質的には1個のもの、1個の物質（すなわちメルクリス）である。次のラウレンティウス・ウェントゥラの言葉は、作業（オプス）におけるメルクリウスの役割を要約している。「われらのマギステリウムは、ただ1つのもの、すなわちメルクリウスによってはじめられ、完成される」Nostrum Magisterium incipitur, et perficitur, una re tantum, id est Mercurio（FCの扉絵）（→ AS, 193-250）。

　メルクリウスは、商人と商業の神であった。mercury と merchant の語は、共通の語源を持ち、ともに英語の商品 merchandise を意味するラテン語（merc-, merx）から派生した（OED）。錬金術師たちは、その術の性質上、莫大な富を生み出そうとする計画に関与していた。ジョン・ディーは、様々な貿易商や探検団と関わりを持っていた。また、最近では、サー・ウォルター・ローリーのギアナ旅行は、一種の錬金術的現地調査旅行、物質としての金だけだはなく、錬金術師の言うところの「黄金の王」の追求でもあったと言われている（ニコル『想像の都市』Creature, 314-35）。錬金術師で、医者にして事業主であったヨアヒム・ベッヒャー（1635-82）は、神聖ローマ帝国皇帝の宮廷における彼の支援者たちに、生産と商業による物質的財産の増加に関する新しい観念を伝えるために、錬金術の言語に基づいた新しい話法を生み出した。ベッヒャーは、再生と増殖に関する錬金術のイメージを使用し、また、変成の仲介者、金を再生及び増殖させる者、商人と商業の保護者などとして、ヘルメスないしはメリクリウスという表象を多種多様な役割で象徴的に用いることで、商業的利益によって運営される世界を皇帝に理解させることができたのである（→スミス『錬金術のビジネス』The Business of Alchemy）。

metamorphosis　メタモルフォーシス（変容）

　錬金術師は、ある状態から別状態への物質の変化を表現する方法としてメタモルフォーシスの観念に関心を持っていた。錬金術の作業は、卑金属を銀や金へ、獣的人間を神秘的なホモ・マクシムス（最大の人間）へ変質・変容させること（メタモルフォーシス）であるとみなされた。ヨハネス・フレデリクス・ヘルウェティウスは、『黄金の仔牛』Golden Calf で、高名な医師テーオドール・ケッチェス博士なる人物から、錬金術とは「神的メタモルフォーシス」なりという銘文が刻まれたメ

●　M

ダルをもらったと述べている（*HM*, 2:281）。ルネッサンス期においては、メタモル
フォーシスの達人オヴィディウスによる神話が、変成の工程を表現するために、錬
金術師によって使用された。彼らはまた、オヴィディウスを謎めいた引喩の源泉と
して用いただけではなく、『変身物語』*Metamorphoses* や他のギリシャ・ローマ神話
が、ヘルメス学的・錬金術的著作として意図されたものであると主張した。バセッ
ト・ジョーンズは、ユーピテルとイオの神話に関して「オヴィディウスは、素晴ら
しき成果であるこの神話を／その生みの親のヘルメスの錬金書から巧妙に学んだの
である」と言っている（*AP*, 294）。マイアーは、ペトルス・ボヌスによれば、ホメー
ロスとオヴィディウスはヘルメス学の知恵を後世に伝えた人々に属するが、特にオ
ヴィディウスの『変身物語』には、哲学者の石の秘義が収められていると述べてい
る（*AE*, 8, 37）。マルティヌス・ルランドゥスの『錬金術辞典』は、「一般的に古代
の人々は神話・伝説を利用するが、エジプト人とギリシャ人のものは、もし自らの
著作で頻繁にそれに言及している哲学者たちの言説を信じることができるとすれば、
偉大なる作業という観点からのみ考え出されたものである」と述べている（382）。
『化学の石』‘Lithochymicus’ で、バセット・ジョーンズは、パエトンの日輪の車の神
話を、錬金術の作業における「2 つの敵対者」の調和・一致を理解する鍵として用い
ており、また、錬金の術は「オヴィディウスの著作において金属の意味に解釈する
ことができる」物語やエンブレムの「宝庫」を用いてこそ、その真理を語ることが
できると述べている（*AP*, 245, 293）。アーサー・ディーは、『化学の束』の第 5 章の
「論理的帰結」で次のように述べている。「この章では、オヴィディウスの『変身物
語』におけるパエトンの神話が余すところなく説明されている。また、イカロスな
る息子を持つダイダロスの物語に関しても同様である。この親子は、自ら鳥の羽で
翼をつくり、それを蝋で固定し、その翼によって幽閉された迷宮のかなたへ向けて
空を飛ぶと、イカロスはあまりに高く飛翔しすぎて、海に落ち、そこで溺死したが、
それは太陽が蝋を溶かしたのからだという。イカロスの父ダイダロスとは、昇華さ
れ、哲学的に凝固された自然の硫黄のことである。イカロスとは、同じ昇華された
硫黄のことであるが、術師の不適切な管理と激しい火にかけられ続け、溶けて水と
なり、死の海に埋葬されたもののことである」（*FC,* 81-2）。

　ミヒャエル・マイアーの『逃げるアタランテ』のタイトルと扉絵は、オヴィディ
ウスの『変身物語』からとられている。マイアーは、逃走するアタランテを、揮発
性で、捕らえにくいメルクリウス＊、つまり錬金作業における変質の作用因の象
徴として用いている。マイアーはまた、オヴィディウスの「ウェヌスとアドーニス」

211

'Venus and Adonis' の神話を、同じ著作のエンブレム 41 のエピグラムで使用している。ディアーナとアクタイオーンの神話は、ミューリウスの『哲学の殿堂』*Basilica philosophica* のエンブレムの 1 つの主題であり（pl.6, row 4, no. 2）、この神話はまた、ダニエル・ストルキウスの『化学の園』*Viridarium chimicum* の 92 番目のエンブレムとしても登場する（101）。アクタイオーンの成熟した雄鹿への変身は、ヘレニズムの錬金術の時代から変成の象徴として用いられてきたものであった。同様に、カドモスと彼の退治した竜の歯が兵士たちに変身した神話も、ウィリアム・バックハウスの『自然変成力』やフィラレテスの『開かれた入り口』*An Open Entrance* を含め（*TCB,* 342; *HM,* 2: 166）、多くの錬金術のテキストで触れられている。

microcosm　ミクロコスモス（小宇宙）

　哲学者の石。ペトルス・ボヌスは、「哲学者の石を（中略）ミクロコスモスすなわち小宇宙」と呼んでおり（『新しい貴重な真珠』*New Pearl,* 238）、トマス・ノートンは『錬金術式目』で「輝かしき名声のある崇高なる著述家たちは、／われらの石をミクロコスモスの名で呼んだ」と言っている（*TCB,* 85）。「石」の創造は、神自らによるマクロコスモスの創造をアレンビックという小世界の中で縮写した形で再現することを必要とする。「石」は「肉体」、「魂」、「霊（精気）」からなると言われるが、すべての元素が結合され、調和された完全なる小世界、マクロコスモスを完全に再現したものと考えられた。パラケルススは「石」関して次のように述べている。「また、石も、肉体、魂、霊（精気）からなる。まさしくそれだからこそ、彼らは、石をわれらのミクロコスモスとも呼んだのであり、それは、石が世界のあらゆるものの似姿を持っているからである」（『哲学者の曙』*Aurora,* 22）。

milk　乳　→virgin's milk
miscarriage　早産（自然流産）　→ abortion
moon　月　→Luna, Diana
Moor, Moorish king, Moorish ground　ムーア人、ムーア人の王、ムーア人の土地　→Ethiopian
Moor's head　ムーア人の頭　→head
mortification　モルティフィカティオ（死）
　物質の外的形態の化学的変質。また、金属すなわち「石」のための質料（素

材）が溶解されてプリマ・マテリア＊とされるための「死」。金属の死後、その金属の魂は容器の最上部へ解放されていくが、下では、肉体が腐敗し、黒色化する（→putrefaction, nigredo）。『ゾロアストロの洞窟』は「自然はそのすべての作用を分離［原文のまま］からはじめる。モルティフィカティオは分離へ向けた第一歩であり、かの目標への唯一の道である。というのも、肉体がその古い元の状態のままである限り、腐敗と死をぬきにして肉体を分離することはできないからである」（71）。この死を図解しているヨハン・ミューリウスの『改革された哲学』の 8 番目のエンブレム（エンブレム第 3 集）は、王が 10 人の敵によってまさにこん棒で打ち殺されようとしているところを表している。この王は、「石」のための質料（素材）を象徴しており、こん棒は、メルクリウス＊として知られる万能溶剤あるいは秘密の火を表象する。

Moses　モーセ

　錬金術師はモーセを偉大な預言者、自然哲学者、錬金術師と考えた。『全き賢者としての守門』 *The All-wise Doorkeeper* は、錬金術を「上にあるものと下にあるものすべてに関するモーセ・ヘルメスの学である」と呼んでいる（*HM*, 2: 301）。様々な錬金術のテキストにおいて、モーセは、錬金術の始祖としてヘルメス・トリスメギストゥスと代わる代わる登場する場合が多い。フィラレテスは次のように述べている。「トリスメギストゥスという添え名を冠されるヘルメスは、広くこの 術 の生みの親とみなされているが、その正体に関しては様々な意見がある。それはモーセであると言う者もいる」（*HM*, 2: 233）。10 世紀の有名なイスラムのテキスト『哲学者の群』（おそらくはギリシャ語資料を典拠としていると思われる）では、崇高なる錬金術の賢者たちの集団の 1 人にモーセを加えている。ベン・ジョンソンは、「モーセとその妹、さらにはソロモンが、この秘術に関して／書き残した書物を見せてやろう」とサー・エピキュア・マモンに言わせているが、その際、皮肉ってモーセを錬金術師と呼んでいることを聴衆は理解してくれるものと確信していたに違いない（『錬金術師』2.1.81-2）。モーセが書いたと言われていた「創世記」と、ヘルメスによるものと思われていた『神聖なるピマンデル』 *The Divine Pymander* は、錬金術師が哲学者の石の創造に関して参照する 2 冊の基本的な典拠であった。パタイは、ヘレニズム時代のエジプトに、どうも錬金術の論文をいくつか書いていると思われる、モーセという名の錬金術師が実在していたようであるとしている（*JA*, 30）。

mould　鋳型

　鋳造場で溶解された金属が流し込まれる容器。無定形の物質の分離と、それを鋳型に流し込むことは、錬金術師の実験室に起源する工程である。ドラデンは、冶金術及び錬金術的意味で「鋳型」の語を『驚異の年』 Annus Mirabilis で用いている。「思うにこの化学(キミック)の焔にたすけられて、／私は、既に町がより貴重なる鋳型よりなっている／つまり銀を舗道に敷きつめ、すべてが黄金で輝く、／インドの名を与えられている町のように豊かであるのを見る」(1169-72)。ミルトンも、『楽園の喪失』で万魔殿を「造営する」行為を描写する際に、やはり「鋳型」の語をその冶金術及び錬金術的意味で使用している。地獄の堕落した霊の群れは、「驚くべき技術で／ばく大な鉱石を溶かしては／種別けをし、その塊のドロスを採る。／第3の群れも同時に、地中に様々な鋳型をつくった」(1. 703-6)。錬金術の作業(オプス)という仕事は、パン生地あるいはペースト（「石」の質料（素材）の純化された「肉体」）を捏ね上げ、パン種（発酵体あるいは「石」の「魂」）を加え、そしてそれからその練り上げたものを型に流し込み、新たなるものをつくり出すという、パン作りにたとえられる場合がある。『化学の結婚』 The Chymical Wedding で、クリスティアン・ローゼンクロイツは、小さなホムンクルスの鋳造・成型に参加する。「どろどろの粥状になるまで、私たちは例の灰を先に調製しておいた水で「湿らせて」、混ぜねばならなかった。それからこの物質がすっかり熱するまで火にかけた。それが済むと、私たちはそれが熱いうちに2個の小さな成形型あるいは鋳物の雛形に注ぎ込んだ。ということは若干冷却させたわけである。（中略）私たちが私たちの小さな成形型を割って開けると、そこから美しくはれやかな、ほとんど〈透明で小さな〉2体の人型が出てきた。それは人が生まれてこの方見たことがないようなものであり、男の子と女の子であった」(199)。

mountains　山

　プリマ・マテリア＊があると言われる場所。「だから、プリマ・マテリアは、創造されたものの一大コレクションとなっている山にある」(アブル・カシム『知識の書』 Book of Knowledge, 24)。ニコラ・フラメルは、「石の真の原材料」は、「山頂」に成長する「栄光に満ちて光り輝く王の草」から得なければならないと述べている。そして、錬金術師に、その草から純粋無垢なる液体、すなわち、そこから「白いティンクトラと赤いティンクトラ」がつくられる「真の精妙なる哲学者の水銀」を抽出するように助言している (HM, 1:146)。アシュモールの『英国の化学の劇場』

214

所収の、著者不詳の詩も同様に、赤と白の花＊（ティンクトラ）を持つ太陽と月の錬金術の植物が、「山の縁に」成長していると述べている（348）。プリマ・マテリア＊（哲学のメルクリウス＊）を構成する、金属の男性の種子、すなわち哲学の硫黄＊（ソル）と、女性の種子である哲学の生ける銀＊（ルナ）は、2つの山と呼ばれる場合もある。この2つの種子が結合されると哲学者の石が生まれる。『世界の栄光』The Glory of the World は、「日々、夫と妻を内包する山を注視しなさい」（HM, 1: 208）と言っており、『最も偉大なる主と哲学者に関する論』'Treatise' も同様に「われらの石は2つの山の間で育てられる（中略）この2つの小さな山とは、ソルとルナのことである。（中略）その両者ともわれらの水銀の中にある」（ff. 3-4）と述べている。サー・ジョージ・リプリーの『古歌』'Cantilena' では、コニウンクティオにおいて結合された王と母が「丘と丘を包む大気」にたとえられている（第14連）。

ロジャー・ベイコンは、錬金術師に、金属がそこで生み出されると考えられた山を模して、炉をつくるように助言している。「私たちは、大きさ点ではなく、持続して熱を与えるという点で、山に類似した炉をどうしても持たなければならないが、それは火がつけられ燃え上がっても、全く出て行く排気口がないようにするためである」（『鏡』11-12）。形而上学的に言えば、山に登ることは、そこからすべてのも

図 25 増殖の象徴としてのペリカン。GU ファーガソン手稿 31 (18世紀), f. i6r より。

のが創造されるプリマ・マテリア、純粋な原初の物質つまりは意識に通じているようになろうとして、意識が向上することを意味する。ニコラ・フラメルは、プリマ・マテリアを獲得したいと望む錬金術師に、7番目の山に行き、その頂上から、「王の草」が生えている6番目の山を俯瞰するように助言している（*HM*, 1: 46）。これは錬金術師が真の創造の物質を観察できるように、意識が十分に向上しなければならないということを言っているのである。

mountebank　山師・偽医者　→theatre
mud　泥　→black earth
multiplication　増殖

　増大としても知られる、錬 金 作 業（オプス・アルケミクム）の最後から2番目の段階。この時点で、赤い石＊（ティンクトラ）は、飼養＊の段階において滋養物として与えられた水銀の水＊の中で再溶解と凝固を繰り返される。飼養を増殖と同一視している錬金術師もいる。アイザック・ニュートンは、「飼養、発酵、増殖は同じことである」と言っている（ウェストフォール『インデックス』179）。増殖の段階の間に、「石」の重量、体積、潜在的効力は著しく増大され、これまでの作業（オプス）に現れたあらゆる色が矢継ぎ早に現れると言われる。アルテフィウスは、錬金術師に、赤いエリクシルを手に取り、溶解と凝固の作業を繰り返しおこなうように助言している。「またそのようにして、量と質の両面においてその効力も増大され、増殖されていく。だから、この作業の1回目が終われば、あなたは100倍獲得するだろうし、2回目では、1,000倍得るだろうし、3回目には10,000倍に増加するだろう。作業を続行することで、限りなく投入の作業をおこなうことになり、どれだけの量になろうとも、その最大量を正確かつ完全に染め、固定化させることになる」（*SB*, 42）。このアルテフィウスからの引用に説明されているように、増大ないしは増殖は、卑金属にティンクトラを投じ、金に変質させる投入＊という作業（オプス）の最終段階と統合されるか、その一部とされる場合が多い。『楽園の喪失』で、ミルトンは、天地創造の場面で金星（ウェヌス）と他の星について語る際、この錬金術のメタファーを自由に用いている。太陽の光の「クウィンタ・エッセンティア」を「帯びるか反射させて」、「その小さな私有のもの」（自分自身に本来備わっている光）を「これらの星は増大させる」（7. 367-9）。「増殖」という語（また他の錬金術の用語も含めて）の猥雑な地口は、ジョン・リリーの『ガラテア』*Gallathea* に登場するが、そこでは、レイフとその兄弟のロビンが、錬金術師の性生活についてのうわさ話をしている。「いいか、おま

え、可愛い娘ちゃんが仕事場にやって来たらな、その親方、フウフウ吹きまくって、汗流して、その娘っ子を折り畳んで 2 倍にふくらましてしまったんだぜ (multipyed)」（5.1.18-20）。

　増殖のもっとも一般的な象徴の 1 つは、自分の血で多くの子を育てるために自らの胸を傷つけているペリカンの象徴である（図 25）。1 つ切られると 10 個以上の頭を生む頭を持つヒュドラすなわち大蛇もまた、サフランを加えると、その色が物質に拡散していくことと同様に増殖を表す象徴でもある。コルソンの『成熟した哲学』 *Philosophia maturata* は、増殖（ここでは投入と同一視されているが）の段階における白と赤のエリクシルに関して次のように言っている。「大量の水が少量のサフランで着色されるのと同じように、白と赤のエリクシルは最小の量で豊富にどの金属でも染色することができる。さらに、自らも限りなく増殖していき、人間の肉体を最悪で最も致命的な病から解放することができる」(3-4)。

multiplier　増殖させる者

　錬金術を用いて卑金属を銀ないし金に変質させる者。また、増殖させる者とは、硬貨鋳造者つまり偽金作りの意味もある。この用語は増殖 * として知られる錬金術の工程に由来する名称であるが、増殖は、ティンクトラ * を卑金属に投じ、それを金に変質させる投入 * という作業（オプス）の最終段階と同一視される場合が多い。ジョン・ガワーは、「増殖させる」の語を「変成させる」の意味で使っている。「そしてそれから、その哲学者たちは、精励の末、／まさしくそのような金属の精錬ををおこなう技術／すなわち錬金術と呼ばれるものを発見した。／それによって、彼らは金属を銀／さらには金にも変成させた」(*TCB*, 368)。「増殖させる者」という用語は一般には軽蔑的に用いられ、いかさまのペテン師、あるいは、哲学者の石 * をつくろうとして、富も健康も失ってしまう場合が多い、挫折した錬金術師を指す。サー・ジョージ・リプリーは、『錬金術の化合物』でそういった錬金術師のことを「彼らの服装は猥らで使い古して擦り切れており／人々は彼らがどこへ行こうとも増殖剤の臭いで彼らがわかる」と述べている（*TCB*, 153）。

mundification　ムンディフィカティオ（浄化）→ ablution

● N

Naaman the leper　ナアマン、癩を病む者

　洗滌＊の段階で洗い清め、再生されなければならない哲学者の石＊の不純な金属つまり質料（素材）。ヨルダン川で7回、癩を病む者ナアマンが洗われることは、「石」の肉体の浄化を指しており、「石」の肉体はニグレド＊の段階で殺され、そのまま黒化し腐敗していくが、解放された魂はアレンビックの上部へ飛翔していく。ニコラ・フラメルは、「石」の、癩を病む肉体を浄化するために、錬金術師は「その肉体をヨルダン川に7回沈めなければならない。預言者が癩を病むシリア人のナアマンに命じたように」と述べている（*HE,* 103）。マイアーの『逃げるアタランテ』のエンブレム13に付されたモットーは「哲学者たちの原石は浮腫に冒されているので、ちょうど癩を病む者ナアマンがヨルダン川でされたように、7回川で洗い清められる必要がある」*(AF,* 124) となっている。ナアマンを洗い清めることは、白色になるまで、哲学の火＊（水銀）で黒色化している物質を調理する＊ことを指している。ヨルダン川は治癒力と浄化作用を持つ水銀の水ないしは永遠の水の象徴であり、この水を用いて調理や洗滌はおこなわれる。→leprosy

nail　爪　→ bind, cross
nature and art　自然と術〔アルス〕　→art and nature
nature's mystic book　自然の神秘の書　→doctrine of signatures
neck　首　→ crow's beak
nest　巣

　錬金術の容器。哲学者の石＊が孵され、生まれる場所。「石」の誕生を表す一般的な象徴は、哲学者の巣の中の卵から哲学の鳥＊あるいは雛鳥が孵るというものである。論文『父アリステウス』'Aristeus Pater' は、火に関して「卵を抱いている鳥の火のように／炉の火を穏やかで、湿っていて、心地よいものとしなさい」、その間、「石」は「その下の巣の中にじっと」横たわっていると言っている（141-6行目、*AP,* 476）。『知恵の書』*Liber sapientiae* は、巣は作業〔オプス〕の激しさに耐えられるように頑丈な材料でつくられねばならないと助言している。「従って、その巣は頑丈

な性質の物、最も固く、傷のない物でつくられなければならない。（中略）というのも、もし、寝室つまり巣が砕け始めることになれば、たちまち、そのことで、彼らは厳しい鳴き声を立て始めるからである」（*TCB,* 202）。→alembic

night　夜

　作業の初期段階であるニグレド*の象徴。ニグレドの間に、金属の古き形相ないしは肉体は殺され、その原初の材料であるプリマ・マテリアに溶解される。この段階において、その肉体は黒色化され、腐敗された状態になる。ニグレドとは暗黒と死の時であり、作業における夜と表現される場合が多い。リプリーはニグレドを「夜の影」と称しており（*TCB,* 180）、シネシウスは、「クロテンのローブ［つまり］夜」と呼んでいる（『真理の書』*The True Book,* 171）。暗黒と死という点で、ニグレドはあたかも太陽が蝕によって永遠に覆い隠されてしまったような段階であり、達 人は、魂の闇夜につながる深い絶望を経験することになる（→eclipse, melancholia, sun and shadow）。錬 金作業は、アレンビックの中で「石」の溶解と凝固という一連の作業を繰り返すことからなるが、地球の周りを太陽が回転し続けること（プトレマイオスの体系に準じて）にたとえられる場合が多い。特にこのソルウェ・エト・コアグラ*を表すメタファーにおいては、夜は溶解の時を意味し、昼は凝固を表す。→opus circulatorium

nigredo　ニグレド

　不純な金属の肉体、「石」のための質料（素材）、あるいは古い旧態依然とした存在状態が、活性化されて新しい形相に再生されるように、殺され、腐敗し、溶解されて、創造の原初の材料であるプリマ・マテリア*に還元される錬 金作業の最初の黒色化の段階。錬金術師は、17世紀の通念と同様に、腐敗なくして再生は全くありえないと考えていた。自然は、まず死に絶えてしまわなければ再生されない。聖書におけるひと粒の麦のたとえ話が、彼らの考えを立証するために引用された。「キリストは、麦の粒が地において死なずば、その繁殖を得ることはできないと証言している」（リプリー、*TCB,* 158）。哲学者の石*を生成する過程において、金属の2つの種子、哲学の硫黄*（熱く、乾燥していて、男性の）と哲学の生ける銀*（冷たく、湿っていて、女性の）はプリマ・マテリアから獲得され、それから結合されねばならない。その2つの種子は化学の結婚*において結合された後、殺され、万能溶剤としてのメルクリウス*によって溶解され、その第1質料となる。

この溶解において、物質の魂と霊（精気）は、肉体から分離されてアレンビックの最上部へ上昇するが、肉体は下にあって黒色化し、腐敗する。それから、その肉体は、純粋かつ白くなって、魂（あるいは既に結合して1つの統一体を形成している魂と霊（精気））との再結合の準備が整った状態になるように、水銀の水の露＊によって洗浄される。

　ニグレドの段階で生じる溶解（モルティフィカティオと呼ばれる場合もある）は、墓の悪臭がすると言われ、結合した恋人たち（硫黄と生ける銀）の肉体が棺あるいは墓に横たわり、魂がその上を漂っているというイメージで表現される場合が多い。また、この結合された肉体はヘルマフロディトスの肉体として描かれる場合もある（→hermaphrodite）。他のニグレドの段階における溶解と腐敗の象徴としては、骸骨、髑髏、死の天使、大鎌を持ったサトゥルヌス、太陽の食＊、斬首された王あるいは断頭された鳥、鴉の頭、切断された頭や、また、夜＊、鴉＊、大鴉＊、石炭、ピッチ、黒檀、黒い人間、ムーア人ないしはエチオピア人などのあらゆる黒い存在があげられる。リプリーは、ニグレドに関して「しかし、それは、いわば限りなく名を持っていると言える。というのも、見た目に黒いそれぞれのものに因んで呼ばれるからである」と述べている（TCB, 134）（→black）。溶解はまた、洪水、涙、蒸し風呂、水銀の蛇＊あるいは竜＊の手足の切断、先端を切られた樹＊、鳥の断頭＊ないしは獅子の脚の切断、また王＊の死（キリストの磔に比される場合もある）によっても象徴される。

　作業のはじめは流血と悲嘆の時である。ファブリキウスは、トリスモジンの『太陽の輝き』Splendor Solis の最初のエンブレムに、「春の季節は犠牲の季節であり、生命の川は血の川である」という注釈を加えている（『錬金術』Alchemy, 17）。この暗黒の苦しみの時の間に、絶望とメランコリアがその影を錬金術師に投げかけることになる。ヨーハン・アンドレーエの『化学の結婚』The Chymical Wedding で、達人たちは、哲学の鳥の断頭を見ている時、悲しみにおそわれる。「鳥の死に私たちの胸は大いに痛んだ」（160）。常に、霊的悟りのはじめには、新たなる知見と創造に道をひらくべく、ある種の犠牲ないしは死、古き存在状態からの解放が伴う。ブルクハルトは、外的世界から離れ、内的世界に目を向け、プシュケーの影と向き合うことは、新しき照明の光が出現する前のノクス・プロフンダ（深き闇）として経験される場合が多いと述べている（『錬金術』Alchemy, 186）。ニグレドは、苦しく乗り越えるのが困難な段階ではあるが、それを経験することを通して、達人は照明に必要とされる知恵と謙遜を獲得することができるのである。

Nile　ナイル川

　変成作用を持つ秘密の物質、つまり水銀の蛇＊として知られる水銀の水＊。また、エジプトのレトルトの名称。西方世界における錬金術の起源はアレクサンドリアにあったので、ナイル川（クロコダイル＊も含めて）は、容易に錬金術のシンボリズムに取り入れられるようになっていた。トマス・ヴォーンは、水銀の水を「ニールス〔ナイル川〕の本源」と呼んでいる（*VW(W)*, 247）。ミヒャエル・マイアーの『真面目な遊戯』*Lusus Serius* では、メルクリウスが自然の創造物を代表するものの間で王の称号を求めて張り合い、自らをナイル川に比している。「［私の人間に対する有用性は］とても計り知れないほど大きく高いので、川の王のごときナイル川（地中海に7重の流れとなって流れ込んでいる）も、金属の種類の数に従って、それと同数の支流に自ら広がり、分かれるが、その支流は完全に私をその源とし、私から生まれている」（91）。錬金術的特性を持っていると考えられたナイル川の泥は、プリマ・マテリア＊の象徴の1つである。『アップルトン邸を歌う』'Upon Appleton House' で、アンドルー・マーヴェルは、引いてゆく洪水のことを、錬金術的意味で用いられる場合の蛇とナイル川の両者であるものとして表現している。「新しき蛇だのクロコダイルだのは／われらのこの小さなナイル川には潜んでいない。／もっとも、流れそのものを見間違えて／牧草地のただ1匹の蛇と思わなければのはなしだが」（629-32）。

Noah　ノア

　錬金術の伝承によれば、ノアは『エメラルド板』＊を箱舟＊に入れて洪水＊から保護したと言われる。彼はまた、洪水による破壊から哲学者の石＊を守ったともされている。『賢者の水石』*The Sophic Hydrolith* は、「石」を用いて「ノアは箱舟をつくったと言われる」と述べている（*HM*, 1:86）。また、ノアの洪水は、ニグレド＊の段階における「石」の質料（素材）のプリマ・マテリア＊への溶解＊の象徴でもある。この作業段階においては、冷たく、湿った女性の原理（原質）であるルナ＊、生きている銀が、作業（オプス）における熱く、乾燥していて、凝固させる男性の要素（ソル＊、硫黄）を支配すると言われる。サー・ジョージ・リプリーは次のように述べている。「ノアの洪水によって流れる出る水は大地を呑み込み、この大水はすべて消え去るまで、100日と50日絶え間なく続いた。まさしくそのように、賢者たちの語る如く、われらの水も流れる」（*TCB*, 151）。この溶解の段階にある時の錬金術の容器はノアの箱舟で象徴される（→ark, flood）。『錬金術の化合物』で、リプリーは、

「石」が赤いエリクシルに成長することを、ノアが葡萄を栽培することにたとえている。「ノアが葡萄畑を設けるやいなや、／それは本当によく生い茂り、やがて葡萄の実を結んだ。(中略) というのも、われらの石も同じような段階をたどることになるからである。／従って、30 日が過ぎるやいなや、／あなたは、まさしくルビーのように赤い葡萄の実を得ることになるだろう」(*TCB*, 151)。

nose 鼻

「頭」＊と呼ばれる場合もある、アレンビックの管のような部位。『化学の束』で、アーサー・ディーは、「アレンビックの鼻を通って」水銀の水が下に流れていくというウィラノヴァのアルナルドゥスの記述を引用している (16)（→head）。

● O

oak　オークの樹

　哲学の樹＊の名称。また、中が空洞のオークの樹のイメージは錬金術の容器、あるいはその容器が入れられている炉を示すためにも用いられる（→tree(truncated)）。ベルナール・トレヴィザンの『哲学の石の実践』‘Practise of the Philosophic Stone’では、王が魔術的泉ないしは湧き水（水銀の水）の上に、空洞のオークを置く。「その上のあたりに彼は1本のオークの古木を置いたが、それは、人の手で中をくりぬかれていた」（*AP*, 451）。カドモスが大蛇を槍で突き刺した空洞のオークの樹は、哲学者の石＊の製造作業の完了を意味すると言われる。この神話の錬金術的解釈としては、カドモスが錬金術師を、蛇は哲学の水銀を、槍は火を、オークの樹は錬金術の卵＊すなわち容器が入れられるアタノール＊をそれぞれ象徴する。フィラレテスは、錬金術師に「この場合、カドモスの友人は誰か（中略）カドモスが蛇を突き刺す空洞のオークとは何であるかを知りなさい」と助言している（*HM*, 2: 166）。アイザック・ニュートンも同様に、『実地』で「その場合、蛇はカドモスの仲間をむさぼり喰らうので、カドモスによって空洞のオークに固定化されねばならない」と言っている（*Janus*, 301）。マスグローブは、ロバート・ヘリックの『不幸せにも遠く離れている王と女王に寄せて』‘To the King and Queene, upon their unhappy distances’が錬金術的詩であり、オークの樹が「よく見られるタイプの生命を与える錬金術の樹」として登場していると論じている（マスグローブ『ヘリックの錬金術用語』‘Herrick’s alchemical vocabulary’, 253）。「川のように、あなたたちは分かたれているが、訪れるだろう／私のこの眼が、あなたたちが再び融合するのを見る時が。／オークの樹はこれをかく言う、チャールズとマリアは出会い、／その銀のような足で琥珀の上を歩くことになろうと」（5-10）。錬金術におけるオークの樹は『錬金術について』‘De Alchimia’（1526 頃）で図解されている（ファン・レネップ『錬金術』98）。

odour　かおり　→ fragrance, smell

open and shut　開放と閉鎖

　溶解と凝固と同義。『錬金術の精髄』*The Marrow of Alchemy* で、フィラレテスは

「というのも、われらの術_{アルス}のすべては開き閉じること、／解き放ち、次いで再び凝固させることでしかない」（第3巻56）と言っている。→solve et coagula

opus circulatorium　オプス・キルクラトーリウム

4元素に対しておこなわれる循環作業＊とも言われる錬金作業_{オプス・アルケミクム}。いわゆる単純な循環作業は、精錬の目的で液体を絶え間なく蒸留することである。錬金術の作業_{オプス}の間、「石」のための質料（素材）は、それが再創造すなわち凝固されて哲学者の石＊という新しい純粋な形相とされる前に、溶解されて、その原初の状態に還元されなければならない。この一連のソルウェ・エト・コアグラ＊、すなわち分離＊と結合の作業は、錬金術の作業全体を通して何回も繰り返されなければならない。この循環作業の間に、土、空気、火、水という4元素は、蒸留によって分離され、互いに転換し合い、完全なる結合すなわち第5元素＊を形成する。この転換は各元素が共有している属性を統合することによって生じる。つまり、寒と乾である土は、水が寒と湿（あるいは、流体）であることから、寒という共通する属性を介して水と結合されることになる。また、水は、空気が熱で、流体であることから、流動性を介して空気と、空気は、火が熱と湿であることから、熱を介して火とそれぞれ結合される。また別の錬金術のメタファーによれば、このような過程は、正方形（4元素）を円（結合された第5元素）に変形することとして表現される（→square and circle）。

この変質、すなわち諸元素を連続して互いに変換させる工程は、大きな車輪の回転にたとえられる場合が多い。『聖三位一体の書』'Buch von Vunderverken' の中のエンブレムの1つでは、転換される物質を象徴する人間が、車輪の上で拷問にかけられているところを表している（図26）。コルソンの『成熟した哲学』*Philosophia maturata* は「哲学の車輪を経験しない限り、何ものもエリクシルとはされえない」（44）と述べている。サー・ジョージ・リプリーは、「4元素の車輪の回転」に関して次のように言っている。「しかし、まずは4元素の回転を起こしなさい。／そして何をさしおいても、土を水に変えなさい。／それから、水を微細な粉末にすることによって空気としなさい。／そして空気を火としなさい」（*TCB*, 133）。同様に、ジョンソンの『錬金術師』でフェイスも、サトルが「哲学者の車輪」の回転と呼んだ過程は、「4元素を転換して／乾を冷に、冷を湿に、湿を熱に、熱を乾に変えること」であると述べている（2.5.36-39）。4元素の相反する属性は、調和が支配するように和解・結合されなければならない反目する敵にたとえられる（→peace and

図26　哲学の車輪。『聖三位一体の書』（17世紀）*GU* ファーガソン手稿 4, f.r より。

strife)。4元素の循環は、それぞれが混ざり合う、すなわち化学の結婚＊において新たなる完全な存在としての哲学者の石＊を形成するために結合することができるまで、肉体を霊（精気）へ、霊（精気）を肉体へ転換することであると錬金術師が表現する過程と同一視される（→conversion）。循環作業を表現するために用いられる他の象徴としては、ウロボロス＊（自らの尾を飲み込み、円環を形成している蛇）と、地球を取り巻いて回る太陽の行路（プトレマイオスの宇宙観）などがあげられる。ベンジャミン・ロックは、「哲学の車輪」の回転を、日輪の「火のように燃え立つような車」にたとえている（『錠前を開ける道具』f. 28）。ルランドゥスは、4元素の循環（ソルウェ・エト・コアグラ）を、錬金術師は「天の運動あるいは回転」にたとえると言っている（『辞典』347）。

opus contra naturam　オプス・コントゥラ・ナートゥーラム（自然に抗する作業）

　錬金作業（オプス・アルケミクム）の名称。哲学者の石＊をつくり出す過程は、錬金術師が創造の神秘とその法則を知るために、自然の外圧に抗して神的源泉へと意識的に逆戻りすることを要求する。再生が起こるには、不完全な金属（つまり旧態依然とした存在状態）がまず破壊されなければならない。不完全な金属は、新しい、純化された小宇宙（ミクロコスモス）＊つまり「石」が再構築されるあるいはつくり出される前に、創造の原初の材料、プリマ・マテリア＊へと溶解されなければならない。作業（オプス）のはじめに生じる、このよ

225

うな外見上破壊的に見える哲学者の車輪＊の逆回転運動は、オプス・コントゥラ・ナトゥーラムと呼ばれる。リプリーは、錬金術師に、前進するためにはまず「後退し、再びあなたの車輪を回転させる」必要があると助言している（*TCB*, 133）。形而上学的に言えば、オプス・コントゥラ・ナトゥーラムとは、達人（アデプトゥス）がプシュケーの暗い面を認識し統合することができるように、純粋なる意識を経験するべく、まず自身の内面に向かうことを要求するものである。

orphan　孤児

　哲学者の石＊の名称の１つ。「石」はその両親にあたる硫黄＊と生ける銀＊の結合と死から生まれるので、錬金術師にとっては既に生成されている、いわば孤児に等しく、錬金術師はその里親の役割を果たし、成熟するまで育てることになると言われる（→cibation, education）。パラケルススは、「もっとも賢きメルクリウス、哲学者の中でも最高の賢者も同じことを言っており、石を孤児と呼んだ」と述べている（『哲学者の曙』*Aurora*, 51）。ヨーハン・アンドレーエの『化学の結婚』 *The Chymical Wedding* では、錬金術の赤子が「小さな箱」に入れられて、川の中に浮かんでいるのが発見され、王の元へと送られ、王がその女の赤子の里親になる（111-12）。マルティヌス・ルランドゥスは、『錬金術辞典』で錬金術の言う里親に関して「化学の哲学者は、自分たちの幼児が既に自然によって生成されているのに気づく」と言っている（378）。マスグローヴは、ロバート・ヘリックの『孤児』'Orphan' が、錬金術的詩編であると論じている。「１頭の仔羊を／わが食事を少しずつ分け与え、養う（手なずける）が、／その母より／彼は孤児として置き去りにされたのである（それと時をおかずして、母は死んでしまったが）」(1-4)。マスグローヴによれば、このヘリックの詩は、水銀という野獣を手なずける＊ことや、「石」（仔羊）の養育ないしは飼養＊に、また哲学の子供＊ないしは石は、その錬金術上の母と父がその子の生まれる前に死ななければならいので孤児であるということに暗に言及しているのである。（マスグローヴ『ヘリックの錬金術用語』'Herrick's alchemical vocabulary', 245）。→chemical wedding

our　われらの

　通常、錬金術のテキストにおいては「われらの」という所有形容詞が、「卑俗な」つまり単なる物理的な役割とは対照的な自然哲学的な機能を果たす材料、物質、力、容器などを表すあらゆる名詞の前に付けられる。たとえば、「われらの金」は、普通の金（Au）のことを言っているわけではなく、金の種子、すなわちそこから

● ○

金が成長することになるプリマ・マテリア＊を指している（→gold and silver, green lion）。「われらの硫黄」も通常の硫黄＊（S）ではなく、作業における熱く、乾燥していて、能動的な原理（原質）としての金属の男性の種子のことを言っているのであり、哲学者の石＊を生成するために、冷たく、湿っていて受動的な女性の種子あるいは原理（原質）である哲学の生ける銀＊と結合されなければならない。たとえば、ブルームフィールドは、「われらの偉大なるエリクシルという、もっとも価値高きもの／われらのアゾート、われらのバシリスク、われらのアドロプ、われらのコカトリス」というようにこの所有形容詞を用いている（TCB, 312）。また、ジョンソンの『錬金術師』では、サトルのおこなう錬金術を冷ややかな目で見ているサリーは、際限なく錬金術の用語を列挙するのに、皮肉っぽく「あなたたちの」を繰り返し付けることで、錬金術師が所有を表す「われらの」の語を用いることをパロディー化している。「だいたいあのご大層な術語とやらはいったいなんです。／専門家の間でもみんなお互いにちぐはぐじゃないですか／たとえば、あなたたちのエリクシル、あなたたちの処女の乳、／あなたたちの哲学者の石、あなたたちの万能薬、あなたたちの黄金の精子、／あなたたちの塩、あなたたちの硫黄、あなたたちの水銀、／あなたたちの高地の油、あなたたちの生命の樹、あなたたちの血、／あなたたちの白鉄鉱、あなたたちの不純亜鉛華、あなたたちのマグネシア、／あなたたちの蟇蛙、あなたたちの鴉、あなたたちの竜、あなたたちの豹、／あなたたちの太陽、あなたたちの月、あなたたちの天空、あなたたちのアドロプ」（2.3.182-190）。nostrum の語（「われらの」を意味するラテン語の noster の中性単数形）は「いんちき療法また売薬、とりわけ、それを勧める者による自家調整の薬」（OED）を意味するが、これは錬金術における使用法に由来する。

oval 卵形のもの・卵形体

（語源はラテン語の ovum にある）。哲学者の卵＊としても知られる錬金術の容器。ヨドクス・グレウェルスは、まず「石の質料（素材）を煮沸していると、土から雲のように生ける銀の湿り気が立ち上り、あなたの空の卵形容器の最上部の壁に付着するだろう」と言っている（ZC, 71）。エドワード・ケリーは、「石」の増殖のことを次のように述べている。「そして、今やそれは完全な石、全く完璧なエリクシルであるが、以前したように、さらにもっと多量の水銀を与えることでそれをゆっくりと増殖させ、（中略）そしてそれから再び卵形ガラス容器の中で混合し、適温でまず黒色化を生じさせることにとりかかる必要がある」（『註解』'Exposition', f. 61）。

227

● P

panacea　パナケーア（万能薬）→medicine
panther　豹　→toad
paradise　楽園　→Adam, albedo, Elysian Fields, heaven
paste　ペースト・ペースト状のもの

　純化され、白色化された「石」の肉体（あるいは土）。発酵＊の段階における「石」の純化された肉体とその魂とのコニイウンクティオすなわち化学の結婚＊は、パン作りにたとえられる場合が多い。発酵体すなわち魂を肉体の白き土に蒔くことは、ペーストすなわちパン生地にパン種を加えることにたとえられる。リプリーは、次のように述べている。「というのも、ペーストにされた小麦の粉のように／私たちがパンに関してパン種と呼ぶような発酵体を必要とするからである。／（中略）まさしくそのようにしてあなたの薬剤を発酵させねばならない。／それが純粋なる発酵体の味を帯び／あらゆる試しにも永久に耐えることができるように」（TCB, 175）。魂すなわち発酵体は、「石」の無定形な、純化された質料（素材）（あるいは肉体）を蘇生させ、それに新たな、より美しい形相を与える生命力である。ヨーハン・アンドレーエの『化学の結婚』The Chymical Wedding で、クリスチャン・ローゼンクロイツは、「熱いうちに2個の小さな成形型つまり鋳物の雛型に」注ぎ込まれる「薄いペースト状のもの」について語っている。若干冷却させた後、その雛型を割って開けると、「そこから美しくはれやかな、ほとんど〈透明で小さな〉2体の人型が出てきた。それは人が生まれてこの方見たことがないようなものであり、男の子と女の子で（中略）それでいて生きてはいないのである」（199-200）。『エウドクソスの6つ鍵』The Six Keys of Eudoxus（リガルディー『哲学者の石』Philosopher's Stone, 114）や、フィラレテスによるリプリーの『幻視』についての註解（RR, 9）のようなテキストは、ニグレド＊の段階の間に、溶解された肉体を水銀の水で育てることを、パン種をパンに加えることにたとえている。腐食作用を持つ溶剤である水銀の水は、パン生地がパン種によって膨らむのと同じように、「石」の黒色化した肉体が膨くれ、膨らむようにさせる。

● P

peace and strife　平和と争い

　平和とは、作業（オプス）の相反する原理（原質）である硫黄＊（男性で、熱く、乾燥していて能動的）と生ける銀＊（女性で、冷たく、湿っていて受動的）が化学の結婚＊において結合される時に達成される調和した状態のことである。ベンジャミン・ロックは、「平和は２つの極端なるもの、硫黄と生ける銀を接合することによってつくられる」と述べている（『錠前を開ける道具』f.25）。硫黄には、空気と火の元素が含まれており、生ける銀は、空気と火の「敵」である土と水の元素からなる。作業（オプス）の初期の基本的段階にある硫黄と水銀、肉体と魂は、反目し合う２つ組にたとえられる場合が多い。そのように、化学の結婚は争いの過程を通して逆説的な形で生じる。この２つ組の和解はまた、４元素の転換とも呼ばれる（→opus circulatorium）。相反する属性を持つ諸元素は、調和され、平和の状態において結合されるまで、相容れない、敵対する存在であると言われる。その結合は、各元素が互いに共有している属性の一致によって起こる。土は冷たく乾燥しており、だから冷たく湿っている水と、寒という属性を共有する。また水は、熱く流動的である空気と流動性を、そして空気は、熱く乾燥している火と熱を共有する。ニコラ・フラメルは、敵対する元素は「和合の仲介者を介して、徐々に有史以前の混沌（カオス）＊の大昔から有している敵意を捨てるようになる」と述べている（HE, 84）。ベンジャミン・ロックは、「長き争いの後に［諸元素は］親しくなり、結果として分割しえないように思えるほど完全なる結合に至る」と言っている（『錠前を開ける道具』f. 25）。ジョン・ダンの『１周忌の歌・此の世の解剖』'An Anatomy of the World: The First Anniversary' で、エリザベス・ドルアリーの完全性は、諸元素の調和した結合として表現されている。「元素と性質の両者が彼女の中では平和に共存しており／彼女こそは、すべての内乱を治めて、終結させるだけの力を持っていた」（321-2）。錬金術の工程において、「平和」が統治しはじめている兆候としては、虹＊が出現し、「真珠の滴あるいは魚の眼が容器の中に現れて、しっかりと土にとどまること」である（ロック『錠前を開ける道具』f.25）。
→ pearls, fishes' eyes, peacock's tail

peacock's flesh　孔雀の肉　→peacock's tail

peacock's tail　孔雀の尾

　黒き死の段階であるニグレド＊の直後、純白の段階のアルベト＊の直前に現れる段階。ニグレドの後、「石」の黒色化した肉体は、洗滌＊の過程の間に、水銀の水＊によって洗浄され、純化される。ニグレドによる黒色が洗い落とされると、続いて

229

図27 孔雀の尾。『万能ティンクトラ便覧』(17世紀) *GU* ファーガソン手稿 64, f. 26r より。

虹＊の色が出現するが、それは、冷光を放つ尾を誇示している孔雀のように見える（図27）。ユングは、この現象が、何らかの溶解した金属の表面にしばしば玉虫色の薄い膜が形成されることに基づいている可能性を示唆している（*MC,* 285）。フィラレテスは、「黒色の後に、／虹の色、／孔雀の尾が現れる」と言っており（『錬金術の精髄』*Marrow,* 第2巻30）、ロジャー・ベイコンは次のように述べている。「白色の前に孔雀の色も現れるが、それについては次のように言われている。世界のあるいは想像される限りのすべての色が白色の前に現れ、それに続いて真の白色が現れるということを知りなさい」（『鏡』13）。孔雀の尾が出現することは、アルベドの出現が目前であり、物質が今や純化されて、照明された魂による再活性化の準備が整っているという喜ばしき兆候である。リプリーの『古歌』'Cantilena'に登場する、孔雀の肉を食べるあるいは食べ尽くすというイメージは（第17連）、虹のような多色が純粋性と単一性を象徴する、ただ1つの純粋な白色に統合されることを表している。孔雀ないしは孔雀の尾は、ニグレドには黒い鴉＊あるいは大鴉＊、多色化の段階には孔雀、白色化のアルベド＊には白鳥、赤色化のルベド＊にはフェニックスというように、錬金術師が作業の諸段階を表すのに用いる一連の鳥のイメージの1つである。ベン・ジョンソンの『錬金術師』では、フェイスが、マモンに対して確かに「石」の質料（素材）が黒色、虹色、白色の3段階、つまり「鴉、／孔雀の尾、／白鳥の羽」を経たと断言する（2.2.102）。

●　P

pearls　真珠

　「石」の質料（素材）が洗滌＊の段階に到達しているしるしであり、その段階の間に不純物を洗い落とされる。また、真珠はその後に続いて起こる白色化の段階すなわちアルベド＊の象徴でもある。錬金術師の中には、洗滌という洗い落とす工程の間にアレンビックの中で蒸気つまり水が上昇したり下降したりすることを、露＊、雨＊あるいは真珠にたとえる者もいる。フィラレテスは、この洗滌の段階に「東洋の真珠のような蒸気が立ち上り、／暗い土からその汚れを／穏やかな驟雨となって洗い落とすだろう」と言っている（『錬金術の精髄』*Marrow*, 第 3 巻 55）。トマス・ヴォーンの錬金術詩編『ハイアンシー』'Hyanthe' では、黒色化された物質の洗浄が「液状の真珠の鎖となってしたたり落ちる」涙にたとえられている（*VW(R)*, 205）。他のテキストでは、真珠のイメージは、孔雀の尾と称される多くの色が現れた後、アルベドによる純白が現れる直前の段階に用いられている。トリテミウスは次のように述べている。「明るく光り輝く色が現れる前に、世界のすべて色が現れ消える。それから（中略）真の白色が現れる前に、ガラス容器の底のまわりのすべてが、東洋の真珠であるかのように、すなわち石の質料（素材）すべてが、魚の眼のごとくきらきら光り輝くのを見ることになるだろう」（*ZC*, 80）。真珠はまた、アルベドや、白い石＊あるいはエリクシルを象徴するためにも用いられる（→ロック『錠前を開ける道具』f. 12V）。既に腐食・腐敗した「石」の肉体（土）は、洗浄・浄化されると、真珠のように、白く光り輝いて見えるようになると言われる（→fishes' eyes）。トリスモジンの『太陽の輝き』*Splendor Solis* は、哲学の樹（作業工程の象徴）の最初に収穫される果実を真珠と呼んでいる。「最初の果実は非常にすばらしい真珠である。第 2 のものは哲学者から〈薄層からなる土〉と呼ばれる。第 3 のものが、まさしく最も純粋な金である」（28）。

pelican　ペリカン

　くちばしを自身の胸に刺しているペリカンに似た形の循環蒸留器（図 28）。また、赤いエリクシルや、増殖＊として知られる作業の段階の象徴。バセット・ジョーンズは、この循環蒸留器に関して「循環作業とは、ペル・ペリカヌム（ペリカンを用いて）（中略）循環させ溶液を昇華させることである」と言っている（*AP*, 355）。エドワード・ケリーは、1595 年 9 月付けのエドワード・ダイアーに宛てた書簡の中で、ペリカンを容器として言及している。「私はガラス容器、とりわけ一般にペリカンと呼ばれるような容器の中に酒精を入れ、風呂の穏やかな蒸気を介して、金属

231

図 28 ペリカン型容器。ジョヴァンニ・バプティスタ・デラ・ポルタ『蒸留についての 9 つの書』39 より。

のカルクスを昇華させるのを常としていた」(Bod. Ashm. 手稿 1420, 328)。コルソンの『成熟した哲学』*Philosophia maturata* におけるエリクシル＊をつくる処方は、錬金術師に「太陽とメルクリウスの赤いカルクスを、硝石と硫酸からなる一番強い腐食剤の中で一般的なやり方で溶解し、その溶液を半分取り除いて浴槽の中のペリカンに入れ、それから、そのペリカンをきわめてしっかりと密閉し、穏やかな熱でからからに乾燥させなさい」と教えている (60)。ジョンソンの『錬金術師』で、フェイスはサトルに「レトルトが割れましたので、／なんとか残ったものはペリカンの中に移し変えました」と報告している (2.3.77-8)。

　また、ペリカンは赤いエリクシル＊の象徴でもある。白い石＊から血の泉＊のように流れ出る赤いエリクシルは、自らの体力を減少させることなく、わが子を自らの血で育てるために胸を刺すペリカンに似ていると考えられた。言うまでもなく、このようにしてわが子を育てるペリカンは、幼児の「石」が水銀の血＊で育てられる段階である飼養＊の象徴となった。ペリカンはまた、飼養と同一視される場合もある増殖＊と呼ばれる段階の象徴でもある (→図 25)。作業(オプス)の終わりから 2 番目の段階にあたる増殖の間に、赤いエリクシルあるいは石の潜在的力と属性は、水銀の水＊の中で物質の溶解と凝固を繰り返すことを通して 1000 倍以上増大される。ミューリウスの『改革された哲学』の中の増殖を図解しているエンブレムでは、多くの子らに授乳している獅子の上に乗った錬金術の女王が、その左手に、自らの胸を傷つけているペリカンの入ったヘルメスの容器を持っているところが描かれている。わが子に対するペリカンの惜しみない思いやりを見事に表わしているこのイ

232

●　P

メージは、作業がその頂点を向かえようとしているこの段階で生じる豊穣性を象徴
する。

persecution　虐待・迫害　→torture
Phaethon　パエトン　→chariot of Phaethon
phial　ファイアル・小型ガラス容器　→vial
philosopher　哲学者

　哲学者の石＊、哲学者の卵＊、哲学者の土＊、哲学の水銀といった用語に明らかな
ように、錬金術師を意味する。16 世紀及び 17 世紀において、錬金術は「哲学」と
いう言葉で定義されるものの 1 つであった。『ヘルメスの恍惚』'Hermetick Raptures'
にはしがきとして付された「出版者から読者へ」'The Publisher's epistle to the Reader'
では、錬金術は「金属の哲学」と呼ばれている（*AP*, 566）。錬金術師は自然哲学者
として知られていたが、その理由は、彼らが自然の働きの外的側面を研究するだけ
ではなく、自然の内的本質や精妙な潜在的力を発見することも重視していたからで
ある。錬金術の哲学者は、物質的な錬金術だけではなく、医学的また霊的錬金術に
も関与していた。アレン・ディーバスは『化学、錬金術、新しい哲学』*Chemistry,*
Alchemy and the New Philosophy の中で、パラケルスス派は「非常に難解な医学上の
党派か、化学革命を成し遂げることに失敗した化学者のどちらかとして片付けられ
る場合があまりにも多かった。パラケルスス派が自らよく用いていた言葉ではあ
るが、彼らは化学的哲学者であったと言った方が確かに適切であろう」と述べて
いる（236）。B. J. T. ドッブスは、「17 世紀の〈炉辺の哲学者〉という呼び名は、無
学な〈ふいご吹き〉、胡散臭い山師、アマチュアの〈化学者〉から、真剣な哲学的
錬金術師を区別するのに用いられた」と言っている（*Janus,* 1）。たとえば、アー
サー・ディーの『化学の束』に付した序文で、エリアス・アシュモールは、物質的
「化学者」と哲学的錬金術師を区別している。「哲学者たちは、1 つのガラス容器、1
つの炉、1 つの火（さらには、化学者の炉の中では見つけられない非物質的なもの）
があれば、作業を完成させるには十分であると言う」（*FC* 頁付けなし）。アーサー・
ディーは、『秘密の箱舟』'Arca arcanorum' の序文で、真の哲学者が稀有であること
に関して次のように述べている。「しかし、本当に私は、30 年間ずっと厳密な意味
でのこの研究対象に取り組む人に 1 人として出会わなかったが、とういうことはつ
まり〈哲学者〉の名に値する人を全く見たことがなかったということである」（『秘
密の箱舟』頁付けなし）。

philosopher's earth　哲学者の土　→ ashes, black earth
philosopher's egg　哲学者の卵　→egg
philosopher's stone　哲学者の石

　多くの者が錬金作業（オプス・アルケミクム）に求める目的であり、あらゆる錬金術の観念の中でもっとも広く知られているものである。「石」はあらゆるものの中の不純性を完全なものとする力を持ち、卑金属を純粋な金に変成させ、地上的人間を照明された哲学者に変容させることができる秘薬中の秘薬である。それは暗い物質の中に隠された光の表象であり、また創造的ロゴスとしてのキリストや、あるいは蓮の中の宝石で象徴される「アートマン」〔インド哲学における自我〕なる東洋の観念と同一視される場合が多い、神の知恵と創造の力を結合させるかの神的愛の精髄（エッセンティア）である。エドワード・ベンローズは『テオフィラ、あるいは愛の犠牲』 *Theophila or Loves Sacrifice* で、哲学者の石のことを神的愛と恩寵であるとして「鈍い鉛を〈愛の化学〉（キミー）で機敏な金に転換させなさい」(9)、つまり「感覚を霊に変えなさい。自然は〈恩寵〉によってのみ変えられる。／それこそが〈化学の石〉（キミック・ストーン）である」(12) と言っている。そのような人間的面での変容においては、プシュケーの無意識（影）の側面が意識によって照明され、前もって分離されているプシュケーの 2 つの側面が統合されるようになり、調和した統一体をつくり出す。「石」は万能な薬剤 * として知られるが、その理由は、あらゆる腐敗を追い払い、あらゆる病や苦しみを癒し、若さ、長命、精神の健全さ、知恵を授けることができるからである。『賢者の水石』 *The Sophic Hydrolith* は、「石」を「腐敗していて不完全なあらゆる金属の治療薬、永遠の光、あらゆる病の万能薬、輝かしいフェニックス、宝のうちで最も貴重なもの」と呼んでいる（*HM*, 1:97）。『ラムスプリンクの書』 *The Book of Lambspring* は、「石」をつくるために用いられる水銀の「血」に関して「その血を、賢者たちは彼らの術の基本とし、／その血を介して、哲学者の石と呼ばれ、／全世界の力を有する、／天からの賜り物を獲得する」と言っている（*HM*, 1:294）。『ラッパの音』は、若さを授ける「石」の力に関して「それは、顔のしわ、あらゆるリトゥーラすなわち染み、白髪を取り除き、われわれを永遠に若くまた活力にあふれた状態に保つ」と言っている（*ZC*, 88）。

　この至高の哲学者の物質は、常に、きわめてパラドクシカルで、不可解かつ謎めいた仕方で言及される。「それは石であるが、石ではない」（出典はおそらくはデモクリトス〈紀元前 357 頃死去〉と思われるが、もしかしたらパノポリスのゾシモス〈紀元 300 頃〉あるいは〈アリストテレス〉）とか、「それは一文にもならず、無価

234

値で卑しいが、地上において最も価値のある宝である」（「貴重にして無価値、重要にしてあまり重要でない」——『黄金論』 The Golder Tract, HM, 1:10）というような言説が、錬金術のテキスト中には幾度となく繰り返し登場する。ハリドは、「この石は、卑しく無価値で、黒くまた悪臭がする。それは一文にもならない」と言っている（『秘密の書』 Booke of the Secrets, 40）。コルソンの『成熟した哲学』 Philosophia maturata も次のように述べている。「石」は「糞の山の中に投げ込まれ、人の足で踏みつけられるものであり、もっとも卑しく軽蔑されるべきものとみなされる」（15）。また、「石は、貧しき者にも富んだ者にも等しく共有されるものであり、そういったことを考えれば、われらの石は隠された状態にあり、多く場合、もっとも疑われない場所に、密かに潜伏しているが、尊重されるいかなるものの中にも存在しないということを知るべきである。その重要性や近くにあることが、もし知られるようなことがあれば、きわめて大きな危険を生むことになるだろう」（66）。「石」は石であるが石ではないという言説は、ほとんどすべての論文に登場する。ハリドは、「石を手に取り、石を手に取るな。つまりそれは石でもなく、また石の性質も持っていない」と言っている（『秘密の書』 41）。ベン・ジョンソンの『錬金術師』で、フェイスも、哲学者の石に関して「それは石にして／石ではない」と言っている（2.5.40-1）。多くの場合、哲学者の石は粉末ないしはティンクトラの形をとるとされることが多いが、「石」と呼ばれる理由は、それが非常に貴重な生命の精髄を具現化した至高の結晶体であるからである。そういうわけで、ルビー、真珠、サファイア、ダイヤモンドのような宝石にたとえられる場合がある。

　多くの場合、「石」は 2 つの形相を持っていると言われる。1 つは、アルベド＊（ルナの段階）で達成される、卑金属を銀に変成させることができる白い石、もう 1 つは、卑金属を金に変成することができる、ルベド＊（ソルの段階）の赤い石である。哲学者の石をつくるために、錬金術師は、神による大宇宙の創造をアレンビックという小宇宙で再現することができるように、自然の法則を知らなければならない。この仕事の第一歩は、錬金術の理論においてすべての金属（つまりはあらゆる創造されたもの）がそこからつくられたとされる創造の真の材料、プリマ・マテリア＊を獲得することである。この原材料は、「石」の主要な物質であり、卑俗なすなわち自然の水銀（Hg）とは異なる物質であり、哲学の水銀（メルクリウス＊）として知られる。この哲学者の水銀は、金や銀を元の単一の物質に還元することを通して獲得されるが、そこには、相反物の統合によって創造がなされるという、いわば創造の弁証法的な展開において「石」が生成されるのに必要となる、硫黄＊と

生ける銀＊（水銀）という生ける男性と女性の種子が含まれている。『黄金論』は、「われらの石なる物質は、純粋で精妙かつ不燃性の硫黄と結合された、純粋で完全な水銀である」と述べている（*HM*, 1:24）。男性の硫黄、つまりプリマ・マテリアの熱く、乾燥していて能動的原理（原質）が、女性の生ける銀、すなわち冷たく、湿っている受動的原理（原質）と化合されると、哲学者の石が孕まれ、生まれるわけであるが、それは、化学の結婚＊において、ソル＊とルナ＊（硫黄と生ける銀）という原型的相反物の結合から、子供のように生まれるという形で表現される。ソルは宇宙の能動的な男性の力（創造的意志）を表し、ルナは受動的な女性の力（知恵）を表す。幼児の「石」は、男性として擬人化される場合もあるが、錬金術師が相反物の結合から生じる純粋なる愛の 精 髄 の神的知ないし知恵の要素を強調したい場合には、女性として擬人化される場合もある。ジョン・コロップは、『オーンドルのジョージ・ボウル博士に関して』'On Dr. George Bowle of Oundle' で、「知は太陽の子、真の哲学者の石である」（6）と言っている。「石」は、諸元素と様々な力の完全なる平衡からなると言われる。『ゾロアストロの洞窟』は、これに関して「自然の調和におけるあらゆる欠如は、石によって均衡のとれた混合状態へと還元されるが、その理由は、諸元素の完全なる平衡状態が生じるからである」（88）。また、ヨハネス・ポンタヌスの『鉱物の火に関する書簡』*Epistle upon the Mineral* は次のように言っている。「従って、それが哲学者の石であるが、様々な名称で呼ばれるので、理解しがたいと思うだろう。というのも、哲学者の石は、水、空気、火、土のようであり、また、粘液質、黄胆汁質、黒胆汁質であるとともに、硫黄的である同時に生ける銀でもあるからである」（93-4）。

　錬金術師はまた、「石」は人間のように肉体、魂、霊（精気）からなるとも述べている。肉体は、霊（精気）を固定化ないしは凝固させる力を持つ。霊（精気）は肉体を溶解し、それに浸透する力を持っている。魂は肉体を活性化させ、肉体と霊（精気）を完全なる調和状態において結合させる力を有する。『黄金論』は次のように言っている。「賢者たちは、われらの石は肉体、魂、霊（精気）からなると確言しているが、彼らは真実を言っているのである。というのも、彼らは不完全な部分を肉体に比しているが、それは肉体が弱いものであるからである。水を彼らは霊（精気）と呼ぶ。（中略）発酵体を彼らは魂と称するが、それは魂が不完全な肉体（それまでは死んでいた）に生命を与え、その形相をより美しくするからである」（*HM*, 1:15）。ジョンソンの『錬金術師』で、フェイスは、この考えを、サトルの「あなたの哲学者の石とは」という質問に、「それは石にして／石ではない、霊（精気）、

● P

魂、肉体からなる三位一体なるもの」と答える際に、繰り返している（2.5.40-1）。

ユングは、14世紀までには、「石」は1個の錬金術的化合物以上のものであることが錬金術師にわかりはじめていたと述べている（*MC*, 475）。しかし、既にアレクサンドリアとイスラムの錬金術の霊的要素が、この学の不可欠な構成要素としてヨーロッパに入り込んでいた。パノポリスのゾシモス（紀元3世紀から4世紀）は、錬金術師は、厳密な意味で真正な自然のティンクトラを獲得するために、自分たちの起源を探究しなければないが、これは「観想に没頭すること」で達成されると言っている（*JA*, 55）。ハリドは「この石は、いつでも、どんな場所でも、またいかなる人にも見いだすことができる」（『秘密の書』40）と述べている。このような伝統は、中世の錬金術師やルネッサンス期のヨーロッパの錬金術師によって受け継がれていった。その多くが、「石」ないしは「石」をつくるための質料（素材）は、人間自身の中に発見されうると理解していた。リプリーは、「どんな人間もそれを持ち、それはどんな場所にも、／あなたの中にも、私の中にも、遍く時空に存在する」（*TCB*, 123）と述べており、フィラレテスは、モリエヌスが自分の弟子である王に、自分は「このわれらの石なる物質を／見つけるために、自分自身の中に降りて」ゆかねばならないと告げたと伝えている（『錬金術の精髄』*Marrow*, 第4巻62）。ゲラルドゥス・ドルネウスも同様に、万能薬は人間の中に見いだされる真理であると示唆している（*MC*, 478）。コルソンの『成熟した哲学』は、「石」は「男性と女性の間で生成され、あなたの中に、私の中に、そのようなものの中に潜んで［原文のまま］いる」（15）と述べている。「石」の製造において、錬金術師は、主要な道具として自身の想像力を用いるように助言される。『ゾロアストロの洞窟』は、アルナルドゥスを引用して次のように言っている。「作業の段階に従いなさい。しかし、まずは、想像力を強く働かせ続けなさい。そうすることで、あなたは完全なるエリクシルを見つけることができるだろう。だが、そうしなければまったく見つけることはできない」（89）。

一般的に、エリクシルと哲学者の石は本質的には同じであり、エリクシルは液体状であり、「石」は固体ないしは粉末状であるとみなされる。チョーサーの錬金術師の徒弟は、この2つを同一視している。「エリクシルと呼ばれる哲学者の石を、／私たちはめいめい一生懸命探している」（『錬金術師の徒弟の話』*Canon's Yeoman's Tale*, 862-3）。だが、コルソンの『成熟した哲学』は、その2つには相違があることを示唆している。「エリクシルと石の間には、そのような相違がある。というのも、石は単一性や単純性を享受するが、エリクシルは多数性を享受するからである」（22）。「石」は多くの名称を持っているが、その一部として、エリクシル、ティン

237

クトラ、医薬、万能薬、バルサム、秘薬、クウィンタ・エッセンティア、樹、薔薇、百合、ヒヤシンス、東、朝、生ける泉、白い石、赤い石、ルビー、水晶、ダイヤモンド、サファイア、アダム、楽園、英知、ヘルマフロディトス、人間、赤い王、赤い獅子、小宇宙、救世主、救済・保護者、大宇宙の息子、ホムンクルス、太陽、息子、娘、孤児、鳥、ヘルメスの鳥、フェニックスなどがあげられる。ジョン・リードは、錬金術の著述家は「石」に対して新しい名称を提出することを、自分たちの独創性を示す証しとみなしていたようであると示唆している（『化学への序曲』Prelude, 127）。「石」には多くの名称があるとは言え、錬金術師は、「石」が単一性を具現化したものであり、1つのもの、1つのものの中にのみに存在することを強調する。モリエヌスは、「というのも、それは1つの石、1つの薬剤であり、その中にすべての自然変成力があるからである」と言っている。また、『哲学の階段』Scala philosophorum は、「石は1つであるが、これは数において1つであるというわけではなく、本質において1つであるということである」と述べている（ZC, 66, 68）。哲学者の石という観念は、ルネッサンス期において非常によく知られていたので、シェイクスピアは、『アテネのタイモン』Timon of Athens の観客が、「道化の旦那、娼婦とは何ですか」というヴァローの使用人の質問に答えて、道化が言う猥褻なジョークに反応してくれるものと思うことができたのである。道化は、「場合によっては、2つの石を1つの人工のもの以上にする哲学者のような者でもある」と返答する（2.2.111-15）。『マルタ島のユダヤ人』The Jew of Malta で、クリストファー・マーローは、バラバスに、市場で売られている若いトルコ人の奴隷につけられた高値に対して、「じゃあ、なんでも金に変える哲学者の石とやらを持っているとでもいうのか。もし持っているなら、それで俺の頭をぶち割ろうがかんべんしてやるぜ」と、皮肉たっぷりに文句を言わせている（2.3.114-17）。ミルトンの『楽園の喪失』では、サタンがはじめて太陽に降り立ち、その目もくらむばかりの輝きを経験すると、サタンは、それを表現するのは難しいと感じるが、それでも次のように述べている。それは、哲学者の石、つまり「肉眼で見えるというよりも、想像されたもので、この下の世界で／錬金術師たちが空しく長きにわたって求め続けてきた／あの石、またはその類の石」（3.599-601）のようであった。哲学者の石を探し求める錬金術師というイメージは、19世紀の文学にも依然として生き続けている。バルザックは、『絶対の探求』The Quest of the Absolute（219-20）で主人公バルタザール・クラースについて「バルタザールは禁制の男であり、悪い父親だった。6人の財産を使い果たし、この啓蒙の19世紀、神を信じない世紀において哲学者の石を

探し求めて何百万フランも費やした」と言っている。P. G. ウッドハウスもまた、強迫観念にとりつかれたゴルファーに関して次のように書いた際に、現代の読者が、錬金術の「石」にふざけて言及していることを理解してくれるものと思っていたはずである。「度胸だ。それこそがウォリス・チェスニーに欠けているものであったし、しかも、彼自身わかっていたが、ゴルフの1番重要な極意であった。〈哲学者の石〉を追求している錬金術師のように、彼は本当に自分に度胸を与えてくれるものを永遠に求め続けていた」(『ゴルきちの心情』*The Heart of a Goof*, 105)。

philosophical bird　哲学の鳥　→Bird of Hermes
philosophical child　哲学の子供

　化学の結婚＊においてソル＊とルナ＊が結合することから生成される、生まれたばかりの哲学者の石＊。『エメラルド板』＊では、この子供は「その父は太陽、母は月である」とされている。アイザック・ニュートンは、『エメラルド板』の注解で次のように述べている。「この生成は、太陽と月を意味する父と母からまさしく人間が誕生することに似ている。さらに、この幼児がその両者の性交を通して孕まれると、出産の時間まで風の腹の中に抱かれ、そして生まれた後は、成長するまで、

図 29　哲学の子供の誕生。 無題の写本 (18 世紀, フランス) *GU* ファーガソン手稿 271, p. 5 より。

239

白い薄層からなる土の胸で育てられる」（*Janus*, 276）。哲学者の石の生成は、幼児ないしはホムンクルス＊の誕生にたとえられる場合が多い（図29）（→図18）。著者不詳のある論文は、ソルつまり「赤い男」とルナすなわち「白い女」の結婚の後、「彼女は再び彼のところに来て、彼と一緒にベッドに横たわり、それから、1人の息子を孕み、生むが、その子を彼の親族すべてが賛美する。（中略）というのも、この男と女はわれらの石をもうけるからである」と言っている（*GU* ファーガソン手稿238, f. 2V）。『世界の栄光』*The Glory of the World* は、「従って、賢者たちによっていくぶん謎めいた形で言われているけれども、夫と妻の結婚による結合が起き、2人の似姿にならって、彼らからちょうど人間が人間を生むのと同じように子供が生まれると言っていいだろう」と述べている（*HM*, 1:232-3）。また、モリエヌスは次のように言っている。「この作業を遂行するためには、結婚させ、子をつくらせ、誕生させ、育てることをしなければならない。というのも、結合の後に続いて受精が起こり、それが妊娠を起こし、続いて出産が起こるからである。だから、このような［錬金術的］合成を実行することは人間の誕生にたとえられるが、それを偉大なる創造者である神は、家を建てるようなやり方でもなく、人間の手で造られる他のどんなものとも違うようにおこなったのである」（『遺言書』*Testament*, 29）。

　幼児の「石」はまた、ソフィアつまり知恵を表す女性の子供として擬人化される場合もある（→アンドレーエ『化学の結婚』*The Chymical Wedding*, 48；ミューリウス『改革された哲学』のエンブレム第2集の17番目のエンブレム）。「石」の妊娠と出産の段階にある時のアレンビックは、子宮＊ないしは出産のベッド＊と呼ばれる。この時の「石」は孤児＊と呼ばれ、錬金術師はその子の育ての親の役割を果たす。ルランドゥスが指摘しているように「化学の哲学者は、自分たちの幼児が既に自然によって生成されているのがわかる」（『辞典』379）。飼養＊の間、錬金術師は幼児の「石」を、それが甘美で強くなるように、「乳」と「肉」（白と赤の水銀の水）で徐々に育ててゆかなければならない。この幼児の「石」は、成長して成熟すると、あらゆる病に打ち勝ち、あらゆるものを完全性へと変質させる力を持つ。アーサー・ディーは、幼児の石が成熟して霊（精気）の戦士となることに関して「彼は王よりも強い王となり、また彼のみがもっとも強靭な勝利者として、1万の敵に対して勝利を収めるほど、戦闘においてとても勇敢になるだろう」と言っている（*FC*, 110）。

● P

philosophical mercury　哲学の水銀　→Mercurius
philosophical tree　哲学の樹

　錬金作業（オプス・アルケミクム）の進行、金の成長と哲学の石＊の成熟、錬金術の工程それ自体、作業（オプス）の間におけるプシュケーの発展・進化を表象するために用いられる古来からの象徴。パラケルススは、「金は、熟達した錬金術師の精励と技によって、多くの見事な枝や葉を持つ樹のようにガラス容器の中で成長するほど、とても高揚される。（中略）その樹を錬金術師は金の草、哲学者の樹と呼ぶ」と述べている（『9つの書』 *Nine Books,* 16-17）。この樹は、物質的意味のみならず霊的意味でも成長と結実を象徴する。この樹は、秘密の物質がプリマ・マテリア＊（創造の原初の材料）から究極の物質（ウルティマ・マテリア）、すなわちすべてを変質させる哲学者の石へ成長することを表す。ミヒャエル・マイアーは、「哲学者はこの石をわれらの植物と呼ぶが、その理由は、それが植物のように成長し、繁茂するからである」（*AF,* 226）。

　錬金術の樹は、小さな植物から古いオークの大樹ないしは世界樹まで多くの形で表現される。天から至福の食物すなわち処女の乳＊を受け取るために、天空に根を持つアルボル・インウェルサ＊（逆立ちした樹）は、哲学の樹の変形の1つである。ミヒャエル・マイアーの『逃げるアタランテ』は、成熟する哲学者の石を、水の中で生長する珊瑚＊にたとえている〔エンブレム 32〕。「というのも、珊瑚が水の中で生長し、土から栄養物を得るのとちょうど同じように、それと同じ仕方で哲学者の石も水銀の水から成長する」（227）。錬金術の樹の最も一般的な形象の1つは、太陽と月の樹である。作業（オプス）の完成段階において、この樹は太陽と月、金と銀の果実を各枝に実らせる（→図 17）。ミカエル・センディヴォギウスの『哲学の謎』'The Philosophicall Aenigma' では、哲学者が、ある島の庭に次のような樹が成長しているのを見せられる。「1つの樹には、／光り輝く太陽と同じようにきらめく果実がなっている。／その茎は黄金で、根は下に延び、／黄金の葉がすべての枝を飾っている。／次の樹は、全く着色されていない光の芝の中に生えていて、／百合と同じくらい白い銀の葉と果実をつけている。／私は呆然として立っていた。するとネプチューンが私にこう言った。／〈これがルナの樹で、あれがソルの樹だ〉」（184-91 行目、*AP,* 501）。この樹の幹は、そこから偉大なる統一体である哲学者の石が生まれる太陽と月（ソル＊とルナ＊）の結合を象徴する。また、哲学の樹は、太陽と月のティンクトラ、赤と白の石を象徴する薔薇＊ないしは百合＊の花を咲かせる小さな低木の茂みないしは草の形をとる場合もある（→図 15）。マリア・プロフェティサは、月の植物に関して次のように言っている。「小さな山の頂上にある、純白で、最も

図30 水銀の海に浮かぶ島に生えている錬金術の木。 ヨハン・ミューリウス『改革された哲学』316, 365 より。

美しく尊ばれる草を取り、ちょうど生まれたばかりのように新鮮であるうちにそれを粉末にしなさい。そうすれば、それは、火から逃げ出さない、真に固定化された肉体となる」(パタイ『マリア』'Maria', 192)。エリアス・アシュモールが収集した、著者不詳のある論文は、錬金術の植物のことを、山のへりに生え、黒い根を持ち、茎は赤く、「月のように満ちたり欠けたりする」丸い葉と、輝く花を持つ「銀扇草(ルナリア)」と呼ばれる草であると述べている (TCB, 348-9)。

　場合によっては、哲学の樹はプリマ・マテリアを表し、地殻の内部に成長する大樹の形をとることもある。トリスモジンの『太陽の輝き』Splendor Solis は、地中に成長する錬金術の樹のことを次のように述べている。「それ故、地は多種多様な色の花を咲かせ、多種多様な実を結び、その内部には、地表に張り出している銀の茎を持つ1本の大樹が成長している。その樹の枝には、多くの種類の鳥がとまっている。夜明けにすべての鳥が飛び去っていくと、その時、大鴉の頭は白くなった」(28)。プリマ・マテリアとしての哲学の樹はまた、水銀(水星)、銅(金星)、鉄(火星)、鉛(土星)、錫(木星)、金(太陽)、銀(月)というように、7つの金属と惑星の影響を意味する7本の枝を持つ黄金の樹としても表現される。パラケルススは、この樹に関して「しかし、哲学者は、自分たちの物質を7本の枝を持つ一種の黄金の樹にたとえるが、そのことによって、彼らは、それ(つまり物質)がその精子の中に7つの金属を閉じ込めているということ、そこにそれらの金属が潜んでい

るということを言っているのである」（『哲学者の曙』 *Aurora*, 17-18）。

　哲学の樹は、海＊（海中か海上、あるいは海に浮かぶ島のいずれか）を含めて、様々な所に自生していると言われる。ミカエル・センディヴォギウスの『哲学の謎』で、サトゥルヌスは、祝されるべき島に成長する樹に関して「そして太陽の樹がこの水から成長したことを知りなさい」と言っている（278-9 行目、*AP*, 503）。海は、哲学の樹がプリマ・マテリアから究極の物質（ウルティマ・マテリア）に成長する際に育てられる秘密の水銀の水を象徴する（図30）。哲学の樹は、山＊の上に成長するとしている錬金術のテキストもある。たとえば、ニコラ・フラメルの『賢者の術概要』*Philosophical Summary* は「山頂に、彼らは栄光に満ちて光り輝く王の草を見つけるだろう」（*HM*, 1:146）と述べており、哲学の樹が哲学者の庭＊に生えていると明言している。「しかし、賢者たちの庭で（中略）われらの樹は類いまれなる露で水を与えられる」（*HM*, 1:145）。哲学の樹に水やりをすることは、飼養＊の段階の間に哲学の子供＊ないしは石を水銀の水（「乳」）で育てることを象徴する。山も海もプリマ・マテリアの象徴である。→tree(truncated)

phoenix　フェニックス

　哲学者の石＊、特にルベド＊の段階で獲得される、卑金属を純粋なる金に変成することができる赤い石＊を意味する再生と復活の象徴。『賢者の水石』*The Sophic Hydrolith* は、「哲学者の石は（中略）栄光に満ちて光り輝くフェニックス（中略）と呼ばれる」と言っている（*HM*, 1:97）。『化学辞典』（1650）は、フェニックスを「火のクウィンタ・エッセンティアにして、哲学者の石でもある」と定義している。また、バセット・ジョーンズの『化学の石』 'Lithochymicus' で、トゥーゲールは「私には十分よくわかっているんですよ。今、あなたがなすべきことが。／あなたは、あなたの王をその墓から出して／決してもはや死ぬことのない若きフェニックスに変えねばならない」と言っている（*AP*, 261）。フェニックスは、作業（オプス）の主要な4段階を表す一連の鳥のイメージの最後を飾る鳥である。つまり、ニグレド＊を象徴する鴉、孔雀の尾＊（カウダ・パウォーニス）の段階を象徴する孔雀、アルベド＊を象徴する白鳥（鳩の場合もある）、そしてレベドの段階における「石」の復活を象徴するフェニックスである。ラムスプリンクは、アルベドによる白色がルベドによる赤色になる最後の段階に関して「そして、鳩からフェニックスが生まれる」と述べている（*HM*, 1:290）。フェニックスはまた、エリクシルの量と質が溶解と凝固によって無限に増やされる増殖＊ないしは増大の段階の象徴でもある。

piss　小便　→childern's piss
pitch　ピッチ　→nigredo, putrefaction
plant　植物　→flowers, fruit, lily, philosophical tree, rose
poison　毒　→venom

poppy　ケシ
　作業の最終段階のルベド＊で獲得されるエリクシルないしは「石」の深紅の色の呼称。フィラレテスは、ルベドの段階に関して「それから、ただちに、ティリアン紫の色をしたもの、輝く赤いのもの、燃えるような朱赤のケシの色をした石が現れる」と述べている（*RR*, 23）。

pot　壺・ポット
　錬金術の容器の一般的名称。エリクシル＊をつくる際に使われる特別な器具。コルソンの『成熟した哲学』*Philosophia maturata* は、「この作業は、循環蒸留器の中でおこなわなければならないが、その際、蒸留器は陶製の壺の中に入れ、糞で真ん中まで覆っておく必要がある。この壺は、底に十分な数だけ穴が開いていて、温水が半分まで満たされた銅製の容器の開口部に置かれなければならない」と述べている（61）。『愛の錬金術』'Love's Alchemy' で、ジョン・ダンは、「男性の」硫黄＊と「女性の」生ける銀＊のコイトゥス（結合）がおこなわれる容器を「多産の壺」と称している（8）。チョーサーの錬金術師の徒弟は、不幸にも錬金術の容器が粉々になってしまったことについて「しばしばこんなことが起こるんですよ。／つまり壺が粉みじんにこわれてしまうんです。／すると、さよなら、すべてがおしまいというわけです。／これらの金属はとても激しく飛び散るもんですから」と語っている（『錬金術師の徒弟の話』*Canon's Yeoman's Tale*, 906-8）。（→alembic）。

potable gold　飲用金　→aurum potabile
powder　粉末　→red powder
pregnancy　妊娠　→bed, philosophical child, square and circle, womb
priest　司祭　→green lion

prima materia　プリマ・マテリア
　第1質料。そこから宇宙が創造され、再びそれに還元されことになると考えられ

た原初の純粋な物質。錬金術のプリマ・マテリアとは、創造の過程においてあらゆるものの形相が刻印されると考えられた受動的質料である。アリストテレス哲学やスコラ哲学において、この物質は「単に存在してはいるが、1つの限定されたものとされるために、本質的な決定因（形相）を必要とする、実体を構成する要素」を意味する（*OED*）。プリマ・マテリアの錬金術的観念は、ヘレニズム期の錬金術師に由来するが、彼らはその自然の理論の基礎を、アリストテレスのプリマ・マテリアの概念と、4元素から第5元素すなわちクウィンタ・エッセンティアが合成されるという同じアリストテレスの元素論に置いている。フランソワ・ラブレーの『パンタグリュエル』*Pantagruel* では、女王クウィンタ・エッセンティアが住む「クウィンタ・エッセンティアの王国」の住人が、パンタグリュエルに、「哲学者なるものの第一人者にして亀鑑でもあるアリストテレスが、われらの女王陛下の名付け親であったのだ」と告げる（646）。

錬金術師によれば、卑金属がまず原初の物質つまり第1質料に溶解されなければ、哲学者の石＊をつくることも、卑金属を銀や金に変成することもできない。『ゾロアストロの洞窟』は、「溶解が石をプリマ・マテリア、つまり水に変える」と言っている（73）。またアイザック・ニュートンは『インデックス・ケミクス』（ケインズ手稿30）で、「プリマ・マテリアとは、新しい形相が与えられるように、腐敗によってあらゆる形相を取り去られたもの、つまりサトゥルヌスの支配下にある黒き物質である」と述べている。いったんこの純粋で根本的な創造の材料に溶解されると、新しい「金属の」形相が質料に刻印されることになるが、その形相とは、たとえば完全なる金属つまり金である。錬金術や一般的なルネッサンス期の思想では、世界とは地殻の内部に植物や樹のように成長する金属を持つ、生ける有機体であるとされる。金の成長に関して、『ブレイクがスペインに対してあげた勝利に寄せて』'On the Victory obtained by Blake'（アンドルー・マーヴェルに帰される場合もある）では、「その不吉なる黄金がどこに生成するのやら／物言わぬ大地も人も知ってはいない」と言われる（57-8）。金属は、地の内部の物質にまで浸透する太陽光の熱の生成作用を通して徐々に成長すると考えられた。鉛、鉄、錫、銅のような「不完全」あるいは「未成熟」な金属は、地という子宮の中で、完全なる金属である金へと徐々に成熟していくと考えられた。この観念は、ドライデンの『驚異の年』*Annus Mirabilis*（1667）の文学的文脈に中に登場する。「鉱山に未成熟の鉱脈を求める者は、／掘り出した豊かなる鉱石を暖かな芝生にならべ、／時がそのまだ不完全な鉱石を温浸するのを待ちながら、／明日にはそれが黄金となることを思う」（553-6）。ジョ

245

ン・ダンは、金属を金に成熟させる太陽の力に関して『羊飼の歌1613年』'Eclogue, 1613' で次のように言っている。「大地はその腹の奥底に宿している／黄金になりたいと願うほど良い性質をもった物質を／しかし、天の目が暖めることができるほど地表近くに存在していないなら、／そのような物質も、黄金になることはできないものだ」(61-4)。1676年には、ヨアヒム・ベッヒャーが、彼の『クンストハウス報告書』Kunsthaus Referat の中で皇帝レオポルドに次のように述べている。「それ故、この製造所で、錬金術の真実性と有用性も、鉛を銀に成熟させるなどの様々な工程によって例証されるだろう。(中略) 従って、この製造所は鉱山あるいは両替商よりも安全で、豊かであり、この事業の費用を取り戻すことのできる唯一の場所となるだろう」(スミス『錬金術のビジネス』*Business of Alchemy*, 192-3)。

自然が不完全な鉱石を金に温浸する作業を完了するのに何千年も待つかわりに、錬金術師は、実験室で人工的な手段を用いて、かなり短期間でその工程を達成しようとした。コルソンの『成熟した哲学』*Philosophia maturata* は、「哲学者は1日でソルをつくってしまうが、自然は地下において千年かかってもそうすることはできない」と述べている (63-4)。金を生成するために、錬金術師は、まず「われらの水銀」すなわちメルクリウス*としても知られるプリマ・マテリアを獲得しなければなら

図31 プリマ・マテリア。アーサー・ディー『秘密の箱舟』'Arca arcanorum'(1631頃-34) *BL* スローン手稿1876, 扉絵 より。

ない。メルクリウスは、その内部に金属の2つの種子、男性の硫黄（熱く、乾燥していて能動的）と女性の生ける銀（冷たく、湿っていて受動的）を含んでいる。『ゾロアストロの洞窟』では、ルルスを引用して次のように言っている。「そういうわけで、私は、わが友であるあなたたちに、ソルとルナ以外の何ものも相手にせず、それをその第1質料、すなわちわれらの硫黄と生ける銀に還元するように助言する」（68）。プリマ・マテリアに内在する様々に異なる種類の硫黄の持つ「熱」は、メルクリウスの冷たく、湿っている要素である生ける銀に作用して、地中の様々な種類の金属を形成すると考えられた。生ける銀、すなわち水銀の割合が大きければ大きいほど、金属は銀あるいは金により近いものとなる。硫黄は金属の「形相」を、生ける銀はその「質料」を構成する。金属の生成に関するアリストテレスの説に基づくこの理論は、ゲベル（すなわち偽ジャービル・イブン・ハイヤーン）の書にはじめて登場し、錬金術の実践の基礎として17世紀に至っても存続しつづけた。哲学の「硫黄」と「水銀」は、現在そういった名称で呼ばれている物質のことを指しているわけではなく、内的な構成原理（原質）、つまり抽象的で本質的な属性を意味する。エドワード・ケリーは、『哲学者の石』 *The Stone of the Philosophers* で次のように述べている。「賢者たちは、金は地の内部で完全に温浸された 水 銀 以外の何ものでもないと主張しているが、彼らは、そうしたことがメルクリウスを凝固させて、自らの熱で温浸する硫黄によってもたらされるということを既に示していた。だから、賢者たちは、金は成熟した 水 銀 以外の何ものでもないと言っているのである」（『選ばれし者の2つの論』18）。ギヨーム・デュ・バルタスは、そのような金属の種子としての水銀と硫黄に関して次のように言っている。「私は、汝、太陽の熱を称える、その熱は精妙に／われらの世界の堅き厚みを貫き／地の腎臓でメルクリウスを燃やし、／青白い硫黄を輝く金属に変える」（『聖週』 *Divine Weeks,* 1: 222, 573-6）。錬金術師の仕事は、この相反する物質を化学の結婚＊において結合させることであり、その2つの物質の結合から、哲学者の石として知られる第3の新しく完全な存在が出現するのである。アイザック・ニュートンは、ヘルメス・トリスメギストゥスの『エメラルド板』の注解で次のように述べている。「硫黄は成熟した 水 銀 であり、水 銀 は未成熟な硫黄である。そしてこの類縁性のために、その2つは男性と女性のように結合し、互いに作用し合い、その作用を通して相互に変成し合い、より高貴な子をもうけ、その1個のもので多くの驚異をおこなうのである」（*Janus,* 276）。

　錬金術は、物理的次元だけではなく形而上学的な次元でも機能する。錬金術師は、卑金属を金に変成することだけではなく、何よりもまず自然的つまり地上的人間を

247

照明された哲学者に変容させることも重視していた。不完全な金属を精錬する過程は、人間の魂と肉体の純化と類似しているが、それは多くのルネッサンス期の形而上詩のテーマとなった。錬金術において、そこから宇宙が創造されたプリマ・マテリアすなわち第 1 質料は、原初の純粋な状態にある魂を構成する要素と同一視される。形而上学的意味での作業としては、腐敗し、固定化した思考形態、つまり古い存在のあり方は、魂が印象や欲望によって邪魔されずに、原初の純粋な状態を取り戻すことができるように、破壊し変換されなければならない。この純化の過程が達成されると、神的霊によって魂が照明され、新しく、より自由でより霊的な形相すなわち存在状態が与えられる可能性が生み出される。ミルトンの『楽園の喪失』で、ラファエルはアダムに、神は万物を「1 つの原質料」から創造したが、「ただ形はさまざまだ。／生なきものには物質の、生あるものには生命の、その段階はさまざまである。／しかし、神に近いものほど、また神に近く向かうにつれて、／次第に浄化され、霊化され、純化される」と告げている（5. 472-6）。

　プリマ・マテリアは、哲学者の石と同じように、無知なる者には気づかれず、軽視され、無価値なものとみなされる物質であると述べられる場合がある。コルソンの『成熟した哲学』は、ティンクトラあるいはエリクシルがプリマ・マテリアなしにはつくることができないことに関して、「さあ、このティンクトラは、無価値で卑俗なものから抽出されるものであるということを知りなさい」と述べている（67）。プリマ・マテリアはありふれた一般的なものであると言われるが、その理由は、それが至る所に見つけることができ、得るために全く苦労も費用も必要としないからである。『賢者の水石』 The Sophic Hydrolith は、謎めいた調子で「プリマ・マテリアは、無知なる者や初学者から最も卑俗で取るに足らないものとみなされ、（中略）すべての者の目にさらされているが、知る者はほとんどいない」と述べている（HM, 1:78）。この物質は、西方の島々の海面に成長する哲学者の樹 * あるいは逆さまの山の中に存在すると言われる（→アブル・カシム『知識の書』 Book of Knowledge, 23-4）。山が逆さまであるという特性は、ソルウェ・エト・コアグラ * による「逆転」作用、つまり錬金術師を、創造の源とプリマ・マテリアに連れ戻す、オプス・コントゥラ・ナートゥーラム * という一見すると逆回転のような作業を象徴している（→inversion）。プリマ・マテリアは多くの名称で知られるが、その一部としては、アダム（原初の堕落していない人間）、海（あらゆる形相を内包する）、月、母、大地（母として自然を育てる）、処女（純粋で受動的）、獅子、種子、月経血（あらゆるものの種子を含む）、影、雲、隠された石、埋められた宝、実る果実が太陽と月

● P

（すなわち金と銀）である樹、「われらの水銀」（→Mercurius）、鉱石、鉛、サトゥ
ルヌス、毒、混沌、霊（精気）、泉、水、露などがある。アーサー・ディーの『秘
密の箱舟』'Arca arcanorum' の扉絵は、プリマ・マテリアの抽出を描く、色づけされ
た円形のエンブレムになっている（図31）。

prison　牢獄・監獄

　腐敗＊とニグレド＊として知られる作業の段階の、またその段階にある容器の名
称。腐敗の間に、アレンビックの中の物質は地下牢に捕らわれている、あるいは牢
獄に入っていると言われる。哲学者の石＊をつくるために、「石」のための古い金属
あるいは質料（素材）は、錬金術師が物質の中に閉じ込められている水銀の霊（精
気）を獲得できるように、まず溶解されなければならない。この霊（精気）は水銀
の蛇あるいは竜と呼ばれる。トマス・チャーノックは、「そして、全く自分のためだ
けに、／長年の間私はこの竜を一風変わった牢獄に閉じ込め続けた」と言っている
（オーブリー『名士小伝』Brief Lives, 2:167）。フィラレテスは容器を牢獄と同一視し、
作業をはじめるにあたって「錬金術師は、まず第1に長期間牢獄に入る覚悟でいな
ければならない」と述べている（クロソウスキー・デ・ローラ『錬金術』Alchemy,
27）。「石」のための質料（素材）が溶解されると、花嫁と花婿として知られる金属
の男性と女性の種子が水銀のプリマ・マテリアから解放される。哲学者の石が孕ま
れるために、種子すなわち花嫁と花婿、太陽と月は化学の結婚＊において結合され
なければならない。彼らの結合された両性具有の肉体は、殺され、黒色化され、腐
敗させられるが、魂の方は解放されて、アレンビックの最上部に浮かぶ。著者不詳
のある写本は、この段階を「黒い牢獄」と呼び、「というのも、この魂が肉体から解
放されれば、正しくかつ適切に作業がなされたことを表すものとして黒色が現れる
からだ」と続けている（BL スローン手稿 3631, f.14）。『著者より読者へ』で、サイモ
ン・フォアマンは、結合されたソルとルナに関して「しかし、それらが互いに譲り
合い／従い合うまで／現段階では閉じ込めたままにしておく」と述べている（45-7
行目、AP, 67）。マルティヌス・ルランドゥスは、この段階にある容器は「花嫁と花
婿が強制的に閉じ込められるので、牢獄」と呼ばれると言っている（『辞典』323）。
マーカス・クラークの『命ある限り』His Natural Life に登場する刑務所は、錬金術
におけるニグレドの段階を表す獄舎として機能する。また、アムステルダムの錬金
術師の実験室の助手として働く主人公のリチャード・ディヴァイン（Richard Devine）
は、救われる前に、腐敗されなければならない錬金術の物質としての役割を果たす。

彼は、ルーファス・ドーズ（Rufus Dawes）という偽名を名乗り、長期にわたる投獄生活を経験する。その生活は、まず彼をオーストラリアへと輸送する船の「投獄用の檻」の中にはじまり（199）、最後は「熱く嗅い空気が、炉から出る突風のようにどっと出てくる」ノーフォーク島の牢獄で終わることになる。彼は牢獄という炉の試練を受け、「囚人労働というとろとろ燃える火の中で鋼のように強固なものとされ」(329)、脱走し、トム・クロスビー（Tom Crosbie）の名でヴィクトリア州の採金地に住む裕福な金探鉱者に変身される。そして最終的には、彼はもといた錬金術の実験室に戻り、本名のリチャード・ディヴァインを取り戻すが、それは神的な自己(ディヴァイン)に対する意識を取り戻すことを象徴する。

projection　投入

　銀ないし金に変質させるために哲学者の石*ないしはティンクトラを卑金属に投ずる錬金作業(オプス・アルケミクム)の最終段階。また、薬剤*ないしは哲学者の石によって物質を急速に高揚*ないしは増大*させること。コルソンの『成熟した哲学』*Philosophia maturata* は、卑金属を銀に変成する力がある白いエリクシルに関して「投入をする前に、それ（われらのメルクリウス）を油性の粉末に凝固させなさい。その粉末1

図32　王の心臓からの、非金属への赤いティンクトラの投入。『自然の戴冠』(17世紀) *GU* ファーガソン手稿 208, f. 73r より。

に対して 1,000 倍、いや 10,000 倍の生ける銀や他の金属があらゆる試練に耐えうる純粋なルナに転換される」と言っている（40-1）。同様に、ルベド＊が達成される最後の赤色化の段階においても、投入するための粉末が熱せられた水銀、銅あるいは他の物質を変成するために投じられることになる。ジョン・ディーは、1586 年 12 月 19 日、トレジェボニで、エドワード・ケリーが、自分とエドワード・ガーランドの前で錬金術の投入の作業をおこなったことを記録している。「E. K. は、彼の粉末で投入をおこない、（中略）ほぼ 1 オンスの最高の金を生み出したが、その金を後で私たちは坩堝から取り出し分配した」（『ジョン・ディーの私的日録』*The Private Diary*, 22、英訳はスミス『ジョン・ディー』*John Dee*, 22）。また、エリアス・アシュモールに宛てた書簡の中で（1674 年 3 月 29 日に受け取られた）、サー・トマス・ブラウンは次のように述べている。ボヘミアにいる間、アーサー・ディーは、彼の父ジョン・ディーとエドワード・ケリーとともに「投入がおこなわれ、白目の皿や大瓶が銀製に変成するのを見たが、プラハの金商がそれで銀を買った。しかも、ローゼンベルクの宮廷では、前述のように投入によってつくった銀の輪で輪投げ遊びをおこなっていた」（Bod. Ashm. 手稿 1788. f. 151r-v）。

「石」1 オンスだけで、卑金属それ自体の重さの 100、200、あるいは 1,000 倍も金に変成することができると言われた。錬金術の論文『黒きベネディクト会修道士をエリクシルに突き刺せ』*Pearce the Black Monke upon the Elixir* は、「この価値ある薬剤 1 オンスが／200 オンスの水銀に投じられると、／もっとも光り輝く金をつくり出すだろう」（*TCB*, 276）と言っている。ジョンソンの『錬金術師』では、マモンが「[石の] ほんのひとかけらを、その 100 倍の／水星、金星、あるいは月に投入しただけで、／それはそれと同量、いやその 1,000 倍もの／太陽に変わり、こうして無限に増えていく」と説明している（2.1.38-41）（金星は銅を、月は銀を、太陽は金を表す）。アルテフィウスは、「あなたが作業を続行すれば、際限なく投入をおこなうことになり、どれだけの量になろうとも、確実かつ完全に着色し、最大量を固定化するだろう」としている（*SB*, 42）。『自然の戴冠』の中の投入を図解しているエンブレム（*GU* ファーガソン手稿 208）は、赤い王＊（赤い石）の心臓から赤いティンクトラが、卑金属を擬人化した彼の従者に投入されるところを表している（図 32）。『パラドックス——愛の成就は愛を破壊する』 'Paradox. That Fruition destroys Love' で、ヘンリー・キングは、性愛における性的交渉の後の幻滅を、失敗して投入を達成しそこなう錬金術の作業（オプス）にたとえている。「いったん実現してしまえば、欲望とは／消えゆく火によって暖められ続ける灰以外のなんであろうか。／その灰は（もしあればだが）投

251

入の段階で常に流産する／哲学者の石にも等しい」(73-6)。エドワード・ベンロー
ズは、『テオフィラ』*Theophila* で、錬金術における投入の霊的側面を強調している。
「自然は〈恩寵〉によってのみ変えられる。／それこそが〈化学の石〉であり、／
あなたの全能の言葉こそ、紛れもなき投入なのである」(12)。

　パメラ・スミスは、「投入」という言葉の推移をたどっていく中で、ライプニッツ
と彼の同時代人にとって、「投入する」to project の原義は、卑金属に哲学の粉末あ
るいは石を投じることで錬金術的変成をもたらすことであったと述べている。また、
その名詞「投入」project の語も、その当時、物質世界で実行に移される計画、見取
り図、発想の意味で用いられはじめていた。そして、その世紀末までに、ドイツで
は、「投入者」projector とは「人をだます計画者」という否定的な意味を帯びるよう
になっていた。この意味での「投入者」の語は、既に 17 世紀初頭にはイングランド
で使われていた (『錬金術のビジネス』*Business of Alchemy*, 269)。

projector　投入者　→projection
prostitute　娼婦　→Venus
Proteus　プロテウス

　メルクリス＊、プリマ・マテリアの名称の 1 つ。作業の過程の間に、多くの外
観を帯びる、揮発性で捕らえにくく、逃げやすいい霊（精気）であるメルクリス
は、この変幻自在のギリシャ神話の海神プロテウスにたとえられる場合がある。
哲学者の石＊をつくるために、錬金術師は、捕らえにくく、逃げやすいメルクリ
ウス（ヘルメス）を捕まえ、彼を飼いならさければならない。換言すれば、錬金
術師は作業をおこなうための第 1 質料、つまり海＊によって象徴される場合も
あるプリマ・マテリアを獲得しなければならない。『楽園の喪失』で、ミルトン
は錬金術師に関して「彼らは巧みな技術によって／移り気な水銀神を縛り、また
種々の姿をとる／老プロテウスを縛らずに海から呼び出し／リンベックにかけて
もとの姿に還そうとした」と言っている (3.602-5)。

puffers　ふいご吹き

　錬金術の炉すなわちアタノール＊の火を燃やし続けるために、過度にふいご使用
しすぎる錬金術師。ベン・ジョンソンの『錬金術師』で、マモンは、ふいご吹きの
フェイスを「一吹き」、「肺臓」と呼ぶ。「肺臓役のお前もいよいよ私が炉から解放
してやるぞ。／一吹きよ、いぶった燃えさしの中ですっかり悪くなった、／お前の

● P

顔色を元どおりにしてやろう」(2.2.18-20)。さらに、サー・エピキュア・マモンも、サトルのふいご吹きに関して「あの声は、彼の火を吹く竜、／彼の肺臓、西風の精、灰に息を吹きつける男だ」と言っている (2.1.26-7) →bellows

pumpkin　かぼちゃ

ククルビタ*（ラテン語でヒョウタンの意味）として知られるヒョウタン型の錬金術の蒸留器。『世界の栄光』*The Glory of the World* によれば、錬金術師は「ガラス（カボチャ型）の蒸留器の中に」「石」の質料（素材）を入れ、「それが乾燥していながら、白い液体でもある状態になるまで、煆燃しなければならない」とされる。そうすることで、術師は「あらゆる地上的なものを純化し、完全なものとするこの世の宝」を獲得することになる (*HM,* 1:179)。

purification　純化　→ablution, albedo, refine, solve et coagula
purple tincture　緋色（紫）のティンクトラ

赤いエリクシルないしは石と同義。ラテン語の形容詞 purpureus は、緋色（紫）、深紅、暗褐色を意味する。あらゆる卑金属を金に着色し、人間に完全なる健全性と神の意識を回復させる赤い石*ないしエリクシルは、貴重なる緋色（紫）のティンクトラと呼ばれる場合が多い。バシリウス・ヴァレンティヌスは、「このティンクトラは、赤と紫の中間の色である」と言っており (*HM,* 1:348)、ニコラ・フラメル

図33　緋色（紫）のローブと王冠。無題の写本（18世紀, フランス）*GU* ファーガソン手稿271, p. 2 (第2集) より。

253

も「真の赤紫」と呼んでいる（*HM,* 1:126）。ジョン・クリーヴランドは、『ファスカラ、あるいはさまよう蜂』 'Fuscara; or the Bee Errant' の中で、緋色（紫）ないし赤みがかった青色のティンクトラのイメージをふざけてもて遊んでいる。その「砂糖菓子用の器具のごとき針が、湿った錬金術〔湿潤法のこと〕を施す」蜂が、ファスカラの袖にとまる。「この空飛ぶ略奪者は、まずは差し押さえる／彼女の血管に咲いたスミレの花を。／その花のティンクトラはより純粋なものであるが、／彼の略奪の接吻はそれをもっと青くした」（11-14）。このティンクトラの色は、王族や皇族の人々によって織られた高価な生地の染色に用いられ、（ギリシャ語で）ポルピュラ porphura と呼ばれる軟体動物からつくられた染料ティリアン紫に比される場合が多い（→dye）。ジョージ・サンズは、『旅の物語』*A Relation of a Iourney* で、ティリアン紫の染料の「発見」と、「リンベック」つまりアレンビックにおけるその蒸留に関して書いている（215）。緋色（紫）のティンクトラの達成を象徴するイメージの１つとして最も頻繁に登場するのは、緋色（紫）のローブを纏う王のイメージである。赤い石としての王が緋色（紫）のローブと王冠を身につけているところが、*GU* ファーガソン手稿271に図解されている（図33）。ジョーン・ホジソンは、己自身を征服し、諸元素にも精通した達人（アデプトゥス）の緋色（紫）のローブが表す形而上学的シンボリズムを説明して次のように述べている。「聖なる７つの光線のうちの７番目の光線で完全に進化した子供は、確かに、青みがかった深紫色を、つまり物質的力を象徴する暗く重い影ではなく、自我という王国を自らがしっかりと支配していることを示す濃いアメジスト色の光のローブを身につける。その子供は、より低次の自我がより高次の自我に完全に吸収されている段階に達しているのであり、古の錬金術師の言葉を借りれば、卑金属が素晴らしい金に変成されたのである」（『占星術』*Astrology*, 174）。

putrefaction　腐敗（プトレファクティオ）

　金属を表面上不活性に思える塊あるいは粉末に転換すること（ホームヤード『錬金術』278）。物質を分解すること。ハリドは、「腐敗とは、全部が混ざり合い、１つになるまで長い間、焙焼し、すりつぶして粉末状にし、水を与えることである」と言っている（『秘密の書』*Booke of the Secrets*, 42）。腐敗、すなわちあるものを腐らせて別のものに変えることは、作業（オプス）の中のニグレド＊として知られる最初の段階でおこなわれる。ニグレドの間に、金属ないしは「石」の不完全な肉体は、物質に内在する熱を刺激する穏やかな熱を加えることで溶解され、黒化され、第１質料つま

りプリマ・マテリア＊（その肉体が創造された原初の物質）に還元される。『ゾロアストロの洞窟』は、「腐敗とは、何も上昇していかないように、他の何ものでもなく、きわめて穏やかで、熱くかつ湿っている火によってのみおこなわれる」と述べている（73）。アレンビックに黒色が現出することは、腐敗の過程が進行中であることを表す。ロジャー・ベイコンは、「われらの石に対する最初の作業に関しては腐敗と呼ばれ、われらの石は黒化される」と言っている（『鏡』12）。コルソンの『成熟した哲学』Philosophia maturata における処方では、この作業の詳細に関して次のように述べられている。「それまでに哲学の卵の中に入れておいたカルクスを少量取り、それを指2つ分覆うように赤いティンクトラを加えて封印し、きわめて冷たい場所で8日間腐敗させなさい。それが終了すれば、そのカルクスは与えられた湿り気を飲み干しているだろう。それから再び同量のティンクトラを注ぎ、もう8日間それを以前と同じ状態にさせ、再び先述した時間、浸潤を続けるようにしなさい。カルクスがもうこれ以上ティンクトラを飲むことを止めるまで、そのままにしておきなさい。いかなるピッチよりも黒くなるまで、それを置いた場所から移してはいけない。そのような黒色が現れたら、その黒い土の有している湿り気が温浸され、白い化合物に固定化されるように、自然のバルネウムの中に入れなさい。それから、それを等しく2等分して、1つを白い石、もう1つを赤い石となるように加工しなさい」（37）。

　腐敗に関する錬金術の原理は、自然はまず死んで消え去ってしまってから初めて再生されるという観念に基づいている。新らしい生命の受胎は、その後に続いて再生あるいは復活が起こる一種の「死」とみなされる。『ゾロアストロの洞窟』は、「結合と受胎は、容器の底における一種の腐敗によって生じる」（73）と言っており、エドワード・ケリーは、「成長し、生命を与えられることになるものは、まず腐敗しなければならない」と述べている（『選ばれし者の2つの論』140）。ロバート・フラッドによれば、腐敗は「ひと粒の穀粒が、死んだ後に（というのも、死ぬことで、それを構成する元素が精妙化されるとともに、その中心にある腐食しない媒介物によって分離されるので）何倍にも増殖して再び成長することに見られるような　自然の様式にのっとって、腐食と死によって達成される」（TGH, 141）。金属の「肉体」の腐敗は、その金属の中に隠されている神的光と生命の火花を解き放つ。ロバート・フラッドは次のように言っている。錬金の術は、「調製することで暗き物質を腐敗させ、隠されている形相の火花、あるいは暗所と暗闇に隠されている光の粒を解放すること以外の何ものでもない」（TGH, 113）。錬金術師は、この生命の

火花が解放される時に、生命は増大し、増殖されると信じていた。

　腐敗は「嗅覚というよりも知性で認知される」（ケリー『選ばれし者の2つの論』138）悪臭を伴うと言われ、錬金術のテキストにおいては、言葉の上だけではなく視覚的にも、死のイメージによって表現される。そのイメージとしては、大鎌＊を持ったサトゥルヌス＊、死の天使、棺＊あるいは黒い太陽＊の上に立つ骸骨（→図38）、大鴉＊あるいは鴉＊、自分たちの墓の中に横たわる、死んだ恋人たち（硫黄＊と生ける銀＊）の肉体（→図10）ヘルメスの樹の灰、墓蛙、ハデスなどがある。サー・ジョージ・リプリーは、「腐敗とは（中略）肉体を破壊することであり、（中略）死んでいる肉体を腐敗へと至らしめ、しかる後、再生する準備を整えさせることである」と述べている（*TCB*, 148）。ジョンソンの『錬金術師』で、サトルがフェイスに「実験における金属の苦悩と殉教の過程を述べる」ように求めると、フェイスは、「腐敗」から列挙しはじめる（2.5.20-1）。ラブレーの『パンタグリュエル』の語り手は、「クウィンタ・エッセンティアの王国」で実践される、様々にパロディー化された「錬金術の形態」を目撃するが、その中には腐敗も含まれている。「私は、1人の若い煆焼師が秘術を使って死んだロバに何発もおならをさせ、これを1オースあたり、5ソルで売っているのを見た。もう1人は、セカボットすなわち抽象概念を腐敗させていた」（651）。

● Q

quarrel　反目・不和 →peace and strife
queen　（white）女王（白い）
　アルベドの段階で達成される白いエリクシルないしは石の呼称。作業における
受動的で冷たく湿った女性の原理（原質）の象徴。白いエリクシルは卑金属を銀
に変える力を持つ。エドワード・ケリーは、『地上の天文学の劇場』*The Theatre of
Terrestrial Astronomy* の中で「このティンクトラすなわちエリクシルは処女の乳、永
遠の水、生命の水とも呼ばれるが、その理由は、白い大理石と同じくらい光り輝く
からである。また、白い女王とも呼ばれる」（142）と述べている。受動的な女性の
原理（原質）としての白い女王（ルナ＊）は、能動的な男性の原理（原質）である
赤い王すなわちソルと化学の結婚において結合しなければならない。この結婚は普
遍的な男性の力と女性の力の結合を表しており、これを錬金術師は、霊（精気）と
魂の結合、あるいは既に結合している魂と霊（精気）が「石」の浄化された肉体と
結合することとする。この結合から、錬金術師が哲学者の石と呼んでいる1個の新
しく完全なる存在が現出するのである。王と女王の結婚はヨハン・ミューリウスの
『改革された哲学』のエンブレム2（エンブレム第2集）や『哲学者たちの薔薇園』
（→図9）に図解されている。

quicksilver　クイックシルバー（水銀）
　生ける銀＊すなわち水銀。湿っていて、冷たい、金属の女性の種子である哲学の
生ける銀に主として用いられる名称。これを、錬金術師は哲学の硫黄＊、すなわち
乾いていて、熱い男性の種子と、哲学者の石＊を生み出すために結合させなけれ
ばならない。チョーサーの錬金術師の徒弟は、「<ruby>雑 水 銀<rt>クルード・マーキュリー</rt></ruby>と呼ばれる<ruby>水 銀<rt>クイックシルバー</rt></ruby>を
／アマルガム化し、煆焼すること」（『錬金術師の徒弟の話』*Canon's Yeoman's Tale,*
771-2）というように<ruby>水 銀<rt>クイックシルバー</rt></ruby>に言及している。<ruby>水 銀<rt>クイックシルバー</rt></ruby>とは、錬金術師が哲学者の
石を＊つくるために、飼いならす＊、すなわち固定化しなければならない、捕らえ
にくく逃げやすい霊（精気）としての役割を果たしている場合のメルクリウス＊に
用いられる名称でもある。ジョン・リリーの『ガラテア』*Gallathea* で、ピーター

はレイフに「[錬金術における] 第 1 の霊（精気）は 水 銀 である」と教えるが、
レイフは「それこそがおれの霊（精気）だ。というのも、おれの銀貨はとても逃げ
足が素早いので、つかまえるのに大騒ぎさ、それでやっとそれをつかまえても、と
てもすばしっこいので、しっかりつかんでいられやしない。きっと、その中には
悪霊がひそんでいると思ったんだ」（2.3.52-5）と返答する。また、プリマ・マテリ
ア*、すなわち、金属の男性の種子と女性の種子を含んでいる純粋な第 1 質料が、
「 水 銀 」と呼ばれる場合がある。『黄金の回転』'The Golden Rotation' は、「石」
の質料（素材）が「 水 銀 、すなわち金属の第 1 質料というその最初期の状態に
還元されなければならい」と言っている（f.33）（→chemical wedding, Mercurius）。
マムニャーノとして知られる錬金術師マルコ・アントニオ・ブラガディーニは、
水 銀 を金に変成させたことで知られていた。金融業を営むフッガー家が出して
いた手紙通信は、1589 年に彼がヴェニスに来た時のことを次のように報じている。
ブラガディーニは「日ごと 500 人の人々のために宴会を催し、ギウデッカのパラッ
ツォ・ダンドロで王侯貴族のように生活していた。彼は文字通りシャベル単位で金
を浪費していた。彼のやり方はこうである。 水 銀 10 オンスを手に取り、それ
を火の中に入れ、アンプラに入れて携帯している液体を 1 滴と混ぜる。するとその
水 銀 はたちどころに本物の金に変わる」（『フッガー通信』 Fugger News-letters,
1589 年 11 月付け）。

quintessence　クウィンタ・エッセンティア　→fifth elemnet

● R

radical humidity　根源的な湿り気

　金属の魂、生ける銀＊、哲学の水銀。また、哲学者の石＊のもととなる、湿った物質あるいは「神的水」。アーサー・ディーは、論文『子供の遊び』を引用して「生ける銀とは、かの油薬の湿り気、つまりわれらの石の根源的な湿り気である」（*FC*, 31）と述べている。錬金術における魂は水や湿り気と関連しており、露で象徴されるので、根源的な湿り気は五月の朝露と呼ばれる場合がある。アルトゥスの『沈黙の書』（pl. 4）では、その朝露を錬金術師が牧草地で広げたシーツ＊に集めているところが描かれている。根源的な湿り気すなわち哲学の水銀は、世界霊魂、つまり物質の中に閉じ込められている霊（精気）である。この神的水は、それがそこから抽出・解放されなければならないプリマ・マテリアと同一視される場合がある。『哲学者の薔薇園』は、根源的な湿り気に関して次のように言っている。「金属の質料はある種の煙のような物質であり、それはつまりそれ自体の中に軟膏ないしは油のような湿り気を含んでいる金属の第1質料である。そして、そこから錬金術師は、作業の目的に適う、水滴と同じように澄んでいる哲学の湿り気を分離する。この哲学の湿り気の中に、金属のクウィンタ・エッセンティアが隠されている」（*FC*, 10）。そして、その湿り気は、火による責め苦（4元素あるいは「根源」radices に物質を溶解すること）だけではなく、調理＊することすなわち温浸＊として知られる錬金術の工程を通して抽出される。フランソワ・ラブレーは、この観念を『パンタグリュエル』*Pantagruel* で、クウィンタ・エッセンティア王国の女王が彼女の侍従である錬金術師たちに次のように呼びかける場面で、風刺的に扱っている。「身体上部ないし下部を問わずして、四肢への補給を担当いたすところの、通常の使節たる胃の腑の口が、生来的なる熱気が根源的な湿り気に対して、継続的なる活動をおこなったがゆえに欠如したるものを、適切なる食料の供給により回復していただきたいと、わたくしをしつこく悩ましおるのだ」（653）。

rain　雨　→cloud, dew

rainbow　虹

　黒色化のニグレド＊の後に出現し、白色化のアルベド＊の到来を告げる孔雀の尾＊の段階が達成されたことを表す。洗滌＊として知られる工程の間に、洗浄作用を持つ水銀の水の驟雨がアレンビックの最上部から下部にある黒化した肉体を浄化するために降ってくると、虹が現れ、ニグレドの試練の時が過ぎ、完全なる白色化の段階であるアルベドが近づいていることを示す。アルベドすなわち白い石の段階が達成されると、虹として現出した多色は白色というただ１つの色に統合されるが、それは魂の完全なる固定と受容の段階が達成されたことを示す合図である。サー・ジョージ・リプリーは、「そこに輝く様々な色をあなたは発見するだろう／見るに驚くべき虹のような色を」（*TCB,* 150）、そして「この鮮やかな色彩の孔雀の羽は、虹の色をもしのぐものであろう。（中略）／そのような色は完全なる白色の前に現れる」（*TCB,* 188）と述べている。論文によっては、ニグレドにおける肉体の溶解を、水が物質を完全に覆い、溺れさせるノア＊の洪水の到来に比している。虹が見えることと、箱舟＊が乾いた土地にたどり着くことは、アレンビックの中の物質が乾燥し、白色化するアルベドの状態に錬金術師が首尾良く到達したことを象徴する。（→flood）

rarefaction　精妙化

　「石」の質料（素材）の純化・精錬。著者不詳のある論文は、錬金術師に「［容器の］底にある土」を取り、「水の作用を受け続けるようにして純化しなさい。その土はいったん高く上昇し再び底に下降したら、最後には水滴となり、穏やかに精妙化されて、凝固する」と助言している（*BL* スローン手稿 3631, f.7）。→distillation

raven, raven's head　大鴉、大鴉の頭

　ニグレド＊、すなわち金属あるいは「石」の質料（素材）の不純な肉体が殺され、溶解されて腐敗する作業（オプス）の初期段階の象徴（→図 38）。錬金術師は、金属はまずその原初の物質、プリマ・マテリア＊に溶解されることで再生及び変成されると考える。錬金術師の格言には「唯一腐敗を通してのみ、生成はおこなわれうる」とある。ニグレドは大鴉ないしは大鴉の頭と呼ばれるが、その理由は、ニグレドが死の時であり、その際アレンビックの底にある「石」の肉体が黒化され、悪臭を放つようになるからである。エドワード・ケリーは「われらの作業のはじまりは黒い大鴉であ

● R

り、成長してからその後生命を授けられることになるすべてものと同じように、ま
ず腐敗しなければならない」（『選ばれし者の2つの論』140）と述べている。『賢者
の水石』 The Sophic Hydrolith によれば、「土」すなわち金属の死んだ肉体は「40日
間のうちに、大鴉の頭と賢者たちが呼ぶ、真っ黒な色に変化する」（HM, 1:82）と
いう（→crow）。錬金術の作業（オプス）を暗示するウラジミール・ナボコフの『青白い炎』
Pale Fire では、ジョン・シェイドの殺害者グレイダス Gradus が、「石」が殺され、
黒色化する段階のニグレドを象徴する大鴉 raven の役割を果している。グレイダス
は自らを「グレイ」Glay と名乗り、「警察の犯罪記録には、レイヴス Ravus、レイヴ
ンストーン Ravenstone、ダーガス d'Argus としても登場する」（77）。グレイ Gray か
ら、（グ）レイヴンストーン (G)Ravenstone、グレイヴストーン gravestone、レイヴン
raven、ストーン stone となることが瞬く間に連想される。ニグレドの段階にある錬
金術の容器に与えられる名称は墓 *grave である。「レイヴン-ストーン」Raven-stone
はまた、処刑場や絞首台を意味する詩語でもある。→jackdaw, crow

rebis　レビス（ふたなり）→hermaphrodite
receiver　受器
　蒸留物を受け取り凝縮する、通常はガラス製の容器。コルソンの『成熟した哲学』
Philosophia maturata における昇華した水銀の固定化に関する処方は、錬金術師に
「［蒸留した酢（アケートゥム）を調合した水銀、硝石、硫酸を］2ないし3ポンド、管（くだ）でつなが
れた受器に入れ、その口を止め、循環蒸留器である球体（グローブ）全体が覆われるように灰の
中に入れる」ように教えている（51）。ベン・ジョンソンの『錬金術師』では、受
器は、フェイスが爆発で失ったと主張する錬金術の器具の中にあげられている。「先
生、もうおしまいです。実験はすべてが煙となって消えました。／どのガラス容器
も爆発してしまいました。（中略）レトルト、受器、ペリカン、ボルト・ヘッド、／
すべてが爆発して粉々になってしまいました」（4.5.57-62）。ジョン・ダンは、『1周
忌の歌・此の世の解剖』 'An Anatomy of the World: The First Anniversary' で、この「受
器」の語を、錬金術の器具の意味としてだけではなく、エリザベス・ドルアリーの
有する変成力を受容することができない、人間というものの無力さを表すものとし
ても利用している。「彼女こそ、すべてのものがその力から影響を受けた人だ。／
しかし、受器が不能であったので、彼女の力も十分には働かず、／あらゆる状態
を変質させて、黄金にすることはできなかったが、／それでも金メッキは施した」
（415-8）。

261

reconciliation　和解・調和・一致　→peace and strife

rectification　精留

　反復蒸留すなわち化学的工程を通して純化ないしは精錬すること。『化学の石』'Lithochymicus' の補遺で、バセット・ジョーンズは次のように述べている。「精留とは蒸留を反復［原文まま］することであり、蒸留が長期に及ぶにせよそうでないにせよ、沈滞している、そうでなければ、蒸留しても粘液質もの、霊（精気）、油が混入している、そのいずれかの場合に用いられる。精留されると、そういったものは限りなくより分離されやすくなる」（*AP*, 353-4）。アーサー・ディーは、『化学の束』で「哲学の作業は、均等な割合で調合された土と純粋な水を 7 回精留することではじめられることになるが、それはヘルメスの封印で密閉された卵形のガラス容器の中で結合される」と言っている（101）。

red　赤色　→rubedo

red earth　赤い土

　哲学の金 *。プリマ・マテリアに溶解される卑俗な物質の呼称。また、プリマ・マテリアは、アダム（「赤い土」を意味するアラビア語のアドム adom に由来すると考えられる）としても知られる。『黄金論』*The Golden Tract* は「（アヴィセンナ曰く）金にして銀であるが、真っ赤にして真っ白な土とはいかなるものか」と述べている（*HM*, 1:39）。赤い土とは、卑金属を金に変成することができる物質である赤いエリクシル * や赤い石 * がそこからつくられる質料（素材）のことである。また、ジョン・ダンは、宗教詩『嘆願の連祷』'The Litany' で、「赤い土」を卑俗な物質としてのアダムの意味で用いており、それは真のティンクトラすなわち霊的クウィンタ・エッセンティアとして復活させられる前に浄化されなければならない（7）。「父よ（中略）廃墟となってしまった私を創りかえてください。／私の心は、絶望のあまりに、土の塊となり、／自分で自分を殺した血で赤く染まった。／この赤い土から、ああ、父よ、どうか罪の 色 （ティンクトラ）をすっかり洗い流してください。／そうすれば、新しく創りかえられて、／死から私は立ち上がることができるでしょう」（1-9）（→Adam）。

red elixir　赤いエリクシル

　エリクシルとはアラビア語の al-iksir に由来する語であり、赤いエリクシルとは万能薬あるいは奇跡的な薬剤 *。あらゆる卑金属を金に変成し、あらゆる病を癒

● R

図 34　赤いエリクシル、赤い薔薇、赤い王。『神の高貴な賜と題されし書ここにはじまる』'Incipit Liber qui intitulatus Praetiosum Donum Dei' (16世紀) *GU* ファーガソン手稿 148, f. 56 より。

し、長寿を授け、死者を永遠の生命へと復活させることができる哲学者の石＊と同義。ロジャー・ベイコンは「赤いエリクシルは、果てしなく淡黄色に変わっていき、あらゆる金属を純粋な金に変える」(『鏡』14) と述べている。『黄金の回転』'The Golden Rotation' は、このエリクシルに関して次のように言っている。「というのも、赤いエリクシルはあらゆる宝の中の宝であり、自然の唯一の奇跡だからである。それはあらゆる金属を金あるいは銀に変えるだけではなく、あらゆる生けるものの中にある自然の力を増大させ、あらゆる病気や疾病を癒し、また、老化して擦り切れた肉体に潜在的な力と活力を取り戻す。簡単に言えば、それは地上のあらゆる医薬よりもっと効力を持つ薬剤なのである」(f. 62)。ジョン・ダンは、このエリクシルに関して『マーカム卿夫人の死を悼む挽歌』'Elegy on the Lady Markam' で、彼女の魂は「肉体に生命を吹き込み、神による最後の火が／この世を滅ぼす時に、その破壊を補うべく、／神が作り上げ、万有のエリクシルと呼ぶものに、彼女がなれるようにするのである」(26-8) と言っている。

　赤いエリクシルは、作業の最終段階であるルベド＊において達成されるが、その

263

際、アルベド＊の段階で白化した物質は、深紅ないしは緋色（紫）に変成するまで、乾いた火で煮沸される。アレンビックの中の白い物質の赤化は、純粋ではあるが、これまで形相を有していなかった「石」の質料（素材）（白い土あるいは肉体）に形相を授けることを象徴する。錬金術師は、2つのエリクシル、1つは白いエリクシル、もう1つは赤いエリクシルについて語るが、それは本質的には1つであり2つではないと主張する。ベンジャミン・ロックは、このことに関して「エリクシルの半分は白い土でできているので白い。残りの半分は赤いが、それは赤い土でできているからであるが、だからと言って、それは1つのエリクシルであるにすぎない」（『錠前を開ける道具』f.34V）と述べている。赤いエリクシルはコンソーラーメントゥム（すなわち慰めるもの）にも等しいが、赤い薔薇＊、赤い百合、ヒヤシンス、ルビー＊、赤い血＊、赤い王＊、ソル＊、太陽＊、フェニックス＊、ティリアン紫＊、紫のローブ（→purple tincture）などで象徴される。赤いエリクシルの達成は、『神の高貴な賜』'Praetiosum Donum Dei' の最後のエンブレムに図解されており、そこでは、赤い薔薇がアレンビックの上部に咲いていて、その中に赤い王が膝の高さまでエリクシルに浸かって立っているところが表されている（図34）。ロバート・ヘリックは、懺悔の癒しの力に関して述べているところで、エリクシルの形而上学的側面を強調している。「私たちが犯している悪などまったくない。／だが、悪というものから何らかの善が引き出されるのである。／つまり、私たちが罪を犯す時のように、偉大なる化学者（キミスト）である神は、／その罪から真の懺悔のエリクシルを抽出される」（『全集』Works, 386）。メアリー・アステルの『目覚めよ、わがリュート』'Awake my Lute' では、美徳が変成作用を持つエリクシルとされている。「真のエリクシルを持つ者は、／触れるすべてに喜びを授け、／なんとも信じがたいような悲しみも幸せに変えてしまう。／この真のエリクシルこそ美徳なり」（100-3行目、グリアー『鞭に口づけ』Kissing the Rod, 340）。

red gum　赤い樹脂　→gum
red head　赤い頭　→head
red king　赤い王　→king, red elixir
red lily　赤い百合　→lily(white)
red lion　赤い獅子
　赤い硫黄＊、金属の熱く乾燥している男性の種子、初期の基本的段階におけるソル＊、作業の男性の原理（原質（オプス））。パラケルススは、「ティンクトラ［すなわち石］

図 35 赤い獅子。『万能ティンクトラ便覧』(17 世紀) *GU* ファーガソン手稿 64, f. 20 より。

の質料(素材)は(中略)多くの者から赤い獅子と呼ばれる」と述べている(*PW*, 22)。錬金術師は、哲学者の石の調製を、金属の生ける種子を獲得することから始めるが、その種子は「男性と女性、水銀と生ける硫黄」(リプリー、*TCB*, 145) に分化される。それから、男性の硫黄(火と空気)と女性の水銀すなわち生ける銀(土と水)は、哲学者の石が孕まれ、生まれるために和合させられ、化学的に結合されなければならない(→chemical wedding)。マルス(鉄・軍神)と関連する硫黄は、卓越して男性的な物質、接触するすべてのものを苦しめ、燃やしてしまう物質であり、シネシウスは、「むさぼり喰らう硫黄」と呼んでいる(『真理の書』*The True Book*, 171)。この硫黄の凶暴性をまさに象徴しているのが赤い獅子であり(図 35)、硫黄の結婚相手である水銀(生ける銀)は雌の獅子で表象される。この 2 つが一緒になって、作業(オプス)の初期の基本的段階において結合されなければならない、反目する 2 つ組を象徴する。そういった獅子が頭に王冠を戴いた姿で描かれている場合、それは作業(オプス)の完成時に、精錬された段階で結合する王と女王のペアを予示している。赤い獅子はまた、作業(オプス)の目的、すなわち、完全なる赤化を達成し、卑金属を金に変成することができるエリクシルないしは「石」も象徴する。(→red elixir)

red man and white woman　赤い男と白い女

　錬金術師が哲学者の石を生み出すために、化学の結婚において結合しなければな

らない、金属の熱く、乾燥していて能動的な男性の原理（原質）ないしは種子（硫黄＊）と、冷たく、湿っていて受動的な女性の原理（原質）、すなわち水銀ないしは生ける銀＊のそれぞれに与えられる呼称（→図8）。サー・ジョージ・リプリーは、「赤い男と白い女」は、「1つにされ」ねばならないと述べている（*TCB*, 186）。ジョン・ディーがプラハで滞在していた、ルドルフ2世の錬金術の顧問タデアーシュ・ハーイェク博士の家の壁には、次のような言葉がラテン語で書かれていた。「白い女性が赤い夫と結婚すると、彼らは抱き合い、身ごもる。遅かれ早かれ、彼らは自ら溶解し、自ら完全なものとなる」（カソーボン『真正にして忠実なる物語』*True and Faithful Relation*, 212）。著者不詳のある論文（*GU*ファーガソン手稿238）は、錬金術師に次のように教えている。「それ故、赤い男と白い女を取り、彼らを一緒になるように結びつけ、彼らがともに寝室に行くようにさせなさい。そして、戸も窓もしっかりとかんぬきを掛けて閉まっているように注意しなさい。というのも、さもなくば、その女は夫のもとから逃げてしまう可能性があるからである。（中略）また、この男とこの女がわれらの石をもうけるからである」（f.2V）。ジョンソンの『錬金術師』で、サリーは、皮肉っぽく、「あなたの赤い男と白い女」を錬金術師の数え切れないほどの謎の言葉の1つとしてあげている（2.3.192）。作業の初期の基本的段階において、この結合されるべきペアは、攻撃的な雄と雌の獅子、雄と雌の犬、あるいは雌鳥と雄鳥によって象徴される。その後のより純化された作業の段階においては、このペアは、恋人たちつまり兄弟と姉妹と呼ばれる場合もある赤い男と白い女で象徴される（→incest）。最初の結合をおこなう獣たちの関係に比べればそれよりも精錬されているとは言え、この赤い男と白い女の関係もそれほど穏やかなものではなく、反目するカップルと言われる場合もある。著者不詳のある論文は、錬金術師に次のように警告している。もしその男が「はじめに彼女に対して乱暴であれば、彼女は逃げ去ってしまうだろうし、もし、はじめに彼女に対して寛大であれば、かなりの間、彼は彼女に支配されてしまうだろう。この結婚はつらいものであるが、それでも彼女が子を生んだ後には1つの慰めが訪れ、いく分なりと産みの苦しみを知れば、彼女はもっと穏やかになり、彼のもとを離れることはないだろう」（*GU*ファーガソン手稿238, ff.2V-3r）。

red powder　赤い粉

作業の頂点であるルベド＊の段階で達成される赤い石。投入＊の段階で、金に変換するために卑金属に投じられるこの「石」は、赤い粉ないしはティンクトラと

呼ばれる場合がある。シネシウスは、錬金術師に「火の温浸する力が薬剤を（中略）血のような石、赤紫の珊瑚、貴重なルビー、赤い水銀、赤いティンクトラと呼ばれるきわめて赤い粉に変換するまで」薬剤＊の浸潤＊を続けるように助言している（『真理の書』 *The True Book,* 175）。ロバート・フラッドは、次のように白い粉と赤い粉の両者を同一視している。「ドルネウスとホーゲランデによれば、化学の粉は、哲学者の石、可溶性の塩、純粋なる硫黄、エリクシル、薬剤、飲 用 金と呼ばれようと、いずれにせよとりわけ動物界、植物界、鉱物界という３つの化合物の世界において驚くべき効力と影響力を持っている。さらに、ホーゲランデは、その序文で次のように言っている。哲学者の 術 の目的は、人為的に、金と銀の純粋な種子から、自然の恩恵と助けによって、鉱物の持つ限りなく繁殖・増殖させることができるある種の効力を、精妙な白と赤の粉という形で生成することである」（*TGH,* 129）。サー・トマス・ブラウンは、ジョン・ディーとエドワード・ケリーの後援者であったロジュムベルク公が「投入によってつくった銀の輪で輪投げ遊びをおこなっていたが、（中略）この金属変成は、彼らが所有していた、ある古い場所で発見された少量の粉によっておこなわれた」と、しばしばアーサー・ディーが言っているのを聞いたことがあると述べている（Bod. Ashm. 手稿 1788, f.151r-v）。

red sand　赤い砂　→sand

Red Sea　紅海

　プリマ・マテリア＊、永 遠 の 水、水銀の水＊。赤い海とは、生と死をもたらす逆説的な水のことである。それは偉大なる溶剤であると同時に、洗礼と再生の水でもある。錬金術において、イスラエルの民による危険な紅海横断は、アレンビックの中での「石」の質料（素材）の死と再生を意味する。この海は、聖霊によって照明されていない不純なる者にとっては死を、純粋で再生している者にとっては生を意味する。イスラエルの民が紅海を割って進む行為は、プリマ・マテリア（錬金術師の第１質料）を４つの分化した元素（土、空気、火、水）へ分割＊することを象徴する。『哲学者の群』は「われらの赤く、最も純粋な海」から癒しの作用を持つエリクシルは抽出されると述べている（185）。リプリーの『エンブレムの巻物』のエンブレムには、側面に「赤い海、赤いルナ、赤いソル、竜」の文字が刻まれている赤い水たまりの中に立つ１本の支柱の上に、錬金術の浴槽が釣り合いを取りながら載せられているところが描かれている（*BL. Add . MS* 5025 のエンブレムの一部）。

267

red servant　赤い従者

　セルウス・フギティーウス*（逃走する僕）としてのメルクリウス*。また、哲学の水銀が抽出される鉱石。『自然の戴冠』 *The Crowing of Nature* は、「逃走する従者」を哲学の水銀か、その哲学の水銀の抽出される鉱石のいずれかを象徴する緑の獅子*と同一視している（マクリーン『戴冠』20）。『黄金論』 *The Golden Tract* は、真の哲学者は「生ける銀 [水銀]を赤い従者以外のどんなものからも抽出する」ことはないと述べ（*HM,* 1:33）、赤い従者が、化学の結婚*において錬金術師によって結合されなければならい赤い男（作業の、熱く、乾燥している男性の原理（原質））の「父」であると明言している（→red man and white woman）。論文の中には、赤い男を「セルウス・ルベウス」（赤い従者）と同一視し、それを父なる鉱石とまとめて1つのものとしているものもある。赤い従者は「従者」と呼ばれるが、その理由は、いったん捕らえられ、飼いならされると、金属の生成と哲学者の石*の製造に努めるからである。この物質が「赤い」と言われるのは、「それが最終的に調製されると赤い塵になるからである」（マクリーン『戴冠』10）。→cervus fugitivus

red stage　赤色化の段階　→rubedo
red stone　赤い石　→red elixir, philosopher's stone
red tincture　赤いティンクトラ

　投入*の段階で卑金属に投じられると、それを金に着色するきわめて貴重な赤いエリクシル、薬剤*あるいは石としての哲学者の石の前段階の状態。パラケルススは、この「ティンクトラは（中略）ルナや他の金属から金をつくる」と述べている（*Archidoxis,* 64）。シネシウスは「血のような石」を「赤紫の珊瑚、貴重なルビー、赤い水銀、赤いティンクトラ」と同一視している（『真理の書』 *The True Book,* 175）。ほんの1オンスのティンクトラで、卑金属それ自体の量の100ないしは1,000倍以上を純粋なる金に変成できると考えられた。シェイクスピアは、『アントニーとクレオパトラ』 *Antony and Cleopatra* で、クレオパトラが彼女の「卑俗な」従者アレクサスに次のように言う際、「色・着色剤」tint の語をその錬金術的意味で用いている。「マーク・アントニーとは似てもつかぬお前か。／でも、あの方のところから戻って来たおかげとみえる、大した薬の効き目だこと、／その色に染まってお前まで金色に輝いている」（1.5.34-6）。ミルトンも同様に、このメタファーを、『楽園の喪失』の天地創造の場面で用いており、そこでは、太陽というクウィンタ・エッセンティアとしての光の源泉から、その光を「帯びるか、反射させて」、他の

星々は自らの光を増大させ、明けの明星は「その角を金色に輝かす」とされている（7.364-9）。→red elixir, philosopher's stone, grain, purple tincture

red within the white　白の中の赤　→rubedo
refine　精錬する

　金属（ないしは魂）から欠陥や不純物を取り去り、より精妙なあるいは霊（精気）的な状態に高めることで純化すること。錬金術師は、秘密の火＊の精錬作用を通して金属を純化する。この工程の間に、アレンビックの中の物質は何回も繰り返しソルウェ・エト・コアグラ＊（溶解と凝固）を受けるが、その度ごとに、その物質はより精妙で純粋な状態へと至らしめられる。錬金術師は、金こそが、その真の本質と純粋性を失わずに、火の熱を耐えることができる唯一の金属であると理解していた。大宇宙（マクロコスモス）と小宇宙（ミクロコスモス）の照応の原理において、金は金属としては太陽に対応するものであり、同様に太陽は小宇宙（ミクロコスモス）としての人間的意味では永遠なる霊に相当するものである。従って、錬金術師が、精錬する火の試練に永遠に耐えることができる物質について語っている場合、彼らは、偉大なる霊の究極の固定化、すなわち人間の中にある神的霊の具現化が完成されることを言っているのである。ジョン・コロップは、「精錬」refine の語の錬金術的意味を『洗練された婦人に寄せて』'To a refn'd Lady' で利用している。「しかし、さあ、より精錬された自然の優れた作品よ、／煆焼され、第5元素となった完全性よ。／私はもはや哲学者の石を探求しない。／わがユージニアよ、エリクシルは確かに私のもの」（1-4）。錬金術的試練による精錬の概念だけでなく、自然の秩序における万物の精錬の観念は、ミルトンの『楽園の喪失』の主要なテーマの1つである。錬金術的イメジャリーに富む一節で、ラファエルは、アダムに、万物は「1つの原質料」（プリマ・マテリア）から創造されているが、より精錬されたものは、より神の近くにあると説く（5.472-9）。「アダムよ、神は唯一全能にいまし、／万物は、その神よりいで、／善より逸脱しない限り、神へもどってゆく。／万物は完全なるものとして創造されており、1つの原質料から／造られている。ただ形はさまざまだ。／生なきものには物質の、生あるものには生命の、その段階はさまざまである。／しかし神に近いものほど、また神に近く向かうにつれて、／次第に浄化され、霊化され、純化され（中略）やがて肉体は霊に昇華する」（5.469-79）。そして、ラファエルはアダムに、人間は愛と従順の黄金律に従うことでその地上的状態を天上的なものに変成あるいは精錬することになると明かす（5.491-503）。

regeneration　再生　→blood, generation, prima materia

remedy　治療薬　→medicine

retort　レトルト

　蒸留に用いられる、長く徐々に曲がっていく首を持つ、球形のガラスないしは陶器製の容器。聖ダンスタンによる、エリクシルをつくるための処方は、次のように述べている。「あるだけの量の赤く透明な最上の金の鉱石を取り、レトルトによってそこからその霊（精気）を追い出しなさい。それこそがその鉱石自体から抽出されるアゾート、哲学者の 酢 （アケートゥム）であり、調製されるソルを根本的に開放するものである」（DSP, 82-3）。ジョンソンの『錬金術師』で、フェイスは次のように叫んでサトルに実験の失敗を報告する際にレトルトに言及している。「先生、もうおしまいです。実験はすべてが煙となって消えました。／どのガラス容器も爆発してしまいました。（中略）レトルト、受器、ペリカン、ボルト・ヘッド、／すべてが爆発して粉々になってしまいました」（4.5.57-62）。

return　回帰

　金属、あるいは「石」のための質料（素材）を融解あるいは溶解し、新しい形相に凝固させること。錬金作業（オプス・アルキミクム）はまた諸元素に対して繰り返しおこなわれる作業、オプス・キルクラトーリウム＊とも呼ばれる。いわゆる単純な循環作業は、精錬の目的で液体を絶え間なく蒸留することである。精錬は、「回帰」として知られる工程、すなわちソルウェ・エト・コアグラ＊という物質の溶解と凝固を継続的に何回も繰り返すことを必要とする。ハリドは、『秘密の書』The Booke of the Secrets で「そういった肉体を融解した後、再び回帰して、それを溶解し、凝固することになる」と述べている（36）。この作業（オプス）の間に、「石」のための質料（素材）は溶解され、それが新しく純粋な形相を授けられる前に、原初の状態すなわち「最初の本質的属性」に戻さなければならない。ハリドは、この過程について「その後、その物質から上昇したものをその最初の本質的属性に戻すと同時に、そこから汚れ、黒さ、相反性を浄化しなさい」と言っている（40）。4元素の相反する属性は、新しい調和において和解し結合される、反目する敵対者にたとえられる。つまり、この循環作業の間に、諸元素（土、空気、火、水）は、蒸留によって分離され、互いに変換し合い、完全なる統一体、すなわち「天国」、「新しき王国」、「黄金時代」としても知られる第5元素＊を形成する。諸元素の循環ないしは回帰を通して鉄の時代を黄金時代に変質させることは、錬金術師の主要な課題であった。スタントン・リンデン

は次のように指摘している。「ジョン・フレンチのようなとても現実的な考え方を
する傾向がある人物でさえ、『蒸留の術』 *The Art of Distillation*（1651）に寄せた書
簡形式の献辞において、錬金術への関心の復活［1650年代における］を、道徳的
完全性が達成される新しい黄金時代の予兆とみなしている」（『暗いヒエログリフ』
Darke Hieroglyphicks, 218）。エイブラハム・カウリーは、オード『われらが仁愛深き
王チャールズの治世のもとわれらが生きるこの時代の称揚』 'In Commendation of the
time we live under the Reign of oour Gracious King Charles' で「われらがチャールズ、
祝されるべき錬金術師は（中略）／古き鉄の時代を、／黄金時代に変えた」と言っ
ている（54）。同様に、アンドルー・マーヴェルの『アイルランドよりのクロムウェ
ルの帰還に寄せるホラティウス風オード』 'An Horatian Ode upon Cromwell's return
from Ireland' では、クロムウェルが「時が巨大に築きあげてきたもの」を廃墟とし、
錬金術的に「古からの王国を別の型に／投げ入れ鋳直す」（34-6）ことを可能とする
彼の帰還を賞賛している。クロムウェルはその後マーヴェルによって『先の殿下、
護国卿の死に寄せた詩』 'A Poem upon the Death of his Late Highness the Lord Protector'
で、「黄金時代」（4）を支配していた人物と評される。シェイクスピアは、それよ
りも早い時期に、「破壊・荒廃」 ruin と「回帰」 return の語を『ソネット集』 *Sonnets*
のソネット119の錬金術的文脈で使用している。詩人は、不実な愛友にだまされた
後「地獄のように穢らわしいリンベックから蒸留した／セイレーンの（中略）涙」
を飲みほしたが（1-2）、最終的には次のように理解する。「荒廃した愛も、新たに築
き直された時は／前よりもさらに美しく、さらに強く、さらに遙かに偉大となる。
／このように私は懲らしめを受けて充足のもとに回帰し、／悪業のおかげで、費や
した分の3倍を手にする」（11-14）。→solve et coagula, opus circulatorium, opus
contra naturam

reverberatory　反射炉

　炎あるいは熱が、既にそれによって熱せられている物質に強制的に再度当たるよ
うにされている炉。コルソンの『成熟した哲学』 *Philosophia maturata* は、「石」の
黒化した質料（素材）を煆焼するだけでは、完全に浄化し白化するには十分ではな
く、その物質を「反射炉」の中に入れ「8日間穏やかな熱にかけ、それから幾晩も、
雪のように白くなるまで、熱と炎を増加させていく」必要があると述べている（33）。
ベン・ジョンソンの『錬金術師』で、サトルはマモンに「アタノールで反射加熱す
ることで」水銀塩を手に入れたと告げている（2.3.66）。

rex marinus　レクス・マリヌス（海の王）　→king

ripen　成熟させる（する）

　熟成させること（金属の関して用いられる意味で）。錬金術師は、地殻内部の金属を植物や樹のように成長する有機体であると理解した。つまり、鉛、銅、鉄のような不完全な金属は、最終的に完全なる金属である金に成熟するまで、ゆっくりと大地という子宮の中で成長するとされた。また、この成長は、大地の中に太陽光が穏やかに浸透していくことで刺激されると考えられた。アレグザンダー・ポープは、『ウィンザーの森』 *Windsor Forest* で「そして太陽神フォイボスが金へと成熟しつつある鉱石を暖めている」と言っている（319）。錬金術師は、彼らの秘密の火（「太陽」）を用いて、金属をプリマ・マテリア（水銀すなわちメルクリウス＊）に還元し、そこから金を「成長させる」金属の種子を獲得することで、実験室において金を成熟させる。従って、哲学の水銀は「未成熟な」つまり潜在的な金であると考えられたのである。フィラレテスは、「そして、われらの生ける水と呼ばれるわれらの水銀が／未成熟な金にすぎないとしても、／それは、いずれにせよ、術 によって金に／変換されることになるということである」と述べている（『錬金術の精髄』 *Marrow,* 第 1 巻 11）。薔薇＊の花の咲き誇る錬金術の植物のイメージや、成熟した太陽と月の果実のなる哲学の樹＊のイメージは、錬金作業の成就を象徴する。→harvest

river　川　→Nile, stream

river Jordan　ヨルダン川　→Naaman the leper

robe　ローブ　→dye, red elixir, gold and silver, sable robe, Saturn, Sol

rock　岩・岩山

　プリマ・マテリアがある場所。錬金術の容器。哲学者の石＊の呼称。『世界の栄光』 *The Glory of the World* は「われらの石は神聖なる岩と呼ばれる」という古の哲学者の言説を記録している（*HM,* 1:172）。著者不詳のある錬金術の論文は、そこから「石」がつくられる水銀の水に関して「この水を、第 1 部で岩の霊（精気）と呼んだが、それは、本当に岩や石のようなものである。というのも、賢者の石に凝固させられるからである」と言っている（*BL* スローン手稿 3631, f.9）。ロバート・フラッドは、クウィンタ・エッセンティア＊（「石」と同一視される場合が多い）を「完全に透明なサファイアのような霊（精気）的な岩」と呼んでいる（*TGH,* 109）。アブル・カシムによれば、水銀というプリマ・マテリア＊は、インドの山＊の上の

● R

逆さまの岩にある。そこには 1 つの岩があり「むさほり喰らう獅子がそこを住処とし、たいていその獅子がその岩を守っている。この岩の天辺とその底とは区別がつかず、その最も近い部分は、その最も離れている部分に等しく、その正面はその背部にあり、その逆も同じである」(『知識の書』*Book of Knowledge,* 23)。他の錬金術のテキストでは、「岩古墳」が、哲学の子供*あるいは石を生み出すために、錬金術の恋人たちが化学の結婚*において結合されてから埋葬され、腐敗させられる場所、すなわち墓*ないしは墓所としての錬金術の容器の呼称の 1 つとされている。『哲学者の薔薇園』は、容器（物質が腐敗*している間の）を「赤い廟」あるいは「岩古墳」と称している（マクリーン『薔薇園』110）。→cornerstone

roots　根

　哲学者の石の重要な構成要素である土、空気、火、水という 4 元素を表すメタファー。これらの元素は、そこから哲学の樹が成長し、花をつけ、実を結ぶ根とされる（→fifthe element, inverted tree, philosophical tree）。

rose garden　薔薇園　→garden
rose (red)　薔薇（赤い）

　錬 金 作 業（オプス・アルキミクム）の目的、すなわちルベドという作業の頂点の段階で達成される完全なる赤い石なしはエリクシルの象徴（→図34）。赤い石は、あらゆる金属を金に、また地上的人間を照明された哲学者に変成する力を持つ。白い石と赤い石がアレンビックの中に現れると、赤と白の薔薇が哲学者の庭に咲くと言われる。リプリーは、『手引き書』で、「美しく気品に満ちた哲学者の庭」に関して次のように言っている。そこは「哲学者の全作業を通して刈り込まれ、甘い香りを放つ白と赤の薔薇が咲き、余分なものも足りないものも何もなく、果てしなく金と銀をつくることを教えるところである」(*CC,* 121)。薔薇が咲くことは、エリクシルないしはコンソーラーメントゥム（慰めるもの）の達成だけなく、知恵と霊的認識の到来を意味する。錬金術の薔薇と百合（白い薔薇と同義）のイメージは、ジョン・コロップの『恋人の礼賛』'The praise of his Mistris' に登場する。「もはや、かの綿毛のようにやわらかい胸を賞讃しないでくれ、／そこは純白の純粋なるエリクシルが休むところ。／薔薇の赤面も賞讃するな、／それは、朝のとばりをあけるもの。／霊妙なる百合も賞讃などしてはいけない、／それは煆焼の技なる優れた 化 学（キミストリー）をもしのぐもの」(1-6)。→flowers, garden, liliy(white), philosophical tree

273

rose (white)　薔薇（白い）

白いエリクシルの象徴。また、最終段階である赤化、すなわちルベド＊の直前に現出するアルベド＊という純白の段階の表象。これはまた、卑金属を銀に変成する力を持つ白い石を象徴するものでもある。ハリドは、昇華後の「石」のための質料（素材）は「どんな東洋の真珠にも劣らず、光り輝き、きわめて鮮やかな白い薔薇に類似した物質」になると述べている（『秘密の書』*Booke of the Secrets*, 126）。また、白い薔薇は、ソル＊とルナ＊の化学の結婚＊において金つまり男性の要素と結合されなければならない作業の女性的な銀つまり月の要素も象徴する。錬金術のテキストでは、常に白い薔薇のイメージが、赤い石ないしはエリクシルを意味する赤い薔薇のイメージと対にされる。エリクシルの処方において、聖ダンスタンは「最上の金の鉱石を取り、それを非常によく粉末化しなさい。そして、それをヘルメスの封印で密閉し、芽を出し、白と赤の薔薇が成長しているのがわかるまで、蒸気を発する火にかけなさい」と言っている（*DSP*, 89）。『黄金論』*The Golden Tract* の語り手は、錬金術のエリクシルとの遭遇を説明しているところで「それから、さる場所で、光り輝く白と赤の薔薇を私は見つけた」（*HM*, 1:44）と言っている。こういった薔薇は、哲学者の庭、知恵の庭に咲いていると言われる。白い薔薇は、白い百合と同様に純粋性の象徴である。→flowers, garden

rotation of the elements　元素の回転　→elements, opus circulatorium

royal　王の

錬金術は「王の術」と呼ばれる。金は、「より低次の」卑金属である鉛、鉄、銅、錫と対照的に高貴な、王の金属と考えられた。論文『黒きベネディクト会修道士をエリクシルに突き刺せ』*Pearce the Black Monke upon the Elixir* は、1オンスの哲学者の石を200オンスの水銀に投じると、「王のごとくきわめて高貴な金をつくりだすだろう」と述べている（*TCB*, 276）。赤い王＊（男性の原理（原理））が白い女王＊（女性の原理（原理））と結婚をすることになる究極のコニウンクティオ（結合）は、王室の結婚と呼ばれる。この段階において、アレンビックの中の物質は最も高度に精錬された状態にある。その王室の結合から、哲学の子供＊つまり「石」が生まれる。アーサー・ディーは、「石」を「王の血統を継ぐ（中略）われらの幼児」と呼んでいる（*FC*, 108）。王冠は、完全なる赤化の段階において完全なるものとされた「石」の象徴である（→図33）。形而上学的意味としては、王冠は聖人つまり照明された哲学者の頭から発せられる光輪を象徴する。

● R

rubedo　ルベド

　（ルビフィカティオ＊としても知られる）錬 金 作 業（オプス・アルキミクム）の最終段階における「石」の
白化した質料（素材）の赤化。ハンフリー・ロックの論文は、「石」に関して「石
は十分に育てられると、［それは］その純粋性によって白きものへ、そしてその後、
赤きものへと至らしめられる」と言っている（f.4）。「石」の「ルビフィカティオ」
（赤化）は、ジョン・リリーの『ガラテア』Gallathea で、錬金術師の弟子が作業の（オプス）
重要な段階の1つとしてあげている。「実に神秘不可思議な科学だ、その用語とき
たら、ちゃんと理解できるやつはほとんどいやしないんだから。昇華、（中略）煆
焼、赤化」（2.3.12-13）。また、ミカエル・センディヴォギウスは、『錬金術師と硫黄
の対話』'A Dialogue of the Allchymist and Sulphur' で「洗浄し、白化し、それから赤
化しなさい」と述べている（602 行目、AP, 530）。アルベド＊の段階での銀の月光
と夜明けの光は、ルベドの段階において、哲学者の石＊の達成、神の意識の達成、
作業（オプス）の目的物を象徴する真昼の太陽の金の照明に成長する。その時点で、限定され
た月（銀）の意識すなわち人間的知力は、霊的太陽の十全なる照明を受け取ること
になる（ホジソン『占星術』Astrology, 30）。

　「石」の質料（素材）はアルベドの段階で浄化され、汚れのない状態にされると、
霊（精気）（あるいは既に一体化されている霊（精気）と魂）と再結合される用意
が整ったことになる。永遠なる霊（精気）の固定化、結晶化あるいは形象化によっ
て、純粋ではあるが、今までのところ形相を有していない「石」の質料（素材）に
形相が授けられる。この結合すなわち至高の化学の結婚＊において、肉体は永遠の
生命へと復活させられる。火の熱が増加されていくのにつれて、神的な赤いティン
クトラは、その豊穣なる赤色で白い石を輝かせる。この過程は、マイケル・ドレイ
トンの『エンデュミオンとポイベ』Endimion and Phoebe に見られるように、赤面に
たとえられる場合がある。月の女神ポイベは、自身の火を太陽の放つ熱よりも強い
ものとなるまで増加させるが、その熱によって白い物質、つまりエンデュミオンは
赤く染められることになる。「彼女は、その兄弟の火の中で磨かれたような、／き
らびやかな衣装を纏う。（中略）その衣装の目も綾な色はすぐにエンデュミオンの
青白い頬一面に広がり、／その頬を見事な薔薇色のような赤で染め上げた」（Works,
647-52 行目、『全集』4:146）。また、白い石の赤化は血で染めることにたとえられる
場合も多い（→dye）。テオフラストスは、殺された白いメルクリウスをメリクリウ
ス自身の血で赤色化することを、ティリアン紫＊に白い衣を染めることにたとえて
いる（リンゼー『起源』Origins, 277）。

275

ルベドの深紅の色（紫の場合もある）は、錬金術師によって多くの名称を与えられている。フィラレテスは「それ故、その赤色を彼らはわれらのバーミリオン（朱）、われらの赤い鉛、われらの岩のケシ、われらのティル［すなわちティリアン紫］、われらのバシリスク、われらの赤い獅子などと呼ぶが、要するに、赤いものすべての名称を与えられている」と述べている（RR, 178）。また、ルベドは赤い薔薇*、赤い百合、ルビー*、珊瑚*、太陽（ソル*）、赤い王によっても象徴される（図34）。赤色の段階は物質の白化の段階（アルベド）を経たことから生じるが、その理由として、白の内部には赤が隠されていると言われる場合が多い。アルテフィウスは、「あなたが、真の白色が現れ、光り輝くのを見たら（中略）その白色の中には赤色が隠されていることを知りなさい」と言っている（SB, 52）。また、ロジャー・ベイコンは「あなたがガラス容器の最上部に白色を見つけたら、その白色の中には赤色が隠されていると確信しなさい」と述べている（『鏡』13）。ベンジャミン・ロックによれば、エリクシルは「その冷たさと湿り気のために外見上は白色であるが、内部は乾燥していて熱いので赤く、その赤色は肉体の中に（中略）魂としてその中心に隠されている」のである（『錠前を開ける道具』f.5V）。アンドルー・マーヴェルの『仔鹿の死を嘆くニンフ』'The Nymph Complaining for the Death of her Faun' では、白い仔鹿は「一面に引きつめられたような冷たい白い百合に」くるまり、薔薇を食べ、「そしてとうとう唇が血を流しているように見えたほどであった」とされ、「そとは百合、うちは薔薇」と表現される。象徴的な意味で水銀に相当するこの仔鹿は、騎兵たちによって虐殺され、その深紅（紫）の血が白色のからだに注がれることで、「樹脂」すなわち賢者のバルサム*を生む（84-97）（→cervus fugitivus）。

rubification　ルビフィカティオ（赤色化）　→rubedo

ruby　ルビー

作業の最終段階のルベド*で達成される赤い石*ないしはエリクシルの象徴。この天上的なるルビーは卑金属を金に、地上的な人間を照明された哲学者に変成する力を持つ。シネシウスは「血のように赤い石、赤紫の珊瑚、貴重なルビー（中略）赤いティンクトラ」（『真理の書』The True Book, 175）と、また、バセット・ジョーンズは「われらのルビーなる石を蝋で覆うこと」（AP, 284）というようにそれぞれこの象徴を用いている。ジョンソンの『錬金術師』で、マモンは、サリーに向かって次のように述べている。「よいかな、／あの太陽の花、／完全なるルビー、エリクシルと呼ばれる霊薬を、いったん手にした者は（中略）名誉に愛情、尊敬に長

● R

命、／平安、勇気、それに勝利さえも、／己の意のままに授け与えることができる」
（2.1.46-51）。

rust　錆び・錆び色

　純化される前の、また変質作用を持つ薬剤＊ないし哲学者の石＊が加えられる前
の卑金属が病む「感染症」つまりは不完全性。ダスティンの『夢』は、この金属の
病を「腐乱した錆び」と呼んでいる（*TCB*, 262）。ジョン・ガワーは、「哲学者の石
に関して」‘Concerning the Philosophers Stone’ で「石は、金属の錆びによる（中略）
腐敗を浄化する」と述べている（*TCB*, 371）。癩＊と錆びは錬金術においては同義
語である。ルシー・ヘイスティングズは、錆びの語をその錬金術的・形而上学的意
味で彼女の息子ヘンリー・ヘイスティングズ卿の早すぎる死に関する詩の中で用い
ている。「彼は魂となっているが、それを／彼の尊き救い主が純粋性と真の霊的高
みへと／純化していたとすれば、／もはや主はその魂を留まらせないだろう、／こ
の土なる肉体という坩堝の中には。／ただ彼の輝きを低めるのではなく、高めるた
めに、／彼をより価値のある容器となるように計画したものの、／病にかかった塵
なる肉体が錆びで輝かしい部分を腐敗させることを知って、／彼をこの世から急が
せたのだ」（7-16 行目、グリアー『鞭に口づけ』*Kissing the Rod*, 9-10）。また、錆び
は「石」の金属あるいは肉体が、浄化あるいは救われるために通過しなければなら
ない腐敗あるいは堕落の段階と同義でもある。ハリドは、「すべてが水となるまで、
肉体を精妙化しなければ、それは錆びることも腐敗することもなく、その上、逃げ
足の速い魂を凝固させることもできない」と言っている（『秘密の書』*Booke of the
Secrets*, 36）。

● S

sable robe　クロテンのローブ

錬金作業（オプス・アルキミクム）の最初の段階であるニグレドによる黒色の象徴。黒いシャツや黒いベストと同義。シネシウスは、初期段階においてアレンビックの底にある物質のことを「クロテンのローブ、夜、あるいは鴉の頭と呼ばれる腐敗した黒きもの」であると言っている（『真理の書』*The True Book*, 171）。ウィリアム・ブルームフィールドも同様に、ニグレドの段階における魂の暗黒の夜に関して、その光源の蝕に象徴させながら「太陽と月はその光を失い、／クロテンの喪服で自らを装う」と言っている（*TCB*, 323）。→nigredo

sal ammoniac (or sal armoniac)　碯砂（塩化アンモニウム）

通常は、洗浄と浄化の過程において用いられる塩化アンモニウムのことであるが、錬金術においては、アラビアの塩、すなわち溶解された「石」の質料（素材）を意味し、鷲＊によって象徴される。ジョン・リリーの『ガラテア』*Gallathea* で、ピーターはレイフに錬金術における4つの霊（精気）を教えようとして、「3番目は碯砂」であるとその名をあげている（2.3.58）。また、この4つの霊（精気）の説は、チョーサーの『錬金術師の徒弟の話』*Canon's Yeoman's Tale* に書きとどめられている（上のリリーの言説が典拠であると思われる）。「第1の霊（精気）は水銀と呼ばれる。／第2は雄黄、第3は／たしかに碯砂、そして第4は硫黄と呼ばれる」（822-4）。

salamander　サラマンダー

金属の男性の種子、作業（オプス）の熱く、乾燥していて能動的な原理（原質）である硫黄＊の象徴。また、赤い石ないしはエリクシル。卑金属を金に変換し、あらゆる病と不完全な状態を癒す力を持つ魔術的な哲学者の石＊。『ゾロアストロの洞窟』は、ヨドクス・グレウェルスを引用して次のように述べいる。「言っておくが、われらの精液こそが真のサラマンダーであり、火によって孕まれ、火によって育てられ、火によって完全なものとされるのである」（62）。赤い石は、火の霊（精気）あるいはサラマンダーにたとえられるが、その理由は、火の霊（精気）のように、「石」は

278

火の中に生きることができ、火によって養われるからである。『ラムスプリンクの書』 *The Book of Lambspring* の10番目のエンブレムは、サラマンダーが火の中で光り輝いている姿を描いているが、それは「石」の増大あるいは増殖を象徴する。これに付されたテキストでは、サラマンダーの「血」は「この世でもっとも貴重なる薬剤」であるとされている（*HM,* 1:294-5）。

salt, sulphur and mercury 塩・硫黄・水銀

パラケルススとして知られるスイスのイアトロ化学者で医者のテオフラストゥス・ボムバストゥス・フォン・ホーエンハイム（1493-1541）の説いたトリア・プリマすなわち3原理（原質）。パラケルススは、2つの伝統的な錬金術の原理（原質）「硫黄」と「水銀」に3番目の原理（原質）を加え、それを「塩」と称した（硫黄と水銀に関しては →prima materia）。パラケルススによれば、あらゆる金属は、水銀（霊（精気））、硫黄（魂）、塩（肉体）からなる三重の物質である（図36）。同説では、硫黄すなわち魂は、2つの相反物、霊（精気）と肉体を結合させ、それを1つの本質へと変質させる仲介者の働きを果たす原理（原質）である。これは、水銀（すなわちメルクリウス）を相反する物質や属性をつなぎ合わせ、結合させるものとして重視する伝統的な錬金術の理論とは異なるものである（→glue）。3原理

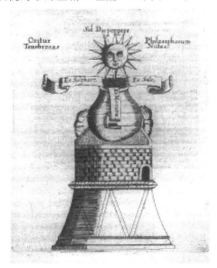

図36 塩、硫黄、水銀。サミュエル・ノートン『錬金術概要』（1630）Bod 書架記号：Vet.D2.e.44 (4)）より。

（原質）説においては、硫黄は構造、要素、可燃性を生み出す原因であり、成長の原理（原質）である。水銀は、揮発性と流動性を与え、物体に浸透し活性化させるが、塩は物質に固定性と堅固さを与えることで物質を1つにまとめるものであり、灰の中に存在する。『黄金論』The Golden Tract は、「石」の3つの構成要素とは「水銀という真の霊（精気）と、1個の肉体の中に霊（精気）的塩と結合して宿っている硫黄という魂である」（HM, 1:14）と述べている。『突然の閃光』A Sudden Flash で、ジョージ・ウィザーは、完全なる統治を、1つの肉体における3原理（原質）の調和した結合にたとえている。「しかし、このような［完全性］は（他所で述べたように）／存在しえない。（中略）すぐれて完全なる化学（キミストリー）によって、／自然の3原理（原質）である塩、水銀、硫黄がまさしく均等な割合で混合している状態に至る、／つまりわれらを統治すべく、／祝されるべき単一性をなす／市民生活の三位一体が生み出されることになるような／調和がもたされるまでは」（32）。ジョン・コロップは、パラケルススの3原理（原質）の観念を、いかさまの化学者を風刺する詩『逃げ足の速い化学者』'The Fugitive Chymick' で利用している。「ごろつきも今や偽医者となり、化学者（キミスト）としての情熱の炎を煽られる／あたかも、ふいごのひと吹きひと吹きが彼らのテオフラストゥス〔＝パラケルスス〕の魂を呼び起こすかのように。／そういった輩は、ウィットのひとかけらもなしに、塩について語る。／だが、水銀（メルクリウス）はと言えば、確かにウィットも軽やかで、／また硫黄も求めず、／粉末化の企てと同じくらい、固定化される状態にも対抗した」（1-6）。伝統的な錬金術の理論では、塩は、灰と同様に純白の段階すなわちアルベド＊と同義語であり、白い石、白い薄層からなる土（テラ・アルバ・フォリアータ）＊、満月、銀の月の段階、白い女＊、魂、白い鳩＊、知恵（知恵の塩）（サル・サピエンティアエ）といった象徴と結びついている。

sand, sand-bath　砂、砂風呂
　錬金術の容器の中の「石」＊の質料（素材）を穏やかに均一に熱するために、暖められた砂が入れてある風呂＊ないしはバルネウム＊。コルソンの『成熟した哲学』Philosophia maturata における処方では、錬金術師に、3ポンドの緑の獅子＊を4コンギウスの葡萄酒が入っている「ガラス容器」に入れ、「それからそれを、砂が深さにしてそのガラス容器の底から指2つ分、容器の中の物質全体を覆うように入っている炉の中に置き、それからその物質が穏やかな熱で少し乾燥したら、まだ封泥で密閉していない受器をそこへ入れなさい」と教えている（29）。ジョンソンの『錬金術師』では、サトルがマモンに「じつは明日、グラスCにティンクトラを加え、／

● S

砂熱をもって、浸潤を彼（「石」）に与えようと思っているのですが」と告げている（2.3.58-9）。他の場合では、赤い砂が赤い土と同様に、そこから哲学者の石＊がつくられる物質の名称とされている。『黄金論』 *The Golden Tract* は「海の赤い砂よりも貴重であるものは何もない。それは、太陽の光と結合・凝固される月の蒸留された湿り気である」と述べている（*HM*, 12）。

sapientia　サピエンティア（知恵）

　錬金作業（オプス・アルキミクム）を導くものであると同時に目的でもある知恵、神的知。哲学者の石＊つまり純粋なる愛の精髄（エッセンティア）は、錬金術においてはソル＊すなわち男性の原理（原質）と、ルナ＊つまり女性の原理（原質）によって具現化される力と知恵の結合から生まれる。知恵は、哲学者の石ないしは万能な薬剤＊の女性の要素である。ロバート・フラッドは、『真理の黄金のまぐわ』で「知恵こそが妙薬である」（*TGH*, 125）と、ジョン・コロップは、『オーンドルのジョージ・ボウル博士に関して』'On Dr. George Bowle of Oundle' で「知は太陽の子、真の哲学者の石である」（6）と言っている。錬金術において、知恵すなわち神的知は美しい女性の姿に擬人化される場合が多い。『立ち昇る曙光』は、神秘的婦人の形で知恵を描写することではじまり（*AC*, 33）、マイアーの『逃げるアタランテ』のエンブレム 26 では、王冠を戴いた女神サピエンティア（知恵）が自然の風景の中に立っているところが描かれている（*AF*, 195）。トマス・ヴォーンは、知恵を、あらゆるものを新しくする、神の完全なる反映である麗しい夫人として擬人化している。「というのも、知恵はいかなる運動よりも流動的であり、彼女はその純粋性の故に、あらゆるものを通り抜け、通過する。また、彼女は神の力の息であり、全能の神の栄光から流れ出る純粋なる影響力であるので、いかなる汚れたものも彼女のもとに身を置くことはできない。彼女は永遠の光の輝き、神の力を映す汚れ無き鏡、神の善性であり、また唯一なるものにして、すべてのことをなすことができ、自らの中にとどまりつつ、あらゆるものを新しくする」（*VW(R)*, 123）。

Saturn　サトゥルヌス

　卑金属の鉛。プリマ・マテリア＊や哲学の水銀＊に与えられる秘密の名称。容器の底で腐敗している間の「石」の質料（素材）の呼称。『ゾロアストロの洞窟』は、アルナルドゥスを引用して「われらの石は（中略）腐敗の段階においてはサトゥルヌスと呼ばれる」（65）と言っている。いわば、サトゥルヌスによる試練とメラン

281

コリアが錬金作業（オプス・アルキミクム）の暗く厳しい初期段階を支配する。ローマ神話の神サトゥルヌスは、彼の行く手にあるすべてを切り倒す刈り手として、象徴的意味でニグレド＊という初期の死の段階と強い相関性がある。ニグレドの段階の間に、「石」をつくるための病んだ金属あるいは質料（素材）が殺され、プリマ・マテリアあるいは哲学の水銀へと溶解され、腐敗させられる。マイアーの『逃げるアタランテ』では、サトゥルヌスは「大鎌を持っているが、それは、時と同様に、自身の生み出すすべてのものを刈り取るからである」と述べられている（120）（→weaponry）。老人のサトゥルヌス（老人のメルクリウス（セネクス））は、無慈悲に古きものを破壊するが、奇跡のように新しきもの（少年のメルクリウス（プェル））のための道をひらく力を表す（→図10,26）。バシリウス・ヴァレンティヌスの『12の鍵による実践』*Practica with Twelve Keys* の最初のエンブレムは、サトゥルヌスが自らの鎌で刈り取りをおこなっているところを描いている。それに付されているテキストでは次のように述べられている。「医者が肉体内部の各部位を清めたり、洗浄したり、また、彼の医薬によってあらゆる不健康な物質を取り除いたりするのと同じように、われらの金属物質もあらゆる異物を取り除かれ、精錬されなければならない。さすれば、われらの仕事の成功は保証されるだろう」（*HM*, 1:24-5）。フィラレテスは、ニグレドという黒色化と腐敗の段階において、溶解作用を持つ風呂＊に入る前に、どのように、病んだ王＊（「石」のための金属、質料（素材））が「自分のローブを脱いで、それをサトゥルヌスに渡し、彼から黒いシャツを受け取るか」を描写している（*RR*, 20）。ニグレドつまりサトゥルヌスの段階の後、アレンビックの中にある「石」の黒色化した質料（素材）（「風呂」に入っている「王」）は浄化され、白色化されなければならない。『逃げるアタランテ』のエンブレム22に付されたエピグラムで、ミヒャエル・マイアーは、白色化の過程を表すために、サトゥルヌスの黒い顔に雪を投じるという印象的なイメージを用いている。「あまり苦労をせずに多くを達成しようと望む者は誰であれ、／サトゥルヌスの黒い顔に雪を投じるべきである。／さすれば、最も白き物質となった鉛があなたのものとなるだろう」（*AF*, 176-7）。ミカエル・センディヴォギウスの『哲学の謎』'The Philosophicall Aenigma' あるいは同じ彼の『錬金術師と硫黄の対話』'A Dialogue of the Allchymist and Sutphur' に見られるように、サトゥルヌスは、錬金作業（オプス・アルキミクム）の詳細を教える、錬金術師の導き手すなわちプシュコポンポスの役割で登場する場合がある。ベルナール・トレヴィザンの『哲学の石の実践』'The Practise of the Philosophick Stone' では、作業（オプス）の最初の段階である黒色化において、サトゥルヌスは、王（未精製の物質）が泉（すなわち風呂）に足を踏み入れ

● S

る際の、王の第 1 の侍従の役割を果たしている（*AP*, 452）。

scissors　はさみ　→weaponry
scythe　大鎌　→weaponry
sea, or sea water　海、ないしは海水

　水銀の水＊あるいはプリマ・マテリア＊と同義。プリマ・マテリアは、そこからすべてのものがつくられると考えられた、原初の創造の材料である。海はプリマ・マテリアを表す形象として用いられたが、それは、海が、そこからすべてのものが生まれてくる「母」（英語の matter「物質・質料」は、ラテン語の mater「母」の派生語である materia に由来する）だからである。海の広大で、形の定まらない様相からすれば無定形だが、その内部に様々な形相を含んでいるものを表す形象として、海が選択されるのは自明のことである。ミカエル・センディヴォギウスの『哲学の謎』'The Philosophicall Aenigma' で、サトゥルヌスは、この物質の母のようなプリマ・マテリアに関して「その名前は多く、様々であるが、／それをわれらの賢者の海の水、／一般の人々にはわからない水、／手を濡らさない生命の水と呼ぶ」と言っている（321-4 行目、*AP*, 505）。また、水銀の水としての「海」は、「石」のための金属あるいは質料（素材）の溶剤を表す。『賢者の水石』*The Sophic Hydrolith* は、ソルウェ・エト・コアグラ＊を繰り返して、「石」のための金属あるいは質料（素材）を溶解することは、「甘く万能な（中略）海水を用いて」可能となると述べている（*HM*, 1:98）。サロモン・トリスモジンの『太陽の輝き』*Splendor Solis* の 7 番目の図版と、ミヒャエル・マイアーの『逃げるアタランテ』のエンブレム 31 はともに錬金術の王（「石」の未精製の質料・素材）が救い出され、乾いた陸地に運ばれる（コアグラ＊を意味する）前に、海水に浸けられているところを描いている。水銀の水はまた、成長段階の幼児の「石」を育てるためにも用いられる。おびただしい数の錬金術のテキストが、哲学の樹＊がその根を海（あるいは海に浮かぶ島）に伸ばして成長する姿を描いているが、これは、若い成長期の「石」の養育を象徴する（→図 30）。→cibation, Red Sea

seal　封印　→Hermes' seal
seed　種子

　金属の固い殻の内部にあると考えられた未発達の種子あるいは生命の火花であり、そこから金が生成されることになる。この金属の種子は、哲学の硫黄＊と呼ばれる内部の熱と、哲学の生ける銀＊と称される湿った霊（精気）、すなわち根源的な湿り

283

気＊からなると考えられた。『錬金術の簡略公会問答』A Short Catechism of Alchemy には「質問：哲学者の仕事において、種子とはなんぞや。答え：内部の熱、あるいは根源的な湿り気に包まれた特殊な霊（精気）だと考える」とある（PW, 303）。錬金術師は、どんぐりからオークの樹が育つのと同じように、金は金の種子から生み出されると信じていた。金の種子は、プリマ・マテリア＊として知られる、そこから金が創造された原初の物質に金を溶解することで獲得されるが、それは、プリマ・マテリアには金属の男性と女性の種子である硫黄と生ける銀が含まれているからである。『ゾロアストロの洞窟』は、サー・ジョージ・リプリーを引用して次のように述べている。「われらの仕事に必要とされる物質は（中略）マテリア・プリマ・プロピンクアつまり近くにある第1質料であり、2つ目に必要なものは、動物においては精子、植物においては種、鉱物においては硫黄と生ける銀と言われるものである」（62）。この金属の2つの相反する種子、硫黄（熱く乾燥していて能動的で男性的なもの、火と空気）と生ける銀（冷たく湿っていて、受動的で女性的なもの、水と土）は、哲学者の石＊（変成因子）をつくりだすために、作業の過程の間に錬金術師によって融和され、結合されなければならない。→grain

separation　分離

分割＊と同義。原初の混沌＊の状態にある「石」を、分化した4元素（土、空気、火、水）に分離すること。また純粋なものを不純なものから分割すること。エドワード・フィリップスは、『英語の新しい世界』The New World of English Words で錬金術を「純粋なるものを不純なるものから分離する術」と定義している（頁付けなし）。分離は、ソルウェ・エト・コアグラ（溶解と凝固）を何回となく繰り返すことで達成される。この過程を繰り返している間に、「石」の質料（素材）はより精妙で純粋になっていく。サー・ジョージ・リプリーは、「分離とは、各要素を他から分割することであり、／粗大なものから精妙ものを、濃密なものから希薄なものを（中略）4元素の属性を分割することである」と述べている（TCB, 139）。分離は、溶解、分割、離婚（完全分離）＊と同じことであり、ニグレド＊として知られる、錬金作業の最初の段階でおこなわれる。相反する元素の凝固、コンイウンクティオ＊、固定化＊ないしは結合は、まず最初に分離されていなければ起こりえない。分離は死、悲しみ、苦しみの時のように思われるけれども、それでも、結合と固定化を完成するためには必要な準備作業なのである。アーサー・ディーは、ダスティンを引用して「もし最初の作業が進行しなければ、どうしてその次の作業が

● S

達成されるだろうか。というのも、もし全く分割がなされなければ、いかなる結合も生じないからである」としている（*FC*, 15）。分離の過程の間に、錬金術師は、自分自身と宇宙（コスモス）に関してより広範囲にわたって理解し、何も害されたところがない始源の混沌（カオス）＊から現れてくる真と偽、幻想と現実を見分けることができるようになる。また、錬金術における分離と固定化の過程は、トマス・聖ニコラスの詩『称賛に値する化学』'Commendable Chemistry' で次のように言われている。霊的錬金術（費用のかかる物質的錬金術とは対照的なものとしての）においては、「リンベックが数滴で／分離の作業をおこなって、（中略）忘れて失わないようにと／文書にとどめる（フィックス）のになんの費用もかからない」（63-70）。サミュエル・ジョンソンは、錬金術の用語「分離」を『ランブラー誌』*The Rambler* に寄稿した記事で用いている。「なんの長所もないところにいろいろな欠点を探して消し去ろうとすることは、自らの作業に報いるだけの貴重な金属なども何も化合されない、分離と精錬の術（アルス）を鉱石に用いる化学者（キミスト）の仕事と同じように無益な作業である」（1751 年 7 月 16 日付け）。

sepulchre 墓所 →dog and bitch, grave
serpent 蛇

錬金術師が仕事を始めるために用いる古い旧態依然とした存在状態にある物質。メルクリウス＊、すなわち変換作用を持つ神的水銀の水。プリマ・マテリア。作業（オプス）を始める最初期の段階におけるメルクリウスを象徴する、毒を持った竜＊ないしは蛇は、「石」のための腐敗した金属ないしは質料（素材）を殺し、その第 1 質料つまりプリマ・マテリア＊に溶解する力を持つ、暗く破壊的で原始的なエネルギーを意味する。また、サー・ジョージ・リプリーの『エンブレムの巻物』では、蛇は、水銀の蛇が破壊し、プリマ・マテリアに還元する、旧態依然とした古く汚れた物質ないしは金属の名称でもある。「そうして腐敗の段階へと向かい、／蛇を還元させなさい」（*TCB*, 378）。蛇を還元させる過程は、ニコラ・フラメルの『象形寓意図の書』所収の『ユダヤ人アブラハムの書』から転写した、十字架に釘付けにされた蛇を表す 6 番目の象形寓意図に表現されている（*GU* ファーガソン手稿 17, f.27）。蛇は旧態依然とした物質や、また物質ないしは金属を破壊してそのプリマ・マテリアに還元する死の水を表すだけではなく、プリマ・マテリア自体を表す形象でもある。メルクリウスは、プリマ・マテリアに還元されると、1 匹は翼を持ち、もう 1 匹は持たない 2 匹の蛇として姿を表すが、その 2 匹の蛇は、哲学者の石を生み出すために結合されなければならない金属の 2 つの種子、男性の硫黄＊と女性の生ける銀＊

285

をそれぞれ象徴する。これは、変質されると、普遍的な男性と女性のエネルギーの調和した結合を表す、メルクリウスの魔術的なカドケウスの杖＊に円を描いて互いに交錯して巻きつく2匹の蛇となる。達人（アデプトゥス）は、哲学者の石を生成するための結合において、その2つの相補的な力を1つにまとめなければならない。作業（オプス）の最初期の段階において、この2匹の蛇は互いに結合すると同時に破壊し合い、その肉体はアレンビックの底に残され腐敗する。それから、このパラドクシカルなメルクリウスは自ら変成し、死をもたらす水から、アレンビックの底に横たわる、死んで黒色化している物質に降り、それを浄化し清め白色化する、生命を与える神的な水に変容される。この段階において、蛇はナイル川と同一視される場合が多いが、ナイル川は魔術的な属性を持っていると考えられたので、変質作用を持つ水の名称となっていった。アンドルー・マーヴェルは、『アップルトン邸を歌う』‘Upon Appleton House’ で、洪水というニグレド＊の後に、牧草地を浄化し変質させる川に関して「新しき蛇だのクロコダイルだのは／この小さなナイル川には潜んでいない。／もっとも、流れそのものを見間違えて／牧草地のただ1匹の蛇と思わなければのはなしだが」と言っている（629-32）。作業の頂点において、川としての蛇は、広く知られた作業の目的であるエリクシルないしは「石」に変成される。ウロボロス＊すなわち自らの尾を飲み込み、自らを産むパラドクシカルな蛇は、錬金作業（オプス・アルキミクム）における循環工程の象徴でもある。エドワード・ケリーは、メルクリウスに関して「それは、自分自身の精子で孕み、その日のうちに出産するふしだらな蛇である」と述べている（『選ばれし者の2つの論』24）。上述したフラメルの書に『ユダヤ人アブラハムの書』から転写された寓意図に描かれている、十字架に釘づけにされた蛇は、調理＊されて、ルベド＊において完全なる赤色の段階に達している、完全なるエリクシルと称される水銀の象徴である（GU ファーガソン手稿 17, f.27）。→Mercurius

servant　従者　→cervus fugitivus, red servant
servus fugitivus　セルウス・フギティーウス（逃走する僕）　→cervus fugitivus, red servant
severed head　切られた頭・首　→head
shadow　影・陰　→sun and shadow, eclipse, gold and silver, green lion, prima materia, venom, virgin's milk
sheets　シーツ
　洗滌＊の作業において洗い落とされ、乾燥されなければならない「石」の不純な質

● S

図 37 川辺で錬金術のシーツを洗濯し、乾燥すること。サロモン・トリスモジン『太陽の輝き』、『黄金の羊毛』*Aureum vellus*（ロールシャッハ・アム・ボーデン、*1598-1604*) 所収 207 より。

料（素材）。また、アルベド＊において純白の状態に達した時の物質。洗滌の過程は、不純な物質を表すシーツあるいは衣類を洗っている洗濯女で象徴される場合が多い。トリスモジンの『太陽の輝き』*Splendor Solis* (pl. 21) は、女性たちが、洗濯桶や川でリンネル類を洗濯し、それを近くの草原で乾かすために並べているところを描いている。ファブリキウスは、ミューリウスの『改革された哲学』における洗濯女のエンブレム（エンブレム第1集の 22 番目）が「7重の循環あるいは蒸留において再生する汚れた衣類」の洗濯を表していると述べている（『錬金術』*Alchemy*, 110）。マイアーの『逃げるアタランテ』のエンブレム 28 に描かれているデュネク王の寓意物語では、彼がくるまれる白いシーツは、ニグレド＊の間にメランコリア＊の黒胆汁で汚される。こういったシーツを洗濯したり白くしたりすることは、ルナ（月）の段階すなわちアルベド＊をもたらすことになる。そのルナの段階において、アルベドに達した純白の物質（「石」の肉体）は、形相（「石」の霊（精気））が刻印されることを受け入れる準備が整っている状態にある。錬金術師は、その刻印の過程を、貴重な赤いエリクシルないしはティンクトラを表す赤い血で白いシーツを染めることにたとえる場合がある（→dye）。

シーツはまた、神秘的な「5月の朝露」、すなわち作業(オプス)を達成するのに必要とされ

287

る恩寵としての水銀の水を集める過程でも用いられる。アルトゥスの『沈黙の書』の4番目のエンブレムは、錬金術のカップルが牧草地でシーツを絞っているところを描いている。そこでは、幾枚ものシーツが瑞々しい露として表現されている根源的な湿り気＊を集めるために牧草地に並べて広げられており、同時に錬金術師と彼の「ソロル・ミスティカ」（神秘の姉妹）がそのシーツから露を絞り、使う用意が整っている錬金術の容器に集めている。

ship　船

ニグレド＊と溶解の暗い工程における錬金術の容器の呼称。溶解の間に、水の元素がその作業において他の元素を支配するので、ニグレドは、箱舟あるいは船としての容器がそこに浮かんでいる洪水のイメージで象徴される場合がある（→flood）。トマス・チャーノックは、アレンビックを「ガラスの（中略）船」と呼んでいる（*TCB*, 292）。アンドレーエの『化学の結婚』*The Chymical Wedding* では、クリスティアン・ローゼンクロイツは、7つの金属の旗印を掲げる7艘の船のうちの1艘に乗る。そのうちの6艘には、埋葬される「王室の人たち」の棺が乗せてあり、死者を生き返らせるのに必要な薬剤＊を得るために、オリュンポスの塔へ向けて航行していく（123-15）。作業のこの段階における錬金術の容器は、棺とも呼ばれる（→grave）。要するに、アンドレーエは、ここで、容器を表す船と棺の両方のイメージを使っているのである（→ark）。『成熟した哲学』*Philosophia maturata* は、「石」の質料（素材）の蒸留と昇華に言及して「3日後に、彼は非常に小さな船に乗って大海をひと回りしてからまずは月へ、それから太陽へと際限なく上昇し下降する」と述べている（35）。シェイクスピアの『ペリクリーズ』*Pericles* では、「クロテンのように黒い弔旗」を掲げた「テュロスの船」は、その中で、救われていないペリクリーズが「メタリーン（＝ミティリーニ）」（金属の変成する場所）でマリーナによって「ティリアン紫」の王に変容させられる前に、ニグレドという黒色化を耐えねばならない容器を表している。（5.Ch.18; 5.1.12-14）（→Tyrian purple）。

shirt　シャツ　→colours
signatures　微・サイン・署名　→doctrine of signatures
signet　捺印　→Hermes' seal
silver　銀

自然の金属としての銀。また、アルベド＊すなわち白い石やエリクシルが達成さ

● S

れる純白の段階の象徴。ロジャー・ベイコンは、銀に関して次のように言っている。「銀は、汚れもなく純粋で、ほとんど完全な肉体であり、純粋で、ほとんど固定化していて、清浄な白い生ける銀と、同様な性質の硫黄から産み出される。それには、若干の固定性、色と重さを除いて、何も欠けるところがない」（『鏡』5）。アルベドというルナ（月）の段階において、白い石は卑金属を銀に変成する力を持っている。サー・トマス・ブラウンは次のように述べている。アーサー・ディーは、彼の父ジョン・ディーとエドワード・ケリーとともにボヘミアにいる間、「投入がおこなわれ、白目の皿や大瓶が銀製に変成するのを見たが、プラハの金商がそれで銀を買った」（Bod. Ashm. 手稿 1788. f. 151r）。また、銀は、錬金術の作業における 女性の原理（原質）であるルナ＊の象徴でもあり、それは、魔術的な哲学者の石＊を生み出すために、化学の結婚＊において 男性の原理（原質）であるソル＊（すなわち金）と結合されなければならない。→gold and silever, Luna

sister　姉妹　→incest
skeleton　骸骨　→nigredo；図 8, 9, 20
skull　髑髏　→nigredo, beheading, head
smell　匂い
　墓＊の悪臭が漂うことは、ニグレド＊として知られる作業の初期の段階に起こる腐敗＊の過程が進行中であることを表す。アルテフィウスは「このような肉体の腐敗と分解の過程において、それを表す 3 つのもの、すなわち、黒色、所々に走っている亀裂、死体が埋葬されている地下納骨所の臭いとほとんど変わらない悪臭が現れる」と述べている（SB, 51-2）。錬金術の作業の最初の工程の際に漂うこの特有の嫌な匂いは、悪臭のあるアギと結びつけられる場合が多い。錬金術師はこの植物の名を「リプリーの水銀」の呼称として用いるが、「それは、リプリーの水銀が鉱石から抽出されたばかり時、この植物の匂いがするからである」（ルランドゥス『辞典』337）（→green lion）。コルソンの『成熟した哲学』Philosophia maturata は次のような説明をおこなっている。「悪臭のする樹液という言葉で、最初の蒸留における汚れた肉体から発する、嫌な臭いのアギにそっくりなある種の悪臭のことを言っているのである。調製される前には若干いい香りがすると言われるが、その臭いが耐え難いことはほとんど確かである。しかし、その後、適切なやり方で、その樹液を調製し、循環作業を施して、どれぐらいの量にせよクウィンタ・エッセンティアとしなければならない」（11-12）。→fragrance

289

smoke (or fume)　煙（あるいは蒸気）　→green lion, cloud

snake　大蛇　→serpent, dragon, Mercurius

snow　雪

　「石」の白色化した「肉体」のことであり、それは、その「白さが世界のいかなる雪をも凌ぐ」（ストルキウス『化学の園』*Viridarium chimicum,* 146）テラ・アルバ・フォリアータ（白い薄層からなる土*）とも呼ばれる。これは、そこから新しい「石」あるいは哲学の子供*が形成される純粋な物質である。エドマンド・スペンサーの『妖精の女王』*The Faerie Queene* の第 3 巻では、錬金術のホムンクルスとしての偽のフロリメルをつくりだす魔女は、その体を「凝固して大きな塊になった真っ白な雪に（中略）純粋な水銀を調合した」（3.8.6）物質でつくる。『逃げるアタランテ』のエンブレム 22 に付されたエピグラムで、ミヒャエル・マイアーは、ニグレドにおいて容器の底で腐敗している、「石」の黒色化した「肉体」を白色化する過程を表すために、「サトゥルヌスの黒い顔に雪」を投じるという印象的なイメージを用いている（176）。『哲学者の薔薇園』は、昇華の間に容器の壁に付着している白い塵*あるいは土に関して次のように言っている。「それが雪のように最も白い状態に達したら、それは完全な状態になっているので、煙になって飛び去らないように注意深く集めなさい。というのも、それは、多くが求めている望みの結果、つまり凝固されるべきものを凝固させる白い薄層からなる土だからである」（*FC,* 72）。白い土あるいは雪が残りかす*あるいは沈殿物*から分離され、容器の壁に付着したら、錬金術師は、ゲベルが次のように助言しているように、それを集め、昇華させ続けなければならない。「そして、そのものが白さにおいて真っ白な雪を凌いでおり、また、死んでいるかのように、昇華容器の壁に付着しているのを見たら、残りかすの無いように繰り返し昇華しなさい」（*FC,* 68）。昇華の最終段階で、雪は哲学者のクウィンタ・エッセンティア*、つまり卑金属を銀すなわちルナ*に変質することができる白い石に変成される（→Bird of Hermes）。『ラッパの音』は、錬金術師に次のように指示している。「［石の］肉体を、それが白色化されるまで、できるだけ昇華しなさい。そうすれば、それは雪のようにきわめて純粋な状態、つまり銀をつくるために錬金術師が使う（中略）われらの純粋なるクウィンタ・エッセンティアと呼ばれるものに達するだろう」（*FC,* 78-9）。アルテフィウスもまた、アレンビックの最上部に上昇していくクウィンタ・エッセンティアに関して「土付かずの雪よりも白い」と述べている（*SB,* 44）。雪は、作業における、アルベドとして知られる純白の段階の象徴である。錬金術師は、月の明るく照らす下で、冷たく、

● S

白く、静寂につつまれ、銀色に輝いている風景をアルベドの段階を表現するために
用いている。

Sol　ソル

　太陽、金、哲学の金（金の中に隠された効力）。チョーサーの錬金術師の徒弟は、
彼の聴衆に「ソルは金を表し、ルナは銀と、私たちは主張しているんです」と教え
ている（『錬金術師の徒弟の話』Canon's Yeoman's Tale, 826）。哲学の金あるいはソ
ルは、錬金術師の 術 によって調製された金である。『ゾロアストロの洞窟』はフィ
キヌスを引用して次のように言っている。「あらゆる金属は、 術 によって調製され
ている場合、ソル、ルナ、メルクリウス等々と呼ばれる。というのも、それ以前
は、あらゆる金属は単なる金、銀、 水　銀 にすぎなかったからである」（65）。ハ
リドは「ソルは、太陽の影響を受けて、真っ白な水銀と、真っ赤な硫黄から産み
出される」と述べている（『秘密の書』Booke of the Secrets, 126）。また、コルソン
の『成熟した哲学』Philosophia maturata は「ソルとルナは赤く白い土以外の何もの
でもない。その土に自然は、純粋で、精妙で、白く赤い生ける銀を完全な形で結合
させ、次いでそこからソルとルナを生み出したのである」と言っている（2-3）。ソ
ルはまた、花婿、赤い王＊、熱く乾燥していて能動的な金属の種子、作業の男性の
原理（原質）も象徴するが、化学の結婚＊においてその姉妹であるルナ、つまり冷
たく、湿っていて、受動的な女性の原理（原質）と結合されなければならない（図
9，22）。ソルとルナ、すなわち霊（精気）と浄化された肉体の結婚から魔術的な
作用を持つ哲学者の石＊が生まれる。従って、「ソルは、この小僧にとって父に当
たる」（AP, 245）という『化学の石』'Lithochymicus' におけるバセット・ジョーン
ズによる『エメラルド板』＊の冗談めかした言い換えが例証しているように、ソル
は「石」の父である。ソルは、ルナという畑（アルベド＊の段階で達成される「石」
の白い薄層からなる土＊あるいは肉体）に蒔かれる金の種子＊とされることもある。
　また、ソルは、赤い水銀として知られる重要な溶剤である緑の獅子＊とも同一視
される（ルナの方は白い水銀、処女の乳＊である）。コルソンの『成熟した哲学』
Philosophia maturata は、緑の獅子が砂風呂で熱せられると、白い蒸気が上り「受器
に、われらのルナである、ある種の濃い乳のような湿り気を帯びさせるが、それと
ともに、きわめて赤い油も立ち上るだろう。この油は、哲学者のベタついた金、悪
臭のある 溶　媒 、哲学者のソル、われらのティンクトラ、燃える水、緑の獅子の
血、この世において人体を究極的に癒し、慰めてくれるわれらの油のような湿り気

291

と呼ばれる」と言っている（31）。最終的には、ソルは赤いエリクシル*、赤い石、またルベド*として知られる錬金作業(オプス・アルキミクム)の頂点を象徴する。ジョンソンの『錬金術師』で、サトルは「実験は成功した。ソルはいま輝く衣を纏っている。／三位一体の、至福の霊（精気）の薬剤は／われらのものとなった」と言っている（2.3.29-31）。ダレルの『アレクサンドリア四重奏』 *The Alexandria Quartet* に登場する錬金術の探求者カポディストリアによれば、ソルは知恵と関連するが、ルナは幻想と関係する（808）。形而上学的に言えば、ソルは魂（ルナ）の完全なる肉体化を生み出し、その肉体化の後に続いて、神的霊と太陽の光によって魂（ルナ）が照明されることになる。→sol niger, sun, king

sol niger　ソル・ニゲル（黒い太陽）

錬金作業(オプス・アルキミクム)の最初期の段階であるニグレド*における、金属の、すなわち結合された硫黄*と生ける銀*の死と腐敗の象徴（→chemical wedding）（→図38）。ニグレドにおいて、「石」のための金属あるいは質料（素材）は、新しい形相をとって蘇生されるために「殺され」、プリマ・マテリア*へと溶解される。この死においては暗闇が支配する。太陽（金）の光は消され、完全に覆い隠される（→eclipse）。アルテフィウスは「しかし、まずソルは、この水の中で腐敗・分解することで、その光ないしは輝きのすべてを失い、暗くまた黒くなるだろう」と述べている（*SB*, 4）。

図38　黒い太陽、スケルトン、死の天使、大鴉。 ヨハン・ミューリウス『改革された哲学』embl. 9（エンブレム第1集）117 より。

● S

solar fruit, solar tree　太陽の果実、太陽の樹　→fruit, philosophical tree

Solomon　ソロモン王

　錬金術師よれば、ソロモン王はヘルメス学の哲学者であり、哲学者の石＊の助け
を借りて彼の神殿を建設したとされる（*HM,* 1:86-7）。ジョンソンの『錬金術師』で、
サー・エピキュア・マモンは、フェイスに「なにしろ、私は／ソロモンに匹敵する
数の／妻と妾を持とうと思っているからだ。／ソロモンも私と同じく石を持ってい
たのだ」と言っている（2.2.34-7）。マモンはまた、ソロモン、モーセ、マリア・プ
ロフェティサによって書かれた錬金術の書を持っているとも主張する。「モーセと
その妹、さらにはソロモンが、この秘術に関して／書き残した書物を見せてやろう」
（2.1.81-2）。

solution　融解　→solve et coagula

solve et coagula　ソルウェ・エト・コアグラ（溶解せよ、そして凝固せよ）

　溶解と凝固のことであり、マリア・プロフェティサによるギリシャ語写本の引用
の中に初めて登場する、錬金術における最も古い公理の1つである（パタイ『マ
リア』'Maria'183）。錬金術における融解（あるいは溶解）の過程は、固体（肉体）
を液状のもの（霊（精気））に転換することであるが、凝固は、流体を乾燥した固
体に変えることである。『ゾロアストロの洞窟』は、「われらの大いなる仕事とは、
肉体を霊（精気）に、霊（精気）を肉体にすることである」と言っている（74）。
錬金作業（オプス・アルキミクム）は、溶解と凝固という一連の作業を何度も繰り返すことからなるが、溶
解とは、「石」の金属あるいは質料（素材）をプリマ・マテリア＊（その金属・質料
がそこから生み出された原初の材料）に溶解することであり、凝固とは、その純粋
な物質であるプリマ・マテリアを新しくより美しい形相に凝固させることである。
ソルウェ・エト・コアグラを繰り返すたびに、アレンビックの中の物質はより純粋
で、より効力のあるものとなっていく。広く知られている錬金術の格言に「何回も
繰り返し溶解し、凝固せよ。ティンクトラが石の中で成長するまで溶解し、凝固せ
よ」がある（*AE,* 15）。錬金術師は、凝固されたばかりの石を溶解する最中で決して
止めるわけにはいかない。ジョンソンの『錬金術師』で、サトルは、マモンに、「薬
剤」（すなわち「石」）は「それを溶解せしめ、しかる後それを凝固し、／さらに溶
解、凝固の過程を繰り返す。／その過程の反復はいくたびにも及び、／かくしてそ
の効力が何倍にも増大する」ことで抽出されると告げる（2.3.104-7）。ソルウェつま
り溶解は月（湿と冷）に関連しており、コアグラすなわち凝固は太陽（乾と熱）に

293

関係している。ダスティンは、『哲学の鏡』'Speculum philosophiae' で「というのも、あなたの作業をはじめるにあたって、月によって溶解の作用を、太陽によって凝固の働きを助長させなさい」と述べている（FC, 41）。ここでは、月と太陽が水銀の水の2つの相反する作用のことを指している（→stream）。

　分離＊（分割）とコンイウンクティオ＊（結合）の過程は、ソルウェ・エト・コアグラと同一視される場合が多い。「石」のための金属ないしは質料（素材）が殺され、溶解される（ソルウェ）と、その魂と霊（精気）が肉体から分離される（セパラティオ）。肉体は不純性を洗い落とされ、それから魂（あるいは魂と霊（精気）の結合体）と再結合されることになる。コンイウンクティオにおいて、結合した魂と霊（精気）が浄化された質料（素材）に再び入ることは、それに形相を与え、凝固させることになる。きわめて単純なレベルで言えば、ソルウェとは固いものを柔らかくすることであり、コアグラとは柔らかいものを固くすること（あるいは無定形の質料に形相を与えること）である。化学の結婚＊において、完全なる合体ないしは結合が肉体と霊（精気）の間で起こるようにするためには、肉体（固い物質）が霊（精気）化すなわち軟化され、それと同時に霊（精気、柔らかい物質）が物質化つまり硬化されなければならない。このことは、物質の揮発化と固定化と称される場合がある。多くの錬金術のテキストが、この2つの過程は同時に起こると主張している。『黄金論』The Golden Tract は「この溶解と同時に、霊（精気）の硬化が起こる」と言っている（HM, 1:40）。アルテフィウスは、「太陽」と「月」、つまり、化学の結婚において結合されてから殺される錬金術の恋人たち（金属の男性と女性の種子）に関して次のように述べている。「彼らの溶解は同時に彼らの凝結でもあるが、というのも、それはまったく同一の作用だからである。つまり、片方が凝固されないと、もう片方は溶解されないからである」（161）。→inversion

son of the philosopers　哲学者の息子　→philosophical child

soul　魂

　「石」のための質料(素材)や金属あるいは質料が溶解される時に解放される、揮発する蒸気。ジョン・ドライデンは、葡萄酒の蒸留の際に揮発する蒸気のことを、魂と述べている。「葡萄酒をかきまぜると濁らせるそういった澱が／濃厚な葡萄酒の撹拌された魂を純化するのと同じように／あなたが戻ってくることで流される喜びの涙は／私たちのかつての罪を追い出し、贖ってくれる」（『星の処女神再臨』'Astraea Redux' 272-5）。魂は、哲学者の石の生成においてきわめて重要な役割を果

● S

たす。「石」のための未精製の材料は、まず第 1 質料、プリマ・マテリア＊に溶解されなければならないが、その過程は肉体の死と呼ばれる。この死の段階において、「魂」すなわち「アニマ」は解放され、容器の最上部へ上昇していき、下方にある黒色化して腐敗している肉体が浄化されるのを待つ（→図 12）その間に、魂は霊（精気）と結合し、霊（精気）によって照明される（→chemical wedding）。肉体は浄化されると、それから霊（精気）の媒介によって、コニイウンクティオ＊において魂と再結合される。この結合から哲学者の石が孕まれ、生まれる。ペトルス・ボヌスは、次のように言っている。「術師は、アニマ・カンディダ（純白の魂）が完全に上昇させられたら、同時に、それをその肉体と結合しなければならない。というのも、肉体を持たないアニマは、保持され得ないからである。しかし、そのような結合は霊（精気）の仲介によってなされなければならないが、それは、霊（精気）による以外、アニマ・カンディダは肉体の中に生きることも、その中で耐えることもできないからである。そして、そのような融合と結合が、この作業の目的なのである。魂は、それがそこから出てきた最初の肉体と結合されなければならないのであって、結合される相手はそれ以外の何ものではない」（*ZC*, 85-6）。→ablution, albedo, cervus fugitivus, fermentation, glue, Mercurius, nigredo, philosopher's stone

sow　種を蒔く　→harvest

spagyrist　スパジリスト

　イアトロ化学・医療化学者のことで、パラケルススの信奉者のこと。→iatrochemistry

sperm　精子

　メルクリウス＊。また、そこから金と銀が生成されるプリマ・マテリア＊の中にある金属の種子。ベンジャミン・ロックは「ソルとルナの種子なしには、薬剤の完全なる生成も、迅速な融合もなされない」と言っている（『錠前を開ける道具』f.36）（→seed）。メルクリウスは、化学の結婚＊においてソルとルナを結合させる仲介者ないしは司祭としての役割を果たしている場合は、精子ないしは膠＊と呼ばれる。トマス・ヴォーンは、メルクリウスを「偉大なる世界の真の精子」と呼んでいる（*VW(W)*, 250）。浸潤＊の間に「石」の肉体が育てられる水銀の水＊（あるいは乳＊）も精子と呼ばれる。『小道の小道』は「その肉体はそれ自身の乳、つまり、はじめからその中にあった精子で育てられる」と述べている（*FC*, 99-100）。

295

spirit　スピリット・霊（精気）

　金属ないし人間の純粋なる精髄（エッセンティア）。また、熱せられると昇華する揮発性のもの（→図12）。大宇宙（マクロコスモス）と小宇宙（ミクロコスモス）が照応する世界において、金属の「死」と揮発性の霊（精気）の上昇は、人体の死と生気に類似したものとみなされた。結合された魂と霊（精気）を「石」の浄化された肉体と再結合させることが作業（オプス）の頂点を構成する。昇華＊と蒸留の間に、「石」の質料（素材）が火にかけられると立ち上る霊（精気）は、錬金術においては鳥＊によって象徴される。『立ち昇る曙光』は、循環蒸留に関して「水は昇華されると、あたかも死んだように底に残されている土の上を鳥のように上昇し、それから生ける雨あるいは露のように再び降ってくる」と言っている（349）。パラケルススの説く、金属に関する塩・硫黄・水銀＊（肉体、魂、霊（精気））の3原理（原質）説において、水銀は霊（精気）と同一視される。→albedo, chemical wedding, Mercurius, nigredo, tria prima

spots (or stains)　汚れ（あるいは染み）

　哲学の火＊で洗い落とされ、浄化されなければならない「石」の汚れた質料（素材）あるいは土的属性。シネシウスは次のように言っている。「あなたは、土と火を、粗大なものと精妙なもの、つまり「石」のより純粋な材料を分離しなければならい。あなたが石の質料（素材）を清浄なものとし、あらゆる汚れないしは汚物が存在しないようにしてしまうまで」（『真理の書』The True Book, 175）。ミカエル・センディヴォギウスの『錬金術師と硫黄との対話』'A Dialogue of the Allchymist and Sulphur'では、溺死したディアーナと彼女の王子の魂は、語り手に、自分たちの肉体の死は作業（オプス）に必要な段階であると確信させる。「それは望ましく、私たちにとっては大変有り難いことである。（中略）さもなくば／決して私たちは土的属性の汚い染みを／浄化されたり、それから解放されることはありえなかっただろう」（472-6行目、AP, 527）。著者不詳のある錬金術の論文は、浄化された時の「石」の質料（素材）に関して次のように述べている。「というのも、土は結晶化しており、また染色作用を持つ、光り輝く魂は流動的であり、くすみのない澄んだ霊（精気）はあらゆる汚れから解放されているはずであるが、あれほど遠くまで飛んで行ってしまうことが難点である」（BLスローン手稿3631, f.11）。汚れている物質の洗浄を象徴するその他のイメージとしては、ラートーナ＊の顔から染みを洗い流すこと、癩を病む者ナアマン＊がヨルダン川の流れで洗い清められること、エチオピア人＊すなわち黒い人を洗い清めること、汚れたリネン類あるいはシーツ＊を洗濯することなどがあげられる

（→laundering, ablution）。心理学的言えば、汚れあるいは染みとは原罪、神の掟を破ること、人間が善意から顔を背け我意を通すことを意味する。善意を再認し、善意を実行することは、心の中の純粋なる愛の 精 髄 [エッセンティア] を解放させることであり、それは、自分の意志の汚れを溶解ないしは融解することである。

spring　湧き水、泉　→bath, fountain, stream, Mercurius
spume of the moon　月の泡（浮きかす）

「石」の質料（素材）、哲学の水銀（→halcyon）

spume of silver　銀の泡（浮きかす）　→magnesia
square and circle　正方形と円

正方形を円に変形することは、4元素を錬金術のクウィンタ・エッセンティア、すなわち第5元素に変質することを象徴する。また、そのような円の正方形化のイメージは、錬 金 作 業 [オプス・アルキミクム] 自体や、哲学者の石＊の結晶化の表象でもある。そのような円積法を表す正方形と円が重なる図は、人体の調和した比率と宇宙そのものを表すウィトルウィウス的表象である。小宇宙 [ミクロコスモス] は、大宇宙 [マクロコスモス] と同じ原理と比率で構成されていると考えられた。ウィトルウィウスは、もし、人が宇宙の構造と調和した建造物を設計しようと思うならば、その建築術は「正方形と円」の幾何学に基づいているものでなければならい（『建築十書』Ten Books, 73）と述べている。手足を張り伸ばした人体が正方形と円におさまっている、ウィトルウィウスの言説を具象化した図は、錬金術における重要なヒエログリフとなった。サー・ジョージ・リプリーの「錬金術の車輪」と呼ばれる同心円の図像の最内円の周りには、「あなたが正方形を円にできた時、その時にこそ秘密のすべてが明らかになる」と記されている（TCB, 117）。その他の形而上学的体系においては、4つの辺を持つ正方形は、4元素、4季、4つの羅針方位、地上の十字架の4本の腕、五感を通して知覚される、変わりやすい物質界などを表す。また、円（ないしは球）は、神的愛の完全性、神の1つに統合された霊的世界を象徴する。錬金術の作業 [オプス] において、正方形は、円の表すクウィンタ・エッセンティア、つまりあらゆる不完全性を完全なものとする力を持つ哲学者の石＊の完全性へと変換されるべき4元素（土、空気、火、水）を象徴する。錬金術師はまた、金属変成がおこなわれる秘密の容器も正方形と円の原理にのっとってつくられると言う。パラケルススは「まことに、われらの容器は（中略）真に幾何学的な比率と尺度にのっとり、確かに（また確実に）円積法を用いて造られねば

297

ならない」と述べている（『哲学者の曙』*Aurora,* 57）。文学的例に関しては →house

stag　成熟した雄鹿　→cervus fugitivus
stag's horn　成熟した雄鹿の角　→hart
stain　染み　→dye, blood, Latona, spots
star of antimony　アンチモンの星　→antimony, star
star (six-pointed)　星（六芒星）

　魔術的な変質作用を持つ秘薬であるメルクリウス*。物質という牢獄に隠されている神的光。アンチモン*の星。著者不詳のある錬金術の論文は、精妙化*の間に、「石」の質料（素材）は「分解し、われらの実に輝かしきメルクリウスである、金のような水に昇華する。これが賢者の星である」と述べている（*BL* スローン手稿 3631, f.7）。メルクリウスは、変質の媒介物として、相反する属性および物質を分解し結合する力、完全な平衡と調和を生み出す力を持っている（→chemical wedding, glue）。ヨハン・ミューリウスの『哲学の殿堂』*Basilica philosophica* の中のエンブレムの1つには、水銀の子供（頭上に六芒星が輝いている）が相反物であるソル（熱く乾燥していて能動的な男性の種子）とルナ（冷たく湿っていて受動的な女性の種子）を結合しているところが描かれている（pl. 4, row 3, no. 1）。『哲学者の薔薇園』の2番目のエンブレムは、太陽の王*と月の女王*が水銀の鳩と六芒星

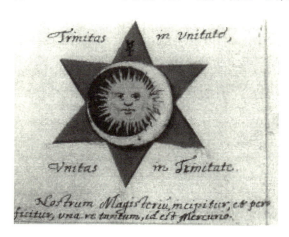

図39　アーサー・ディーのヒエログリフにおける六芒星。アーサー・ディー『秘密の箱舟』'Arca arcanorum' (1634) *BL* スローン手稿 1876, 扉頁より。q

によって結合されているところを図解している（→図9, 15）。六芒星の持つ水銀の力による太陽と月の結婚は、アーサー・ディーの『秘密の箱舟』'Arca arcanorum' の扉絵に載せられているヒエログリフに図解されている（図39）。とりわけ、六芒星の形は、上方の天（下向きになっている三角形）と下方の地（上向きになっている三角形）を結合させる水銀の力を表すものである。この2つの三角形を合体することで、天と地、霊（精気）と肉体が結合されるのである。星は、完全なものとされた人間、錬金作業の真の目的を象徴する。トマス・ヴォーンは、栄養を与えて哲学の子供 *、ないしは石の成長を促進する水銀の水（あるいは血）を「星の乳」と呼んでいる（*VW(W)*, 427）。著者不詳の『黄金論』*Tractatus aureus* 注解では、「子供」を育てる水銀という食物は「無数の星々に飾られた哲学の天」からもたらされると述べている（*AS*, 222）（→cibation, heaven）。B. J. ドッブスは、この星という結晶体は、鉄を用いてアンチモンを含有する鉱石を精錬することで生み出されると述べている。「この星は、アンチモンが天体との親近性を有することを示すとともに、天から地へと絶え間なく流れ込む、天体の力を自らの内に引き込む力を持っていることを示唆する、自然がアンチモンに対して与えた徴あるいは符号なのである」（「ニュートンの『鍵』」'Newton's "Clavis"', 199）。

still　蒸留器

蒸留される物質が熱せられる容器、蒸気が液体化される装置、生成物が集められる受器といったものからなる蒸留器具。エリザベス朝の魔術師ジョン・ディーが病の間、彼女の母がその世話をしたファルド夫人は、ジョン・オーブリーに、ディーは「モートレイクで、きわめてたくさんの蒸留器を稼働し続けていた」と語っている（オーブリー『名士小伝』*Brief Lives*, 1:213）。ジョン・クリーヴランドは、『ファスカラ、あるいはさまよう蜂』'Fuscara; or the Bee Errant' で、錬金術の蒸留器のことを次のように言っている。「自然の菓子作りである蜂は、／その砂糖菓子用の器具ごとき針が湿った錬金術〔湿潤法のこと〕を施し、／その精錬する体という蒸留器が庭を金貨に鋳造する。（中略）蜂はわがファスカラの袖にたどり着いたが、／そこにはあらゆる美味な砂糖菓子が巣箱として蓄えられている」（1-10）。「蒸留器」still の語は、「蒸留する」distill を意味する動詞としても用いられる。ジョン・ダンは、『十字架』'The Cross' で、霊的十字架の力と、形而上学的意味での「蒸留」に関して次のように言っている。「霊的十字架は、抽出された化学の薬剤のように、素晴らしい作用を持ち、／それ以上の効果で癒し、それにも劣らず、腐敗を防ぐの

だ。／お前は自らの薬剤となって、薬剤など不要とすることができる。／苦しみの涙を流して、蒸留され、浄化されるだけでよい」(25-30))。

stone　石　→philosopher's stone, rock
stork　コウノトリ
　ペリカン＊と同じような循環蒸留器の1つ。コウノトリ型の容器の図は、ポルタの『蒸留について』*De distillatione*（1608）にある（図40）。

strawberries and cream　イチゴとクリーム　→cream
stream　川（小川）
　変質作用を持つ秘薬、水銀の水＊の名称。同じ川を意味する streams ないしは rivers とも言われる、変質作用を持つ水は、男性的であると同時に女性的でもあるという二重の性質を持っている。この水の2つの要素は、片方の水としては凝固させるが、もう片方の水としては溶解するという相反する化学作用を持つ。『ヘルメス・トリスメギストゥスの黄金論』*Hermetis Trismegisti Tractatus Aureus* は「賢者の石は2つあり、川の両岸に存在し」、それは「男性と女性」であると述べている（*MP*, 280）。男性と女性の恋人（王＊と女王＊）の化学の結婚＊は、分離された川の結合として表現される場合もある。マスグローヴが、錬金術的詩編であると論じている（『ヘリックの錬金術用語』'Herrick's alchemical vocabulary', 240-65)、ヘリックの『不幸せにも遠く離れている、王と女王に寄せて』'To the King and Queene, upon their unhappy distances' では、引き離されている「夫と妻」が、再び結合され、化学的に混合されようになる、分離された川にたとえられている。「川のように、

図40　コウノトリ型容器。ジョヴァンニ・バプティスタ・デラ・ポルタ『蒸留についての9つの書』42 より。

あなたたちは分かたれているが、訪れるだろう／私のこの眼が、あなたたちが再び融合するのを見る時が」(5-6)。同様に、アンドルー・マーヴェルの詩『内気な恋人に』'To his Coy Mistress' における離ればなれの恋人たちは、2本の川、東方のガンジス川と、西方のハンバー川に関連づけられており、水銀の水の男性と女性の要素、つまり赤い、凝固させる要素（東方）と、冷たい、溶解する要素（西方）を意味している。「私たちに十分な世界と時があるのなら、／貴女の内気も罪とならないでしょう（中略）あなたはガンジスの河岸で／ルビーを見つけたらいい、／私はハンバー川の波に向かって嘆きましょう」(1-7)。川が干上がることは、水銀の水で溶解させられた後の「石」の凝固を指している。アーサー・ディーは、水と土をガラス容器＊に入れ、それからそれを「哲学の炉、つまりアタノールの中に置き、きわめて穏やかな火で大事に育てなければならいが、その間、土は水を飲み干し、（リプリーによれば）川は干上がる」と述べている（*FC*, 152）。ミカエル・センディヴォギウスの『錬金術師と硫黄の対話』'A Dialogue of the Allchymist and Sulphur' で、溺死したディアーナと彼女の王子の魂（生ける銀と硫黄）は、語り手に、自分たちは「肉体がこのように汚れている間ではなく／それが洗い清められ、永遠に汚れを知らない状態となり／しかも広く行き渡る太陽の熱によって干され／この川がもはや流れなくなる時に」自らの肉体を再び所有することになるだろうと告げる（479-82行目、*AP*, 527）。

strife　争い　→peace and strife
sublimation　昇華　→distillation
suffering　苦痛　→beheading, melancholia
sulphur　硫黄

　金属生成に関するゲベルの「硫黄・水銀」理論における金属の2つの原理（原質）のうちの1つ。硫黄とは、金属の熱く乾燥している能動的種子、錬 金 作 業（オプス・アルキミクム）における男性の原理（原質）としてのソル＊（→prima materia）。ジョン・ダスティンは、作業（オプス）をはじめる錬金術師に「生ける銀と生ける硫黄からなる鉱物が選らばれなければならない」と助言している（*ZC*, 59）。哲学の硫黄とは、現在硫黄と呼ばれている物質ではなく、かなり抽象的な原理（原質）、物質の内部に本来的に備わっている構成要素である。硫黄という原理（原質）は金属の「形相」を構成する。ハリドは「あらゆる金属は水銀と硫黄、質料と形相からなる」と述べている（『秘密の書』*Booke of the Secrets*, 125-6）。硫黄はその最も初期の状態において、燃え、食べ尽く

図41 硫黄と悪霊。『レオンハルト・トゥルナイサー覚え書き』'Notes from Leonardus Thurneisser, incliding 3 watercolour drawings from his *Quinta Essentia,* Munster, 1570'(17世紀) *GU* ファーガソン手稿 137, f. 5 v より。

し、腐敗させるものであり、さらに悪霊と親近性があるとさえ言われる（図41）。硫黄の凶暴性は、その赤い獅子のイメージによく表現されている（→図35）。硫黄は金の前駆体、金の種子であることから、「われらの金」とも呼ばれる。ライムンドゥス・ルルスの『遺書』*Testamentum* は「金と呼ばれるわれらの硫黄で煮沸された場合の粘液〔蒸留によって得られる無味無臭の水のような物質〕には、空気が含まれている」と述べている（*FC,* 17）。作業におけるより精緻な段階に至ると、硫黄は太陽によって象徴される（→gold and silver, Sol）。金属がそこから成長すると考えられた種子は、2つの相反する要素に区分されており、パラケルススは「硫黄すなわち生ける男性と（中略）水銀すなわち生ける女性」と呼んでいる（*PW,* 293）。硫黄は揮発性の霊（精気）を固定化し、凝固する力を持っているが、生ける銀すなわち水銀は固定化した物質を溶解する力を持っている。ニコラ・フラメルは次のように述べている。「すべての金属は、硫黄と水銀（クイックシルバー）から形成されているが、それはあらゆる金属の種子であり、一方は男性の原理（原質）を、片方は女性の原理（原質）を表す。この2種類の種子は、当然、4元素からなるが、硫黄すなわち男性の種子の方は火と空気以外の何ものでもなく、（中略）水銀すなわち女性の種子の方は土と水以外の何ものでもない」（*HM,* 1:142）。従って、硫黄は金の父であると言われる。ジョンソンの『錬金術師』で、サトルは、マテリア・リクイダ（液状物質）に関して「それは、あらゆる金属の両親である／硫黄ないしは水銀（クイックシルバー）に変化する」

と言っている（2.3.153）。哲学者の石＊が孕まれるために、硫黄と生ける銀（水銀）は化学の結婚＊において結合されなければならない。この錬金術のカップルは、赤い男と白い女として知られる（→図8）。作業(オプス)の初期段階において、赤い男性の硫黄は、その白い妻である生ける銀つまり水銀と反目＊すると言われる、暴力的で、腐食させる物質である。そのような熱く赤い男と冷たく白い女の対立するカップルは、マーカス・クラークの『命ある限り』 *His Natural Life* の文学的文脈に登場する。硫黄を表す赤い獅子にあたるモーリス・フレアーは、「赤毛」で「赤いひげ」をはやした「赤ら」顔で (80, 568)、「パーティーの人気者」lion of the party (247) であるが、「マーキュリアル・ドーラ」Mercurial Dora (334, 365) の方は冷たく「氷、(中略) 化学者が炉の中でつくった人工の氷」(606) のような女性である。このドーラとフレアーは、反目し合う夫婦として知られている (595, 658)。

sun　太陽

　金＊、哲学の金（金の中に隠されている効力ないし神秘的力）、秘密の火＊、作業(オプス)における男性の力ないし原理（原質）である硫黄、赤い石＊あるいはエリク

図42　太陽とその影。ミヒャエル・マイアー『逃げるアタランテ』embl. 45, 189 より。

303

シルが作業の頂点で達成される赤色の段階すなわちルベド＊などの象徴。太陽は、錬金術における主要な象徴の1つである。ジャン・ドゥ・ラ・フォンテーヌは「金によって、私たちが言わんとしているのは太陽のことであり／それに相当する金属は他にない」（381-2 行目、*AP,* 93）と述べている。ヴィクトール・ユーゴーの『ノートルダム・ドゥ・パリ』*Notre-Dame de Paris* に登場する助祭長で錬金術師のクロード・フロロは、「金は太陽であり、金をつくることは神になることである」と言っている（235）。錬金術における太陽は、ソル＊あるいは赤い王＊によって擬人化される場合が多いが、それは、ルベドを意味するだけではなく、哲学者の石＊が孕まれるように、化学の結婚＊において冷たく、湿っている受動的種子であるルナ＊と結合されなければならない、金属の熱く、乾燥している能動的男性の種子をも表す。この役割において、太陽は「石」の父であると言われる（→『エメラルド板』の第3の原理）。溶解と湿り気は月と関連していると言われるが、凝固と熱は太陽の属性である。リプリーは「月の湿り気で溶解を、／太陽で凝固を助けなさい。さすれば、あなたは煆焼を達成することができることになる」と述べている（*TCB,*132）。太陽はまた、アタノールすなわち炉の中の秘密の火の形象でもある。パラケルススは、「炉の中の火は太陽にたとえることができる。その火は、太陽が広大な宇宙を熱するのとちょうど同じように、炉や容器を熱する」と言っている（*PW,*74）（図42）。太陽は、魔術的な変質作用を有する光線を持っていると考えられたが、その光は地殻に浸透すると、鉄、銅、鉛のような不完全な金属を完全な金属である金に成熟させる、生成力のある温暖を生む。ミルトンの『楽園の喪失』で、サタンは太陽の生成力を称賛している。「大化学者^{アーチケミック}の太陽が私たちから遠く離れて、／げんに霊妙な光芒を放ちつつ／この暗き地上に、地の湿り気が混ざっても、／色あざやかで、力いみじき／貴い石を、あまた造ったのであれば／太陽表面の山野が純粋なエリクシルを産み、川が飲　用　金^{アウルム・ポータービレ}を／流すとしても、なんの不思議があるだろうか」（3.606-12）。また、太陽は、あらゆる卑金属を金に変質する力を持つ赤いティンクトラ＊ないしは石の名称でもある。『ジョン王』*King John* で、シェイクスピアは、その魔術的な赤いティンクトラで卑しき地を金に変質する錬金術師としての太陽のメタファーを用いている。「光り輝く太陽は（中略）錬金術師の役割を果たし、／その貴い眼の光輝で、／やせた泥だらけ地をきらめく金に変える」（3.1.1-6）。→fire, gold and silver, Luna, Sol, sun and shadow

sun and shadow　太陽と影

　作業を表す、最も謎めいた象徴の1つ。ミヒャエル・マイアーの『逃げるアタランテ』では、太陽と影の意匠が、作業の究極の段階である投入＊を宇宙的イメージで表している（図42）。このエンブレム45に付されたモットーは、『エメラルド板』＊の最後の原理「太陽の働きについて私が述べねばならぬことは、これで完了する」を想起させる「太陽とその影が作業を完成する」である（AF, 421）。錬金術師は、「影」を、昼と交互に訪れ、それなしには昼を定義できない夜になぞらえている。マイアーは、影は光と別個のものではなく、光に不可欠なものであると明言している。「影を伴わない太陽とは一体何と言えるだろうか。釣鐘のない舌と同じようなものである。（中略）太陽が舌で、影が言葉である」（AF, 280）。錬金術師の中には、影を哲学者の石＊と同一視する者もいるが、それは、哲学者の石が完全な小宇宙、すなわち大宇宙の完全なる反映（すなわち影）と考えられるからである。また、影をルナ＊、すなわち太陽から光を借用するまでは影の中にいる月と同一視する者もいる。ルナは魂を象徴するが、「石」の土すなわち肉体を表象する場合もある。デモクリトスは、洗滌＊に関して「われらの神的水は（中略）肉体の暗き影を一掃する」と述べている（ZC, 75）。影とルナの同一視は、直ちに、太陽（男性的で、能動的で熱く、乾燥している）と月（女性的で、受動的で冷たく、湿っている）の最終的な宇宙的結婚を喚起させる（→chemical wedding）。太陽と月の結合は、哲学者の石＊、つまり、あらゆる卑金属を金の完全性に染色＊し、人間の心に知恵をもたらす力を持つ染色剤としての秘薬を生む。ラキヌスは「太陽とその影すなわち月なしには、染色剤としての水銀を得ることは全くできない」と言っている（フェッラーラのボヌス『新しき真珠』New Pearl, 313）。

　　染色剤としての秘薬は、最初は不快で好ましくないもののように見えるので、毒＊にたとえられる場合がある。エドワード・ケリーは、パンドルファスを引用して次のように言っている。「染色剤としての毒は、金とその影なしには一切生成されない。太陽とその影で毒を染める者は誰もが、最高の知恵に到達しているのである」（『選ばれし者の2つの論』45）。影は、金が「殺され」、プリマ・マテリア＊、すなわち第1質料に溶解されるニグレド＊の段階における日蝕と密接に関連している。この時、錬金術師に影が投げかけられるが、それは、錬金術師が照明される途上にあって避けることができない段階である、魂の暗い夜のメランコリア＊を経験しているからである。心理学的言えば、太陽と影の意匠は、知恵によって完全に照明された人間を生み出すために、プシュケーの女性的で、無意識的な、ルナ＊の側

面と、男性的で、意識的な、ソル*の側面が統合されることを象徴する。太陽とその影のイメージは、男性と女性の、2つの大きな普遍的エネルギーの調和ないしは結合を象徴する。『ソネット集』Sonnets のソネット 33 で、シェイクスピアは、愛友が他の何者かと性的関係を結んでいることを甘受する恋人が、知恵を獲得することを表現するために、太陽、影、着色し染色する毒という錬金術的イメジャリーを用いている。「天の錬金術で鈍色の小川」を金色に変えるものの、卑しい雲という影に覆い隠されている太陽に、その裏切りがいわば影となって覆い隠している、光り輝く愛友がたとえられる。その苦悩を、恋人は愛と寛容を通して解消することで、知恵に到達する。「だが、それでも私の愛は彼を少しも蔑みはしない。／天の太陽が曇るなら、この世の太陽だって曇るのだ」。

sun (black)　太陽（黒い）　→sol niger
swan　白鳥

　アルベド*として知られる白色化の段階の象徴。また、卑金属を銀に変成することができる白いエリクシルないしは石の表徴。ルランドゥスは、「石が（中略）完全なる白色の段階、（中略）白鳥に到達すると、あらゆる哲学者は、これこそが至福の時であると言う」と述べている（『辞典』379）。白鳥は、作業（オプス）の間にアレンビックの中の物質が帯びる様々な様相や色を表す一連のヘルメスの鳥のうちの1羽である（図43）。黒色化のニグレド*を表す鴉*ないしは大鴉*が現れると、その

図 43　白鳥。『万能ティンクトラ便覧』（17 世紀）GU ファーガソン手稿 64, f. 27r より。

後それは多色化の段階を表す孔雀あるいは孔雀の尾＊となり、それから、アルベドを表す白鳥あるいは鳩＊に変容され、最後に赤化すなわちルベド＊を表すフェニックス＊に変わる。ジョンソンの『錬金術師』で、フェイスは、マモンに、自分は物質に「様々な色」、つまり「鴉、孔雀の尾、／白鳥の羽毛」の段階を通過させたと告げる（2.2.26-7）。白鳥は、銀の海を泳ぎ、銀の秘薬あるいはエリクシルを吹き出すものとして描かれる場合がある。また、化学の結婚＊において一体となるべく女王＊（女性の原理（原質））と結合する際に、王＊（男性の原理（原質））が養われる魔術的な水銀の秘薬を意味する場合もある（ヴァレンティヌス『12の鍵』 *Practica with Twelve Keys* の第6の鍵、*HM,* 1:336）。

sweat　汗

　「石」の質料（素材）の蒸留と腐敗の間に、アレンビックの壁にたまる液体の玉のような滴。この過程の間に、その資料（素材）自体も火の穏やかな熱で汗をかくと言われる。アシュモールの『劇場』所収の、著者不詳のある論文は「この容器は穏やかな熱にかけなければならない」が、それは「物質が自然に汗をかき、汗をかいてその汗を浴びることで、精妙なものとされるためである」と言っている（*TCB,* 408, 414）。エドワード・クラドックは、『哲学者の石に関する論』で「それから、それを穏やかな熱で煮詰めなさい。／沸騰させるのではなく、ただ汗をかくようにさせなさい」と述べている（479-80）。トマス・ヴォーンも同様に、秘密の火は「物質が気化するようにさせる、いや、そうではなくて汗をかかせるようにする」と言っている（*VW(W),* 220）。汗をかく容器のイメージは、エイブラハム・カウリーの『涙』 'Weeping' に登場する。「あー、大いなる恋人よ、そのいとしきリンベックに汗をかかせるものが／内なる熱であればいいのだが」（66）。王＊が自らかいた汗の風呂で洗い清められるというエンブレムは、洗滌＊、すなわちアレンビックの底にある「石」ないしは金属の黒色化し、死んだ肉体を浄化することを象徴する。マイアーの『逃げるアタランテ』のエンブレム28に付されたエピグラムは、自らかいた汗の風呂に入っている王は「ガラスのアーチのもとで、風呂に浸かり、また浸かる、／湿った露によって、彼が完全に胆汁を取り除かれるまで」となっている（80）（→bath）。汗は、王から流出する黒い胆汁（物質の不純性）と、王の肉体を洗って汚れのないものとする甘き露の両者を意味する（→メルクリウスの二面性）。

sweat bath　蒸し風呂　→bath, sweat
sweet smell　甘い香り　→fragrance
sword　剣・刀　→weaponry

• T

Tabula smaragdina　タブラ・スマラグディナ（『エメラルド板』のラテン
　語名）　→Emerald Table

tame　飼いならす　→Bird of Hermes, unicorn

Tartarus　タルタロス

　葡萄酒の固まった残りかす。マルティヌス・ルランドゥスの『錬金術辞典』は、
「タルタロス」を「たとえて酒石と呼ばれる葡萄酒のカルクルス（小石）、すなわち
容器の壁に付着する石ないしは沈殿物である」と定義している（30）。また、『化学
辞典』（1650）も「タルタロスは、葡萄酒の容器の壁に張りつく固い塩のような残
りかすである」としている。ジョン・ミルトンは、『楽園の喪失』の天地創造の場
面でこの表象を用いている。神の霊は「流動の固まりに、／生命の力と生命の温も
りを注ぎ入れた。／しかし、暗黒にして陰うつな冷たき地獄の残りかすは／下に
沈殿させた」（7: 235-8）。タルタロスとは地獄、つまりかつては生命に溢れていた
世界の残りかすないしは沈殿物である（MC, 493）。また、タルタロスは、「石」の
ための質料（素材）がニグレドにおいて受ける地獄のような責め苦の呼称でもある
（→hell）。

tears　涙

　アレンビックの底にある、黒色化し死んでいる「石」の質料（素材）を浄化する
水銀の水＊。涙は、汗＊、雨＊、露＊、樹脂＊と同義。涙は、ヘルメスの鳥＊、斬首
された王＊、あるいは、化学の結婚＊において結合された後の恋人たち（硫黄＊と生
ける銀＊）のヘルマフロディトス＊となった肉体の死に対する悲しみを表す。結合し
た恋人たちの死んでいる肉体はアレンビックで蒸留され、その不純物を取り除かれ
ている時に、汗をかくないしは涙を流すと言われる。アブル・カシムは、そのよう
な状態の肉体に関して「いわば涙が頬から流れ落ちているように見えるだろう」と
述べている（『知識の書』Book of Knowledge, 48）。蒸留の間、湿り気が小滴となって
蒸留器の最上部で凝縮し、下の黒色化した肉体に降るので、アレンビックも涙を流
すと言われる。この涙は、一見肉体を水浸しにして溺れさせているように見えるが、

309

実際は肉体から不純物を洗い落とし、活性化作用を持つ魂（既に結合した魂と霊（精気）の場合もある）をアルベト＊の段階において受け入れる用意を整えさせる恩寵の水銀の水を象徴する（→flood）。フープライトの『化学の金の泉』*Aurifontina chymica* は、水銀の水を「眼の流す涙と同じくらい澄んでいる」と述べている（26）。サー・ジョージ・リプリーの『古歌』'Cantilena' では、「子を孕んでいる」女王＊（懐胎する「石」）が「自らの流した涙で沐浴する」（第18連）。また、ジョン・クリーヴランドは、『カンタベリー大主教に寄せて』'On the Arch-Bishop of Canterbury' で、著述の過程を蒸留における錬金術の涙にたとえている。「詩は化学の涙を流す。その崇高な雨は／術で蒸留された、まさしく頭のかく汗である」（38）。

teeth　歯　→dragon's teeth, weaponry
temple　神殿　→ark
terra　テラ　→earth, green lion
terra alba foliata　テラ・アルバ・フォリアータ　→white foliated earth
terra damnata　テラ・ダムナタ（断罪された土）→faeces
theatre　劇（場）

　錬金術と劇（場）は密接に結びついていた。16世紀のイタリアでは、チャルラターノつまり大道薬売りは、怪しげな錬金術の薬剤、膏薬、処方箋を売り、演芸・芝居を興行するために、広場に野外舞台を設置するのを常とした。その姿は、ベン・ジョンソンの『ヴォルポーネ』*Volpone* の中で非常に生き生きと描かれている。そういった彼らの演芸からコンメディア・デッラルテ（即興仮面喜劇）は発展したと考えられている。錬金術の秘義の処方を記した書物は、多くの場合、チャルラターノたちの喜劇に登場するプルチネッラ、ビスコッティーノ、ザンニなどの道化役の名前で出版された（エイモン『科学と自然の神秘』*Science and the Secrets of Nature,* 237）。そういった大道の錬金術の薬売りの存在は、16世紀から17世紀のイングランドでも知られていた。マイケル・ドレイトンは『怪物』'The Moone-Calfe' で「えせ」錬金術師に関して「そうした輩は大道薬売りとして通っている場合もあるが、即座に、あなたに、坩堝やガラス容器の中の何か珍しい抽出物を見せ、それを使っておこなったあらゆる治療のことをあれこれまくしたてるだろう」と述べている（『全集』*Works,* 3: 190）。ルネッサンス期の他の著作と同様に、多くの錬金術の論文が「劇場」と題されているが、その言葉の意味は「ある主題に関して〈概説〉ないしは〈概観〉を与える書物」である（*OED*）。たとえば、ラザルス・ツェツナーの『化学の劇場』

Theatrum chemicum（1602-61）、エドワード・ケリーの『地上の天文学の劇場』*The Theatre of Terrestrial Astronomy*（死後 1676 出版）、エリアス・アシュモールの英語による錬金術詩編のアンソロジー『英国の化学の劇場』（1652）などがある。

　そういった論文の内容は、錬金術の作業の劇的性質を意識したものとなっている。サロモン・トリスモジンの『太陽の輝き』*Splendor Solis* の一連の図版では、そこで描かれる錬金術の容器が、大作業の諸段階の展開を、舞台上で展開され盛り上がっていく大芝居で役として演じているかのように表現されている。また、同論文の他の図版では、錬金術における様々な事象が舞台の背景として描かれている（pl.6，12-18）。観客たる読者は、自室というボックス席にいてその演技を注視しているのである。トリテミウスは、作業における 3 つの主要な段階に関して「黒、白、赤は、一際目を引く、いわば永遠に続く場面であり」、消え去ることはないと述べている（*ZC*, 80）。ニコラ・フラメルも同様に、1624 年に英訳された彼の『象形寓意図の書』で、容器の真ん中にある水平の仕切りを「舞台の真ん中」と呼び、「哲学の卵」はそこに載せられた鉢の温かい灰の中に置かれると言っている（58）。アンドレーエの『化学の結婚』*The Chymical Wedding* では、クリスティアン・ローゼンクロイツが、錬金術の作業における様々な事象を 7 幕仕立ての喜劇として目の当たりすることになる。「仮設舞台」で演じられるこの喜劇の間に、一連の広く知られた錬金術のエンブレムが、芝居として生き生きと上演される。錬金術師は、自分たちのアレンビックを、大宇宙においておこなわれるそれよりも大きな世界の創造が「石」の創造として、その中で縮写した形で忠実に再現される小宇宙としての劇場とみなす。アレンビックは、ソルウェ・エト・コアグラ、斬首と蘇生、融解と鋳直しの循環工程が忠実に再演される劇場であった。アンドルー・マーヴェルは、『ホラティウス風オード』'An Horatian Ode' で、劇場のメタファーを錬金術的文脈で用いている。新しき王国が創造されるためには、古き王国（「時が巨大に築きあげてきたもの」）がまず廃墟とされ、化学の王が斬首されなければならない。「この王家役者はその地から運ばれて／処刑台という悲劇の舞台を飾ることになる」（53-4）（→beheading, king）。

thick and thin　厚くかつ薄い

　「石」をつくる厚く・粗大で、かつまた薄く・精妙な元素のことをいう。ホルトゥラヌスは『エメラルド板』＊の第 7 の原理に関して次のような注解を加えている。「〈分離せよ〉とは、つまり溶解せよということである。というのも、溶解とは各要

311

素を分離することであるからだ。〈土から火を、粗大なものから精妙なものを〉とは、つまり石が、全く汚れがなく、もっとも純粋な状態であるように、澱や残りかすを火、空気、水、また石の全物質から分離するということである」(『略解』*A Briefe Commentarie,* 22)。ハリドは、以上のような元素の転換＊に関して「それからすぐに、私たちは火、水、土、空気を結合する。つまり、厚い元素が薄い元素と、またより薄い元素が厚い元素と混合されると、1つの元素が他の元素と共存することになる」と述べている(『秘密の書』*Booke of the Secrets,* 36)。

thief　泥棒　→Mercurius
three principles　3原理（原質）　→salt, sulphur, mercury
tie　縛る

揮発性の霊（精気）を凝固ないしは固定化して形相を与えることであり、「束縛」や「釘付け」とも呼ばれる。錬金術師の仕事の1つは、捕らえにくく逃げやすい霊（精気）であるメリクリウス＊を、錬金作業（オプス・アルキミクム）の過程において有用な協力者にして従者となるように捕まえて飼いならすことである。『ヘルメスの燃える水』*Hydropyrographum Hermeticum* は、錬金術師に「彼［メルクリウス］の手と踵を（中略）もっとも強力な紐や軛で縛なければならない」と注意している（フープライト『化学の金の泉』*Aurifontina,* 33）。逆説的ではあるが、化学の結婚＊において恋人たちすなわち肉体と魂（あるいは霊（精気））の結び目をつくるのは、仲介する魂ないしは司祭としての役割を果たしている場合のメルクリウスそれ自体である（→fix, glue）。

tincture　ティンクトラ

染料のことであるが、錬金術においては、卑金属を金に染める哲学者の石＊ないしはエリクシルを意味する。パラケルススは「ティンクトラは（中略）ルナや他の金属から金をつくる」と述べている（*Archidoxis,* 64）。『賢者の水石』*The Sophic Hydrolith* は「ティンクトラは、どんな不完全な肉体でも変化させ、染め、癒す力を持っている」と言っている（*HM,* 1:83）。シェイクスピアは、この錬金術の用語をメタファーとして『アントニーとクレオパトラ』*Antony and Cleopatra* で用いているが、そこではクレオパトラが彼女の従者アレクサスに次のように言っている。「マーク・アントニーとは似てもつかぬお前か／でも、あの方のところから戻ってきたおかげとみえる、大した薬の効き目だこと、／その 色（ティンクト） に染まって、お前ま

で金色に輝いている」(1.5.34-6)。ティンクトラないしは「石」1 オンスだけで、卑金属それ自体の重さの 100、あるいは 1,000 倍も純粋な金に変成することができると考えられた。ベン・ジョンソンの『錬金術師』で、サー・エピキュア・マモンは、ティンクトラの有する増殖させる力に関して「そのほんのひとかけらを、その 100 倍の／水星（水銀）、金星（銅）、あるいは月（銀）に投入するだけで、／それはそれと同量の太陽（黄金）に変わる」と述べている（2.1.38-40）。ジョン・ダンは、『復活（未完）』'Resurrection, imperfect' で、キリストの持つ偉大なる変質力に関して次のように言っている。「地の下に身を横たえていた時、すでに、彼は全き金であったが、／天に昇った時には、すべてを金に変える全きティンクトラとなって、／鉛のように重たく、鉄のように硬い心を徳へと導くだけでなく、／罪に汚れた肉体を、彼のようにする力を持っているのだ」(13-16)。→red tincture, purple tincture, red elixir, rose

toad (or frog)　蟇蛙（あるいは蛙）

ニグレド＊の段階における腐敗＊の間に、アレンビックの中で膨らみ、膨張している「石」の質料（素材）（図 44）。哲学の土、また、錬金術師の言う土の形相

図 44　蟇蛙。『自然の戴冠』（17 世紀）GU ファーガソン手稿 208, f. 19 より。

をとった混沌カオス*。哲学の子供*ないしは息子。蛇や竜のように蟇蛙は有毒ではあるが、その内部に貴重な哲学者の石を含んでいる卑金属を表す（*AP*, 380）。フィラレテスも、この蟇蛙が「きわめて有毒ではあるが（中略）すこぶる非常に貴重なものである」と述べている（『錬金術の精髄』*Marrow*, 第4巻69）。サー・ジョージ・リプリーは、彼の詩『幻視』で、腐食作用を持つ水銀の水*（毒（液）*）によって「石」の質料（素材）が溶解される作業の初期段階を、「真っ赤になっている蟇蛙」が「葡萄の果汁をとてもすばやく飲んだので、／その果汁を詰め込まれすぎて、そのはらわたがはち切れてしまう」ことにたとえている（*TCB*, 374）。フィラレテスは、この腐敗する質料（素材）に関して次のように注解を加えている。「哲学者たちはそれを、地面を這い、地の泥を餌とする蟇蛙と呼ぶが、というのも、完全に真っ黒になる前に、蟇蛙の色に似ているだけでなく、膨らみ、膨張していて、こぶ、水ぶくれ、疣のためにでこぼこしているといった外観も似ていると思われるからである」（*RR*, 177）。ゲイブリエル・ハーヴェイは、錬金術師エドワード・ケリーとトマス・ナッシュについてそれぞれ述べているところで、膨れている蟇蛙に言及している。「しかし、ケリーは、彼［ナッシュ］に、膨らんだ蟇蛙と、跳ね回る愚か者に注意を向けるように命ずるだろう」（ハーヴェイ『全集』*Works*, 2: 69）。また、当のトマス・ナッシュ自身の方も、彼の文学上の誹謗者に対するウィットに富んだ叱責の中で、錬金術の蛙に言及している。「私は、彼らに、望みたい。（中略）自分たちの色をそんなに激しく押しつけようとしないことを。彼らが黒いものを見つけたら、先に名をあげた金を偽造する者たちとともに、黒よりももっと黒い物質を求めたり、澄んできれいな泉で蛙を釣らせたりさせてはならない」（『全集』*Works*, 1: 261）。黒色化の段階の後に続く洗滌*の間に、蟇蛙すなわち「石」の腐敗した質料（素材）は、水銀の泉*の汚れのない水の中で浄化される。

　蟇蛙、蛙、蛇*、竜*、緑の獅子*、豹*、鴉*は同義語である（→リプリー、*TCB*, 188）。『錬金術の精髄』で、フィラレテスは、腐敗の段階における死んだ「肉体」を「われらの蟇蛙にして鴉」と呼んでいる（第3巻55）。リプリーに帰せられている『エンブレムの巻物』の中の詩で同様に、蛇、鴉、蟇蛙は同じものとして扱われている（*TCB*, 378-9）。ベン・ジョンソンの『錬金術師』では、サリーが、「あなたたちの蟇蛙、あなたたちの鴉、あなたたちの竜、あなたたちの豹」というように、同義語がいくつもある錬金術の象徴を限りなく列挙して、サトルをなじっている（2.3.189）（→venom）。また、蟇蛙は、鷲と対にされる場合が多いが、それは揮発性の霊（精気）によって、固定化された土が昇華することを象徴する。対にさ

れている墓蛙と鷲は、ミヒャエル・マイアーの『黄金の卓の象徴』Symbola aureae mensae の中でアヴィセンナを賞賛するエンブレムに図解されている（ストルキウス『化学の園』Viridarium, 132）（→eagle）。同じマイアーの『逃げるアタランテ』のエンブレム5では、墓蛙が、飼養＊の段階において水銀の「乳」で育てられなければならない哲学の物質ないしは子供を表している。このエンブレムに付されたモットーには「墓蛙を女の胸に押しつけなさい、彼女がそれに餌を与えられるように。／そのためにその女は死ぬだろうが、墓蛙はその乳で大きく成長する」（AF, 75）とある（→cibation）。

tomb　廟　→grave
topsy-turvy　逆さま　→inversion
torment　責め苦　→torture
tortoise　亀
　秘密の容器それ自体と同一視される錬金術の円水盤形の容器。亀は、ルランドゥスの『錬金術辞典』にも取り上げられており、ポルタの『蒸留について』De distillatione（40）で図解されている（図45）。亀はまた、いったん調製されると、大きな力を発揮する媒介物となる「石」の質料（素材）のヒエログリフでもある。

torture　拷問
　ニグレド＊の段階で、金属の古い肉体を粉末に煆焼＊ないしは還元すること。「石」のための質料（素材）が再生・変質されるには、まず殺され、それから始源

図45　亀。ジョヴァンニ・バプティスタ・デラ・ポルタ『蒸留についての9つの書』38 より。

の創造の純粋な質料であるプリマ・マテリア＊に還元されなければならない。この過程の一部には肉体の煆焼が含まれており、それは物質の拷問ないしは虐待と呼ばれる場合が多い。アーサー・ディーによれば、哲学者の火＊は「物理的肉体を拷問し、煆焼し、生命を奪い、それから生命を吹き込み、最後には、この上なく完全なものとする」（*FC*, 64）。『ゾロアストロの洞窟』も同様に、「自然に抗する火は必ず肉体を責め苦しめるが、それは地獄の火のように激しく燃える竜である」と言っている（76）（→hell）。トマス・ナッシュは、彼の文学上の誹謗者に対するウィットに富んだ叱責の中で、錬金術師を自分たちの実験・研究対象である物質を迫害する者たちであるとしている。「たとえ、彼らがそのように芸術を迫害する者（錬金術師が自然を迫害していると言われるように）であろうと、私は、彼ら［誹謗者たち］に、彼らのウィットの刃を鈍らせることを望みたい。自分たちの色をそんなに激しく押しつけようとしないことを」（『全集』*Works*, 1:261）。ベン・ジョンソンの『錬金術』でも同様に、フェイスが、錬金術師を「煤けた顔をした、自然を無理に傷めつける迫害者」と呼んでいる（1.3.100）。また、同じジョンソンの仮面劇『宮廷で錬金術師たちから擁護されたマーキュリー』*Mercurie Vindicated* では、マーキュリー〔＝メルクリウス〕が、彼に対する錬金術師のバルカン〔＝ウルカヌス〕の扱いにおどけた調子で不平を言っている。「鰊や、牡蠣や、胡瓜でもこれほど多くの苦しい目になどあっていない。彼らとのわが生活のすべては、拷問の連続であった」（61-2）。物質を拷問する過程は、王を斬首する、またメルクリウスの足、獅子の脚、鳥の翼を切り落とす、樹を切り倒す、車輪の上に載せて人間を拷問するといったようなイメージで象徴される（→図26）。

tower　塔

　アタノール＊つまり哲学の炉と同義。炉の図版は、城＊の小塔あるいは塔に類似している場合が多い。『黄金論』*The Golden Tract* によれば、兄弟と姉妹という組み合わせの恋人たち（ソル＊とルナ＊）が捕えられているガラス容器は「堅固な塔の中に置かれていて、狭間胸壁や高い城壁に囲まれ、さらには、燃え続ける穏やかな火で容易に暖めることができる」（*HM*, 1:47）。エドワード・ケリーは、『地上の天文学の劇場』*The Theatre of Terrestrial Astronomy* 所収のエンブレムの1つに「1人の老人が炉の近くに立っており、塔は2つとも開放されている」という注解を加えている（『選ばれし者の2つの論』141）。ジョンソンの『錬金術師』では、サトルがアナナイアスに「ああ、あなたたちですか。もう終わりましたよ。ほら、60分の猶

● T

予は／最後の最後まで過ぎています。連結炉と循環塔型炉の火は／とっく
   フルヌス・アケディアエ　トゥルリス・キルクラトーリウス
に落としました（中略）もうすっかり灰になっています」と言っている（3.2.1-5）。
→castle, fort

transmutation　変成

　哲学者の石＊の作用によって、ある元素ないしは物質を別のものに転換すること。錬金術において、真の変成とは、哲学者の石＊ないしはティンクトラ（通常は粉末状である）を卑金属に投入＊することで、それを即座に銀ないしは金に変えることであるとされる。ハリドは、薬剤＊すなわち哲学者の石に関して「われらの薬剤は不完全な金属をソルとルナに変成する」と述べている（『秘密の書』*Booke of the Secrets,* 120）。この変成の観念は、アリストテレスのプリマ・マテリア＊の概念と、4元素の各元素は他の元素へと転換されうるとする同じアリストテレスの元素論に基づいている。万物は、その形相を刻印あるいは与えられるプリマ・マテリアすなわち第1質料として知られる、1つの始原の物質から創造されたと考えられた。もしすべての金属が同一の始原の物質からつくられているとするならば、あらゆる金属は、それをその始原の物質に溶解し、その後金や銀をつくるべく新しく純粋な

図46　塔、すなわち城としての炉。アシュバーナム手稿1166 (15世紀)
メディチェア・ラウレンツィアーナ図書館（フィレンツェ）より。

形相を刻印することができることになる。錬金術師の説くところによれば、変成とは、金属が地という子宮の中で成熟し、最終的には完全な金属つまり金になるという自然の営みの過程を、実験室において短期間で進行させることである。この成熟させる力、すなわち万能な哲学の物質はメルクリウス＊として知られていた。この活性化因子がなくては、哲学者の石をつくることはできない。錬金術師の最初の仕事は、このメルクリウスを捕らえるつまり固定化することである。『忠誠なるスコットランド人』'The Loyal Scot' で、アンドルー・マーヴェルは、騒々しい群衆を描写するのに固定化と変成のメタファーを用いている。「〔こいつらは〕メルクリウスを固定化させる化学者（キミスト）に、／必要なことで、どうでもいいことを変成させようとする」(211-12)。エリアス・アシュモールは、オード『わが称賛されるべきウィリアム・バックハウス殿に、私を御自身の弟子としてくださったことに寄せて』'To my worthily honour'd William Backhouse Esquire Upon his adopting of me to be his Son' で次のように述べている。「私が純血であるかを問えばいい、勇気のある者は誰であれ／この私の鷲の眼が太陽を凝視できるかどうかを。／さもくば、私が持っているカブト飾りにモナドのしるしを与えよ／私の未成熟な水銀は金に変成するのだから」(Bod.Ashm. 手稿 36-7, ff. 241v-242)。形而上学的に言えば、変成とは、神的愛、恩寵、知恵のティンクトラによって、地上的人間を照明された哲学者に転換することを意味する。 →prima materia, metamorphosis, Diana

transubstantiate　転ずる

変成すること。「転ずる」transubstantiate の第一義は「あるものの実質・実体を変える、変質・変成させること」である（*OED*）。サー・ジョン・ファーンの『ジェントリーの紋章』*The Blazon of Gentrie* で、紋章官のパラディヌスは、ある錬金術の著述家に関して次のように言っている。「私は、彼の説く規則や指示が毎日、それも私自身の仲間の者たちよっても実践されるのを目にする。しかも私は、彼らが彼の書にある技によって、インク、羊皮紙、加えて、言葉さえも完全な金や、りっぱな邸宅、莫大な収入に転ずることができるのを知っている」(4)。ミルトンは、『楽園の喪失』の錬金術的文脈で「転ずる」の語を用いている。ラファエルは、アダムの招きに応じて、食卓に着き、食事をとる。「かくして彼らは食事をはじめた。／神学者たちに言わせると、天使は実際にものを食べるのではなく、ただそう見えるだけだ、いやその点まだ漠としているなどというが、／ラファエルはそうではなく、真正の食欲の鋭い衝動と、／食べたものを転ずる消化熱をはたらかせて食しはじめた。／

吸収されずに残ったものは、／その霊的な体質を通り抜けて、たやすく蒸発していった。だから、／煤けた石炭の火を使って俗悪な実験に耽っている／錬金術師が、不純な鉱石からとられた金属を、純金に変えることができる、また変えられると信じているのも、／無理からぬことかもしれない」（5.433-42）。→transmutation

tree　樹・木　→philosophical tree
tree (truncated)　樹・木（先端を切られた）
　ニグレド＊として知られる、作業の最初期の死の段階における、主として手足の切断＊として表される溶解（ソルウェ）の局面を象徴するモチーフの1つ。ミューリウスの『哲学の殿堂』*Basilica philosophica* のエンブレムの1つは、大木が斧で切り倒されているところを描いている（図47）。トリスモジンの『太陽の輝き』*Splendor Solis* の溶解に関する第5論には、先端を切られた樹を描いている2つの図版が付されている（pl. 19, 22）。リプリーも同様に、「石」の金属ないしは質料（素材）の溶解を、オークの樹＊を腐敗させることにたとえている（*TCB,* 151-2）。先端を切られた樹は、錬金術のテキストに登場する多くの拷問のモチーフの1つである。他の拷問のイメージとしては、獅子の脚を切り落とすこと、鳥の断頭（あるいはその翼を切り落とすこと）、メルクリウスを拷問にかけ責め苦しめることなどがある。→beheading, torture, philosophical tree

tria prima　トリア・プリマ（3原理（原質））→salt, sulpur, mercury
turds　糞の塊　→dung, dunghill, faeces
turris circulatorius　トゥルリス・キルクラトーリウス（循環塔型炉）→tower
twins　双子
　哲学者の石＊を生成するために、化学の結婚＊において結合される錬金術の兄弟と姉妹。男性の硫黄（太陽、創造の力）は、相反物の完全なる友愛的和合を生み出すべく女性の、生ける銀（月、知恵）と結婚させられるが、それに作業の成否がかかっている。赤い男＊と＊白い女＊、王と女王といった錬金術のカップルは、近親相姦のカップルとして表現されているものもあり（→incest）、場合によっては、結合させられると、1つの完全なる統一体を形成する錬金術の双子で象徴されることもある。偽ルルスの写本『化学全集』'Opera chemica'（1470頃-75）では、男のアジア人の双子が井戸で燃えているところが描かれているが、それは、腐敗＊の段階におけるアレンビックの中の「石」の質料（素材）を象徴している（ファン・レ

319

図47 先端を切られた樹。ヨハン・ミューリウス『哲学の殿堂』(フランクフルト、1618) plate 2, row 1, embl. 2 より。

ネップ『錬金術』83)。『さえずる鳥たち』'Singing Birds' で、マイケル・ワイルディングは、1970年代のボヘミアン的状況にあった詩人たちについて「彼らは、錬金術の双子のように、舗道に転がりながら、待ち受けるコンクリートに互いの頭を打ちつけ合い（中略）彼らの血は固まった」と言っている（『これはあなたに』 *This is for you*, 45）。文学における錬金術の双子を調査・探求するには　→パトリック・ホワイトの『完全なる曼荼羅』*The Solid Mandala* におけるウォルドー・ブラウンとアーサー・ブラウン兄弟に関する研究：ジェイムズ・バルマン＝メイ『パトリック・ホワイトと錬金術』'Patrick White and Alchemy'。

Tyrian purple　ティリアン紫　→dye, rubedo

● U

unicorn　ユニコーン（一角獣）
　メルクリウス＊の浸透作用を持つ、男性の要素。水銀の霊（精気）。『ラムスプリングの書』*The Book of Lambspring* の 3 番目のエンブレムは、ユニコーンと鹿が森の中にいるところを描いている。これに付されたテキストは、ユニコーンを霊（精気）、鹿（ケルウス・フギティーウス＊）を魂、森（すなわち暗所）を「石」の肉体とみなしている。そして、錬金術師に、ユニコーンと鹿を「網にかけ捕らえ（中略）<ruby>術<rt>アルス</rt></ruby>によって飼い慣らし服従させ、／森の中で道を教えて／離れぬようにする」べきだと助言している（*HM,* 1:280）。ここで、著者は、アレンビックにおける物質の蒸留＊と昇華＊、すなわち化学の結婚＊における第 2 の結合に至る過程のことを言っているのである。また、ユニコーンはヨハン・ミューリウスの『改革された哲学』所収のエンブレム（316、365）や、アンドレーエの『化学の結婚』*The Chymical Wedding* にも登場する。後者では、クリスチャンが、「われらの処女」とともに「黄金の首輪をした、1 頭の雪のように白いユニコーン」が、泉の上に佇んでいる獅子＊の前に恭しく脚をおってひざまずく姿を目の当たりにする（73）。この一連のイメージでは、泉には水銀の水が入っており、処女はメルクリウスの受動的な女性の要素を表している。ユングは、『貴婦人と一角獣』*La Dame à la Licorne* という 16 世紀のタピストリー（クリュニー中世美術館、パリ）において、貴婦人の両脇にいるユニコーンと獅子は、化学の結婚におけるメルクリウスの相反する属性を象徴していると論じている（*PA,* 463-4）。

unicorn's horn　ユニコーンの角
　毒（液）の解毒剤とみなされた犀の角。

universal medicine　万能薬　→ medicine, philosopher's stone

urinal　尿瓶
　溶解のための小型のガラス瓶（あるいはバイアル）。コルソンの『成熟した哲学』*Philosophia maturata* の中のエリクシルをつくる処方では錬金術師に対して次のよう

321

に指示している。「硫酸塩を取り、煆焼して灰とし、それからそれをきわめて精妙な粉末となるように打ち砕き、尿瓶に入れ、そこにそれを覆うように処女の乳を注ぎ、リネンの布で蓋をして、8日間そのままにしておきなさい」（45）（→vial）。

urine　尿

　強力な溶剤をつくる際の原料。聖ダンスタンの溶剤の処方によれば、「葡萄酒だけを飲んだ、健康そうな男性の尿を取り、術^{アルス}にのっとって、それを使って小宇宙^{ミクロコスモス}の塩をつくり、非常によく浄化しなさい。これは酒精を非常に強力なものとするので、瞬時にソルを溶解する」（*DSP*, 88）。また、ミカエル・センディヴォギウスの『錬金術師と硫黄の対話』'A Dialogue of the Allchymist and Sulphur' で、サトゥルヌス＊は、生ける銀と硫黄を洗浄し結合させる媒介物として「尿」を用いている。サトゥルヌスは、彼曰く根源を同じくするという2つの生ける銀を選び、「それを自分の尿で洗浄し、／〈硫黄中の硫黄となるべし〉と唱え、／揮発性のものと、固定化されたものを／十分に混合した合成物をつくった（中略）それから、それを正確に均等がとれた洞窟に収めた」（545-54行目、*AP*, 529）。サー・ジョージ・リプリーは、彼の最初の実験で尿のような材料を用いて挫折したと言明している。「私は、尿、卵、髪の毛、血、／鍛冶屋が打つ鉄のウロコのような欠片も用意したが（中略）どれも役にはたたなかった」（*TCB*, 190）。ベン・ジョンソンの『錬金術師』で、サリーは、錬金術師が「あらゆるあなたのスープ状溶液、溶媒^{メンストゥルウム}に物質、／小便に卵の殻、女の月経に男の血」などのような原料を使うことを嘲笑している（2.3.193-4）（→children's piss）。哲学者の石は、取るに足らない無価値で軽蔑されるような物質からつくられると言われる場合が多い。たとえば、『成熟した哲学』*Philosophia maturata* は「われらの石は（中略）糞の山に投げ捨てられ、また人間の足で踏みつけられるので、きわめて無価値で卑しむべきものであるとみなされる」と述べている（15）。こうしたことから、多くの錬金術師が糞、小便、血、卵の殻などを自分たちの使うべき材料と考えた。ゲラルドゥス・ドルネウスは次のように言っている。軽薄な錬金術師あるいは「学者^{ソフィスト}」は、そういった材料の象徴的な名称を文字通りに解釈するので、乳、尿、髪の毛を使うが、そういったものは「石」をつくる原料としては不適当である（*AS*, 290）。

uroboros　ウロボロス

　自らの尾を飲み込み、自らを産む蛇。現存するギリシャ語による錬金術に関する

●　U

最初期の写本に描かれているメルクリウス＊の象徴。このパラドクシカルなヒエロ
グリフは、作業（オプス）の過程の間に、殺しもするし殺されもする、復活もするし復活させ
られもする魔術的な変質作用を持つ秘薬を象徴する。ウロボロスは、それ自身の容
器（すなわち子宮）であると同時に、それ自体の中身（すなわち生成物）でもあ
る。自分自身の尾をくわえることで、ウロボロスは完全なる円環を形成し、変質
の過程の循環性、元素の回転＊、オプス・キルクラトーリウム＊を表象する（→図
15）。ニコラ・フラメルは、『象形寓意図の書』所収の、『ユダヤ人アブラハムの書』
からの転写したものではなく、自作の寓意図のうちの2番目に当たる、2頭の竜の
図に関して次のように述べている。「これは、古代エジプト人が、互いに相手の尾
をくわえて円環をなす形に描いたあの蛇と竜に等しく、その意味するところは、両
者がまったく同一の物質より由来し、その物質は自己充足的であり、その円い輪郭
が示すように、自らを完全なものたらんとするということである」（66）。

323

● V

venom 毒（液）

作業初期の死の段階における変質作用を持つ水銀＊の秘薬のことであり、その段階で「石」のための金属ないしは質料（素材）がプリマ・マテリア＊に溶解される。ニグレド＊として知られ、鴉＊、大鴉＊ないしは蟇蛙＊で象徴されるこの段階の間に、水銀の水はアレンビックの中の物質を「殺し」、溶解・浄化する劇薬ないしは猛毒として機能する。この過程を、エドワード・ケリーは、『地上の天文学の劇場』The Theatre of Terrestrial Astronomy で「溶解や腐敗は、悪臭からはじまるので（中略）大鴉の頭は猛毒と呼ばれる」と述べている（『選ばれし者の２つの論』138）。作業が進むにつれて、不思議にもこの有毒な水銀の水は奇跡のような生命の水に変成し、アレンビックの底にある死んだ物質に、恩寵の露のように降り、新しい生命へと復活させる。『賢者の水石』The Sophic Hydrolith は、この二重の属性を持つ水を「水銀の水（決して涸れることのない泉、あるいは生命の水とも呼ばれるが、それでもきわめて有害な毒を含んでいる）」と称している（HM, 1:84）。これを表す一際目を引くイメージが、リプリーの『幻視』に登場するが、そこでは、「石」の質料を象徴する蟇蛙＊が、アルベド＊とルベド＊として知られる作業の白色化と赤色化の段階で「薬剤」すなわちエリクシルに変成される前に、まず自分自身の毒液を飲み過ぎて死ぬ。サー・ジョージ・リプリーは「そこで、私は、そのように加工した毒液で薬剤をつくったが／その薬剤は毒を殺し、たまたま毒に当たった人々の病を治癒する」と述べている（TCB, 374）。フィラレテスは、この毒液かつ薬剤のことを「この祝されるべきティンクトラ、これはあらゆる毒を駆逐する。調合される前、それ自体としては猛毒であったにせよ、その後あらゆる病を駆逐する自然のバルサムとなる」と言っている（RR, 24）（→ dragon）。錬金術の言う「影」、またティンクトラ、小宇宙つまりは「石」も毒ないしは毒液と同一視される場合がある。『哲学者の薔薇園』は「いかなるティンクトラとしての毒液も、太陽とその影すなわち妻なしには生成されない」と述べている（マクリーン『薔薇園』57）（→sun and shadow）。形而上学的に言えば、神的知の恩寵を通して生じる低次の自我の本質の認識は、まず、達人に対して猛毒のように作用する。しかし、その

● V

低次の性質が克服され、消滅されると、その神的知が万能薬として、また新しき生をもたらすものとして作用する。

Venus　ウェヌス

　錬金術において、ウェヌスは、惑星、女神、娼婦、照明された物質、銅などの様々な象徴として用いられる。ジャン・ドゥ・ラ・フォンテーヌは、「金によって、私たちが言わんとしているのは太陽のことであり、（中略）金星すなわち銅もまたしかりである」と述べている（*AP,* 93）。ゲベルによれば、銅はその構造の大部分を水銀が占めるので、あらゆる卑金属の中で最も完全なものである（ゲベル『完成大全』*Summa Perfectionis,* 507）。ロジャー・ベイコンは次のように言っている。「銅は、汚れた、不完全な肉体であり、不純で、固定化されておらす、土性で、燃える、真っ赤ではない生ける銀と、同様な性質の硫黄から生み出される。銅は、純粋性、固定性、重さを欠いている」（『鏡』5）。ドライデンは『わが友ジョン・ホジソンへ—彼の『聖なるエピグラム』について』」'To John Hoddesdon on his *Divine Epigrams*' で、金と比較して不浄な肉体であるとされる銅の観念を利用している。「読者よ、私はこれまではしたが、もはやあなた方の貪欲な眼を制するつもりはない／この純粋なる金を見れば、／銅には不純なる物が混入しているのがわかるだろう／このように、銅は金の引き立てる役を果たしているだけである」（23-6）。錬金術におけるウェヌスの役割は、パラドクシカルな特徴を持っている。作業当初の段階においは、ウェヌスは、最初の混沌として腐敗した段階における不純な「石」の質料（素材）を象徴する娼婦であるとされる。ルランドゥスの『錬金術辞典』は、ウェヌスを「不純なる石、物質」と定義している（322）。また、この不純な物質から哲学の水銀が抽出されることから、サルモン（＝サーモン）の『ヘルメス学辞典』はウェヌスを，そこから「錬金術師が彼らの水銀を抽出」する「哲学者の娼婦」であると呼んでいる（159）。他の場合では、ウェヌスは「貞節な花嫁」、すなわち化学の結婚＊において、熱く乾燥していて能動的な物質（硫黄）であるマルスと結合されなければならない、冷たく湿っていて受動的な物質（生ける銀）を意味する。メルクリウスは、その半分女性的な属性のために、月やウェヌスと同一視される場合が多い。ユングは「自分自身の神的伴侶として、［メルクリウス］は苦も無く愛の女神に変化する」と述べている（*AS,* 226）（→hermaphrodite）。さらに、愛の女神でクピドー＊の母でもある存在として、ウェヌスは、化学の結婚における金属の男性と女性の種子の性的結合を統轄する。また、ウェヌスは緑色＊と関連づけられ、常に緑のローブを

325

身に纏っている。『ヘルメスの恍惚』'Hermetick Raptures' は「輝くばかりのウェヌスを、次に私は見る。／麗しき美の女王、彼女の内なるティンクトラは最も純粋なる緑である」と言っている（166-7 行目、AP, 579）。緑色は作業における 3 つの主要な色 *（黒、白、赤）の 1 つではないが、それでも重要な色であり、新しき生命、成長、繁殖力を表し、それなしには哲学者の石 * は成長しえない。緑色は、死をもたらすニグレド * の段階の黒色化の後、孔雀の尾 * として知られる多色化の段階の前にアレンビックの中に現れる。緑色はまた、銅に現れる場合が多い緑青の色でもある。

vessel　容器　→alembic
vial (phial, viol)　バイアル（ファイアル、バイオル）

　溶解と凝固 * に用いられる、全体が球形で、真っ直ぐな細長い首を持つ小さなガラス瓶、長頸小型フラスコ。ニコラ・フラメルは「哲学の卵とは（中略）ガラスの長頸小型フラスコである」と指摘している（HE, 58）。『自然の論証』A Demonstration of Nature で、自然は、無知な錬金術師を、地の最奥でおこなわれている金属の生成法に従わないことで叱責している。「注意しなさい、あなたは長頸小型フラスコを破壊し、蒸気でさらにもっとあなたの頭を鈍らすためだけに、石炭を費やしている」（HM, 1:123）。トマス・ヴォーンは、彼の錬金術詩編『ハイアンシー』Hyanthe で、蒸留に関して次のように言っている。「そのようにしてハイアンシーは死んだ。さあ（と彼女は言った）／この長頸小型フラスコをあなたから離れさせないでください。／それには私の心が入っている、今それはこぼされ、／すべては蒸留されて水になっているけれども」（VW(R), 205-6）。ミルトンは、『アレオパジティカ』Areopagitica で、書物を長頸小型フラスコに、その内容を錬金術のクゥインタ・エッセンティア *、不滅の第 5 元素にたとえている。書物は「ガラスの長頸フラスコの場合と同様に、人々を育てるかの生ける知性の最も純粋な効力と精髄を保存しており」、検閲の罪は、「結果として、自然の元素的な生を殺すことになるのではなく、霊妙な第 5 の 精 髄 、理性それ自体の息の根をとめ、単なる生ではなく永遠・不朽なる生命を殺すことになるのである」（578-9）。vial の語は、パラケルススの『哲学者の曙』Aurora で「ククルビタ、レトルト、長頸フラスコ（viol）、固定器等々」（25）と言われているように viol と綴られる場合もある。マスグローヴは、バイオル viol と呼ばれる長頸小型フラスコが紐あるいはコードでアレンビックに取り付けられるということを知っていなければ、ロバート・ヘリックの『声とビ

オール』'The Voice and Viol' における viol の語に関する音楽及び錬金術的意味での地口(バン)は成立しないと言っている（マスグローヴ『ヘリックの錬金術用語』'Herrick's alchemical vocabulary', 259）。

vine　葡萄の樹　→grapes
vinegar　酢

　金属や肉体をそのプリマ・マテリア＊すなわち第1質料に還元する力を持つ、溶解・浸透作用を有する水銀の水＊の呼称。シネシウスは、水銀の秘薬が「最も強い酢」であると述べている（『真理の書』*The True Book,* 169）。アルテフィウスも同様に、次のように言っている。「ある古の哲学者は、〈主に嘆願すると、主は私にある種の透き通った水を示したが、私はそれが純粋な酢であることを知った〉と述べている。私の言っている酢とは、浸透性があり、金ないし銀が腐敗・溶解し、その第1質料に還元されるようにする媒介物で、金属の種を保存しながらその肉体を再び未精製の状態にすることのできる、この術(アルス)のための全世界で唯一の作用物質である」（*SB,* 9）。ウェヌス＊（銅）とマルス＊（鉄）を煆焼するための『成熟した哲学』*Philosophia maturata* の処方では次のように言われている。「両者が錆びるように、ウェヌスとマルスに十分に蒸留された最上の酢を振りかけなさい。そして、それを鉄の皿の中で、非常に強い火で燃やしなさい」（75）。酢は緑の獅子＊の血と同義である。上記の論文によれば、「そして、そのようにしてあなたは秘密の水と呼ばれる緑の獅子の血、つまりきわめて強力な酢を得ることなり、それを用いてすべての肉体を、その第1質料に還元することができることになる」（『成熟した哲学』31-2）。ベン・ジョンソンの仮面劇『宮廷で錬金術師たちから擁護されたマーキュリー』*Mercurie Vindicated* では、おどけた調子で、マーキュリー〔＝メルクリウス〕は、錬金術師が彼を拷問するために用いる多くの物質の1つとして酢をあげている。「彼らの塩やら彼らの硫黄、彼らの油、彼らの酒石、彼らの塩水、彼らの酢のせいで、今や酢漬けのマーキュリー、今や塩漬けのマーキュリー、今や燻製で干物のマーキュリー、今や粉々のピクルスのマーキュリー、もう私を取り出してくれてもいいんじゃないですか」（56-60）。

viper　鎖蛇

　作業当初の段階における最初期の「石」の質料(素材)(オプス)の呼称。これに対応する用語としては蛇＊と竜＊がある。ニグレドとして知られる作業の初期段階の間(オプス)

に、「石」の肉体は殺され、溶解され、有毒な水銀の霊（精気）すなわち蛇が解放される。マルティヌス・ルランドゥスの『錬金術辞典』は、「鎖蛇」を「腐敗の段階における哲学者の物質」と定義しているが、「というのも、その段階において、それはこの世で最も強く効力のある毒だからである」（437）（→dragon, serpent, Mercurius, venom）。

virgin　処女

　プリマ・マテリア*、つまり創造の原初の物質の象徴。また、二重の性質を持つメルクリウス*の受動的な女性の要素の表象。天地創造において、神は受動的なプリマ・マテリアにあらゆるものの形相を刻印したと考えられたので、プリマ・マテリアは万物の処女なる母とみなされた。アーサー・ディーは、『化学の不確実性』 *Incertus de Chemia* を引用して次のように言っている。「処女とはメルクリウスのことである。というのも、それは決してこの大地という子宮の中で肉体を増殖させることはないが、天を分解する、つまり金を切り開き、魂を抽出することで、私たちのために石を生成するからである」（*FC, 30*）。生ける銀としても知られる、メルクリウスの受動的な女性の要素は、処女によって象徴される。『隠された黄金』 *Aurelia occulta* は、メルクリウスを「最も貞節なる処女」と呼んでいる（*AS, 226*）（→unicorn）。熱く、赤い、乾燥している男性の性質（硫黄*）と結合して、哲学者の石*を形成しなければならない、冷たく、白く、湿っている女性の性質は、ディアーナ*、つまり純潔なる女猟人と呼ばれる場合が多い。ディアーナはまた、白い石*及びアルベド*の象徴でもある。王冠を戴いた処女は純粋性を象徴し、サピエンティア（知恵）*や塩と関連づけられる。サピエンティアとしての役割において、処女は相反物（女性の水銀と男性の硫黄）の調和・一致から生じ、神的知すなわち知恵をもたらす哲学者の石と同一のものである。ロバート・フラッドは、『無垢なる自然の鏡および学芸の像』 *Integrae naturae speculum artisque imago* で、処女なる宇宙としてのサピエンティアに関して次のように述べている。「彼女の胸には、真の太陽が、彼女の腹には月がある。彼女の心臓は星々や惑星に光を与えるが、水銀の霊（精気）によって彼女の子宮に注入された彼女の影響力は（中略）大地のまさしくその中心に送られる。彼女の右足は大地に、左足は水の中にあり、それは、それなくしては何も創造されえない硫黄と水銀を意味する」（ゴドウィン『ロバート・フラッド』 *Robert Fludd, 22-3*）。アンドレーエの『化学の結婚』 *The Chymical Wedding* では、「われらの処女」は錬金術の作業における様々な試練や成功を通してクリスチャン・

328

● V

ローゼンクロイツを導く、メリクリウス（水銀）としての魂の案内者の役目を務めている。

virgin's milk　処女の乳

　変質作用を持つ水銀の水、哲学者の白き水銀。トマス・アクィナスによれば、処女の乳は、酢に含まれている一酸化鉛を溶解することで、また、アルカリ塩（すなわち銅の酢酸塩）による融解処理をおこなうことで獲得されるという（ファン・レネップ『錬金術』62）。シネシウスは、処女の乳を、プリマ・マテリア＊としてのメルクリウス＊と同一視し「祝されるべき水、賢者の水、有毒なる水、最も強烈な酢、鉱水、天の恩寵の水」と呼ぶが、「というのも、これだけが2つの石、白と赤の両方を完全なものとすることができるからである」と述べている（『真理の書』 *The True Book*, 169）。作業の過程において、2つのきわめて重要な霊（精気）すなわち水銀が、緑の獅子＊なる鉱石から抽出されると言われる。そのうちの最初の水銀は白くまたくすんでいて、処女の乳と呼ばれる。2番目のものは、赤く、緑の獅子の血と呼ばれる。聖ダンスタンの『最も偉大なる主と哲学者に関する論』 'Treatise'（f.3）とアルテフィウスの『秘密の書』 *Secret Book*（44）の両書によれば、処女の乳は、最初の蒸留の際に容器の最上部に上昇していき、受器を乳のような色の影と湿り気で曇らせる、純粋で、霊（精気）的な、白い蒸気に与えられる名称である。コルソンの『成熟した哲学』 *Philosophia maturata* は、「われらの白いティンクトラと呼ばれるわれらの白い水、われらの鷲、われらの白い水銀、処女の乳」と言ってこの名称を用いている（38）。コニウンクティオ＊における水銀という媒介物、つまり化学の結婚＊におけるソル＊とルナ＊の結合に必要とされる第3の原理（原質）もまた、処女の乳と呼ばれる。ただ、コニウンクティオの時点で、処女の乳はソルとルナと一体となるので、それ以降は第3の原理（原質）と呼ばれることはない。作業の「飼養＊」として知られるその後の段階においては、ソルとルナの結合によって生まれた哲学者の子供＊（つまり石）は、「乳と肉」によって育てられる（リプリー、 *TCB*, 169）。この乳すなわち処女の乳は、幼児の「石」が成長し成熟できるように、それを育てるべく用いられる水銀の水の名称である。『黄金の卓の象徴』 *Symbola aureae mensae* で、ミヒャエル・マイアーは「石は、ちょうど子供のように、処女の乳で育てられなければならない」と述べている（*AF*, 98）。処女の乳はまた、卑金属を銀に染色することができる白いエリクシルの名称でもある（→queen (white)）。ジョンソンの『錬金術師』で、サリーは、サトルに、錬金術の用語の曖

329

味性をなじっている。「だいいちあのご大層な術語とやらはいったいなんです。／専門家の間でもみんなお互いにちぐはぐじゃないですか。／あなたのエリクシルに処女の乳」（2.3.182-4）。

vitrification　ガラス化

　熱の作用を通して物質をガラスないしはガラスのような物質に転換すること。マルティヌス・ルランドゥスは、ガラス化のことを、石炭や石炭殻を燃やして透明なガラスにすることと定義している（『辞典』323）。錬金術師は、このイメージを、アレンビックの中の物質を最終的に固定化＊して哲学者の石＊にすることを示唆する意味で用いている。『哲学者の薔薇園』は、「石」の固定化を、ガラスの結晶化と同一視している（マクリーン『薔薇園』96）。フィラレテスは、卑金属に対する「石」の作用に関して次のように述べている。「石は、卑金属を、それが入れられた火を通して純粋な銀のみならず完全なる金に染めるだろう。そして、それを白いガラスに変えるが、そのことで、金・銀以外の卑金属はあらゆる試練に耐えることを教えられることになる」（『精髄』 *Marrow*, 第2巻23-4）。ガラス化は、ジョン・ダンの『自作の墓碑』 ‘Epitaph on Himself’ における錬金術的文脈で用いられている。「死が私たちを成熟させるまで、／私たちは頑固な土塊である。／両親が私たちを土塊にしてくれる。そして魂が私たちをガラスにする。／だが墓に寝て、私たちは黄金に変わる」（11-14）。

vitriol　硫酸塩

　亜鉛ないしは硫酸銅などのような輝く結晶体。ルランドゥスの『錬金術辞典』の補遺によれば、緑の硫酸塩は未精製の哲学者の物質の象徴であるが、赤い硫酸塩は作業の赤色化の段階における完全なる硫黄＊を表す（437）。バシリウス・ヴァレンティヌスの『アゾート』 *Azoth* の中のエンブレム（ヴァン・レネップ『錬金術』202に複製されている）の周りには、VITRIOL の語になるアクロスティック（折り句）をつくる「大地の内部を訪れ、蒸留して浄化することで、隠された石を見つけよ」Visita Interiora Terrae Rectificando Invenies Occultum Lapidem という言葉が書き込まれている。このアクロスティックは、アイザック・ニュートンの『実地』を含め、錬金術の論文に引用される場合が多い（*Janus*, 305）。チョーサーの錬金術師の徒弟は、「さまざまの粉末、灰、糞、小便、それに粘土、／蝋で固めた小さな袋、硝石、硫酸塩」というように、他の根本的に必須の錬金術の原料に加えて、硫酸塩をあげて

いる（『錬金術師の徒弟の話』Canon's Yeoman's Tale, 807-8）。

volatile　揮発性の

　容器に熱が加えられると、蒸気となって上昇する傾向がある物質に与えられる形容辞であり、そういった物質は、通常、翼を持った竜*、鳥*、天使*ないしは獅子*と呼ばれる。錬金術において、揮発性の物質すなわち「霊」（精気）は捕獲ないしは固定化されなければならいが、固定化されている物質すなわち「肉体」の方は、ソルウェ・エト・コアグラ*の過程の間に、溶解され、液化されなければならない。ハリドは次のように述べている。「私たちは、どのようにして、肉体が霊（精気）に変えられることになるか、またどのようにして霊（精気）が肉体に変えられることになるか、つまりどのようにして固定化されているものが揮発するものに、また揮発性のものが固定化されたものにされるかを教えた」（『秘密の書』Booke of the Secrets, 121）。メルクリウスすなわち水銀の水には、1つは固定化あるいは凝固させる、いま1つは溶解するという2つの要素がある。聖ダンスタンは、水銀の緑の獅子*に関して、それは「肉体をその第1質料に還元し、また揮発性の霊（精気）的なものを固定化する力」を持っており、「だから、単に獅子とは呼ばれるのは不適当である」と言っている（FC, 9）。ベン・ジョンソンの仮面劇『宮廷で錬金術師たちから擁護されたマーキュリー』Mercurie Vindicated from the Alchemists at Court で、バルカン〔＝ウルカヌス*〕は、「石」をつくるために、揮発性の水銀を捕獲し、固定化させようとする。「いとしのマーキュリー〔＝メルクリウス〕よ。大変だ。こやつは飛んで行く。こやつは逃げ出した。貴重なる黄金のマーキュリーよ。じっとして〔固定化されて〕いてくれ。そんなにも移り気に〔揮発性で〕飛んで行かんでくれ」（23-5）。揮発性という用語は、バルザックの『絶対の探求』The Quest of the Absolute において隠喩的な意味で用いられており、錬金術師バルタザール・クラースは、「若く、またエルヴェティウスと同じくらいハンサム」だと表現され、「ラヴォワジエが彼の唯一の教師である。パリの女性たちの指導の下で、彼はまもなくウィットと情事をより揮発性の高いエリクシルに蒸留する方法を習得した」とされる（24）。

Vulcan　ウルカヌス

　ウェヌスの足の不自由な夫、神々の鍛冶屋。パラケルススによれば、錬金術師の典型及び錬金術の始祖の象徴（PS, 93）。「バルカン」〔＝ウルカヌス〕は、ベン・

331

ジョンソンの仮面劇『宮廷で錬金術師たちから擁護されたマーキュリー』 *Mercurie Vindicated from the Alchemists at Court* (1616) に登場する錬金術師の名前である。ウルカヌスはまた、作業における秘密の火 * であり、哲学者の石 * が生まれるための産婆でもある。『秘密の箱舟』'Arca arcanorum' で、アーサー・ディーは自分自身のことを「石」だとする謎めいた書き方をしている。「ハンガリーが私を身ごもったのであり、天と星々が私を見守り、大地が私を育てる。それから、私は死んで埋葬されなければならいが、ウルカヌスが苦心して私を産んでくれる」（「所見」Observation, 31）。フランシス・ベイコンは、『学問の進歩』 *The Advancement of Learning* で、錬金術師に関して、彼らは「ミネルヴァとムーサイは石女だから、これを見捨て、そのもとを去り、もっぱらウルカヌスにたよる」と述べている（63）。

vulture　禿鷲

　ヘルメスの鳥 * あるいは哲学の水銀 * の呼称の1つ。ヘルメス・トリスメギストゥスの『黄金論』 *Tractatus aureus* では、山頂に佇む禿鷲が謎めいた声をあげる。「われは黒の白、白の赤、赤の黄色である。われはいかにも真実のみを告げている。術 において最も重要なるものは、夜の闇と、明るい日の光の中を翼なしに飛ぶ大鴉であることを知らんことを欲す」（*MP*, 186-7）。ここでは、4つの色が、黒（ニグレド *）、白（アルベド *）、黄色（キトリニタス *）、赤（ルベド *）というように，錬 金 作 業の主要な段階を表象しており、禿鷲は作業全体を象徴するものとなっている。ミヒャエル・マイアーの『逃げるアタランテ』では、エンブレム 43 の主題が禿鷲であり、そのモットーは「あなたを決して欺くことのない禿鷲の語るところを聴きなさい」である（*AF*, 268）。H. M. E. デ・ヨングは、「禿鷲や大鴉は、錬金術の作業過程が循環運動をなすことを象徴する。黒い大鴉はプトゥレファクティオ〔腐敗〕を表し、禿鷲はその完了を意味する」という注解を加えている（*AF*, 272）。

● W

washing　洗浄　→ablution

washer women　洗濯女　→laundering

water　水

　4元素の1つであり、この元素が支配することは平和・和合をもたらす。ミカエル・センディヴォギウスは、水の元素に関して次のように述べている。「水は最も重い元素であり、油のようにぬるぬるした粘液質に満ちており（中略）外的には揮発性で、内的には固定化されており、冷たく、湿っていて、空気と調和させられる。また、世界の精子であり、その中にあらゆるものの種子が保存されている」（『錬金術の新しい光』 *New Light of Alchymie,* 85）。「水」はまた、哲学の水銀、つまり溶解される時の賢者の物質の名称でもある。水銀の水は生命の水（アクア・ウィタエ）と呼ばれるが、それはまず石の質料（素材）を殺し、それからそれを復活・再生させる。この秘薬の他の名称としては、手を濡らすことのない水、燃える水（アクア・アルデンス）＊、祝されるべき水、賢者の水、永遠なる水（アクア・ペルマネンス）＊、泉＊、恩寵の水、川（ストリーム）（小川）＊、川（リバー）＊、ナイル川＊、悪臭のする水、毒＊、尿＊、酢＊、樹脂＊、海水＊、貴重なる水、神的水、天上の水、蛇＊、竜＊、ヘルメスの鳥＊、禿鷲＊、鷲＊などがある。→aqua permanens, elements, fire, fountain, Mercurius, opus circulatorium

watering　水撒き・水やり

　蒸留＊の間に、「石」の肉体（「土」）をそれ自身の水銀の水＊で浸潤＊すること。この過程は、哲学の植物、太陽と月の樹＊に水を撒いているイメージで表現される場合がある（→philosophical tree）。ミヒャエル・マイアーの『黄金の卓の象徴』 *Symbola aureae mensae* 所収のミカエル・センディヴォギウスを賞賛するエンブレムは、サトゥルヌスが太陽と月の果実のなる樹に水を撒いているところを描いている（ストルキウス『化学の園』 *Viridarium,* 164）。アヴィセンナは「何度も土を打ち砕いて、8日ごとにそれを徐々に浸潤させなさい。（中略）そして、辛抱強くその作業を何度も繰り返すようにしなさい。というのも、土は頻繁に水を撒かれなければ実を結ぶことはないからである」と述べている（*FC,*100）。

weaponry　武器

哲学の火*の作用の象徴。とりわけ、黒色化すなわちニグレド*として知られる作業（オプス）の最初期の段階における哲学の火の作用を表象するものであり、その際、「石」のための古い金属ないしは質料（素材）が殺され、そのプリマ・マテリア*に溶解される。火は、斧、刀・剣、はさみ、ナイフ、サトゥルヌス*の大鎌や、また、獅子や狼などの野獣の歯といったような様々なもので象徴される。鳥の断頭あるいは王と女王の斬首*は、黒色化した肉体がアルベド*において浄化されて白色となるまで、アレンビックの中の物質を熱し、温浸し続けなければならないことを表している。また、マイアーの『逃げるアタランテ』のエンブレム 8 のモットー「卵を取り、燃えさかる剣でこれを打ちなさい」は、錬金術師がその容器から哲学者の鳥*ないしは石が誕生することを促進するために、秘密の火を用いなければならないことを示唆している（*AF*, 95）（→egg）。

wedding, wedded lovers, wedlock　結婚、結婚した恋人たち、婚姻
→ chemical wedding

well　井戸

その中で水銀の水による「石」の質料（素材）の溶解と腐敗が幾度となくおこなわれる錬金術の容器。また、水銀の水*それ自体の名称。これは、錬金術の風呂*と同義である。アシュモールの『英国における化学の劇場』所収の著者不詳のある詩では、癩を病む竜*（作業（オプス）の初期段階の不純な物質）が沐浴し浄化されることで、「純粋な物質に完全に変わる」まで「井戸の底で」腐敗した状態にあるとされている。偽ルルスの写本『化学全集』'Opera chemica'（1470 頃 -75）では、錬金術の双子*が井戸の中で燃えているところが描かれているが、それはニグレド*における「石」の質料（素材）の腐敗を象徴する（ファン・レネップ『錬金術』83）。また、ヨハン・ミューリウスの『改革された哲学』では、金と銀に輝く哲学者の石が、その中で自らの水銀の血*によって再溶解され、ムルティプリカティオ*（増殖）の段階に力を増大させられて井戸から出てくるところが描かれている（図48）。（→alembic）。パラドクシカルではあるが、井戸は、生命と死の水銀の水の容器であるだけではなく、それ自体の内容物である水銀の水を意味することもある。アブラハム・エレアザルは『太古の化学作業』*Uraltes Chymisches Werck* で、大蛇「ピュートーン」（メルクリウス）に関して「それはプリムム・エンス・メタロールム［金

● W

図48　井戸。ヨハン・ミューリウス『改革された哲学』embl. 16
(エンブレム第2集) 281 より。

属の第1のエンス]、つまり古の人々の井戸であり、グリフィンや毒竜によって保護され守られている花である」と言っている (JA, 246)。

west　西　→east and west
wheel　車輪　→opus circulatorium
white　白色　→albedo, Luna, white foliated earth, white stone
white eagle　白い鷲　→eagle
white earth　白い土　→white foliated earth
white elixir　白いエリクシル

　卑金属を純粋な銀に変質する力を持ち、精妙で浸透作用がある薬剤。白いエリクシルは、アルベド＊として知られるルナの段階で達成されるものであり、白い石＊と同義である。ロジャー・ベイコンは「白いエリクシルは、あらゆる金属を限りなく白色化し、完全なる白色をもたらす」と述べている(『鏡』14)。ベンジャミン・ロックは「完全なる白きエリクシル」に関して「生ける銀を薬剤に、鉱石の不完全な肉体をきわめて純粋な銀に変えることができる」と言っている(『錠前を開ける道具』f. 21)。白いエリクシルを象徴するものとしては、月＊、ルナ＊、処女＊、ディアーナ＊、白鳥＊、鳩＊、白い薔薇＊、白い百合＊、雪＊、銀の海などがある。ヘンリー・ヴォーンは、『聖文』'H. Scriptures' で、エリクシルについて「あなたの中に

335

は、隠された石、マンナがある。／あなたは、稀有なる、選りすぐりの、偉大なるエリクシルである」と言っている（『全集』2: 441）。

white foliated earth　白い薄層からなる土

　（ラテン語でテラ・アルバ・フォリアータ）。アルベド＊の段階における雪＊ないしはルナ＊とも呼ばれる錬金術の灰＊。昇華した土。また、前もって分離されている魂（あるいは、その時には既に結合されている魂と霊（精気））が回帰することで再活性化されるのを待っている「石」の純化された肉体。(→chemical wedding)。マイアーの『逃げるアタランテ』のエンブレム6に付されたモットーは、「白い薄層からなる土にあなたの金を蒔きなさい」となっている（AF,81）（図49）。『ラッパの音』もまた、次のように言っている。「白い薄層からなる土にあなたの金を蒔けと、ヘルメスは言った。それは、調製されて白く純粋なものとなっており、従って、いかなる不純物も存在しない白き土に力を与える蒸気と色を蒔けという意味である」(AA, 1:550)。これは、化学の結婚＊において、ソル＊（金）の象徴する、既に

図49　白い薄層からなる土。　ミヒャエル・マイアー『逃げるアタランテ』embl. 6, 35 より。

336

結合してる魂と霊（精気）が、浄化され白色化した「石」の肉体に蒔かれ、その肉体と結合される過程のことを言っているのである。この段階において、ソルは、純粋だが無定形の物質に新しい形相を刻印し、この肉体との結合から哲学者の石＊が生まれる。なお、マルティヌス・ルランドゥスによる白い薄層からなる土の定義は、他の錬金術のテキストの多くが述べているところとはわずかに異なっているように思われる。ルランドゥスは、白い薄層からなる土とは、金が蒔かれる灰から抽出される水銀の水ないしは霊（精気）的水であると述べている（『辞典』314）。

white fume　白い蒸気　→green lion
white lily　白い百合　→lily
white queen　白い女王　→queen
white rose　白い薔薇　→rose(white)
white smoke　白い煙　→green lion
white stage　白色化の段階　→albedo
white stone　白い石

　卑金属を純銀に変成する力を持つ石。この「石」は、作業（オプス）においてアルベド＊として知られる白色化の段階で達成される。トリテミウスは「物質が雪のように白くなっていて、東方の宝石のように輝いているのを見たら、白い石は完全なものとなっているのである」と述べている（ZC, 80）。作業（オプス）の初期段階に、錬金術師は金属の種子、すなわち哲学の硫黄＊（男性で、熱く、乾燥していて、能動的）と、哲学の生ける銀＊（女性で、冷たく、湿っていて、受動的）を含むプリマ・マテリア＊を手に入れ、それをコニウンクティオ＊つまり化学の結婚＊において結合させる。通常、恋人たちのペアで象徴される、結合された硫黄と生ける銀の肉体＊は、ニグレド＊として知られる段階の間に殺され、溶解され、墓＊に入れられて腐敗する。そして、その魂がアレンビックの最上部に飛翔していく一方で、黒色化し、ヘルマフロディトス＊となっている肉体は昇華され、浄化されて、純化される。その肉体が汚れを洗い落とされ、完全なる白色になると、それから、その肉体は魂（あるいは既に結合されている魂と霊（精気））と再結合される。この時点で、霊（精気）は形相を与えられ、肉体は霊（精気）化される。アルテフィウスは、この新しく白色化され、霊（精気）化された「肉体」を「白い石、可燃性の白い硫黄、至福の石、つまり不完全な金属を白銀に変成する石」と呼んでいる（SB, 17）。白い石は、雪花石膏（アラバスター）＊、大理石＊、白い薔薇＊、白い百合＊、白い女王＊、ルナ＊、

銀扇草、月（ルナ）の植物、白鳥、鳩などや、その他多くの白色のもので象徴される。→philosopher's stone

white water　白い水　→Mercurius
white woman　白い女　→red man and white woman
wind　風
　昇華の過程における水銀の蒸気。ベンジャミン・ロックは次のように述べている。「穏やかな火を加えていると、ある種の蒸気あるいは風が物質から立ち上ってくるが、それを哲学者は昇華と呼び、その煙のような物質が降りてきて水に変わると、彼らはそれを融解と蒸留と呼ぶ」（『錠前を開ける道具』f. 36v）。『エメラルド板』＊の第4の原理は、「石」に関して「風がそれを自らの胎内にはぐくみ、その乳母は大地である」と言っている。ミヒャエル・マイアーは、この原理を、哲学の硫黄＊（金属の男性の種子）が、プリマ・マテリア＊としての女性のメルクリウス＊の内部に運び込まれることを意味していると読み解く（AF, 55）。『ゾロアストロの洞窟』では、生ける銀（空気としてのメルクリウス）は風と同一視されている。「生ける銀は、風すなわち空気としての生ける銀と呼ばれる」（64）。昇華と蒸留の過程の間に、メルクリウス＊は風そのもののように空気を通って飛んでいくとされる。『ゾロアストロの洞窟』は、ミサをはじめる際に唱える挨拶の言葉「主は汝らとともに」Dominus Vobiscum を添えて、作業の第2段階において（精妙な）空気の元素と風を結びつけている。「作業の初めの段階にあるわれらの石は水と呼ばれるが、肉体が溶解されると、空気ないしは風と呼ばれる。そしてそれが凝固化するようになると、土と称され、完全なものとなり固定化されると、火と呼ばれる。主は汝らとともに」（ZC, 64）。→zephyr

wine　葡萄酒　→grapes
winnow　選別・唐箕にかけること
　作業の過程の間に、純粋なものを不純なものから、精妙なものを厚く粗大なものから分離すること。著者不詳の論文『哲学者の石』The Philosopher's Stone は「もみ殻と小麦の関係の場合と同じように、基本的に金属の種子とは無関係な物質」を分離することに言及している（CC, 103）。心理学的に言えば、選別とは、達人が知恵に至る迷路のような道の途上で知ることになる、真と偽を識別する行為のことを指す。『アップルトン邸を歌う』'Upon Appleton House' でアンドルー・マーヴェルの語

● W

る「気楽な哲学者」は、この選別の過程において自身を助けてくれる風に感謝して
いるが、その後、彼は森という迷宮から無傷で抜け出すことができることになる。
「またあなたにも感謝する、涼やかな西風よ、／あなたは私の髪を吹き分けなが
ら、私の思いも吹き分けて、／頭からもみ殻を選別してくれるのだから」（598-600）
（→harvest, grain）。

wisdom　知恵　→sapientia

wolf　狼

　アンチモン＊の呼称。アンチモンは、「石」の質料（素材）をむざぼり喰らうその
狂暴性のために、錬金術師からルプス・メタロールムすなわち金属の狼と呼ばれる
（図50）。バシリウス・ヴァレンティヌスは、王の肉体（「石」の質料（素材））は狼
のもとに放り出されるが、狼はその肉体をむさぼり喰らい、その後、肉体が復活さ
せられ再びよみがえるように、火の中で純化すると述べている（*HM*, 1:325）。ミヒャ
エル・マイアーの『逃げるアタランテ』のエンブレム24は、典拠としてヴァレン
ティヌスのテキストを用いていると考えられる。つまり、そのエンブレムに付され
たモットーは、「狼は王をむさぼり喰らい、焼き尽くされた後、王に再び生命を回復
させた」となっている（*AF*, 186）。この場合、狼は、生命と死をもたらす水銀の水、
すなわち金属を溶解し、それから洗浄・純化し、再生させる万能溶剤と同義である。
→antimony

womb　子宮

　アレンビックあるいは容器の象徴。ソル＊とルナ＊（形相と質料）の化学の結婚
＊による哲学者の石＊の生成は、子供の誕生にたとえられる場合が多い。従って、
「石」が孕まれ、生成され、誕生させられるアレンビックは子宮として知られるよ
うになるが、たとえばドルネウスの『金属変換に関するパラケルスス的化学文集』
Congeries Paracelsicae は、「錬金術の子宮」と言っている（*PW*, 285）。ジョン・ダン
は、『愛の錬金術』'Love's Alchemy' で、錬金術の容器を「多産の壺」（8）と、また
『比喩』'The Comparison' では「リンベックの温かい子宮」（36）と呼んでいる。ベ
ン・ジョンソンの『錬金術師』では、フェイスが、成長する「石」の入っているア
レンビックを、「子供を孕んだ娘っ子」にたとえている（2.2.8-9）。ジャン・ドゥ・メ
アン（偽ジャン・ドゥ・マン）は、アレンビックには「ちょうど、子宮内の幼児が
自然の熱で養育されるのと同じように」穏やかな火が必要であると述べている（*HM*,

339

図50 狼。『聖三位一体の書』(17世紀) GU ファーガソン手稿 4, f. 9ir より。

1:136)。錬金術の子宮は、その中で錬金術の「雛鳥」が保育されたり、孵化される巣＊あるいは卵＊と同義である。水銀の水＊を自分たちの秘密の容器とみなす秘教的な哲学者もまた、その容器を子宮にたとえている。アルテフィウスによれば、ソルとルナの黒色化した肉体を洗浄する生命の水＊(アクア・ウィタエ)と露＊の風呂＊としての水銀は、「自然の容器(ワス・ナトゥーラエ)、腹、子宮（後略）」と呼ばれ、「それは、王と女王が沐浴する王の泉である」とされる (SB, 15)。ゲベルは、金属の種子＊が生成するのに必要とされる大地という「子宮」に関して次のように述べている。「金属に完全性をもたらすものは、汚れのない土の子宮の中で、長く穏やかに温浸されることで、濃縮され、固定化された硫黄と生ける銀が均等に混合された物質である」(ZC, 59)。

マイアーの『逃げるアタランテ』のエンブレム 22 は、妊娠している女性が火にかけられたアレンビックの番をしているところを描いている。このエンブレムに付されたエピグラムは、「石」の黒色化した質料（素材）が白色化した後には「女の仕事が残るのみで、それからあなたは鍋を火にかける女性のごとく、調理をしなければならい」と述べている (AF, 177)。このエンブレムにおける妊婦は、純白の物質、すなわちアルベドの段階で達成される、金の種子が蒔かれた白い薄層からなる土＊(テラ・アルバ・フォリアータ)を擬人化して象徴したものである。『小道の小道』は次のように言っている。「迫り来る水、すなわち土の中の生ける銀は、土が白色化されているので、増大しまた増

● W

大させられる。その場合、それは受胎と呼ばれ、発酵体は凝固されるつまり不完全なる肉体と結合されるのである」（*FC,* 66-7）。この種子（魂）による白い物質（肉体）の受胎は、ルベド＊として知られる、作業（オプス）の最終段階をもたらし、この時、哲学者の石が成熟するのである。

women's work　女の仕事

「石」の質料（素材）を洗浄・浄化する仕事、作業（オプス）の第2段階。物質を純化・精錬する作業過程は、調理する＊ことと称されるソルウェ・エト・コアグラ＊の過程と、洗滌＊すなわち汚れを洗い落とす工程を通して達成される（→図 37; laundering）。『逃げるアタランテ』のエンブレム 22 で、ミヒャエル・マイアーは物質を「調理すること」（熱による精錬）を女の仕事と呼んでいる。それに付されたモットーは「白い鉛を手に入れたら、ただちに女の仕事をおこないなさい、つまり調理を」となっている（*AF,* 176）。マイアーの同論文のエンブレム 3 のモットーでは、洗滌すなわち汚れを洗い落とす過程に関して「シーツを洗っている女性たちのところに行き、彼女たちのおこなっているのと同じようにしなさい」と言われている（*AF,* 66）。『化学の束』で、アーサー・ディーは、作業（オプス）の初期段階における仕事が男性にはあまりに卑しむべきもので、女性にのみ適していると考えるアッタマンを引き合いに出し、異議を唱えている。「そして、この調製という最初の仕事を、彼［アッタマン］は卑しむべき仕事と呼んでいるが、それを学識ある男性には値しないとみなしているので、女の仕事であると言うのも当然である」。ここで、ディーは、作業の「卑しむべき」面を女性にやらせるという観念に反対しているのであり、錬金術師はそのような仕事を自分自身でおこなう心構えができていなければならいとして「錬金術師は、苦き味のしない、甘き香りのするものをすべきではない」（*FC,* 38）と述べている。他の場合には、錬金作業（オプス・アルキミクム）の第 2（及び最終）段階の達成はとても容易なことなので、女性ないしは子供でもすることができると言われる場合もある。アルテフィウスは、「実際にそれはとても短く容易であるので、女の仕事とか、子供の遊びと呼ばれるのはもっともである」（*SB,* 32）と言っている。また、女の仕事や子供の遊びは同一視されたりもするが、それはどちらもソルウェ・エト・コアグラという純化の過程を象徴しているからである。→ludus puerorum

worm　蠕虫

生命と死をもたらす水銀の水＊。変質作用を持つ秘薬。秘密の火＊。16 世紀及び

17 世紀において、「蠕虫」、「蛇」、「竜」は互換性がある言葉であったので、錬金術のテキストでは、「蛇」と「蠕虫」は同義語として用いられている。水銀の蠕虫は、棺としての容器の中で「石」の金属ないし質料（素材）の古い腐敗した肉体をむさぼり喰らい、プリマ・マテリア＊に還元する。蠕虫は、「石」の「肉体」を塵あるいは灰に還元する秘密の火を表す。ミヒャエル・マイアーの『逃げるアタランテ』のエンブレム 8 に付されたテクストでは、容器の中の腐敗した物質をむさぼり喰らう溶剤が、「鵜」（すなわちアレンビック）の腹の中にいる「蠕虫」と呼ばれている（96）。バシリウス・ヴァレンティヌスは、「プトレファクティオ〔腐敗〕は、多くの蠕虫に生命を与える」と述べている（*HM,* 1;340）。蛇のように、水銀の蠕虫は腐敗のすべてを食べ尽くす、むさぼり喰らう死の虫であると同時に、自らを育てる栄養物で錬金術の雛鳥、幼児の「石」を養育する生命の虫でもある（→cibation）。ヨーハン・アンドレーエによる、錬金術の容器の中にいる蠕虫のエンブレム（*BL* スローン手稿 2560）には、腐敗を喰らう蠕虫は、生成をもたらすという、広く知られた錬金術の格言ではじまる、ウィラノヴァのアルナルドゥスの詩が付されている（クロソウスキー・ド・ローラ『錬金術』*Alchemy,* 118-19）。

342

● Y

yellow, yellow stage　黄色、黄色化の段階　→citrinitas

● Z

zaibar　ザイバル
　哲学者の水銀＊。

zephyr　西風（ゼピュロス）
　蒸留と昇華の工程において、アレンビックの中に立ち上る水銀の蒸気。また、西風はアルベド＊の段階で達成される白い石＊を象徴する場合もある。ベン・ジョンソンの『錬金術師』で、サー・エピキュア・マモンはこの用語をサトルのふいご吹き、すなわち錬金術の火を吹いて燃え続けるようにしているフェイスを指すために用いている。「あの声は、彼の火を吹く竜、／彼の肺臓、西風の精、灰に息を吹きつける男だ」（2.1.26-7）。→wind, winnow

書 誌

Abraham Eleazar, 'Abraham Juif Prince... Livre des figures hieroglyphiques avec l'explanation des fables des Poetes, des misteres du christianisme; de la chimie, et de la Pharmacie suivant les nombres', University of Glasgow Library Ferguson MS 17

——*Uraltes Chymisches Werck,* Erfurt: Augustinus Crusius, 1735

Abraham, Lyndy, 'Alchemical reference in *Antony and Cleopatra', Sydney Studies in English* 8 (1982-3), 100-4

——'The Alchemical Republic: a reading of "An Horatian Ode"' (Michael Wilding 共著), in *Marvell and Liberty,* edited by Warren Chernaik and Martin Dzelzainius, London: Macmillan, 1998

——'The Australian crucible: alchemy in Marcus Clarke's *His Natural Life', Australian Literary Studies* 15 (1991-2), 38-55

——*Harriot's Gift to Arthur Dee: Literary Images from an Alchemical Manuscript,* The Thomas Harriot Society, no. 10, Cambridge and Durham, 1993

——'"The lovers and the tomb": alchemical emblems in Shakespeare, Donne and Marvell', *Emblematica; An Interdisciplinary Journal for Emblem Studies* 5 (1991), 301-20

——*Marvell and Alchemy,* Aldershot : Scolar Press, 1990

——'Milton's *Paradise Lost* and "the sounding alchymie"', *Renaissance Studies* 12 (1998), 261-76

——'Nabokov's alchemical *Pale Fire, Dutch Quarterly Review* 20(1990-2), 102-20

——'Weddings, funerals, and incest: alchemical emblems and Shakespeare's *Pericles, Prince of Tyre', Journal of English and Germanic Philology* 98.4 (1999), 523-49.

——(ed.), Arthur Dee, *Fasciculus chemicus* (1631), translated by Elias Ashmole (1650), New York: Garland, 1997

Abu'L-Qasim Muhammad Ibn Ahmad Al-Iraqi, *Book of Knowledge Acquired concerning the Cultivation of Gold,* translated from the Arabic and edited by E. J. Holmyard, Paris: Paul Geuthner, 1923

Ackroyd, Peter, *The House of Dr Dee,* London: Hamish Hamilton, 1993

Adams, Alison (ed.), *Emblems in Glasgow: A Collection of Essays drawing on the Stirling*

345

Maxwell collection in the Glasgow University Library, Glasgow: University of Glasgow French and German Publications, 1992

Agnelli, Giovanni Baptista, *A Revelation of the Secret Spirit declaring the most concealed secret of Alchymie,* translated by R. N. E., London: Henrie Skelton, 1623

Altus, *Mutus Liber* (1677), introduction and commentary by Jean Laplace (Bibliotheca Hermetica - XVI), Milan: Archè, 1979

Amis, Kingsley, *Stanley and the Women,* London: Hutchinson, 1984

Andreae, Johann Valentin, *Chymische Hochzeit,* Strasbourg: Lazarus Zetzner, 1616

——*The Hermetick Romance or the Chymical Wedding written in high Dutch by Christian Rosencreutz* (a translation by E. Foxcroft of *Chymische Hochzeit*), London: A. Sowle, 1690 (『化学の結婚』として広く知られている。また、テキストの参照頁はすべてこの版に拠る)(『化学の結婚 — 付・薔薇十字基本文書』種村季弘訳、紀伊國屋書店、1993 年)

Andrewes, Abraham, *The Hunting of the Greene Lyon,* in Elias Ashmole (ed.), *Theatrum chemicum Britannicum,* 278-90

Aquinas, Saint Thomas (attributed), *Aurora consurgens,* edited by Marie-Louise von Franz, London: Routledge and Kegan Paul, 1966

Arcanum (by Jean d'Espagnet), in Arthur Dee, *Fasciculus chemicus,* 155-268

Archelaos, 'Poem of the Philosopher Archelaos upon the Sacred Art' (AD 715-17), cited in C. A. Browne, 'Rhetorical and religious aspects of Greek alchemy', 134

Aristeus Pater, 'The Words of Father Aristeus to his Son, done out of the Scythian Character or Language into Latin Rhyme', British Library MS Sloane 3641, ff. 61v-63v; MS Sloane 2567, ff. 63r-68r, c. 1600 , (→Robert Schuler, *Alchemical Poetry 1575-1700,* 472-6)

Ars chemica quod sit licita exercentibus, probationes doctissimorum iurisconsultorum..., Strasbourg: Samuel Emmel, 1566

Artephius, *The Secret Book of Artephius* (1612), facsimile reprint, Largs: Banton, 1991

Artis auriferae quam chemiam vocant, 2 vols., Basel: Conrad Waldkirch, 1593

Ashmole, Elias, 'To my worthily honour'd William Backhouse Esquire Upon his adopting of me to be his Son' (1651), Bodleian Library MS Ashmole 36-7, ff. 241v-242r

——(ed.), *Theatrum chemicum Britannicum* (1652), facsimile reprint, New York and London: Johnson Reprint Corporation, 1967

——(ed. and trans.), Arthur Dee, *Fasciculus chemicus* (1631), London: Richard Mynne, 1650

346

(→Lyndy Abraham)

Ashmole MS 1420, Bodleian Library, Oxford

Ashmole MS 1788, Bodleian Library, Oxford

Atalanta fugiens   →   Michael Maier

Aubrey, John, *Brief Lives,* edited by A. Clarke, 2 vols., Oxford: Clarendon Press, 1898　（『名士小伝』樋口稔・小池銈訳、冨山房百科文庫 26、冨山房、1979 年）

Aurifontina chymica   →   John Frederick Houpreght

Aurora consurgens   →   Aquinas, Saint Thomas

Backhouse, William, 'The Magistery', in *Theatrum chemicum Britannicum,* edited by Elias Ashmole, 342-3

Backhouse, William (trans.), 'The Pleasant Founteine of Knowledge', by Jean de la Fontaine, Bodleian Library MS Ashmole 58, 1r-23r (in Robert Schuler, A*lchemical Poetry 1575-1700,* 66-122)

Bacon, Francis, *The Advancement of Learning* (1605), edited by Arthur J. Johnston, Oxford: Clarendon Press, 1974（『学問の進歩』服部英次郎・多田英次訳、岩波文庫、1974 年）

――*Apophthegms,* in *The Works of Francis Bacon,* edited by Basil Montague, 3 vols. London, 1823

Bacon, Roger, *The mirror of alchimy, composed by the thrice-famous and learned fryer,. .Also a most excellent and learned discourse of the admirable force and efficacie of Art and Nature written by the same author. With certain other worthie treatises of the like argument,* London: Richard Olive, 1597

――*The Mirror of Alchimy Composed by the Thrice-famous and Learned Fryer, Roger Bachon* (1597), edited by Stanton J. Linden, New York: Garland, 1992（テキストの参照頁はすべてこの版に拠っている）

Balzac, Honoré de, *The Quest of the Absolute* (1834), translated by Ellen Marriage, London: Macmillan, 1896（『「絶対」の探求』水野亮訳、岩波文庫、1939 年）

Bartas, Guillaume du, *The Divine Weeks and Works of Guillaume de Salustre Sieur du Bartas,* translated by Josuah Sylvester, edited by Susan Snyder, 2 vols., Oxford: Clarendon Press, 1979　（『フランス・ルネサンス文学集 2― 笑いと涙と』宮下志朗他編訳、白水社、2016 年）

Bath, Michacl, *Speaking Pictures: English Emblem Books and Renaissance Culture,* Medieval and Renaissance Library, London: Longman, 1994

'Benjamin Lock, His Picklock to Riply his Castle', Wellcome MS 436, Wellcome Institute for the History of Medicine

Benlowes, Edward, *Theophila or Loves' Sacrifice. A Divine Poem,* London: Henry Seile and Humphrey Moseley, 1652

Binns, J. W., *Intellectual Culture in Elizabethan and Jacobean England: The Latin Writings of the Age,* University of Leeds: Francis Cairns, 1990

Bonus of Ferrara, Petrus, *The New Pearl of Great Price* (1546), translated by A. E. Waite, London: Vincent Stuart, 1963

Brooks-Davies, Douglas, *The Mercurian Monarch,* Manchester University Press, 1983

Brown, Norman O., *Hermes the Thief,* New York: Vintage Books, 1969

Browne, C. A. 'Rhetorical and religious aspects of Greek alchemy', *Ambix* 2 (1946), 129-37

Browne, Sir Thomas, *Religio Medici and other Works,* edited by L. C. Martin, Oxford: Clarendon Press, 1964 　（『医師の信仰・壺葬論』生田省吾・宮本政正訳、松柏社、1998 年）

'Buch von Vunderverken' (Buch der Heiligen Dreifaltigkeit) (17 世紀), University of Glasgow Library, Ferguson MS 4

Bulman-May, James, 'Patrick White and Alchemy', unpublished Ph.D. thesis, University of Sydney, 1995

Burckhardt, Titus, *Alchemy,* Baltimore, Maryland: Penguin, 1971

Butler, Samuel, *Hudibras,* edited by John Wilders, Oxford: Clarendon Press, 1967

Calid, *The Booke of the Secrets of Alchimie, composed by Galid the sonne of Jazich,* in Roger Bacon, *The Mirror of Alchimy,* edited by Stanton J. Linden, 28-48

Canseliet, Eugene, *L'alchimie expliquée sur ses textes classiques,* Paris: Jean-Jacques Pauvert, 1972

Casaubon, Meric (ed.), *A True and Faithful Relation of what passed for many yeers Between Dr John Dee (A Mathematician of Great Fame in Q. Elizabeth and King James their Reignes) and Some Spirits,* London: T. Garthwait, 1659

Chalmers, Alexander, *English Poets*　→　William Warner

Chambers, Sir E. K., *William Shakespeare: A Study of Facts and Problems,* 2 vols., Oxford: Clarendon Press, 1930

Charnock, Thomas, 'The Breviary of Naturall Philosophy', in *Theatrum chemicum Britannicum,* edited by Elias Ashmole, 291-303

Chaucer, Geoffrey, *The Canon's Yeoman's Tale,* in *The Complete Works of Geoffrey Chaucer,*

edited by Walter W. Skeat, 6 vols., 1894, vol. 4, Oxford: Clarendon Press, 1940（『完訳カ
ンタベリー物語』（全3巻）訳、岩波文庫、1995年など）

Chou, Shu-Hua, 'Alchemical Explication of Three Renaissance Poetic Texts: Edmund Spenser's
The Faerie Queene Book I; Sir Walter Raleigh's *The Ocean to Scinthia;* and Michael
Drayton's *Endimion and Phoebe',* unpublished Ph. D. thesis, University of Manchester,
1996

*A Chymicall Dictionary explaining Hard Places and Words met withall in the Writings of
Paracelsus, and other obscure Authors,* in Michael Sendivogius, *A new Light of Alchymy,*
translated by J. F. M. D., London: Thomas Williams, 1650

Cirlot, Juan Eduardo, *A Dictionary of Symbols,* London: Routledge and Kegan Paul, 1962

Clarke, Lindsay, *The Chemical Wedding: A Romance,* London: Pan Books, 1990

Clarke, Marcus, *His Natural Life* (the serialized version), edited by Stephen Murray Smith,
Harmondsworth: Penguin Books, 1970

Cleveland, John, *The Poems of John Cleveland,* edited by Brian Morris and Eleanor Withington,
Oxford: Clarendon Press, 1967

Clucas, Stephen, 'Poetic atomism in seventeenth-century England: Henry More, Thomas
Traherne and "scientific imagination"', *Renaissance Studies* 5 (1991), 327-40.

——*Thomas Harriot and the Field of Knowledge in the English Renaissance,* The Thomas
Harriot Society, Oxford and Durham, 1994

Collectanea chymica, London: William Cooper, 1684

Collop, John, M. D., *Poesis Rediviva: or Poesie Reviv'd* (1656), facsimile reprint,Menston:Scolar
Press, 1972

Colson, Lancelot　→　*Philosophia maturata*

Cooper, J. C., *Chinese Alchemy,* Wellingborough: Aquarian Press, Northamptonshire, 1984

Cooper, William, *William Cooper's Catalogue of Chymicall Books*　→　Stanton J. Linden

'Coronatio naturae', University of Glasgow, Ferguson MS 208

'Coronatio naturae', University of Glasgow, Ferguson MS 230

Cowley, Abraham, *Poems,* London: Humphrey Moseley, 1656

Cradock, Edward, 'A Treatise Touching the Philosopher's Stone', Bodleian Library MS Ashmole
1445, item 6,1-25, c. 1575 (Bodleian MS Rawl. poet. 182 と校合した。刊本としては
→Robert Schuler, *Alchemical Poetry 1575-1700,* 3-48)

Crashaw, Richard, *The Poems of Richard Crashaw,* edited by L. C. Martin, Oxford: Clarendon

Press, 1951

Crosland, Maurice, P., *Historical Studies in the Language of Chemistry,* Cambridge, Massachusetts: Harvard University Press, 1962

The Crowning of Nature → Adam McLean

The Cultivation of Gold → Abu'L-Qasim

Davenant, Sir William, *The Shorter Poems, and Songs from the Plays and Masques,* edited by A.M. Gibbs, Oxford: Clarendon Press, 1972

Davies, H. Neville (ed.), *At Vacant Hours: Poems by Thomas St Nicholas and his Family,* Edgbaston, Birmingham: University of Birmingham Press 2002

Debus, Allen G., *The Chemical Philosophy. Paracelsian Science and Medicine in the Sixteenth and Seventeenth Centuries,* 2 vols., New York: Science History Publications, 1977 （『近代錬金術の歴史』川崎勝・大谷卓史訳、平凡社、1999 年）

――*Chemistry, Alchemy and the New Philosophy,* 1550-1700, London: Variorum Reprints, 1987

――*The English Paracelsians,* London: Oldbourne, 1965

――*Robert Fludd and his Philosophical Key,* New York: Science History Publications, 1979

――*Science, Medicine and Society in the Renaissance,* New York: Science History Publications, 1972

Debus, Allen G., and Ingrid Merkel (eds.), *Hermeticism and the Renaissance. Intellectual History and the Occult in Early Modern Europe,* Washington D. C.: The Folger Shakespeare Library, 1988

Dee, Arthur, 'Arca arcanorum', British Library Sloane MS 1876, ff. 1-83

――*Fasciculus chemicus,* Paris: Nicolas de la Vigne, 1631

――*Fasciculus chemicus and the Arcanum* (anon.), trans. James Hasolle (Elias Ashmole), London: Richard Mynne, 1650

――*Fasciculus chemicus* → Lyndy Abraham

Dee, John, *Monas hieroglyphica,* Antwerp: Guilielmus Silvius, 1564(→C.H.Josten)

――*The Private Diary of Dr John Dee and the Catalogue of his Library of Manuscripts,* edited by James Orchard Halliwell, London: The Camden Society, 1842

Dee, John → Roberts, Julian, and Andrew G. Watson

Dee, John → Casaubon, Meric

Dixon, Laurinda (ed.), *Nicolas Flamel: His Exposition of the Hieroglyphicall Figures* (1624), New York: Garland, 1996

Dobbs, Betty Jo Teeter, *The Foundations of Newton's Alchemy or The Hunting of the Greene Lyon,* Cambridge University Press, 1975 （『ニュートンの錬金術』寺島悦恩訳、平凡社、1995 年）

――*The Janus Faces of Genius: The Role of Alchemy in Newton's Thought,* Cambridge: Cambridge University Press, 1991 （『錬金術師ニュートン ― ヤヌス的天才の肖像』大谷隆昶訳、みすず書房、2000 年）

――'Newton's "Clavis": new evidence on its dating and significance', *Ambix* 29 (1982), 198-202

――'Newton's copy of *Secrets Reveal'd* and the regimen of the work', *Ambix* 26 (1979), 145-69

Donne, John, *The Complete English Poems,* edited by A. J. Smith, Harmondsworth: Penguin Books, 1971 （『ジョン・ダン全詩集』湯浅信之訳、名古屋大学出版会、1996 年：『エレジー・唄とソネット』（古典文庫）河村錠一郎訳、現代思潮社、1977 年など）

――*The Sermons of John Donne,* edited by George R. Potter and Evelyn M. Simpson, 10 vols., Berkeley and Los Angeles: University of California Press, 1953-62

Dorn, Gerhard, *Dictionarium Theophrasti Paracelsi,* Frankfurt: Christoff Rab, 1584

Drayton, Michael, *The Works of Michael Drayton,* edited by J. W. Hebel, Kathleen Tillotson and B. H. Newdigate, 5 vols., Oxford: Basil Blackwell, 1930-41

Dryden, John, *The Poems of John Dryden,* edited by James Kinsley, 4 vols., Oxford: Clarendon Press, 1958 （『世界名詩集大成第 9 巻 ― イギリス篇 (1)』（全 18 巻）加納秀夫他訳、平凡社、1959 年）

Duncan, Edgar H., 'The alchemy in Jonson's *Mercury Vindicated',* *Studies in Philology* 39 (1942), 625-37

――'Donne's Alchemical Figures', ELH 9 (1942), 257-85

――'The literature of alchemy and Chaucer's "Canon's Yeoman's Tale": framework, theme and characters', *Speculum* 43 (1968), 633-56

Dunstan, St → St Dunstan

Durrell, Lawrence, *The Alexandria Quartet,* London: Faber, 1962 （『アレクサンドリア四重奏』（全 4 巻）高松雄一訳、河出書房新社、1963-76）

Eamon, William, *Science and the Secrets of Nature,* Princeton University Press, 1994

Eglinus, Raphael Iconius, *An easie Introduction to the Philosophers Magical Gold; To which is added Zoroasters Cave; as also John Pontanus, Epistle upon the Mineral Fire; otherwise called, The Philosophers Stone,* edited by George Thor, London: Matthew Smelt, 1667

Eleazar, Abraham　→　Abraham Eleazar

Emerald Table, in Roger Bacon, *Mirror of Alchemy,* 16

Espagnet Jean d'　→　*Arcanum*

Evans, R. J. W., *Rudolf II and His World: A Study in Intellectual History 1576-1612,* Oxford: Clarendon Press, 1973　(『魔術の帝国 ── ルドルフ二世とその世界』(テオリア叢書) 中野春夫、平凡社、1988 年)

Fabricius, Johannes, *Alchemy.The Medieval Alchemists and their Royal Art,* Copenhagen: Rosenkilde and Bagger, 1976 (『錬金術の世界』大瀧啓裕訳、青土社、2016 年)

Ferguson, J., *Bibliotheca Chemica: A Catalogue of the Alchemical, Chemical and Pharmaceutical Books in the Collection of the late James Young of Kelley and Durris,* Glasgow, 1906

Ferguson MS 6 (無題、16 世紀), University of Glasgow Library

Ferguson MS 31 (無題、18 世紀), University of Glasgow Library

Ferguson MS 238 (無題、17 世紀), University of Glasgow Library

Ferguson MS 271 (無題、18 世紀), University of Glasgow

Ferne, Sir John, *The Blazon of Gentrie: Devided into two parts. The first named The Glorie of Generositie. The Lacyes Nobilitie,* London: Toby Cooke, 1586

Fevre, Nicaise Le, *A Discourse upon Sir Walter Rawleigh's Great Cordial,* trans. Peter Belon, London: Octavian Pulleyn, 1664

Five Treatises of the Philosophers' Stone ...By the paines and care of H. P., London: John Collins, 1652

Flamel, Nicolas, *His Exposition of the Hieroglyphicall Figures which he caused to bee painted upon the Arch in St Innocents Church-yard in Paris,* London: Thomas Walkley, 1624 (『象形寓意図の書／賢者の術概要』有田忠郎訳、『ヘルメス叢書』(全 7 巻) 1、白水社、1977 年)

──*Philosophical Summary,* in *Hermetic Museum,* 141-7

Flamel, Nicolas　→　Abraham Eleazar と Laurinda Dixon

Fludd, Robert, *Mosaicall Philosophy,* London: Humphrey Moseley, 1659

──'Truth's Golden Harrow'　→　C. H. Josten

Fludd, Robert　→　Allen G. Debus

Fontaine, Jean de la, *La fontaine des amoureux de science* (1413), translated by William Backhouse (1644), Bodleian Library MS Ashmole 58, 1r-23r (→Robert Schuler, *Alchemical poetry 1575-1700,* 83-122)

352

書誌

Forman, Simon, 'Compositor huius libri ad lectorem', Bodleian Library MS Ashmole 1472,6r-6v, 1597 (→Robert Schuler, *Alchemical Poetry 1575-1700,* 66-70)

──'Of the Division of Chaos', Bodleian Library MS Ashmole 240, 33r-35v, C. 1595 (→Robert Schuler, *Alchemical Poetry 1575-1700*, 56-60)

Fowler, Alastair   →   John Milton

Franz, Marie-Louise von   →   St Thomas Aquinas

French, Peter J., *John Dee: The World of an Elizabethan Magus,* London: Routledge and Kegan Paul, 1972　（『ジョン・ディー ── エリザベス朝の魔術師』（クリテリオン叢書）高橋誠訳、平凡社、1989 年）

The Fugger News-Letters (second series) Being a further selection from the Fugger papers specially referring to Queen Elizabeth and matters relating to England during the years 1586-1605, ed. V. von Klarwill, trans. L. R. R. Byrne, London: John Lane, the Bodley Head, 1926

Gautier, Théophile, *Romans et Contes,* in *Oeuvres de Théophile Gautier,* Paris: Alphonse Lemerre, 1897

Geber, *Liber fornacum,* in *Artis chemicae principes, Avicenna atque Geber,* Basel: Petrus Perna, 1572

Geber, *The Summa Perfectionis of pseudo-Geber,* edited and translated by William R. Newman, Collection des travaux de l'Academie internationale d'histoires des sciences, vol. 35, Leiden: E.J. Brill, 1991

Godwin, Joscelyn, *Robert Fludd,* London: Thames and Hudson, 1977　（『交響するイコン ── フラッドの神聖宇宙誌』吉村正和訳、平凡社、1987 年）

'The Golden Rotation', British Library, Sloane MS 1881

Gray, Ronald, *Goethe the Alchemist,* Cambridge University Press, 1952

Greer, Germaine, Susan Hastings, Jeslyn Medoff, Melinda Sansone (eds.), *Kissing the Rod: An Anthology of Seventeenth-Century Women's Verse,* London: Virago, 1988

Grossinger, Richard (ed.), *Alchemy: Pre-Egyptian Legacy, Millennial Promise,* Richmond, California: North Atlantic Books, 1979

Gunther, R. T., *Early Science in Oxford,* 13 vols., printed for the subscribers, Oxford, 1923

Hall, Joseph, *Virgidemiarum, Six Bookes. First three Bookes, of Toothlesss Satyrs. The three last Bookes, Of byting Satyrs,* London: Robert Dexter, 1597

Hartlib, Samuel, *Chymical, Medicinal and Chyrurgical Addresses, made to Samuel Hartlib,*

353

Esquire, London: Giles Calvert, 1655

Harvey, Gabriel, *The Works of Gabriel Harvey,* edited by Alexander B. Grosart, 3 vols., London: The Huth Library, 1884

Herbert, George, *The Works of George Herbert,* edited by F. E. Hutchinson, Oxford: Clarendon Press, 1941（『ジョージ・ハーバート詩集 ― 教会』鬼塚敬一訳、南雲堂、1986 年；『続ジョージ・ハーバート詩集 ― 教会のポーチ・闘う教会』鬼塚敬一訳・著、南雲堂、1997 年）

Hermes Trismegistus, *The Divine Pymander of Hermes Mercurius Trismegistus in XVII Books. Translated formerly out of the Arabick into Greek, and thence into Latin, and Dutch, and now out of the original into English; by that learned Divine Doctor Everard* (with a preface signed J. F.), London: T. Brewster and G. Moule, 1650

Hermes Trismegisti, Tractatus Aureus, in Salmon, *Medicina Practica,* 177-283

Thrice Great Hermes: Studies in Hellenistic Theosophy and Gnosis, the extant sermons and fragments of the Trismegistic literature translated by G. R. S. Mead (1906), York Beach, Maine: Samuel Weiser, 1992

Hermetic Museum (1678) edited by A. E. Waite (1893), York Beach, Maine: Samuel Weiser, 1991（同錬金術集成所収の『ラムスプリンクの書』*The Book of Lambspring* の邦訳としては、『賢者の石について／生ける潮の水先案内人』有田忠郎訳、『ヘルメス叢書』（全 7 巻）6、白水社、1993 年がある）

'Hermetick Raptures', British Library MS Sloane 3632, ff. 148-87V, c. 1700 (→Robert Schuler, *Alchemical Poetry 1575-1700,* 564-603)

Herrick, Robert, *The Poetical Works of Robert Herrick,* edited by L. C. Martin, Oxford: Clarendon Press, 1956　（『ヘリック詩鈔』森亮訳、岩波文庫、2007 年など）

Hodgson, Joan, *Astrology, the Sacred Science,* Liss, Hampshire: White Eagle Publishing Trust, 1978

Holmyard, E. J., *Alchemy,* Harmondsworth: Penguin Books, 1957　（『錬金術の歴史 ― 近代化学の起源』大沼正則監訳、朝倉書店、1996 年）

Hortulanus, *A Briefe Commentarie of Hortulanus the Philosopher, upon the Smaragdine Table of Hermes of Alchemy,* in Roger Bacon, *The Mirror of Alchimy,* 16-27

Houpreght, John Frederick, *Aurifontina chymica, or a Collection of Fourteen small Treatises Concerning the First matter of Philosophers, for the discovery of their (hitherto so much concealed) Mercury,* London: William Cooper, 1680

書 誌

Hughes, Ted, *Selected Poems 1957-1981,* London: Faber, 1982

The Hunting of the Greene Lyon, in Elias Ashmole (ed.), *Theatrum chemicum Britannicum,* 278-90

Hugo, Victor, *Notre-Dame de Paris* (1831) (trans. Boston: Estes and Lauriat, 1833), reprinted as *The Hunchback of Notre Dame,* Philadelphia: Running Press, 1995 （『ノートル゠ダム・ド・パリ』（全2巻）辻昶・松下和則訳、岩波文庫、2016年など）

Hutchinson, Lucy, *Memoirs of the Life of Colonel Hutchinson,* edited by N. H. Keeble, Everyman's Library, London: Dent, 1995

'Incipit tractatulus de phenice siue de Lapide philosophico', British Library Additional MS 11,388, Collection of Francis Thynne, Lancaster Herald 1564-1606 (サー・ジョージ・リプリーの「古歌」'Cantilena de lapide philosophico' としても知られる)

Johnson, Samuel, *The Rambler,* 16 July 1751

Johnson, William, *Lexicon Chymicum cum Obscuriorum Verborum et Rerum Hermeticum,* London: Guilielmus Nealand, 1652

Jones, Bassett, 'Lithochymicus, or a Discourse of a Chymic Stone praesented to the University of Oxford', British Library Sloane MS 315, ff. 1r-91v, c.1650 (→Robert Schuler, *Alchemical Poetry 1575-1700,* 227-358)

Jong, Heleen de, 'The Chymical Wedding in the tradition of alchemy', in *Das Erbe des Christian Rosenkreutz: Vorträge gehalten anläßlich des Amsterdamen Symposiums 18-20 November, 1968,* Amsterdam, 1988

Jong, Heleen de → Michael Maier

Jonson, Ben, *The Alchemist, in Ben Jonson,* edited by C. H. Herford and Percy Simpson, 11 vols., Oxford: Clarendon Press, 1937,5:273-408 　（『錬金術師』大場建治訳、『ベン・ジョンソン戯曲集』（全5巻）4、国書刊行会、1991年；『ヴォルポーネ・錬金術師』小田島雄志訳、『エリザベス朝演劇集』（全5巻）2、白水社、1996年）

——*Mercurie Vindicated from the Alchemists at Court,* in *Ben Jonson,* edited by C. H. Herford and Percy Simpson, 11 vols., Oxford: Clarendon Press, 1937, 7:407-18

Josten, C.H., *Elias Ashmole 1617-1692: His Autobiographical and Historical Notes, his Correspondence, and other Contemporary Sources Relating to his Life and Work,* Oxford: Clarendon Press, 1966

——'A translation of John Dee's *Monas hieroglyphica* (Antwerp, 1564), with an Introduction and Annotations', *Ambix* 12 (1964), 84-219

—— 'Truth's Golden Harrow: an unpublished alchemical treatise of Robert Fludd in the Bodle-

355

ian Library', *Ambix* 3 (1949), 91-150

Jung, C. G., *Alchemical Studies,* (1942-57), trans. R.F.C. Hull, Princeton University Press, 1967, 1983

――*Mysterium Coniunctionis,* (1955-6), trans. R.F.C. Hull, London: Routledge and Kegan Paul, 1963 （『結合の神秘』（全 2 巻）池田紘一訳、人文書院、1995-2005 年）

――*Psychology and Alchemy,* (1944), trans. R. F. C. Hull, London: Routledge and Kegan Paul, 1953, 1989 （『心理学と錬金術』（全 2 巻）池田紘一訳、人文書院、1976 年）

Karpenko, Vladimir, 'Christoph Bergner: the last Prague alchemist', *Ambix* 37 (1990), 116-20

Kelly, Edward, 'Exposition of Ripley's Compound', British Library MS Sloane 3631, ff. 51-63

――*Tractatus Duo egregii, de Lapide Philosophorum, una cum Theatro Astronomiae Terrestri,* Hamburg: Gothofredus Schultz, 1676

――*Two excellent Treatises on the Philosophers Stone together with the Theatre of Terrestrial Astronomy* (1676), edited and translated by A. E. Waite (1893), Largs: Banton Press, 1991

Kelly, L. G.　→　Basil Valentine

Khalid　→　Calid

King, Henry, *The Poems of Henry King,* ed. Margaret Crum, Oxford: Clarendon Press, 1965

Klossowski de Rola, Stanislas, *Alchemy: The Secret Art,* London: Thames and Hudson, 1973 （『錬金術 — 精神変容の術』種村季弘・松本夏樹訳、平凡社、2013 年）

――*The Golden Game: Alchemical Engravings of the Seventeenth Century,* London: Thames and Hudson, 1988 （『錬金術図像大全』磯田富夫・松本夏樹訳、平凡社、1993 年）

Lachrymae Musarum: The Tears of the Muses; Written by divers persons of Nobility and Worth, Upon the Death of the most hopefull, Henry Lord Hastings, London: Thomas Newcomb, 1649

Lambye, Baptista　→　Giovanni Baptista Agnelli

Le Fevre, Nicaise　→　Fevre

Lennep, Jacques van, *Alchimie: Contribution à l'histoire de l'art alchimique,* Brussels: Crédit Communal de Belgique, 1985

'Liber patris sapientiae', in Elias Ashmole (ed.), *Theatrum chemicum Britannicum,* 194-209

Linden, Stanton J., 'Alchemy and eschatology in seventeenth century poetry', *Ambix 31* (1984), 102-24

――*Darke Hieroglyphicks: Alchemy in English Literature from Chaucer to the Restoration,* Lexington: University of Kentucky Press, 1996

——(ed.), *William Cooper's Catalogue of Chymicall Books (London 1673,1675, 1688): A Verified Edition,* New York: Garland, 1987

Linden, Stanton J. → Roger Bacon

Lindsay, Jack, *The Origins of Alchemy in Graeco-Roman Egypt,* London: Frederick Muller, 1970

Lock, Benjamin → 'Benjamin Lock His Picklock to Riply his Castle'

Lock, Humphrey, 'Treatise on alchemy', Ferguson MS 216, Glasgow University Library

Lodge, Thomas, *The Complete Works of Thomas Lodge,* edited by Sir Edmund Gosse, 4 vols., Glasgow: The Hunterian Club, 1883

Luther, Martin, *The Table Talk of Martin Luther,* trans. William Hazlitt, London: Bell, 1902 （『卓上語録』植田兼義訳、教文館、2003 年）

Lydgate, John, 'Translation of the second Epistle that King Alexander sent to his Master Aristotle' or 'Secreta Secretorum', in Elias Ashmole (ed.), *Theatrum chemicum Britannicum,* 397-403

Lyly John, *The Complete Works of John Lyly,* edited by R. Warwick Bond, 3 vols., Oxford: Clarendon Press, 1967 （『ジョン・リリー喜劇全集』松本辰次郎訳、エルピス、1997 年：『ガラテア』小池則子訳、『ジョン・リリー戯曲選集』2、早稲田大学事業部、2001 年など）

McLean, Adam, *The Alchemical Mandala,* Hermetic Research Series no. 3, Grand Rapids: Phanes Press, 1989

McLean, Adam (ed.), *The Alchemical Engravings of Mylius,* translated by Patricia Tahil, Edinburgh: Magnum Opus Hermetic Sourceworks, 1984

——(ed.)*The Crowning of Nature: The Doctrine of the Chief Medicine Explained in Sixty Seven Hieroglyphicks*, Tysoe, Warwickshire: Magnum Opus Hermetic Sourceworks, 1980

——(ed.) *The Rosary of the Philosophers* (1550), Edinburgh: Magnum Opus Hermetic Sourceworks, 1980

Maier, Michael, *Atalanta fugiens* (1617), edited by H. M. E. de Jong, Leiden: E. J. Brill, 1969

——*Lusus Serius: or Serious Passe-time, A Philosophical Discourse concerning the Superiority of Creatures under Man,* London: Humphrey Moseley and Thomas Heath, 1654

——*Symbola aureae mensae,* Frankfurt: Lucas Jennis, 1617

Maria Prophetissa, 'Excerpts from the dialogue of Maria the Prophetess, the sister of Moses and Aron... with a certain philosopher named Aros', trans. Raphael Patai, 'Maria the Jewess - founding mother of alchemy', *Ambix* 29 (1982), 192

Marlowe, Christopher, *The Complete Plays,* edited by J. B. Steane (1969), Harmondsworth: Penguin Books, 1986　(『マルタ島のユダヤ人・フォースタス博士』小田島雄志訳、『エリザベス朝演劇集』1、白水社、1995 年)

The Marrow of Alchemy　→　Philalethes

Martels, Z. R. W. M. von (ed.), *Alchemy Revisited: Proceedings of the International Conference on the History of Alchemy at the University of Groningen 17-19 April, 1989,* Leiden: E. J. Brill, 1990

Marvell, Andrew, *Miscellaneous Poems* (1681), facsimile reprint, Menston : Scolar Press, 1969

――*The Poems and Letters of Andrew Marvell,* edited by H. M. Margoliouth, third edition, revised by Pierre Legouis with the collaboration of E. E. Duncan-Jones, 2 vols., Oxford: Clarendon Press, 1971　(『マーヴェル詩集―英語詩全訳』吉村伸夫訳、山口書店、1989 年;『アンドルー・マーヴェル詩集』星野徹訳、思潮社、1989 年)

――*The Works of Andrew Marvell,* edited by Thomas Cooke, London: E. Curll, 1726

Mazzeo, J. A., 'Notes on John Donne's alchemical imagery', in Mazzeo, *Renaissance and Seventeenth Century Studies,* 60-8

――*Renaissance and Seventeenth Century Studies*, New York: Columbia University Press, 1964

Mead, G. R. S.　→　Hermes Trismegistus

Medicina practica　→　William Salmon

Mendelsohn, J. Andrew, 'Alchemy and politics in England 1649-1665', *Past and Present* 135 (May 1992), 30-78

Merkel, Ingrid　→　Allen G, Debus

Meun, Jean de (pseud.), 'The Alchimyst's Answere to Nature', translated by William Backhouse (1644), Bodleian Library MS Ashmole 58, ff. 50r-67r, c. 1500 (→Robert Schuler, *Alchemical Poetry 1575-1700,* 171-93)

――'Planctus Naturae: The Complaint of Nature against the Erronious Alchymist', translated by William Backhouse (1644) Bodleian Library MS Ashmole 58, ff. 27r-48v, c. 1500 (→Robert Schuler, *Alchemcal Poetry 1575-1700,* 133-59)

Milton, John, *John Milton: Complete Poems, Of Education, Areopagitica,* edited by Gordon Campbell, Everyman, London and New York: Dent, 1993　(『ミルトン英詩全訳集』(全2 巻) 宮西光雄訳、金星堂、1983 年)

――*Paradise Lost,* edited by Alastair Fowler (1971), London and New York: Longman, 1991 (『楽園の喪失』新井明訳、大修館書店、1978 年;『失楽園』(全 2 巻) 平井正穂訳、

書誌

岩波文庫、1981 年）

Mödersheim, Sabine, 'Mater et Matrix. Michael Maiers alchimistische Sinnbilder der Mutter', in *Mutter und Mütterlichkeit. Wandel und Wirksamkeit einer Phantasie in der deutschen Literatur.* Festschrift für Verena Ehrich-Haefeli, herausgegeben von Irmgard Roebling und Wolfram Mauser, Würzburg: Verlag Koenigshausen und Neumann, 1996

Moran, Bruce, *The Alchemical World of the German Court: Occult Philosophy and Chemical Medicine in the Circle of Moritz of Hessen,* Stuttgart: Franz Steiner, 1991

More, Henry, *The Second Lash of Alazonomastix,* Cambridge, 1651

Morienus, *A Testament of Alchemy,* edited and translated by Lee Stavenhagen, Hanover, New Hampshire: University Press of New England, 1974

Musgrove, S., 'Herrick's alchemical vocabulary', *Aumla* 46 (1976), 240-65

Mylius, Johann, *Basilica philosophica,* in *Opus medico-chymicium: continens tres tractatus, sive basilicas: quorum prior inscribitur Basilica medica. Secundus Basilica chymica. Tertius Basilica philosophica,* Frankfurt: Lucas Jennis, 1618-20

——*Philosophia reformata,* Frankfurt: Lucas Jennis, 1622

Mylius, Johann　　→　Adam McLean

Nabokov, Vladimir, *Pale Fire*, New York: Putnam, 1962　（『青白い炎』富士川義之訳、岩波文庫、2014 年）

Nashe, Thomas, *Strange Newes, Of the intercepting certaine Letters, and a Convoy of Verses, as they were going Privilie to Victuall the Low Countries* (1592), in *The Works of Thomas Nashe,* edited by Ronald B. Mc Kerrow, 5 vols., London, 1904, vol. 1

Newman, William R., *Gehennical Fire: The Lives of George Starkey, an American Alchemist in the Scientific Revolution,* Cambridge, Massachusetts: Harvard University Press, 1994

——'Prophecy and alchemy: the origin of Eirenaeus Philaethes', *Ambix* 37 (1990), 97-115

Newman, William　　→　Geber

Newton, Isaac, '*Commentarium* on the *Emerald Tablet*', Keynes MS 28, King's College, Cambridge. →　Betty Jo Teeter Dobbs, *The Janus Faces of Genius,* 275-7

——'Out of La Lumière sortant des Tenebres', Yahuda MS Var. 1, Newton MS 30, Jewish National and University Library Jerusalem, and Babson MS 414B, The Sir Isaac Newton Collection, Babson College Archives, Babson Park, Massachusetts　→　Betty Jo Teeter Dobbs, *The Janus Faces of Genius,* 280-7

——'Praxis', Babson MS 420, part, The Isaac Newton Collection, Babson College Archives,

359

Babson Park, Massachusetts → Betty Jo Teeter Dobbs, *The Janus Faces of Genius,* 296-305（なお、'On the Nature of Acids' の邦訳としては、『酢の本性について』吉本秀之訳、池上俊一監修『原典ルネサンス自然学』（全2巻）下、名古屋大学出版会、2017年がある）

──'Sententiae notabilis' → F. Sherwood Taylor, 'An alchemical work by Sir Isaac Newton'

Nicholl, Charles, *The Chemical Theatre,* London: Routledge and Kegan Paul, 1980

──*The Creature in the Map: A Journey to Eldorado,* New York: William Morrow, 1995

Norton, Samuel, *Alchymiae Complementum et perfectio,* Casparius Rotelius, Frankfurt: Guilielmus Fitzerius, 1630

Norton, Thomas, *Ordinal of Alchemy,* edited by John Reidy, Early English Text Society, London: Oxford University Press, 1975（『伝トマス・ノートン・錬金術式目』大橋喜之訳、池上俊一監修『原典ルネサンス自然学』（全2巻）下、名古屋大学出版会、2017年）

──*The Ordinall of Alchimy,* in Elias Ashmole (ed.), *Theatrum chemicum Britannicum,* 2-106

Ovid (Publius Ovidius Naso), *Metamorphoses,* translated by Frank Justus Miller, 2 vols., Loeb Classical Library, London: William Heinemann, 1977 （『変身物語』（全2巻）中村善也訳、岩波文庫、1981-84年など）

Paracelsus (Theophrastus Bombastus von Hohenheim), *His Aurora and Treasure of the Philosophers,* London: Giles Calvert, 1659

──*The Hermetic and Alchemical writings of Aureolus Philippus Theophrastus Bombast of Hohenheim, called Paracelsus the Great,* translated by A. E. Waite (1894), 2 vols., London: Watkins, 1924

──*Nine Books of the Nature of Things* → Michael Sendivogius, *A New Light of Alchymie,* 1-145

──*Paracelsus his Archidoxis: comprised in ten books,* translated by J. H. Oxon, London: printed for W. S. 1661 （『アルキドクセン』由井寅子日本語監修、澤元亙訳、ホメオパシー出版、2013年）

──*Paracelsus: Selected Writings,* edited by Jolande Jacobi, translated by Norbert Guterman, Bollingen Series XXVIII, Princeton, New Jersey, 1951 （『パラケルスス ― 自然の光』大橋博司訳、人文書院、1984年）

Patai, Raphael, *The Jewish Alchemists: A History and Source Book,* Princeton University Press, 1994

——'Maria the Jewess-founding mother of alchemy', *Ambix* 29 (1982), 177-97

Pearce the Black Monke upon the Elixir, in Elias Ashmole (ed.), *Theatrum chemicum Britannicum,* 269-74

Pernety, A. J ., *Dictionnaire Mytho-Hermetique* (1758), facsimile reprint, Milan: Arché, 1971

——*Les Fables Egyptiennes et Grecques* (1758), 2 vols., facsimile reprint, Milan: Arché, 1971

Philalethes, Eirenaeus, *Ripley Reviv'd: or an Exposition upon Sir George Ripley's Hermetico-Poetical Works,* London: William Cooper, 1678

——*The Three Treatises: The metamorphosis of Metals; A Short Vade Mecum to the Celestial Ruby; The Fount of Chemical Truth,* in *Hermetic Museum,* 227-69

——Cosmopolita, *Secrets Reveal'd: or an Open Entrance to the Shut-Palace of the King,* London: William Cooper, 1669

——Philoponos, *The Marrow of Alchemy, Being an Experimental Treatise discovering the secret and most hidden Mystery of the Philosophers Elixir,* London: Edward Brewster, 1654

Philalethes, Eugenius (pseudonym)　→　Thomas Vaughan

Phillips, Edward, *The New World of English Words,* London: Nathaniel Brooke, 1658

The Philosopher's Stone in *Collectanea Chymica,* 90-110

Philosophia maturata: an Exact Piece of Philosophy containing the Practick and Operatives part thereof in gaining the Philosophers Stone, published by Lancelot Colson, London: G. Sawbridge, 1662

Piccolini, Sabina and Rosario, *La Biblioteca degli Alchimisti,* Padua: Franco Muzzio Editore, 1996

Pontanus, John, *The Epistle of John Pontanus,* in Nicolas Flamel, *His Exposition of the Hieroglyphicall Figures,* 237-47

——*Epistle upon the Mineral Fire; otherwise called, The Philosophers Stone,* in Raphael Iconius Eglinus, *An Easie Introduction to the Philosophers Magical Gold,* 92-6

Pope, Alexander, *Alexander Pope,* edited by Pat Rogers, Oxford University Press, 1993　(『人間論』上田勤訳、岩波文庫、1950 年など)

Porta, Giovanni Baptista della, *De distillatione Lib IX*, Rome: Rev. Camera Apostolica, 1608

Powell, Anthony, *Temporary Kings,* London: Heinemann, 1973

'Praetiosum Donum Dei' (16 世紀), University of Glasgow Library, Ferguson MS 148

Pritchard, Alan, *Alchemy: A Bibliography of English-Language Writings,* London: Routledge and Kegan Paul, 1980

Rabelais, François, *Gargantua and Pantagruel* (1532), translated by J. M. Cohen, Harmondsworth: Penguin Books, 1995（『ガルガンチュアとパンタグリュエルの物語』（全5巻）渡辺一夫訳、岩波文庫、1974-1975 年；『ガルガンチュアとパンタグリュエル』（全5巻）宮下志朗訳、ちくま文庫、2005-2012 年）

Raleigh, Sir Walter, *The History of the World* (1614), in *The Works of Sir Walter Ralegh,* edited by William Oldys, 8 vols., Oxford University Press, 1829

Rattansi, P. M., 'Alchemy and natural magic in Raleigh's *History of the World', Ambix* 13 (1965), 122-38

――'The Helmontian-Galenist controversy in Restoration England', *Ambix* 12 (1964), 1-23

――'Paracelsus and the puritan revolution', *Ambix* 11 (1963), 24-32

Read, John, *The Alchemist in Life, Literature and Art*, London: Nelson, 1947

――*Prelude to Chemistry,* London: Bell, 1936

――*Through Alchemy to Chemistry,* London: Bell, 1957

Regardie, Israel, *The Philosopher's Stone,* St Paul, Minnesota: Llewellyn Publications, 1970

Ripley, Sir George, *The Bosome Book of Sir George Ripley,* in *Collectanea chymica,* 101-24

――'Cantilena'   →   'Incipit tractatulus de phenice sive de Lapide philosophico', and F. Sherwood Taylor, 'George Ripley's Song'

――*The Compound of Alchymie* (1591) in Elias Ashmole (ed.), *Theatrum chemicum Britannicum,* 107-93

――'Emblematicall Scrowle', Ashm. Rolls 53 A. 1530 and 52. A. 1535, Bodleian Library

――'Emblematicall Scrowle', British Library, Additional MS 5025

――*Verses belonging to an Emblematicall Scrowle,* in Elias Ashmole (ed.), *Theatrum chemicum Britannicum,* 375-9

――'The Vision of Sr: George Ripley', in Elias Ashmole (ed.), *Theatrum chemicum Britannicum,* 374

Ripley, Sir George   →   Eirenaeus Philalethes, *Ripley Reviv'd*

Roberts Julian, and Andrew G. Watson (eds.) *John Dee's Library Catalogue,* London: The Bibliographical Society, 1990

Roberts, Gareth, *The Mirror of Alchemy: Alchemical Ideas and Images in Manuscripts and Books from Antiquity to the Seventeenth Century,* London: The British Library, 1994 （『錬金術の鏡』目羅公和訳、東洋書林、1999 年）

Rosarium philosophorum, in *De Alchimia opuscula complura veterum philosophorum...*

Rosarium philosophorum Secunda pars alchimiae de lapide philosophico vero modo praeparando, Frankfurt: Cyriacus Jacobus, 1550

The Rosary of the Philosophers → Adam McLean

Rosenberg, Bruce A., '*Annus Mirabilis* distilled', *PMLA* 79 (1964), 254-8

Rosencreutz, Christian (pseudonym) → Johann Valentin Andreae

Rousseau, Jean-Jacques, *The Confessions* (1781), translated by J. M. Cohen, Harmondsworth: Penguin Books, 1953 （『告白』（全 3 巻）桑原武夫訳、岩波文庫、1965-66 年）

Rudrum, Alan → Thomas Vaughan

Ruland, Martin, *Lexicon alchemiae, sive Dictionarium alchemisticum,* Frankfurt: Palthenus, 1612

――*A Lexicon of Alchemy* (1612), translated by A. E. Waite (1893), London: John Watkins, 1964（テキストの参照頁はすべてこの版に拠る）

St Dunstan, *Dunstan of the Stone of the Philosophers; with the Experiments of Rumelius of* New-Market, in *Philosophia maturata,* 82-92

――'A Treatise of the most great Lord and Philosoph: Dunstan, Bishop of Canterbury: Concerning the Philosopher's Stone', University of Glasgow, Ferguson MS 9

St Nicholas, Thomas → H. Neville Davies

Salmon, Guillaume, *Dictionaire Hermetique* (1695), facsimile reprint, Paris: Gutenberg Reprints, 1979

Salmon, William, *Medicina Practica with the Clavis Alchymiae,* London: John Harris and Thomas Howkins, 1692

Sandys, George, *A Relation of a Iourney begun An: Dom: 1610. Foure Books. Containing a description of the Turkish Empire, of Aegypt, of the Holy Land, of the Remote parts of Italy, and Ilands adioyning* (1615), facsmile reprint, Amsterdam: Theatrum Orbis Terrarum, 1973

Sawtre, John, *The booke... concerning the Philosophers Stone,* in *FiveTreatises of the Philosopher's Stone.., By the paines and care of H. P.,* London: John Collins, 1652,17-46

Schuler, Robert M., 'Some spiritual alchemies of seventeenth century England', *Journal of the History of Ideas* 41 (1980), 293-318

――'William Blomfild, Elizabethan alchemist', *Ambix* 20 (1973), 75-87

Schuler, Robert M. (ed.), *Alchemical Poetry 1575-1700 from Previously Unpublished Manuscripts,* New York: Garland, 1995

――*Three Renaissance Scientific Poems,* Texts and Studies, *Studies in Philology* 75(1978)

——'Secrets Disclosed', University of Glasgow, Ferguson MS 238

Sendivogius, Michael, 'A Dialogue of the Allchymist and Sulphur', British Library MS Sloane 3637, ff. 81r-93v, c. 1610 (→Robert Schuler, *Alchemical Poetry 1575-1700,* 514-31)

——*A New Light of Alchymie* (→Paracelsus, *Nine Books of the Nature of Things,* 1-145), translated by J. F. M. D., London: Thomas Williams, 1650

——'The Philosophicall Aenigma', British Library MS Sloane 3637, ff. 71r-80r, c. 1610 (→Robert Schuler, *Alchemical Poetry 1575-1700,* 496-507)

Shakespeare, William, *Shakespeare's Sonnets,* edited by Stephen Booth, New Haven: Yale University Press, 1977（『シェイクスピアのソネット — 愛の虚構』田村一郎他訳・著、文理書院、1975 年；『ソネット集』高松雄一訳、岩波文庫、1986 年；『ソネット集と恋人の嘆き』岩崎宗治訳、国文社、2015 年など）

——*William Shakespeare: The Complete Works,* edited by Stanley Wells and Gary Taylor, Oxford: Clarendon Press, 1988　（『シェイクスピア全集』（全 7 巻）小田島雄志訳、白水社、1973-1980 年など）

Shirley, John W., 'The scientific experiments of Sir Walter Ralegh, the Wizard Earl, and the Three Magi in the Tower 1603-17', *Ambix* 4 (1949-51), 52-66

Shumaker, Wayne, *Natural Magic and Modern Science: Four Treatises1590-1657,* Medieval and Renaissance Texts and Studies, vol. 63, New York, Binghamton: MRTS, 1989

——*The Occult Sciences in the Renaissance: A Study in Intellectual Patterns,* Berkeley: University of California Press, 1972　（『ルネサンスのオカルト学』（クリテリオン叢書）田口清一訳、平凡社、1987 年）

Sidney, Sir Philip, *Selected Poems*, edited by Katharine Duncan-Jones, Oxford: Clarendon Press, 1973（『アストロフェルとステラ — 付・サーティン・ソネッツ』大塚定徳・他訳、篠崎書林、1979 年；『シドニーの詩集・詩論・牧歌劇』大塚定徳・村里好俊訳・著、大塚定徳・村里好俊訳・著『シドニー作品集』（全 4 巻）1、大阪教育図書、2016 年）

Singer, Dorothy Waley, *Catalogue of Latin and Vernacular Manuscripts in Great Britain and Ireland dating from before the XVI Century,* 3 vols., Brussels: Union Académique Internationale, 1928-31

Sirc, Susan, 'Emblematic and alchemical imagery in Goethe's poems "Auf dem See" and "Herbstgefühl", in Alison Adams (ed.), *Emblems in Glasgow,* 134-61

The Six Keys of Eudoxus, in Israel Regardie, *The Philosopher's Stone*

Skea, Ann, *Ted Hughes: The Poetic Quest,* Armidale: University of New England Press, 1994

Sloane MS 3631, British Library (「古代の哲学者から秘密にされてきたかの術を先の2つの書で明らかにした」という言葉ではじまる著者不詳の論文)

Smith, Charlotte Fell, *John Dee (1527-1608),* London: Constable, 1909

Smith, Pamela H., *The Business of Alchemy,* Princeton University Press, 1994

Spenser, Edmund, *The Works of Edmund Spenser: A Variorum Edition,* edited by Edwin Green-law, F. M. Padelford, C. G. Osgood *et al.,* 10 vols., Baltimore: Johns Hopkins University Press, 1932-57　(『妖精の女王』和田勇一・福田昇八訳、筑摩書房、1994 年；『スペンサー詩集』和田勇一・他訳、九州大学出版会、2007 年など)

Srigley, Michael, *Images of Regeneration: A Study of Shakespeare's 'The Tempest' and its Cultural Background,* Acta Universitatis Upsaliensis, Uppsala: Studia Anglistica Upsaliensia 58, 1985

Stolcius, Daniel, *Viridarium chimicum* (1624), translated into French with a commentary by Bernard Husson, Paris: Librairie de Médicis, 1975

Synesius, *The true book of the Learned Synesius a Greek Abbot taken out of the Emperour's Library, concerning the Philosopher's Stone,* in Basil Valentine, *His Triumphant chariot of antimony,* 161-76

Taylor, F. Sherwood, 'An alchemical work of Sir Isaac Newton', *Ambix* 5 (1956), 59-84

――*The Alchemists: Founders of Modern Chemistry* (1951), St Albans: Paladin, 1976　(『錬金術師 ― 近代化学の創設者たち』平田寛・大槻真一郎訳、人文書院、1978 年)

――'George Ripley's Song', *Ambix* 2 (3-4), 1946, 177-81 (→ Sir George Ripley, 'Cantilena')

Theatrum chemicum, Strasbourg: Lazarus Zetzner, vols. 1-4, 1659, vol. 5, 1660; vol. 6, 1661

Theatrum chemicum Britannicum　→　Elias Ashmole

Thorndike, Lynn, *A History of Magic and Experimental Science,* 8 vols., New York: Columbia University Press, 1923-58

Thynne, Francis　→　'Incipit tractatulus de phenice sive de Lapide philosophico'

Topsell, Edward, *The Historie of Foure-Footed Beastes*, London: William Jaggard, 1607

Trevisan, Bernard, 'The Fourth Part of the Book of Bernard, Count of Marchia Trevisana, of the Practise of the Philosophick Stone', British Library MS Sloane 3641, ff. 29r-34r, ?fifteenth century (Robert Schuler, *Alchemical Poetry 1575-1700,* 446-58)

――*A Singular Treatise of Bernard Count Trevisan concerning the Philosophers Stone,* in *Collectanea chymica*

Trismosin, Salomon, *Aureum vellus oder Guldin Schatz und Kunstkammer,* Rorschach am Bodensee, 1598

——*Splendor Solis* (1582), London: Kegan Paul, Trench and Trubner, 1920

The Turba Philosophorum or Assembly of the Sages (10 世紀アラビア語文献), translated by A. E. Waite (1896), New York: Samuel Weiser, 1973

Turner, James, *The Politics of Landscape: Rural Scenery and Society in English Poetry 1630-1660,* Oxford: Basil Blackwell, 1979

Tymme, Thomas, *A Light in Darkness which illumineth for all the 'Monas hieroglyphica' of the famous and profound Dr John Dee, discovering Natures closet and revealing the true Christian secrets of Alchimy,* Oxford: New Bodleian Library, 1963

Valentine, Basil, *Azoth,* Paris, 1624

——*Practica, withe Twelve Keys,* in *Hermetic Museum,* ed A. E. Waite, I, 316-57

——*His Triumphant Chariot of Antimony ... with the true book of the learned Synesius,* with Annotations of Theodore Kirkringius (1678), edited by L. G. Kelly, New York: Garland, 1991

Vaughan, Henry, *The Works of Henry Vaughan,* edited by L. C. Martin, 2 vols., Oxford: Clarendon Press, 1914 （『ヘンリー・ヴォーン詩集 — 光と平安を求めて』吉中孝志訳・注、広島大学出版会、2006 年）

Vaughan, Thomas, *The Works of Thomas Vaughan,* edited by Alan Rudrum, Oxford: Clarendon Press, 1984

——*The Works of Thomas Vaughan,* edited by A. E. Waite, N ew York: University Books, 1969

Ventura, Laurentius, *De ratione conficiendi lapidis,* in *Theatrum chemicum,* 2:215-312

Vickers, Brian (ed.), *Occult and Scientific Mentalities in the Renaissance,* Cambridge University Press, 1984

'Visio Arislei', in *Artis auriferae,* 1:146-54

Vitruvius, *Ten Books on Architecture,* translated by Morris Hicky Morgan (1914), New York: Dover, 1960 （『ウィトルーウィウス建築書』（東海大学古典叢書）森田慶一訳、東海大学出版会、1969 年）

Vreeswijk, Goossen van, *De Goude Leeuw, of den Asijn der Wysen,* Amsterdam: printed for the author, 1675

——*De Goude Son*, Amsterdam: printed for the author, 1675

Waite, A. E. → *Hermetic Museum;* Edward Kelly, *Two excellent Treatises;* Martin Ruland, *A Lexicon of Alchemy;* Paracelsus, *The Hermetic and alchemical Writings of Paracelsus;*

Turba philosophorum; Thomas Vaughan, *The Works of Thomas Vaughan*

Warner, William, *Albion's England,* in Alexander Chalmers (ed.), *The Works of the English Poets, from Chaucer to Cowper,* 21 vols., London: J. Johnson, 1810

Westfall, Richard S., 'Alchemy in Newton's library', *Ambix* 31 (1984), 97-101

――'Isaac Newton's Index Chemicus', *Ambix* 22 (1975), 174-85

――*Never at Rest. A Biography of Isaac Newton,* Cambridge University Press, 1980

White, David Gordon, *The Alchemical Body; Siddha Traditions in Medieval India,* Chicago: University of Chicago Press, 1996

Wilding, Michael, *Aspects of the Dying Process,* St Lucia: University of Queensland Press, 1972

――*This is for You,* Sydney: Angus and Robertson, 1994

Willard, Thomas, 'Alchemy and the Bible', in *Centre and Labyrinth; Essays in Honour of Northrop Frye,* ed. Eleanor Cook *et al.*, Toronto: University of Toronto Press, 1983,115-27

Wither, George, *A Sudden Flash* (London, 1657) (Hazlitt no. 63), in *Miscellaneous Works of George Wither,* Publications of the Spenser Society, Issue no. 13, vol. 2, printed for the Spenser Society, 1872

Wodehouse, P. G., *The Heart of a Goof* (1926), Harmondsworth: Penguin Books, 1988 （『ゴルきちの心情』古賀正義訳、青土社、1983 年）

――*Thank You, Jeeves!,* London: Four Square, 1963 （『サンキュー、ジーヴス』（ウッドハウス・コレクション）森村たまき訳、国書刊行会、2006 年）

Yates, Frances, *Giordano Bruno and the Hermetic Tradition,* London: Routledge and Kegan Paul, 1964 （『ジョルダーノ・ブルーノとヘルメス教の伝統』前田佳彦訳、工作舎、2010 年）

――*The Occult Philosophy in the Elizabethan Age,* London: Routledge and Kegan Paul, 1979 （『魔術的ルネサンス ― エリザベス朝のオカルト哲学』内藤健二訳、晶文社、1984 年）

――*The Rosicrucian Enlightenment* (1972), St Albans: Paladin, 1975 （『薔薇十字の覚醒 ― 隠されたヨーロッパ精神史』山下知夫訳、工作舎、1986 年）

Yourcenar, Marguerite, *The Abyss,* New York: Farrar, Straus and Giroux, 1976 （『黒の過程』岩崎力訳、白水社、2008 年）

Zachaire, Denis, 'The third part of the Work of Dionysius Zacharias concerning the Practice of the Divine Work', British Library Sloane MS 3641, ff. 20r-23v, 1567 (→Robert Schuler, *Alchemical Poetry 1575-1700,* 435-42)

Zoroaster's Cave, in Raphael Iconius Eglinus, *An Easie Introduction to the Philosophers Magical*

Gold, 57-91

Zosimos of Panopolis, 'On Divine Virtue', in *Alchemy: Pre-Egyptian Legacy, Millennial Promise,* edited by Richard Grossinger, 7-10

錬金術文書・文学作品の著者別索引

　以下の索引項目では、各著者が引用されている記事の見出し語の順に参照事項を載せている。なお、一般に著者ではなくタイトルで知られているものに関しては、著者ないしは推測上の著者と相互参照しつつ、タイトルを索引項目としてあげている。

あ

アクロイド、ピーター Ackroyd, Peter（1949- ）：homunculus

アシュバーナム Ashburnham 手稿 1166, メディチェア・ラウレンツィアーナ図書館 , フィレンツェ（15 世紀）：tower

アシュモール、エリアス Ashmole, Elias（1617-92）：Adam; chemist; grain; Hermes tree; labyrinth; limation; philosopher; projection; theatre; transmutation

アステル、マリー Astell, Mary (1666-1731)：conversion; red elixir

アニェッリ、ジョヴァンニ・バプティスタ Agnelli, Giovanni Baptista →　バプティスタ・ランビエ Baptista Lambye

アブラハム・エレアザル Abraham Eleazar（生没年不詳）：cross; griffin; well

アブル・カシム Abu'L-Qasim, Muhammad Ibn Ahmad（13 世紀）：east and west; inversion; mountains; prima materia; rock; tears

アリ、ニコラ・ダントニオ・デリ Agli, Nicola d'Antonio degli（15 世紀）：castle

『アリスレウスの幻視』Visio Arislei（*AA* 所収）(1593)：king

アルテフィウス Artephius（?12 世紀）：albedo; aqua vitae; ash; bath; black; boil; chemical wedding; colours; conversion; cream; decoction; dew; dross; dye; faeces; fire; flowers; gander; glass; incest; inversion; laton; lead; liquefaction; multiplication; projection; smell; snow; sol niger; solve et coagula; vinegar; virgin's milk; white stone; women's work; womb

アルトゥス Altus（17 世紀）：radical humidity; sheets

アンソニー、フランシス Anthony, Francis (1550-1623)：aurum potabile

アンドゥルーズ、エイブラハム Andrewes, Abraham（生没年不詳）　→『緑の獅子狩り』*The Hunting of the Green Lion*

アンドレーエ、ヨハン・ヴァレンティン Andreae, Johann Valentin (1586-1654)：ash; bath; beheading; Bird of Hermes; chemical wedding; cibation; Cupid; education; egg; feathers;

griffon; head; homunculus; imbibation; mould; nigredo; orphan; paste; philosophical child; ship; theatre; unicorn; virgin; worm

ヴァレンティヌス、バシリウス Valentine, Basil（15 世紀）：antimony; blood; cornerstone; fort; Mercurius; purple tincture; Saturn; swan; wolf; worm; vitriol

ウィザー、ジョージ Wither, George（1588-1667）：salt, sulphur and mercury

ウィラノヴァのアルナルドゥス Arnold of Villanova（1240 頃 -1311）：adrop; cucurbite; garden; nose; Saturn; worm

ヴェントゥラ、ラウレンティウス Ventura, Laurentius（? 16 世紀）：blood; crow's beak; inverted tree; Mercurius

ウォーナー、ウィリアム Warner, William（1558 頃 -1609）：leprosy

ヴォーン、トマス Vaughan, Thomas（1621-65）：azure; beheading; crucible; eagle; Geber's cooks; generation; glue; green; Nile; pearls; sapientia; sperm; star; sweat; vial

ヴォーン、ヘンリー Vaughan, Henry（1621-95）：white elixir

ウッドハウス、ペルハル・グレンヴィル P.G. Wodehouse, P. G.（1881-1975）：philosopher's stone

『知恵の書』 *Liber sapientiae*（*TCB* 所収）(1652)：nest

エイミス、キングズレー Amis, Kingsley (1922-95)：homunculus

エグリヌス、ラファエル Eglinus, Raphael Iconius　→　ハッペリウス Happelius

エバラード、ジョン Everard, John (?1575-?1650)：Hermes Trismegistus

『エメラルド板』 *Emerald Table*（知られているうちで最古の版, 8 世紀）：Apollo; astronomy (earthly); chaos; chymia; crocodile; Emerald Table; heaven; Luna; Noah; philosophical child; prima materia; sun and shadow; thick and thin; wind

オヴィディウス Ovid (プーブリウス・オウィディウス・ナーソー Publius Ovidius Naso)（前 43 - 後 18）：chariot of Phaethon; metamorphosis

『黄金の回転』 'The Golden Rotation', *BL* スローン手稿 1881（17 世紀）：chemical wedding; liquefaction; magnesia; red elixir

『黄金論』 *The Golden Tract*（*HM* 所収）(1678)（ヘルメス・トリスメギストゥスによる）：antimony; dew; flood; garden; incest; leprosy; ludus puerorum; melancholia; menstruum; Mercurius; philosopher's stone; red earth; red servant; rose (white); sand; salt, sulphur and mercury; solve et coagula; tower

オーブリー、ジョン Aubrey, John (1626-97)：prison, still

錬金術文書・文学作品の著者別索引

か

ガワー、ジョン Gower, John (?1330-1408)：multipliers; rust

カウリー、エイブラハム Cowley, Abraham (1618-67)：return; sweat

『化学全集』 'Opera chemica'（偽ルルス , MS BR 52, フィレンツェ国立中央図書館，1470-5）：twins; well

『化学と呼ばれし錬金の術』 *Artis auriferae quam chemiam vocant* (1593)：art and nature

『化学辞典』 *A Chymicall Dictionary* (1650)：bain-marie; bird; heaven; phoenix; Tartarus

カソーボン、アイザック Casaubon, Isaac (1559-1614)：Hermes Trismegistus; red man and white woman

カーペンター、リチャード Carpenter, Richard（15 世紀）：colours

『神の高貴な賜』 'Praetiosum Donum Dei', *GU* ファーガソン手稿 148（16 世紀）：red elixir

偽アヴィセンナ pseudo-Avicenna（アヴィセンナ Avicenna 980-1036 頃以後）：eagle; red earth; toad; watering

偽ジャン・ドゥ・マン Meun, pseudo-Jean de（16 世紀後期末）：art and nature;womb

キング、ヘンリー King, Henry (1592-1669)：abortion; projection

グレウェリウス、ヨドクス Greverius, Jodocus（生没年不詳）（*ZC* 所収）(1667)：cloud; oval; salamander

クラーク、リンジー Clarke, Lindsay（20 世紀後期）：chemical wedding

クラーク、マーカス Clarke, Marcus（1846-81）：jackdaw; prison; sulphur

クラショー、リチャード Crashaw, Richard（1612/13-1649）：amber

クラドック、エドワード Cradock, Edward（1536 頃 -1594 頃）：cinnabar; Hermes' seal; Luna; sweat

クリーヴランド、ジョン Cleveland, John（1613-58）：balm; bee; distillation and sublimation; purple tincture; still; tears

クレオパトラ Cleopatra 　→ 　Kleopatra

クレオパトラ Kleopatra (Cleopatra, 前 200)：alembic

『黒きベネディクト会修道士をエリクシルに突き刺せ』 *Pearce The Black Monke upon the Elixir*（*TCB* 所収）(1652)：projection; royal

クンラート、ハインリッヒ Khunrath, Heinrich（1560-1605）：Mars

ゲベル Geber（中世に活躍）：calx; furnace; Geber's cooks; gold and silver; imbibation; prima materia; snow; sulphur; Venus; womb

ゲーテ、ヨハン・ヴォルフガング・フォン Goethe, Johann Wolfgang von（1749-1832）：

371

calcination; homunculus

ケリー、エドワード Kelly, Edward (1555-?1597)：alabaster; albedo; antimony; art and nature; astronomy (earthly); chaos; chemical wedding; congelation; creation; eagle; ferment; grain; imbibation; king; laton; ludus puerorum; Luna; medicine; Mercurius; oval; pelican; prima materia; projection; putrefaction; queen (white); raven; red powder; serpent; silver; sun and shadow; theatre; toad; tower; venom

『賢者の水石』 *The Sophic Hydrolith* (*HM* 所収) (1678) (ヨハン・ジープマッハー Johann Siebmacher による)：abortion; albedo; blood; eclipse; fishes' eyes; fountain; furnace; gum; Noah; philosopher's stone; phoenix; prima materia; raven; sea; tincture; venom

『合一の集い』 *Consilium coniugii de massa solis et lunae* (『化学の術』 *Ars chemica* 所収) (1566)：　contrition; head

『小道の小道』 *Semita semtiae* (*AA* 所収) (1593)：king; sperm; womb

コロップ、ジョン Collop John (1625-1676 以降)：Diana; fixation; iatrochemistry; lily; philosopher's stone; refine; rose (red); sapientia; salt, sulphur and mercury

コルソン、ランスロット Colson, Lancelot (17 世紀)：aqua vitae; aurum potabile; bath; blood; calcination; citrinitas; digestion; distillation and sublimation; dung; eagle ; egg shells; faeces; fragrance; green; green lion; harvest; honey; horse-belly; Luna; marble; Mercurius; multiplication; opus circulatorium; pelican; philosopher's stone; pot; prima materia; projection; putrefaction; receiver; reverberatory; sand; ship; smell; Sol; urinal; urine; vinegar; virgin's milk

さ

ザシェール、ドゥニ Zachaire, Denis (1510 生)：castle

サーモン、ウィリアム Salmon, William (1644-1713) 〔＝ギヨーム・サルモン Guillaume-Salmon〕：abyss; autumn; colours; Jupiter; Venus; vulture

サンズ、ジョージ Sandys, George (1578-1644)：purple tincture

シェイクスピア、ウィリアム Shakespeare, William (1564-1616)：alembic; bath; crocodile; eclipse; fragrance; grave; head; homunculus; king; laton; laundering; medicine; philosopher's stone; red tincture; return; ship; sun; sun and shadow; tincture

『自然の戴冠』 *The Crowning of Nature* (マクリーン編)：red servant

『自然の戴冠』 'Coronatio naturae' *GU* ファーガソン手稿 271 (17 世紀)：projection; toad

シドニー、サー・フィリップ Sidney, Sir Philip (1554-86)：beheading; furnace; lead

372

錬金術文書・文学作品の著者別索引

シネシウス Synesius（生没年不詳）：coral; distillation and sublimation; magnesia; night; red powder; red tincture; ruby; sable robe; spots; vinegar; virgin's milk

ジープマッハー、ヨハン・アンブロシウス Siebmacher, Johann Ambrosius（17 世紀初頭）→『賢者の水石』The Sophic Hydrolith

ジャービル・イブン・ハイヤーン Jabir ibn Hayyan（? 前 760 活躍）：Emerald Table; Geber's cooks

ジョーンズ、バセット Jones, Bassett（1616 頃生）：Aeson; amalgam; Apollo; Argus; art and nature; basilisk; bee; beheading; bellows; bolt's-head; cervus fugitivus; cock and hen; cupel; deer; distillation and sublimation; egg; Emerald Table; fixation; flowers; hell; hermaphrodite; lily; Mercurius; metamorphosis; pelican; phoenix; rectification; ruby; Sol

ジョンソン、サミュエル Johnson, Samuel（1709-84）：separation

ジョンソン、ベン Jonson, Ben (1572/3-1637)：Adam; alembic; aludel; aqua regia; argent vive; Argus; ark; art and nature; athanor; aurum potabile; bain-marie; bath; bellows; bird; Bird of Hermes; blush; bolt's-head; caduceus; crow; digestion; dragon; dung; egg; egg shells; faeces; glass; gold and silver; golden fleece; gripe's egg; helm; hermaphrodite; Hermes' seal; lazy Henry; Luna; lute; magistery; medicine; menstruum; Mercurius; Moses; opus circulatorium; our; peacock's tail; pelican; philosopher's stone; projection; puffers; putrefaction; receiver; red man and white woman; retort; reverbatory; ruby; Sol; Solomon; solve et coagula; sulphur; swan; theatre; tincture; toad; tower; urine; vinegar; virgin's milk; volatile; Vulcan; womb; zephyr

スターキー、ジョージ Starkey, George (1628-65) → エイレナエウス・フィラレテス Eirenaeus Philalethes

ストルキウス、ダニエル Stolcius, Daniel（16 世紀 -17 世紀）：cibation; Diana; snow; watering

スペンサー、エドマンド Spenser, Edmund（1552 頃 -99）：bellows; snow

スローン手稿 Sloane 3631, BL（作成年不詳）：chameleon; chaos; rarefaction; rock; spots; star

『聖三位一体の書』'Buch von Vunderverken', GU ファーガソン手稿 4（16 世紀）：beheading; Luna; opus circulatorium; wolf

聖ダンスタン St Dunstan（10 世紀）：aurum potabile; flowers; green lion; Hermes' seal; mountains; retort; rose (white); urine; virgin's milk; volatile

聖ニコラス、トマス St Nicholas, Thomas (1602-68)：separation

『世界の栄光』The Glory of the World（HM 所収）(1678)：children's piss; inverted tree; ludus

373

puerorum; marble; mountains; philosophical child; pumpkin; rock

『セミラミス女王の廟』 *The Tomb of Semiramis*（*CC* 所収）(1684)：head; incest

センディヴォギウス、ミカエル Sendivogius, Michael (1556/1566-1636/1646)：air; art and nature; Diana; distillation and sublimation; earth; Elysian Fields; fire; fruit; philosophical tree; rubedo; Saturn; sea; spots; stream; urine; water; watering

ゾシモス（パノポリスの）Zosimos of Panopolis（3 世紀 -4 世紀）：furnace; philosopher's stone

ソートリー、ジョン Sawtre, John（生没年不詳）：cucurbite

『ゾロアストロの洞窟』 *Zoroaster's Cave*（エグリヌス『簡易哲学者の魔術の金入門』*An Easie Introduction* (1667) 所収）：ablution; adrop; ash; azoth; chemical wedding; cibation; coal; colours; coral; crow; cucurbite; dew; flowers; grain; hell; Luna; magnesia; Mercurius; mortification; philosopher's stone; prima materia; putrefaction; salamander; Saturn; seed; Sol; solve et coagula; torture; wind

ソーンボロー、ジョン Thornborough, John (1551-1641)：bellows

た

ダイアー、エドワード Dyer, Sir Edward (1543-1607)：astronomy (earthly);medicine;pelican

ダヴナント、サー・ウィリアム Davenant, Sir William (1606-68)：glass

タウラダヌス、ロベルトゥス Tauladanus, Robertus (?16 世紀)：heaven

ダスティン、ジョン Dastin John（14 世紀初頭）：Aeson; bath; blood; dew; divorce; dropsy; imbibation; inhumation; rust; separation; solve et coagula; sulphur

『立ち昇る曙光』 *Aurora consurgens*（*AA* 所収）(1593)：sapientia; spirit

『立ち昇る曙光』 'Aurora consurgens', *GU* ファーガソン手稿 6（16 世紀）：dragon; dung

ダレル、ロレンス Durrell, Lawrence (1921-90)：homunculus; Sol

ダン、ジョン Donne, John (1572-1631)：ablution; alembic; balm; cement; chaos; chemic; chemical wedding; conversion; divorce; dropsy; dung; grave; peace and strife; pot; receiver; red earth; red elixir; still; tincture; vitrification; womb

チャーノック、トマス Charnock, Thomas (1526-81)：crow; Ethiopian; prison; ship

チョーサー、ジョフリー Chaucer, Geoffrey (1343 頃 -1400)：albedo; amalgam; citrinitas; distillation and sublimation; dragon; ferment; imbibation; Luna; lute; magnesia; Mars; philosopher's stone; pot; quicksilver; sal ammoniac; Sol; vitriol

『父アリステウス』 'Aristeus Pater'：boil; nest

錬金術文書・文学作品の著者別索引

ディー、アーサー 'Dee, Arthur' (1579-1651)：ark; art and nature; assation; bath; dross; Eve; ferment; fire; forty days; glue; grapes; Hermes' seal; laton; limation; metamorphosis; nose; philosopher; philosophical child; prima materia; projection; radical humidity; rectification; red powder; royal; silver; star; stream; torture; virgin; Vulcan; women's work

ディー、ジョン Dee, John (1527-1609)：Adam; astronomy (earthly); cross; dew; dung; ludus puerorum; Mercurius; projection; red man and white woman; red powder; silver; still

ティム、トマス Tymme, Thomas（1620 没）：creation; leprosy

デスパニエ、ジャン D'Espagnet, Jean（17 世紀）→ 『秘密』The Arcanum

『哲学者の石』The Philosopher's Stone（著者不詳, CC 所収）(1684)：winnow

『哲学者の群』Turba philosophorum（10 世紀）：Bird of Hermes; children's piss; dye; forty days; Moses; Red sea

『哲学者の薔薇園』The Rosary of the Philosophers (1550)：ablution; ash; blood; chemical wedding; dew; dove; dust; green; green lion; incest; king; Mercurius; radical humidity; rock; snow; star; venom; vitrification

『哲学の階段』'Scala philosophorum'（AA 所収）(1593)：eclipse

デモクリトス Democritus（? 前 357 没）：philosopher's stone; sun and shadow

トプセル、エドワード Topsell, Edward (1572-1625)：basilisk; bee

ドライデン、ジョン Dryden, John (1631-1700)：ablution; alembic; chemist; fire; mould; prima materia; soul; Venus

ドルネウス、ゲラルドゥス Dorn, Gerhard（16 世紀後期）：castle; chemical wedding; egg shells; fifth element; heaven; red powder; urine; womb

ドレイトン、マイケル Drayton, Michael (1563-1631)：antimony; crucible; flowers; lead; rubedo; theatre

トレヴィザン、ベルナール Trevisan, Bernard (1406-90)：colours; dye; fountain; oak; Saturn

トリスモジン、サロモン Trismosin, Salomon（15 世紀 − 16 世紀）：art and nature; black earth; children's piss; deer; dove; Ethiopian; golden fleece; head; inversion; jackdaw; king; laundering; ludus puerorum; nigredo; pearls; philosophical tree; sea; sheets; theatre;tree (truncated)

トリテミウス、ヨハンネス Trithemius, Johann (1462-1519)：colours; fishes'eyes; pearls; theatre; white stone

な

ナボコフ、ウラジミール Nabokov, Vladimir (1899-1977)：jackdaw; raven

ナッシュ、トマス Nashe, Thomas (1567-1601)：art and nature; black; eagle; toad; torture

ニュートン、サー・アイザック Newton, Sir Isaac (1642-1727)：abyss; antimony; Apollo; aqua regia; caduceus; chaos; cibation; colours; Cupid; Diana; Emerald Table; ferment; fifth element; fruit; generation; green lion; heaven; incest; lead; magnesia; multiplication; oak; philosophical child; prima materia; vitriol

ノートン、サミュエル Norton, Samuel (1554-1604)：cloud; salt, sulphur and mercury

ノートン、トマス Norton, Thomas (?1433-1513/14)：creation; fragrance; microcosm

は

ハーヴェイ、ゲイブリエル Harvey, Gabriel (1550 頃 -1631)：eagle; iatrochemistry; toad

パウエル、アンソニー Powell, Anthony (1905-)：green lion

バックハウス、ウィリアム Backhouse, William (1593-1662)：Hermes tree; incest; king; metamorphosis; transmutation

ハッチンソン、ルーシー Hutchinson, Lucy （1620 生 -1675 以降没）：iatrochemistry

ハートリブ、サミュエル Hartlib, Samuel (1662 没)：black

ハーバート、ジョージ Herbert, George (1593-1633)：calcination

ハッペリウス、ニコラウス Happelius, Nicolaus （ラファエル・エグリヌス、1559-1622）：glue

パラケルスス Paracelsus （テオフラストゥス・ボムバストゥス・フォン・ホーエンハイム Theophrastus Bombastus von Hohenheim) (1493-1541)：Adam; art and nature; azoth; balm; beak; bird; Bird of Hermes; blood; castle; crow; doctrine of signatures; dung; eagle; feathers; fire; flowers; gold and silver; halcyon; homunculus; horse-belly; iatrochemistry; incest; lazy Henry; lily; magistery; microcosm; orphan; philosopher; philosophical tree; red lion; red tincture; salt, sulphur and mercury; seed; spirit; square and circle; sulphur; tincture; vial; Vulcan; womb

ハリド Calid (or Khalid) （704 没）：ablution; alembic; aludel; aqua vitae; argent vive; Bird of Hermes; black earth; congelation; conversion; divorce; fixation; green; harvest; head; heaven; inverted tree; laton; Luna; lute; medicine; philosopher's stone; putrefaction; return; rose (white); rust; Sol; sulphur; thick and thin; volatile

パリンゲニウス、マルケルス Palingenius, Marcellus （16 世紀）：laton

376

錬金術文書・文学作品の著者別索引

バルザック、オノレ・ドゥ Balzac, Honoré de (1799-1850)：philosopher's stone; volatile

バルタス、ギヨーム・デュ Bartas, Guillaume du (1544-90)：fire; prima materia

バルノー、ニコラ Barnaud, Nicolas (1538-1604) → ラムスプリンク Lambsprinke

『万能ティンクトラ便覧』'Handbucht... Universal Tinctur', ファーガソン手稿, GU（17 世紀）：Ethiopian; peacock's tail; red lion; swan

ヒューズ、テッド Hughes, Ted (1930-)：crucible

『秘密』The Arcanum（FC 所収）(1650)（ジャン・デスパニエによる）：abyss; labyrinth

ファーガソン Ferguson 手稿 6, GU（16 世紀）：Mercurius

ファーガソン手稿 31, GU（18 世紀）：egg; multiplication

ファーガソン手稿 238, GU（17 世紀）：bath; bed; philosophical child; red man and white woman

ファーガソン手稿 271, GU（18 世紀）：philosophical child; purple tincture

ファーン、サー・ジョン Ferne, Sir John（1609 没）：transubstantiate

フィラレテス、エイレナエウス・フィロポノス Philalethes, Eirenaeus Philoponos（おそらくはジョージ・スターキー George Starkey と同一人物）：albedo; alembic; aqua ardens; athanor; balm; Bird of Hermes; black; den; dew; dog and bitch; dove; eagle; eclipse; faeces; fire; glass; grain; green; Hermes' seal; honey; Luna; medicine; Mercurius; metamorphosis; Moses; oak; open and shut; paste; peacock's tail; pearls; poppy; prison; ripen; rubedo; Saturn; toad; vitrification

フィラレテス、エウゲニウス Philalethes, Eugenius → トマス・ヴォーン Thomas Vaughan

フィリップス、キャサリン Philips, Katharine (1632-64)：Hermes' seal

フィリップス、エドワード Phillips, Edward (1630-?1696)：separation

フェーヴル、ニケーズ・ル Févre, Nicaise Le（17 世紀初頭 - 1674 没）：bain-marie; caput mortuum; coral; gold and silver; iatrochemistry

フォアマン、サイモン Forman, Simon (1552-1611)：prison

フープライト、ジョン・フレデリック Houpreght, John Frederick（17 世紀中頃活躍）：tears

フラメル、ニコラ Flamel, Nicolas (1330-1418)：amber; angels; argent vive; beheading; Bird of Hermes; black; blood; caduceus; cross; dog and bitch; dragon; fire; fruit; garden; golden fleece; grain; hermaphrodite; labyrinth; mountains; Naaman the leper; peace and strife; philosophical tree; purple tincture; serpent; sulphur; theatre; uroboros; vial

377

フラッド、ロバート Fludd, Robert (1574-1637)：aurum potabile; Cupid; elements; lily; putrefaction; red powder; rock; sapientia; virgin

フィラレテス、エウゲニウス Philalethes, Eugenius → トマス・ヴォーン Thomas Vaughan

フィリップス、キャサリン Philips, Katharine (1632-64)：Hermes' seal

フィリップス、エドワード Phillips, Edward (1630-?1696)：separation

ブルームフィールド、ウィリアム Bloomfield, William（16 世紀）：eclipse; flowers; our; sable robe

フレースウェイク、ホーセン・ファン Vreeswijk, Goossen van（1626-1674 以降）：ark; flood

フレンチ、ジョン French, John (1616-57)：return

ブラガディーニ、マルコ・アントニオ Bragadini, Marco Antonio (1591 没)：quicksilver

ブラウン、サー・トマス Browne, Sir Thomas (1605-82)：doctrine of signatures; gold and silver; projection; red powder; silver

ベイコン、フランシス Bacon, Francis (1561-1626)：medicine; Vulcan

ベイコン、ロジャー Bacon, Roger (1220 頃 -92)：alembic; art and nature; colours; Emerald Table; fishes' eyes; furnace; generation; gold and silver; green; lead; mountains; peacock's tail; putrefaction; red elixir; rubedo; silver; Venus; white elixir

ヘイスティングズ、ルーシー Hastings, Lucy（17 世紀)：crucible; rust

ヘスター、ジョン Hester, John (16 世紀)：iatrochemistry

ベッヒャー、ヨアヒム Becher, Joachim (1635-82)：Mercurius; prima materia

ヘルウェティウス、ヨハネス・フリデリクス Helvetius, John Frederick (1625-1709)： chariot of Phaethon; metamorphosis; volatile

ベルグナー、クリストフ Bergner, Christophe (1721-93)：cinnabar

ペルネティ、アントワーヌ＝ジョゼフ Pernety, Antoine-Joseph (1716-1800/1801)：Diana

ヘルメス・トリスメギストゥス Hermes Trismegistus (伝説上のエジプトの賢者)：Apollo; colours; Emerald Table; Hermes Trismegistus; Moses; vulture (→*Hermetis Trismegisti tractatus aureus* と *The Golden Tract*)

『ヘルメス・トリスメギストゥスの黄金論』*Hermetis Trismegisti tractatus aureus*（ *MP* 所収) (1692)：beheading; colours; crow; lute; stream; vulture

『ヘルメスの恍惚』'Hermetick Raptures' (1700 頃)：caduceus; Hermes Trismegistus; philosopher; Venus

378

『ヘルメスの燃える水』 *Hydropyrographum Hermeticum*（*AC* 所収）(1680)：lute; tie

ヘリック、ロバート Herrick, Robert (1591-1674)：bee; children's piss; congelation; cream; divorce; honey; incest; liquefaction; lute; oak; orphan; red elixir; stream; vial

ベンローズ、エドワード Benlowes, Edward (?1602-76)：creation; dust; magistery; philosopher's stone; projection

ボイル、ロバート Boyle, Robert (1627-91)：black; Elysian Fields

ホーゲランデ、テーオバルト・デ Hoghelande, Theobald de（16 世紀）：grapes; red powder

ボストック、リチャード Bostocke, Richard（16 世紀）：iatrochemistry

ボヌス、ペトゥルス Bonus, Petrus（14 世紀）：Mercurius; metamorphosis; microcosm; soul; sun and shadow

ポープ、アレグザンダー Pope, Alexander (1688-1744)：chemic; chemist; exaltation; ripen

ポルタ、ジョヴァンニ・バプティスタ・デラ Porta, Giovanni Baptista della (1535-1615)：pelican; stork; tortoise

ホール、ジョセフ Hall Joseph (1574-1656)：distillation and sublimation; dung; grain

ホール、ジョン Hall, John (1627-56)：fixation

ホルトゥラヌス Hortulanus（生没年不詳）：creation; Emerald Table; grain; Hermes Trismegistus; thick and thin

ポンタヌス、ヨハネス Pontanus, John（1577 没）：fire; philosopher's stone

ま

マイアー、ミヒャエル Maier, Michael (1566/1568 -1622)：ablution; abortion; amber; art and nature; Atalanta; beheading; bird; boil; cock and hen; coral; dog and bitch; eagle; east and west; Emerald Table; ferment; fruit; garden; gold and silver; green lion; house; Jupiter; king; laton; laundering; Mars; Mercurius; metamorphosis; Naaman the leper; Nile; philosophical tree; sapientia; Saturn; sheets; snow; sun and shadow; sweat; toad; virgin's milk; vulture; watering; weaponry; white foliated earth; wind; wolf; women's work; womb; worm

マイエルヌ、テオドール・テュルケ・ドゥ Mayerne, Theodore Turquet de (1573-1655)：iatrochemistry

マーヴェル、アンドルー Marvell, Andrew (1621-78)：bird; cervus fugitivus; chemic; congelation; dew; doctrine of signatures; dye; Elysian Fields; fifth element; fixation; glass; glue; harvest; hermaphrodite; house; iatrochemistry; inverted tree; Nile; prima materia; return; rubedo; serpent; stream; theatre; transmutation; winnow

『全き賢者としての守門』'The All-wise Doorkeeper' (*HM* 所収) (1678)：Moses

マリア・プロフェティサ Maria Prophetissa（ユダヤ婦人マリア）(？2/3 世紀)：bain-marie; furnace; gum; inversion; philosophical tree; Solomon; solve et coagula

マーロー、クリストファー Marlowe, Christopher (1564-93)：philosopher's stone

『緑の獅子狩り』*The Hunting of the Green Lyon*（*TCB* 所収）(1652)（エイブラハム・アンドゥルーズ Abraham Andrewes よる）：bed; eclipse; green lion

ミューリウス、ヨハン Mylius, Johann（1585 頃 -1630 以降）：amber; bath; bird; chemical wedding; conversion; Diana; exaltation; fifth element; flood; grave; hermaphrodite; lily; mortification; pelican; philosophical child; philosophical tree; queen (white); sheets; sol niger; solve et coagula; star; tree (truncated); unicorn; well

ミルトン、ジョン Milton, John (1608-74)：amber; bind; boil; chemic; digestion; distillation and sublimation; gold and silver; Hermes Trismegistus; Mercurius; mould; multiplication; philosopher's stone; prima materia; Proteus; red tincture; refine; sun;Tartarus; transubstantiate; vial

メルヴィル、エリザベス Melville, Elizabeth, Lady Culross（17 世紀初頭活躍）：dross

メルキオル・キビネンシス Melchior Cibinensis（1490 活躍）：Ethiopian

モフェット、トマス Moffet, Thomas (1553-1604)：iatrochemistry

モア、ヘンリー More, Henry (1614-87)：crucible

モリエヌス Morienus（7 世紀）：alembic; laton; philosopher's stone; philosophical child

や

ユーゴー、ヴィクトル Hugo, Victor (1802-85)：bellows; matrass; sun

ユルスナール、マルグリット Yourcenar, Marguerite (1903-97)：abyss

ら

ラシス Rhasis（アブ・バクル・ムハンマド・イブン・ザカリヤ・アル・ラーズィー Abu Bakr Muhammad ibn Zakariyya Al-Razi, 825 頃 -924 頃）：creation; Mercurius

『ラッパの音』*Clangor buccinae*（*AA* 所収）(1593)：dross; dust; ferment; fifth element; philosopher's stone; snow; white foliated earth

ラ・フォンテーヌ、ジャン・ドゥ La Fontaine, Jean de（1381 生）：amalgam; devour; dew; Emerald Table; fountain; Jupiter; Mars; Mercurius; sun; Venus

ラブレー、フランソワ Rabelais, François（1494 頃 -1553 頃）：Aeson; bellows; dung;

Ethiopian; fifth element; prima materia; putrefaction; radical humidity

ラムスプリンク Lambsprinke（ニコラ・バルノー Nicolas Barnaud）（16 世紀）：balm; bird; cervus fugitivus; deer; philosopher's stone; phoenix; salamander; unicorn

『ラムスプリンクの書』*The Book of Lambspritng*　→ ラムスプリンク Lambsprinke

ランビエ、バプティスタ Lambye, Baptista（ジョヴァンニ・バプティスタ・アニェッリ Giovanni Baptista Agnelli）（16 世紀）：cervus fugitivus; golden fleece

リカルドゥス・アングリクス Richardus Anglicus（1252 没）：cloud

リプリー、サー・ジョージ Ripley, Sir George（1490 頃生）：adrop; albedo; antimony; ash; basilisk; bed; bee; bird; Bird of Hermes; castle; chaos; children's piss; cibation; congelation; crow; crystal; deer; den; digestion; dropsy; dung; dye; egg; egg shells; elements; Elysian Fields; exaltation; feathers; ferment; fifth element; flood; flowers; Geber's cooks; glass; grapes; grave; green lion; harvest; heaven; hermaphrodite; Hermes' tree; honey; incest; king; limation; mountains; multipliers; night; nigredo; Noah; opus circulatorium; opus contra naturam; paste; peacock's tail; putrefaction; rainbow; red man and white woman; rose (red); seed; separation; serpent; square and circle; sun; tears; toad; tree (truncated); urine; venom; virgin's milk

リリー、ジョン Lyly, John（?1554-1606）：angels; ash; crosslet; cucurbite; fire; lead; multiplication; quicksilver; rubedo; sal ammoniac

ルソー、ジャン＝ジャック Rousseau, Jean-Jacques（1712-78）：balm

ルター、マルティン Luther, Martin（1483-1546）：decoction

ル・フェーヴル、ニケーズ Le Fèvre, Nicaise　→ フェーヴル Fèvre

ルランドゥス、マルティヌス Ruland, Martin the elder（1532-1602）：amber; cement; chaos; chariot of Phaethon; cinnabar; deer; Diana; digestion; Elysian Fields; garden; grain; grapes; grave; heaven; laundering; metamorphosis; opus circulatorium; orphan; philosophical child; prison; smell; swan; Tartarus; Venus; viper; vitrification; vitriol; white foliated earth

ルルス、ライムンドゥス Lull, Ramon（1235 頃 -1316）（→「化学全集」'Opera chemica'）：alembic; aqua ardens; ash; coal; faeces; ferment; menstruum; prima materia; sulphur

『レオンハルト・トゥルナイサー覚え書き』'Notes from Leonardus Thurneisser', ファーガソン手稿 137, *GU*（17 世紀)：sulphur（図 41）

『錬金術について』'De Alchimia', Leiden Rijksuniversiteitsbibliotheek, Cod. Voss. Chem. F. 29（1526 頃)：grapes

『錬金術の写本』'Alchimistiche Manuskript'（1550）：flowers（図 15）

ロック、ハンフリー Lock, Humphrey（17 世紀）：rubedo

ロック、ベンジャミン Lock, Benjamin（16 世紀）：albedo; bed; citrinitas; crystal; fishes'
  eyes; green lion; opus circulatorium; peace and strife; pearls; red elixir; rubedo; sperm;
  white elixir; wind

ロッジ、トマス Lodge, Thomas (1558-1625)：cervus fugitivus; crow; dragon; eagle

ローリー、サー・ウォルター Raleigh, Sir Walter (?1554-1618)：bain-marie; caput mortuum;
  coral; golden fleece; iatrochemistry; Mercurius

わ

ワイルディング、マイケル Wilding, Michael (1942-)：dross; twins

訳語索引

あ

アイソン Aeson 29

愛し合う猛禽 amorous birds of prey 35

アウィス・ヘルメティス Avis Hermetis 46

アウリピグメントゥム auripigmentum 44

アウルム・ポータービレ aurum potabile 45

青色 blue 65

赤い頭 red head 264

赤い石 red stone 268

赤いエリクシル red elixir 262

赤い王 red king 264

赤い男と白い女 red man and white woman 265

赤い粉 red powder 266

赤い樹脂 red gum 264

赤い獅子 red lion 264

赤い砂 red sand 267

赤い従者 red servant 268

赤い土 red earth 262

赤いティンクトラ red tincture 268

赤い百合 red lily 264

赤色 red 262

赤くする blush 65

秋 autumn 46

アギ（アサフェティダ）、アサ・フォエティダ asafoetida, assa foetida 42

アクア・アルデンス aqua ardens 36

アクア・ウィタエ aqua vitae 37

アクア・ディウィーナ aqua divina 37

アクア・ノストラ aqua nostra 37

アクア・フォルティス aqua fortis 37

アクア・ペルマネンス aqua permanens 37

アクア・レーギア、アクア・レーギス aqua regia, regis 37

悪霊 devil 99

汗 sweat 307

アゾート azoth, azot 46

アタノール athanor 44

頭 head 162

アダム Adam 27

アタランテ Atalanta 44

厚くかつ薄い thick and thin 311

アドロプ adrop 29

アビス（深淵）abyss 27

アポロン Apollo 36

甘い香り sweet smell 308

アマルガム、アマルガム化 amalgam, amalgamation 34

雨 rain 260

争い strife 301

アリュデル aludel 34

アルゴス、アルゴスの眼 Argus, Argus-eyes 39

術（アルス）と自然 art and nature 40

アルビフィカティオ albification 32

アルベド albedo 30

アルボル・インウェルサ arbor inversa 38

383

アルボル・フィロソフィカ arbor philo-
    sophica 38
アルメニアの雌犬 Armenian bitch 40
アレンビック alembic 32
アンチモン antimony 35
アンチモンの星 star of antimony 298
アンドロギュノス androgyne 35
イアソン Jason 183
イアトロ化学 iatrochemistry 175
家 house 173
硫黄 sulphur 301
鋳型 mould 214
イカロス Icarus 177
生ける銀 argent vive 38
石 stone 300
泉 fountain 140
イチゴとクリーム strawberries and cream
    300
井戸 well 334
生命の水 aqua vitae 37
色 colours 86
岩・岩山 rock 272
飲用金 aurum potabile 45, potable gold 244
鵜 cormorant 91
ウェヌス Venus 325
馬の腹 horse-belly 173
馬の糞 horse dung 173
海ないしは海水 sea, or sea water 283
ウルカヌス Vulcan 331
ウロボロス uroboros 322
永遠の水 aqua permanens 37
液化 liquefaction 195

エチオピア人 Ethiopian 125
エバ Eve 127
『エメラルド板』 Emerald Table 123
エリクシル elixir 123
エリュシオン（死後の楽土）Elysian
    Fields, Elizium 123
円 circle 83
王 king 184
王冠 crown 94, diadem 101
黄金時代 golden age 151
黄金の果実 golden fruit 151
黄金の樹 golden tree 152
黄金の作物 golden harvest 151
黄金の花 golden flower 151
黄金の羊毛 golden fleece 151
黄金の林檎 golden apples 151
黄化 citrinitas 83
王水 aqua regia, regis 37
王の royal 274
大鎌 scythe 283
狼 wolf 339
大鴉 raven 260
大鴉の頭 raven's head 260
オークの樹 oak 223
雄鹿 hart 161
雄鹿の角 hart's horn 161
雄犬と雌犬 dog and bitch 107
オプス・キルクラトーリウム opus
    circulatorium 224
オプス・コントゥラ・ナートゥーラム
    opus contra naturam 225
温浸 digestion 102

訳語索引

雄鳥と雌鳥 cock and hen 85
女の仕事 women's work 341

か
開花 blossom 65
回帰 return 270
骸骨 skeleton 289
懐胎 conception 88
飼いならす tame 309
開放と閉鎖 open and shut 223
カウダ・パウォーニス cauda pavonis 71
蛙 frog 141
カオス chaos 72
かおり odour 223
化学の結婚 chemical wedding 75
影・陰 shadow 286
果実 fruit 141
煆焼 calcination 69
風 wind 338
鵞鳥の雄 gander 144
鵞鳥の雌 goose 152
カドケウスの杖 caduceus 68
カドモス Cadmus 68
かなめ石 cornerstone 91
兜 helm, helmet 165
カプトゥ・コルウィ caput corvi 69
カプトゥ・モルトゥウム caput mortuum 69
かぼちゃ pumpkin 253
亀 tortoise 315
カメレオン chameleon 72
鴉 crow 94
ガラス化 vitrification 330

鴉の頭 caput corvi 69
鴉の頭 crow's head 94
ガラスの家 glass house 147
鴉のくちばし crow's beak 94
鴉のくちばし crow's bill 94
ガラス容器 glass 146
カルクス calx 69
川 river 272
川（小川）stream 300
完全分離 divorce 104
樹・木 tree 319
樹・木（先端を切られた）tree (truncated) 319
黄色・黄色化の段階 yellow, yellow stage 343
キトリニタス citrinitas 83
揮発性の volatile 331
キミア chymia 81
キミスト chymist 81
キミック chymick 81
虐待・迫害 persecution 233
逆転 inversion 180
キューペル cupel 97
教育 education 119
凝結 congelation 88
凝固させる（する）coagulate 85
兄弟 brother 67
切られた頭・首 severed head 286
銀 silver 288
近親相姦 incest 177
金と銀 gold and silver 148
銀の泡（浮きかす）spume of silver 297

385

クイックシルバー（水銀）quicksilver 257

クウィンタ・エッセンティア quintessence 258

空気 air 30

ククルビタ（ヒョウタン型蒸留器）cucurbite 96

鎖蛇 viper 327

孔雀の尾 peacock's tail 229

孔雀の肉 peacock's flesh 229

糞の塊 turds 319

くちばし beak 52

苦痛 suffering 301

首 neck 218

クピドー Cupid 97

雲 cloud 84

クリーム cream 91

グリップの卵 gripe's egg 160

グリフィン（グリフォン）griffin (griffon, gryphon) 159

グレイン（重さの単位）grain 152

黒い王 black king 64

黒いシャツ black shirt 64

黒い太陽 black sun, sol niger 64, 292

黒い土 black earth 63

黒い人 black man 64

クロコダイル crocodile 92

クロスリット crosslet 93

クロテンのローブ sable robe 278

形相と質料 form and matter 139

劇（場）theatre 310

ケシ poppy 244

月経血 menstruum 204

結婚 marriage 201

結婚・結婚した恋人たち・婚姻 wedding, wedded lovers,wedlock 334

結晶化 crystallization 96

ゲベルの調理人 Geber's cooks 145

ケミア kemia 184

ケミスト chemist 80

ケミック chemic 74

煙（あるいは蒸気）smoke (or fume) 290

ケルウス・フギティーウス cervus fugitivus 71

剣・刀 sword 308

元素 elements 121

元素の回転 rotation of the elements 274

元素の循環 circulation of elements 83

恋人たちと廟 lovers and the tomb 195

紅海 Red Sea 267

洪水 flood 136

拘束 bind 57

コウノトリ stork 300

交尾・交接 copulation 90

拷問 torture 315

高揚 exaltation 127

コカトリス（鶏蛇）cockatrice 86

黒色、黒さ black, blackness 62

黒色化の段階 black stage 64

黒丸鴉 jackdaw 182

穀粒 corn 91

穀粒 grain 152

孤児 orphan 226

仔鹿 fawn 129

固定化 fixation 136

訳語索引

子供 child 80
子供の遊び children's games 80
子供の遊び child's play 80
子供の尿 children's piss 80
琥珀 amber 34
コラセーヌの雄犬とアルメニアの雌犬
　　Corascene dog and Armenian bitch 91
コルムバ columba 88
子をもうける・生み出す engender 125
コンイウンクティオ coniunctio 89
根源的な湿り気 radical humidity 259
混沌 chaos 72

さ
再蒸留 cohobation 86
再生 regeneration 270
ザイバル zaibar 344
逆さま topsy-turvy 315
逆立ちした樹 inverted tree 181
魚の眼 fishes' eyes 135
五月の朝露 May dew 202
サトゥルヌス Saturn 281
里親 foster-parent 140
錆び・錆び色 rust 277
サピエンティア sapientia 281
サラマンダー salamander 278
3原理（原質）three principles 312
珊瑚 coral 90
斬首 beheading 54
シーツ sheets 286
塩・硫黄・水銀 salt, sulphur and mercury 279

鹿 deer 98
子宮 womb 339
地獄 hell 164
司祭 priest 244
獅子 lion 195
死者の頭 caput mortuum 69
自然と術 nature and art 218
自然に抗する作業 opus contra naturam 225
自然の神秘の書 nature's mystic book 218
縛る tie 312
尿瓶 urinal 321
島 island 181
姉妹 sister 289
染み stain 298
湿り気 humidity 174
シメンテイション cimentation 82
シャツ shirt 288
煮沸 decoction 98
車輪 wheel 335
収穫（物）harvest 161
十字架 cross 93
従者 servant 286
受器 receiver 261
種子 seed 283
樹脂 gum 160
純化 purification 253
循環器 circulatory 83
循環作業 circular work 83
飼養 cibation 81
昇華 sublimation 301
蒸気 fume 142
娼婦 prostitute 252

小便 piss 244

蒸留器 still 299

蒸留と昇華 distillation and sublimation 103

蒸留法 descension 99

女王（白い）queen (white) 257

蝕 eclipse 118

植物 plant 244

処女 virgin 328

処女の乳 virgin's milk 329

徴・サイン・署名 signatures 288

「徴」の理論 doctrine of signatures 105

城 castle 70

白い石 white stone 337

白いエリクシル white elixir 335

白い女 white woman 338

白い煙 white smoke 337

白い蒸気 white fume 337

白い女王 white queen 337

白い薄層からなる土 white foliated earth 336

白い薔薇 white rose 337

白い土 white earth 335

白い水 white water 338

白い百合 white lily 337

白い鷲 white eagle 335

白の中の赤 red within the white 269

辰砂 cinnabar 82

真珠 pearls 231

浸潤 imbibation 177

真鍮（黄銅）brass 67

神的水 aqua divina 37

神殿 temple 310

巣 nest 218

酢 vinegar 327

水銀の水 mercurial water 204

水腫 dropsy 110

水晶 crystal 96

砂、砂風呂 sand, sand-bath 280

スパジリスト spagyrist 295

スピリット spirit 296

性交 coition 86

精子 sperm 295

成熟させる（する）ripen 272

成熟した雄鹿 stag 298

成熟した雄鹿の角 stag's horn 298

生成、金属の生成 generation, generation of
     metals 145

青銅 bronze 67

西風（ゼピュロス）zephyr 344

正方形と円 square and circle 297

精妙化 rarefaction 260

精留 rectification 262

精錬する refine 269

赤色化 rubification 276

赤色化の段階 red stage 268

石炭 coal 85

雪花石膏（アラバスター）alabaster 30

摂取・摂食 ingestion 179

責め苦 torment 315

セメント・セメンテイション cement,
     cementation 71

セルウス・フギティーウス servus fugitivus
     286

洗浄 washing 333

洗滌（アブルティオ）ablution 25

洗濯 laundering 190

洗濯 lavement 191

洗濯女 washer women 333

洗濯（物）laundry 191

蠕虫 worm 341

選別・唐箕にかけること winnow 338

染色・染料 dye 114

洗礼 baptism 49

早産（自然流産）miscarriage 212

増殖 multiplication 216

増殖させる者 multiplier 217

創造 creation 92

増大 augmentation 44

空色 azure 46

ソル Sol 291

ソル・ニゲル sol niger 292

ソルウェ・エト・コアグラ solve et coagula
　293

ソロモン王 Solomon 293

た

第 1 質料 first matter 135

第 5 元素 fifth element 132

大蛇 snake 290

怠惰なヘンリー（ヘンリクス）lazy Henry
　191

太陽 sun 303

太陽（黒い）sun(black) 306

太陽と影 sun and shadow 304

太陽の果実、太陽の樹 solar fruit, solar tree
　293

大理石 marble 201

種を蒔く sow 295

タブラ・スマラグディナ Tabula smaragdina
　309

食べる eat 118

卵 egg 119

卵形のもの・卵形体 oval 227

卵の殻 egg shells 121

魂 soul 294

タルタロス Tartarus 309

断頭 decapitation 98

血 blood 64

知恵 sapientia 281

知恵 wisdom 339

地下牢・土牢 dungeon 113

乳 milk 212

調理する cook 90

調理人 cooks 90

塵 dust 113

治療薬 remedy 270

沈殿物 faeces 129

月 moon 212

月の泡（浮きかす）spume of the moon 297

月の果実、月の植物ないしは樹 lunar fruit,
　lunar plant or tree 198

土 earth 117

壺・ポット pot 244

蕾 bud 67

爪 nail 218

露 dew 100

強い水 aqua fortis 37

手足の切断 dismemberment 103

ディアーナ Diana 101

ティリアン紫 Tyrian purple 320

ティンクトラ tincture 312

敵 enemies, foes 125, 139

哲学者 philosopher 233

哲学者の石 philosopher's stone 234

哲学者の息子 son of the philosopers 294

哲学者の卵 philosopher's egg 234

哲学者の土 philosopher's earth 234

哲学の樹 philosophical tree 241

哲学の子供 philosophical child 239

哲学の水銀 philosophical mercury 241

哲学の鳥 philosophical bird 239

デュネク王 Duenech 111

テラ terra 310

テラ・アルバ・フォリアータ terra alba foliata 310

テラ・ダムナタ（断罪された土）terra damnata 310

天 heaven 163

転換 conversion 89

天空・大空 firmament 135

天使 angels 35

転ずる transubstantiate 318

天文学（地上の）astronomy (earthly) 43

塔 tower 316

銅 copper 90

洞窟 den 99

逃走者 fugitive 142

逃走する僕 servus fugitivus 286

投入 projection 250

投入者 projector 252

トゥルリス・キルクラトーリウス turris

circulatorius 319

都市 city 84

毒 poison 244

毒（液）venom 324

髑髏 skull 289

鳥 bird 57

トリア・プリマ（3原理（原質））tria prima 319

砦、要塞都市 fort, fortified city 139

泥 mud 216

ドロス dross 110

泥棒 thief 312

な

ナアアマン、癩を病む者 Naaman the leper 218

ナイル川 Nile 221

捺印 signet 288

鉛 lead 191

涙 tears 309

匂い smell 289

膠 glue 147

膠質 gluten 148

肉体 body 66

ニグレド nigredo 219

逃げ足の速い雄鹿 cervus fugitivus 71

虹 iris, rainbow 181, 260

西 west 335

煮詰めること coction 86

尿 urine 322

煮る boil 66

庭 garden 144

訳語索引

妊娠 pregnancy 244
根 roots 273
ノア Noah 221
残りかす dregs 110
飲み込む・食べ尽くす consume 89

は
歯 teeth 310
灰 ash 42
胚・胎児 embryo 123
バイアル（ファイアル・バイオル）
　　vial(phial, viol) 326
焙焼 assation 43
パエトン Phaethon 233
パエトンの日輪の車 chariot of Phaethon 74
墓（墓穴）grave 154
白色 white 335
白色化の段階 white stage 337
白鳥 swan 306
禿鷲 vulture 332
箱舟 ark 39
はさみ scissors 283
バシリスク basilisk 49
蜂 bee 53
蜂蜜 honey 172
発酵体、発酵 ferment, fermentation 130
鳩 dove 107
花 flowers 137
鼻 nose 222
パナケーア（万能薬）panacea 228
花嫁と花婿 bride and bridegroom 67
羽・羽毛 feathers 129

バーミー balmy 48
バーム balm 47
薔薇（赤い）rose (red) 273
薔薇（白い）rose (white) 274
薔薇園 rose garden 273
磔 crucifixion 96
バルサム balsam, balsome 47
ハルシオン（カワセミ）halcyon 161
バルネウム balneum 48
バルネウム・マリアエ balneum mariae 48
パン bread 67
反射炉 reverberatory 271
万能薬 universal medicine 321
反目・不和 quarrel 257
パン生地・練り粉 dough 107
パン種 leaven 193
バン-マリ bain-marie 47
火 fire 133
緋色（紫）のティンクトラ purple tincture
　　253
東と西 east and west 117
蟇蛙（あるいは蛙）toad (or frog) 313
棺 coffin 86
ピッチ pitch 244
豹 panther 228
廟 tomb 315
ファイアル（小型ガラス容器）phial 233
ふいご bellows 56
ふいご吹き puffers 252
封印 seal 283
封泥 lute 198
フェニックス phoenix 243

391

武器 weaponry 334

吹く blow 65

双子 twins 319

不調和 discord 103

葡萄 grapes 153

葡萄酒 wine 338

葡萄の果汁 juice of grapes 183

葡萄の樹 vine 327

船 ship 288

腐敗 corruption 91

腐敗（プトレファクティオ）putrefaction 254

プリマ・マテリア prima materia 244

風呂 bath(balneum) 49

プロテウス Proteus 252

糞、糞の山 dung, dunghill 111

分割 division 104

粉砕 contrition 89

粉末 powder 244

分離 separation 284

平和と争い peace and strife 229

ペースト・ペースト状のもの paste 228

ヘスペリデスの園 Hesperides 170

ベッド bed 52

蛇 serpent 285

ペリカン pelican 231

ヘルマフロディトス Hermaphrodite 165

ヘルメス Hermes 166

ヘルメス・トリスメギストゥス Hermes Trismegistus 168

ヘルメスの樹 Hermes tree 168

ヘルメスの鳥 Bird of Hermes, Hermes Bird 60, 166

ヘルメスの封印 Hermes' seal 166

変成 transmutation 317

ヘンリー（ヘンリクス）Henry 165

芳香 fragrance 141

星（六芒星）star (six-pointed) 298

墓所 sepulchre 285

墓地 churchyard 81

ホムンクルス homunculus 170

ボルト・ヘッド bolt's-head, bolt-head 67

ま

埋葬 inhumation 179

埋葬する bury 67

マギステリウム magistery, magisterium 200

マグネシア magnesia 200

マサ・コンフサ（混沌物質）massa confusa 202

マトラス matrass 202

マリアの浴槽 Mary's bath 202

マルス Mars 201

ミクロコスモス（小宇宙）microcosm 212

水 water 333

水撒き・水やり watering 333

緑色 green 155

緑の獅子 green lion 156

緑の獅子の血 blood of the green lion 65

ムーア人、ムーア人の王、ムーア人の土地 Moor, Moorish king, Moorish ground 212

ムーア人の頭 Moor's head 212

むさぼり喰らう devour 99

蒸し風呂 sweat bath 308

ムンディフィカティオ（浄化）mundifica-
tion 217

眼 eyes 128

迷宮 labyrinth 188

雌犬 bitch 62

メタモルフォーシス（変容）metamorpho-
sis 210

メランコリア（憂鬱）melancholia 203

メルクリウス Mercurius 204

メンストゥルウム menstruum 204

雌鳥 hen 165

燃える水 aqua ardens 36

沐浴 bath(balneum) 49

モーセ Moses 213

森 forest 139

モルティフィカティオ（死）mortification
212

や

薬剤 medicine 202

やすりがけ limation 194

やすりでなめらかにすること filing 133

山 mountains 214

病 disease 103

山師・偽医者 mountebank 216

融解 solution 293

遊戯 games 144

ユーピテル Jupiter 183

雪 snow 290

ユニコーン（一角獣）unicorn 321

ユニコーンの角 unicorn's horn 321

百合 lily 193

百合（赤い）lily (red) 194

養育・育成 feeding 130

溶解 dissolution 103

容器 vessel 326

幼児 infant 179

溶媒 menstruum 204

汚れ（あるいは染み）spots(or stains) 296

夜 night 219

ヨルダン川 river Jordan 272

4 元素 four elements 141

40 日 forty days 139

4 体液 humours 174

ら

癩 leprosy 193

ラク・ウィルギニス lac virginis 188

楽園 paradise 228

ラトン・女神ラートーナ・ラッテン laton,
Latona, latten 188

ラピス・フィロソフォールム lapis
philosophorum 188

離婚 divorce 104

竜 dragon 108

流産 abortion 27

硫酸塩 vitriol 330

竜の尾 dragon's tail 109

竜の血 dragon's blood 109

竜の歯 dragon's teeth 109

林檎 apples 36

リンネル類 linen 195

リンベック limbeck 195

ルードゥス・プエロールム ludus puerorum
195

坩堝 crucible 95

ルナ Luna 196

ルナリア（銀扇草）lunaria 198

ルビー ruby 276

ルビフィカティオ（赤色化）rubification
276

ルベド rubedo 275

霊（精気）spirit 296

レクス・マリヌス（海の王）rex marinus
276

レトルト retort 270

レビス（ふたなり）rebis 261

瑠璃色 azure 46

炉 furnace 142

牢獄・監獄 prison 249

ローブ robe 272

礦砂（塩化アンモニウム）sal ammoniac(or
sal armoniac) 278

わ

和解・調和・一致 reconciliation 262

湧き水・泉 spring 297

鷲 eagle 116

われらの our 226

われらの水 aqua nostra 37

訳者あとがき

　本事典は、Lyndy Abraham, *A Dictionary of Alchemical Imagery* (Cambridge:Cambridge UP, 1998) の全訳であるが、第 7 版の 2010 年版を使用した。同書は、ライブラリアンや研究者に広く知られる学術出版社エメルラルドの *Reference Reviews* 誌より、特に優れた参照・参考文献に送られる Outstanding Reference Work Award を 1999 年に受賞するなど、多くの錬金術及び文学の研究書において広く引用・参照される基本図書として高く評価されている。

　著者のリンディー・エイブラハムは、形而上詩人アンドルー・マーヴェル（1621-1678）と錬金術の関係を論究した著書『マーヴェルと錬金術』*Marvell and Alchemy* (Aldershot: Scolar, 1990) や、エリザベス朝の錬金術師ジョン・ディーの息子で、父と同じく錬金術を研究したアーサー・ディー（1579-1651）による錬金術文献集成を批判校訂本『アーサー・ディーの〈化学の束〉』*Arthur Dee: Fasciculus chemicus* (New York: Garland, 1977) 等をはじめとし、その他、錬金術と文学（特に 16・17 世紀の英詩）、あるいは錬金術それ自体を研究対象とした数多くの論文を著している。ちなみに、現代オーストラリアの代表的作家マイケル・ワイルディングと結婚していた時期があり、その当時、夫と共同で錬金術の研究論文も著している（たとえば、'The Alchemical Republic: A Reading of "An Horatian Ode upon Cromwell's Return from Ireland"' in *Marvell and Liberty*, 1999, 94-122 など）。なお、錬金術書の原典の邦訳に関しては、本事典でも引用されているロジャー・ベイコンの『鏡』などを含め、ローマ在住の研究者である大橋喜之氏の錬金術書を読むブログ「ヘルモゲネスを探して」に多くの文献が訳出されている。

　最後になったが、本書の出版を快く引き受けてくださり、今回も編集を担当してくださったアルファベータブックスの茂山和也氏にこの場を借りて厚くお礼申しあげる。

　2017 年 9 月

　　　　　　　　　　　　　　　　　　　　　　　　　　　　大木　富

著者紹介

リンディー・エイブラハム（Lyndy Abraham）

本書執筆時はニューサウスウェールズ大学英語学部博士研究員。錬金術ならびにその文学への影響を研究し、多くの著書、論文を発表している。本書のほかに、『アーサー・ディーの〈化学の束〉』、『マーヴェルと錬金術』などの校訂本や著書がある。

訳者紹介

大木 富（おおき・とむ）

1958 年神奈川県生まれ。早稲田大学大学院文学研究科博士前期課程修了。神奈川工科大学教授。専門は、16・17 世紀の英詩、中世思想史。
共著『マージナリア ─ 隠された文学／隠れた文学』（音羽書房鶴見書店）
翻訳書『中世における数のシンボリズム─古代バビロニアからダンテの〈神曲〉まで』（彩流社）
論文「サミュエル・ダニエルの『ディーリア』における数のシンボリズム」、「Sir Philip Sidney の *Astrophil and Stella* の数秘構造」など。

錬金術のイメージ・シンボル事典

発行日 　2017年10月10日 　初版第1刷
　　　　　2021年 9月22日 　初版第2刷

著　者　リンディー・エイブラハム
訳　者　大木 富
発行人　春日俊一

発行所　株式会社 アルファベータブックス

　　　　〒102-0072 東京都千代田区飯田橋2-14-5 定谷ビル
　　　　Tel 03-3239-1850　Fax 03-3239-1851
　　　　website https://alphabetabooks.com/
　　　　e-mail alpha-beta@ab-books.co.jp

装　丁　渡辺将史
印　刷　株式会社エーヴィスシステムズ
製　本　株式会社難波製本
ISBN 978-4-86598-041-7　C0510

定価はダストジャケットに表示してあります。
本書掲載の文章及び写真・図版の無断転載を禁じます。
乱丁・落丁はお取り換えいたします。

吉本隆明「言語にとって美とはなにか」の読み方

ISBN978-4-86598-026-4 （17・01）

宇田亮一 著

"途方もない挫折"が「とてつもない時空間思想」を生み出した… 刊行以来50年間、詳細な解説書がなかった難解の書『言語にとって美とはなにか』をまるごと読みとくはじめての手引書。「心的現象論の読み方」「共同幻想論の読み方」に続く吉本思想「読み方」シリーズ第三弾。初めて本書のまっとうな読み方が提示された！　A5判並製　定価2500円＋税

開高健の文学世界

ISBN978-4-86598-034-9 （17・06）

交錯するオーウェルの影

吉岡栄一 著

「人間らしくやりたいナ」で一躍有名になった芥川賞作家開高健は、管理社会を批判し人間らしさを追求したジョージ・オーウェルの『1984年』と『動物農場』に多大な影響を受け、自ら翻訳もしていた…。開高の全文学作品を取り上げ、開高の文体分析、オーウェルとの浸透、酷似点などを含め開高健の文学世界を俯瞰する。　A5判並製　定価2500円＋税

武智鉄二 歌舞伎素人講釈

ISBN978-4-86598-037-0 （17・07）

武智鉄二 著・山本吉之助 編

四代目坂田藤十郎や五代目中村富十郎などの大物を育て、伝統芸術の評論家・演出家であり「武智歌舞伎」で歌舞伎界の革新に挑んだ武智鉄二の晩年に書かれた貴重な歌舞伎論。前衛芸術家という印象が強い武智であるが、本書は「武智と古典」に焦点を絞り、彼の多彩な活動の原点に迫る試み。「全集」未収録作品集。　四六判上製　定価2700円＋税

さらばピカソ！

ISBN978-4-86598-038-7 （17・08）

画家ゴッドワードの日記

エティエンヌ・バリリエ著・鈴木光子 著

「この世には、ピカソと共存する場はない！」と彼に異常な対抗意識を燃やし続けた「大理石や海を背景に思いにふける若い美女」を描き続けた実在したネオ・クラシック派画家ジョン・ウィリアム・ゴッドワードの、ローマでのピカソとの葛藤の日々を描く迫真のノンフィクション・ノベル！　四六判上製　定価2000円＋税

シェーマス・ヒーニー

ISBN978-4-86598-022-6 （16・12）

アイルランドの国民的詩人

ヘレン・ヴェンドラー 著・村形明子編訳

アイルランドの歴史と試練を珠玉の抒情詩に凝縮して、世界の共感を呼んだノーベル賞詩人ヒーニーの魅力の本質を明らかにした渾身の批評集。その才能をいち早く見抜いてハーヴァード大学に招聘した英米詩批評の第一人者ヴェンドラーが、身近な同僚・友人としての深い理解と緻密な文体論分析で、その魅力を明らかにする。　A5判上製　定価3500円＋税

英語で歌えば上手くなる！

ISBN978-4-86598-030-1 （17・05）

ボーカリスト養成プログラム

NOBU 著

歌うために必要な知識と技術を"英語で歌う"ことで手に入れる！ まったく新しい、歌が上手くなるための方法論‼ 上手くなるための有効な練習方法がわからない人必読の書！ 本文中に、解説をさらに分かりやすくするためのフォロー動画へアクセスできるQRコードを付記！　A5判並製　定価1600円＋税